普通高等教育“十一五”国家级规划教材

21 世纪高职高专规划教材 · 旅游酒店类系列

饭店人力资源管理

（第 2 版）

徐文苑　贺湘辉　编著

清 华 大 学 出 版 社
北京交通大学出版社
· 北京 ·

内容简介

饭店人力资源管理是现代饭店运行与管理的重要组成部分。本教材共9章，全面系统地阐述饭店人力资源管理中的基本要点，包括饭店人力资源管理概论、饭店员工的职务分析、饭店员工的招聘与录用、饭店员工的培训、饭店员工的绩效考评、饭店员工的激励、饭店员工的需求与报酬、饭店劳动关系管理、领导行为和管理艺术等具体内容。本教材还突出介绍一些经多家星级酒店实践检验行之有效的人力资源管理政策与程序的范本及实务等内容，以加深读者对理论的理解和提高实际运用的能力。本教材着重论述饭店应如何进行人力资源组织和管理工作，注重知识的实用性和可操作性，并结合旅游饭店行业最新人力资源管理工作的重点及具体做法，具有创新性、系统性和实用性三大特色。

本教材主要适用于高等职业院校饭店管理专业教学，也可作为饭店从业人员的培训和自学用书。

图书在版编目（CIP）数据

饭店人力资源管理/徐文苑，贺湘辉编著. —2版. —北京：清华大学出版社；北京交通大学出版社，2010.9（2018.1重印）
（21世纪高职高专规划教材·旅游酒店类系列）
ISBN 978－7－5121－0330－6

Ⅰ. ①饭…　Ⅱ. ①徐…　②贺…　Ⅲ. ①饭店－劳动力资源－资源管理－高等学校：技术学校－教材　Ⅳ. ①F719.2
中国版本图书馆CIP数据核字（2010）第172616号

责任编辑：张利军　　特邀编辑：李秀云
出版发行：清 华 大 学 出 版 社　　邮编：100084　　电话：010－62776969
　　　　　北京交通大学出版社　　邮编：100044　　电话：010－51686414
印 刷 者：北京时代华都印刷有限公司
经　　销：全国新华书店
开　　本：185×230　　印张：20.5　　字数：460千字
版　　次：2010年9月第2版　　2018年1月第5次印刷
书　　号：ISBN 978－7－5121－0330－6/F·728
印　　数：11 001～12 000册　　定价：32.00元

本书如有质量问题，请向北京交通大学出版社质监组反映。对您的意见和批评，我们表示欢迎和感谢。
投诉电话：010－51686043，51686008；传真：010－62225406；E-mail：press@bjtu.edu.cn。

出版说明

高职高专教育是我国高等教育的重要组成部分，它的根本任务是培养生产、建设、管理和服务第一线需要的德、智、体、美全面发展的高等技术应用型专门人才，所培养的学生在掌握必要的基础理论和专业知识的基础上，应重点掌握从事本专业领域实际工作的基本知识和职业技能，因而与其对应的教材也必须有自己的体系和特色。

为了适应我国高职高专教育发展及其对教学改革和教材建设的需要，在教育部的指导下，我们在全国范围内组织并成立了“21世纪高职高专教育教材研究与编审委员会”（以下简称“教材研究与编审委员会”）。“教材研究与编审委员会”的成员单位皆为教学改革成效较大、办学特色鲜明、办学实力强的高等专科学校、高等职业学校、成人高等学校及高等院校主办的二级职业技术学院，其中一些学校是国家重点建设的示范性职业技术学院。

为了保证规划教材的出版质量，“教材研究与编审委员会”在全国范围内选聘“21世纪高职高专规划教材编审委员会”（以下简称“教材编审委员会”）成员和征集教材，并要求“教材编审委员会”成员和规划教材的编著者必须是从事高职高专教学第一线的优秀教师或生产第一线的专家。“教材编审委员会”组织各专业的专家、教授对所征集的教材进行评选，对所列选教材进行审定。

目前，“教材研究与编审委员会”计划用2～3年的时间出版各类高职高专教材200种，范围覆盖计算机应用、电子电气、财会与管理、商务英语等专业的主要课程。此次规划教材全部按教育部制定的“高职高专教育基础课程教学基本要求”编写，其中部分教材是教育部《新世纪高职高专教育人才培养模式和教学内容体系改革与建设项目计划》的研究成果。此次规划教材按照突出应用性、实践性和针对性的原则编写并重组系列课程教材结构，力求反映高职高专课程和教学内容体系改革方向；反映当前教学的新内容，突出基础理论知识的应用和实践技能的培养；适应“实践的要求和岗位的需要”，不依照“学科”体系，即贴近岗位，淡化学科；在兼顾理论和实践内容的同时，避免“全”而“深”的面面俱到，基础理论以应用为目的，以必要、够用为度；尽量体现新知识、新技术、新工艺、新方法，以利于学生综合素质的形成和科学思维方式与创新能力的培养。

此外，为了使规划教材更具广泛性、科学性、先进性和代表性，我们希望全国从事高职高专教育的院校能够积极加入到“教材研究与编审委员会”中来，推荐“教材编审委员会”成员和有特色的、有创新的教材。同时，希望将教学实践中的意见与建议，及时反馈给我们，以便对已出版的教材不断修订、完善，不断提高教材质量，完善教材体系，为社会奉献更多更新的与高职高专教育配套的高质量教材。

此次所有规划教材由全国重点大学出版社——清华大学出版社与北京交通大学出版社联合出版，适合于各类高等专科学校、高等职业学校、成人高等学校及高等院校主办的二级职业技术学院使用。

21世纪高职高专教育教材研究与编审委员会

2010年9月

前 言

随着知识经济时代的到来，传统旅游企业的组织和功能、管理理念、营销哲学、经营手段、服务方法等正在受到全面挑战，发生了重大变化。面对日趋激烈的市场竞争和挑战，旅游业发展的关键在于人才。目前，旅游企业的管理人员在知识结构、技能水平、管理水平等方面还难以与迅速发展的旅游业相适应。因此，培养适应21世纪旅游业发展需要的管理人才已经成为一个十分紧迫的问题。伴随着旅游业的迅速发展，我国的旅游教育事业也取得了很大的发展。旅游管理专业是应用型专业，只有紧贴旅游业的实际，才会有生命力。目前，我国高等职业院校的旅游管理专业在知识结构、课程设置、教材建设等方面仍然存在一些急需解决的问题。为适应旅游业快速发展的需要，我国的旅游管理学科建设必须有较大的发展，教材建设必须与之同步。当前针对旅游管理专业大专及高职层次，较为科学、系统地阐述饭店人力资源管理的教材较少。本教材旨在弥补我国高职高专旅游管理专业教材建设的相对不足与滞后，特别是新时期国内高等职业技术教育对旅游管理专业新教材的需求，同时也满足课程改革及专业建设的需要。

本教材在编写过程中坚持适应高职院校教育改革和发展的需要，立足于提高学生的整体素质和培养学生的综合能力，贯彻科学性、实用性、先进性、规范性原则，吸取国内外人力资源管理的最新知识和技术，注重知识的应用性和可操作性。本教材侧重理论指导下的管理实务与运作，简化以学科知识新体系为背景的知识要点的陈述，适当增大图表和具体操作技术等内容的比例，着眼于旅游企业新岗位群的诸多最新的现实需要。本教材坚持全面系统、先进实用的原则，既注重阐述有关管理理论，又系统地介绍在实际人力资源管理中可能碰到的种种问题，力求理论联系实际。本教材还考虑与国际市场接轨的要求，充分吸收反映学科发展和中外旅游实践新动态的国内外研究新成果，强化知识的应用性和可操作性。本教材注重突出高职高专教材的特征，适应高等职业教育以能力为核心，以培养技术应用人才为根本任务，使学生达到基础理论适度、技术应用能力强、知识面宽、综合素质高的要求。本教材深入浅出，难易适度，适用性强，学术性与普及性兼顾，理论性与应用性并重，知识性、科学性、实用性、创造性相结合，借以提高学生的专业技能和整体素质。

本教材共9章，全面系统地阐述饭店人力资源管理中的基本要点，包括饭店人力资源管理概论、饭店员工的职务分析、饭店员工的招聘与录用、饭店员工的培训、饭店员工的绩效考评、饭店员工的激励、饭店员工的需求与报酬、饭店劳动关系管理、领导行为和管理艺术等具体内容。本教材还在附录中突出介绍一些经多家星级酒店实践检验行之有效的人力资源管理政策与程序的范本及实务等内容，以加深读者对于理论的理解和提高实际运用的能力。本教材着重论述饭店应如何进行人力资源组织和管理工作，注重知识的实用性和可操作性，并结合旅游饭店行业最新人力资源管理工作的重点及具体做法，具有创新性、系统性和实用性三大特色。

本教材由天津职业大学徐文苑和广东华立学院贺湘辉编著。张倩女士、陈志斌先生、徐澄老师、罗燕老师参编了部分内容。本教材在编写过程中，曾多次听取业内有关专家、教师的意见，并得到一些单位的支持和帮助，在此一并表示感谢。

限于时间和水平，本教材在组织编写中难免存在不足之处，恳请广大读者批评指正。

编　者

2010 年 9 月

目录

第 1 章　饭店人力资源管理概论

第 2 章　饭店员工的职务分析

第3章　饭店员工的招聘与录用

第4章　饭店员工的培训

第5章 饭店员工的绩效考评

第6章 饭店员工的激励

第7章 饭店员工的需求与报酬

第8章 饭店劳动关系管理

第9章　领导行为和管理艺术

附录A　饭店人力资源管理政策与程序的范本及实务

第1章

饭店人力资源管理概论

【学习目标】

- ☑ 正确认识饭店管理中的人本思想。
- ☑ 了解饭店人力资源需求的定位。
- ☑ 掌握饭店人力资源管理的主要内容与基本任务。
- ☑ 熟悉 EHR 的主要内容和功能。

饭店产品主要通过饭店员工的个别劳动得以实现，对从业人员管理的好坏直接关系到服务质量的高低，因此人力资源的开发与管理是饭店经营管理环节中最重要的一环。随着市场竞争的日趋激烈，人已成为实现饭店自身战略目标的一个非常关键的因素，人才之争是市场竞争中的核心内容之一。通过本章学习，了解饭店人力资源需求的定位，知晓饭店人力资源管理的功能与重要作用，掌握饭店人力资源管理的主要内容与基本任务，熟悉 EHR 的主要内容。

随着我国旅游业的大发展，饭店业的竞争愈演愈烈，人们同时认识到饭店业的竞争从根本上而言，就是人才的竞争。因此，人力资源开发在饭店管理中至关重要。面对不断变化的市场环境，促使饭店经营者和管理者向现代科学管理要效益。人力资源是饭店最为宝贵的资源，合理地开发人力资源，充分发挥人的最大潜能，可以为饭店的经营目标提供巨大的增值效应。

饭店的人力资源开发与管理，就是要求饭店的各级管理者学会和运用现代管理学、心理学、人才学的某些原理，对饭店人力资源进行科学的管理、合理的使用，从而最大限度地挖掘饭店员工的潜在能力，充分调动他们的积极因素，激发其主动性、积极性和创造性，使饭店有限的人力资源发挥尽可能大的作用。

1.1 饭店人力资源管理概述

1.1.1 人本管理在饭店管理中的运用

当今，人们已不再困于“人事管理”的传统概念，而更愿意直接面对“人力资源”这一新名词，将人事管理升华到人本管理。饭店业作为一种劳动密集型企业，如何实现人力资源的有效管理，培育饭店在竞争中的经济增长点，实现饭店经营利润的最大化，也是饭店经营者不得不思考的问题。人本管理理论以开放性为特征，有效释放人的潜力，达到为企业有效服务的目标。显然，这种人本管理理论在饭店管理中的直接运用，必将为饭店管理引发一场“质变”，从而改善人力资源配置方式，提高管理效率，推动旅游饭店业的发展。

在饭店管理中，“人本管理”是指在管理思想上牢牢树立“以人为本”的观念，在管理方法上把激发员工的活力放在首要位置上。例如，把员工当作饭店的真正主人，提倡员工参与管理，把饭店的一些经营活动议题告诉员工，使员工也了解饭店上层的工作情况；对上层管理人员的工作情况了解多了，自然就有自己的思路、想法与意见；同时管理者应鼓励员工说出自己的想法与意见，管理者可能从中得到部分优秀的建议。这样，员工有了一种自我实现的满足感，从而激励员工的活力，员工就会自然地把饭店兴旺与自身紧密地结合起来；把饭店的服务工作看成实现自我的一种途径，因此产生良性循环开端。由此可见，在饭店业管理中提倡“以人为本”，有助于在员工中树立“主人翁”的意识，使员工有一种“归属感”。

饭店管理者提倡“人本管理”，有助于提高全员的整体素质。员工有了“主人翁”的意识，就会向更高的标准看齐，服务上档次，经营求开拓，向共同的目标奋进，文明、规范、优质就不再停留在文字上，而是落实在饭店每位员工的实际行动中。员工相互之间有比较，上下级之间有督促，把对饭店的专业知识当作一把尺，在丈量别人的同时自己也得到了对比，这样就能使饭店全体员工的整体素质有更大的提高。员工的各方面素质提高后，对饭店的经营管理人员来说是一个很大的鞭策。饭店的管理人员面对广大有良好素质的员工，倘若自己不能提高自身的管理水平，就要被淘汰。因此，管理人员应把自己也当作饭店“以人为本”管理特色中的“人”的一分子，发挥“本”的作用，加强自身“人”的素质，从而提高饭店的“本”。在饭店的管理中推行“以人为本”的方法，就能够最大限度地发挥员工的主观能动性，使员工在最大限度上挖掘自身的潜能。如果员工都能为饭店着想，而且人员相对稳定，那么饭店的管理者就有更大的精力投入到激烈的市场竞争中去。

1. 现代管理中的人本思想

管理是为了有效地实现某项活动的最佳目标而进行的一种包含计划、组织和控制等职能的综合性活动。在这个活动中，“人”是主体。也就是说，离开了人的管理不仅使管理活动毫无意义，而且也不可能使管理活动进行下去。

三种关于管理要素的基本观点，从不同的层次和方面探讨了管理的客体系统。“三要素论”认为，在管理的运行过程中，人、财、物是最基本的几个组成部分；“五要素论”在此基础上纳入了“时间”和“信息”两大要素；“七要素论”中七个要素以“M”为字头，分别为人（Men）、财（Money）、方法（Method）、机器设备（Machine）、原材料（Material）、市场（Market）、士气（Morale）。然而，这种将所有要素进行并列讨论的方法，忽略了管理中一个至关重要的问题。管理的诸要素在功能上和实际运转中并不是简单的并列关系，而是有着层次上的区别。简单的“拉菜单”式的研究并不能很好地为管理实践服务，因此有必要重新认识以上要素的关系。

管理要素的现代观对管理客体系统诸要素之间的关系提出重要的界定：管理的第一层次的要素是“人”，而在人的管理中，管理者的自身管理是最重要的，处于管理诸要素的首位。只有对人管理的成功，才可能有对其他“无生命管理要素”管理的成功。

正因为在所有的管理要素中，人是唯一具有生命力的要素，所以人是组织中最重要、也是最活跃的因素。组织各项预定目标的实现毫无疑问都必须依靠人来完成：组织的目标要靠人来制定，计划和决策要靠人来实施，机器要靠人来操作，技术要靠人来创造和运用，信息要靠人来收集和传递，等等。正因为一切管理活动都要由人并通过人来进行，所以人是所有管理要素中当之无愧的第一要素、统领性要素。无论科学技术如何发展，人在管理活动中只会在活动方式方面的改变，而绝不是地位的改变。可以说，管理归根结底是对人的管理。

要做好管理工作就必须明白这样一个道理：“所有的工作都要靠人来完成，完成的质量取决于人们的心情、责任感、利益关联程度和做好工作的能力。”一个管理者个人操作能力再强，也不可能亲手去完成每一项工作和工作的每一个环节，管理者更为重要的工作或者首要的工作是如何使下级工作得好。既然是这样，那么，同样是人的被管理者，他们有着人的生理局限和规律，他们有着远比一般物品复杂得多的心理世界，他们的人的特性受到尊重也就理所当然了；忽略或践踏人的尊严的管理行为，根本不可能取得预期效果也就不足为奇了。即使无生命的机器和设备，人类在使用过程中，也仍然要遵循它们自身的规律和进行必要的维护与保养，否则，必将因违背规律而受到惩罚。

当每一级管理者受到自己的上级不问青红皂白的训斥时，自己必然感到十分难堪，心中也必然产生不悦，甚至恼怒，从而或多或少地影响工作的积极性。当每个管理者再面对自己的部下时，从上级那里产生的恼怒会成为管理自己部下的一个教训呢，还是又对自己的部下如法炮制一番呢？在管理主客体的交往中，坚持“人心比人心”的原则，对搞好管理工作是大有裨益的。

随着管理活动的日益复杂，管理理论的不断发展，对于“人本”原理的认识也发生了根本性的变化。从传统管理时期、古典管理时期的对“人”的不重视，到行为科学管理时期以后的诸种管理理论对“人”的极度重视，已经充分地证明了这一点。在各种管理活动中把“人”的因素放在第一位，充分发挥人的自觉和自我实现精神，强调人的主动性和创造性，已经成为现代管理发展的必然趋势。

国外饭店管理专家已经提出饭店传统意义上的 CS（Customer Satisfaction）战略转向 ES（Employee Satisfaction）战略，即只有满意的员工，才会有满意的客人。可以肯定地说，中国饭店业实现经营现代化、利润最大化的目标，对人力资源开发的依赖性将更为显著。所以，人力资源的开发，将仍然是我国饭店业面临的重要课题。掌握对饭店的最重要的资源——人——进行开发和管理的技能，通过对人的培养来树立自己的品牌形象，进而获得更大的经济效益。更主要的是让这种“活”资源发展、壮大，使饭店业持续发展。

2. 人本管理在饭店管理中的意义

人本管理不同于人事管理，其重点突出人在管理过程中的主导地位。通过有效管理，发掘人的主动性、积极性和创造性，这是人本管理的表层含义。通过以人为本的企业管理活动和以尽可能少的消耗获取尽可能多的产出的实践，锻炼人的意志、脑力、智力和体力；通过竞争性的生产经营活动，达到完善人的意志和品格，提高人的智力，增强人的体力，使人获得超越受缚于生存需要的更为全面的自由发展，这是人本管理的深层内涵，也是人本管理的哲学含义和理想境界。人本管理通过强调人在组织管理的主导地位，以及调动人的主动性、积极性和创造性，突出人的因素，将资源中的人（被雇用角色）回归到人的本质，亦即通过智力的进化，以及控制资源配置效能的提高，促进人的综合素质的全面发展和完善，这是人本管理的主要研究范围。

（1）饭店产品的特殊性是人本管理的内在要求。饭店提供的产品是服务性产品。这一产品的生产是在与顾客“面对面”的过程中完成的，其核心层次是满足消费者特定需要的一种服务，生产和消费过程具有同时性，而且员工行为也直接构成饭店产品的组成部分。正是饭店产品的这一特殊性质，使饭店产品的质量更易受到员工行为因素的制约。饭店员工的个人素质和服务技能，将直接影响饭店产品的质量。为此，要求饭店经营管理者认识“人”的特殊属性，充分理解“一切物的因素只有人的因素才能加以开发利用”的内涵，高度重视“人”的内因作用，服务产品才可能显得更加完美无缺。所以说，强调人本管理是饭店创造服务性产品的内在要求。

（2）饭店人力的密集性是人本管理的必然要求。饭店属于劳动力高度密集的产业。虽然可以引进各种先进设施设备来代替一些人的行为，但许多个性化服务和应对性服务仍必须由人来承担。根据团队效益原理，工作是通过每一个人来完成的，但是组织的工作效率和效益却是通过集体来完成的。饭店服务产品的完成过程需要不同部门的协作，才能保证产品的有效和完善。因而组织必须设法在激发个人工作积极性的同时，激发集体的工作积极性。在饭店管理中借鉴人本管理的团队管理思想，对于强化团队精神，培养团队集体意识，实行民主管理，实施合理授权，发挥员工潜能，激发工作动力有着不可替代的作用。

（3）饭店的减员增效是人本管理的具体演绎。未进入市场经济前，中国的饭店业基本处于接待性质的经济组织，既缺乏市场观念，也缺乏效益观念。伴随社会主义市场经济体制的确立，旅游饭店最早与市场经济接轨。特别是近几年国际和国内旅游市场的不断演变，使现代饭店在日益严酷的竞争环境中别无选择，旅游饭店也开始着手挖掘内部潜力，节约人力资本，实施减员增效的举措。减员增效正是人本管理的具体表现，必须坚持以人为本，加强对人力资源的开发利用。这样，要求饭店合理用工，加大人才培养力度，实现人员的“多功能化”，发挥人的主观能动性，提高工作效率，增强协调配合能力，以适应饭店竞争与发展的要求，减员增效才能落到实处。

3. 人本管理在饭店管理中的运用

随着现代饭店业的发展，经营管理也开始推崇人本管理的运用，究竟如何充分运用这一理论精髓呢?

（1）吸引人才、培养人才是人本管理的基础。人是生产力中最活跃的因素，人是一切活动的根本。如果没有人，无论多么先进的设施设备或者多么完善的管理制度，那也只不过是空中楼阁。由此可见，现代饭店经营管理必然要围绕“人”来做文章，这是饭店取得效益的前提和首要因素。吸引人才、培养人才是坚持以人为本的基础。

① 人本管理要从选才开始。随着知识经济的到来，客人对现代饭店服务的要求越来越高，对个性化服务程度的要求也越来越广。这一客观事实要求现代饭店在招聘员工时，必须注重员工的基本素质，必须通过某种公开招聘方式，按照市场竞争机制选用员工。招聘高素质的人才，创造客人满意的服务产品，以满足客人的需求，并使饭店适应知识经济时代愈演愈烈的市场竞争。

② 人本管理更需注重培训。在现代化的饭店中，欲提高员工的劳动效率和劳动能力，提高服务水平和服务质量，更须对员工进行有计划的培训，激发员工的热情，使员工忠诚于饭店企业，进一步挖掘人的潜力，调动人的积极性，发挥人的创造性，从而达到改善和强化饭店的资质及营业状况，培养员工自我开发的动机、素质和观念，为饭店创造更好的经济效益和社会效益。

③ 培养员工与饭店一起成长。饭店的发展过程，也是不断满足员工成长需求的过程。成长是员工成才的自身需求，也是培养人才的新视点。只有员工的成长，才有饭店的成长，反过来饭店的成长，又促进员工的成长；二者是相互关联、缺一不可的。饭店是年轻人的聚集地，每个员工都有自己的愿望。因此，饭店也必须为员工提供成长与发展的空间，如鼓励、组织和资助员工在职或业余或短期脱产培训和进修，饭店内部根据选拔要求，适时提拔具有真才实学的员工到管理层，也可为员工个人发展提供信息和指导等，以满足员工的成长意愿。这是人本管理的运用中应十分重视的一环。

④ 留住人才是吸引人才的终极目标。饭店市场的竞争归根到底是人才的竞争。留住人才，不仅要以人为本，而且还能以情感人，以理服人，以利诱人。因此，必须把有才干的员工用到饭店的合理岗位上，增强员工对饭店的归属感；要抛弃“既要马儿跑，又想马儿不吃草”的陈旧观念，提高员工对饭店用人制度的满意度；还要加强对人才跟踪管理，创造

人才用武的组织环境，避免“集聚各路贤才良将，结果三国鼎立”的局面。有了留住人才的环境，自然能引来更多的“金凤凰”。

（2）转变观念，敢为员工服务。现代管理理念告诉我们，饭店企业的经营与管理必须坚持“两个上帝”的战略，即顾客第一，员工第一。饭店必须坚持对外是“宾客第一”，而对内则需是“员工第一”。因为对饭店而言，没有“员工第一”的保证，就不可能有“宾客第一”目标的实现。因此，管理者要切实转变观念，把自己当成“高级服务员”，从利益同盟、人格平等、率先垂范、情理结合等方面入手，以员工满意为归属，努力为员工服务。

① 为员工提供“意志”服务是管理的核心。人是饭店企业精神的载体，人的知识、经验、技能和智慧是一种可持续开发生生不息的资源。发挥人的这些潜力，需要管理者用相应的科学管理方法来加以控制。意志是人的基本心理活动，磨炼员工的意志，必须以完善的机制和管理者的个人魅力来感召员工，把管理者的意志力像清澈的山泉源源不断流进员工的心灵殿堂，使员工自觉自愿地服从于领导的意志，服从于饭店的意志，服从于宾客的意志。

② 为员工提供“依据服务”是管理的细节。饭店管理千头万绪，要使管理合理化、规范化、科学化、标准化，需要管理者制定适合操作的规章和程序，创造便利条件，让员工对饭店的每一细节了如指掌，遵照管理者提供的依据，有条不紊地开展工作。

③ 为员工提供心理服务是管理的“售后服务”。在管理过程中，甚至于在管理行为之前，由于管理等原因，会引起员工的不满或牢骚，这时，管理者就必须应用一些有效方法，及时与员工进行心理上的沟通，消除误解，化解矛盾，使员工的情绪稳定，调整心态，并进一步了解员工的心理需求，让员工以高昂的热情投入工作。

④ 为员工提供生活服务是管理的基础。人本管理强调的是了解和满足人的需要。因此为员工提供生活服务，必然成为饭店管理的基础。饭店管理的主体是管理者，而管理的客体即为员工，员工需要管理者为其提供符合个人所需的生活保障及文化需求，同时员工的生活目标也须管理者给予咨询或指导。此外，员工的生活内容，员工的业余活动，员工的个人追求，也是管理者为员工服务的要点。只有把员工的冷暖变成自己的冷暖，让员工感受到饭店浓厚的生活气息，才能使员工对饭店产生归属感，才能激发员工“店兴我荣、店衰我耻”的责任感。

（3）注重管理技巧，实现以人为本的目标。管理是一门科学与艺术结晶的学科，更是一种智能，要实现以人为本的目标，除具备现代管理理论外，还需要一定的管理艺术，提高管理水平，使人本管理这一理想化的命题在实践中落地生根，开花结果。

① 把管理层想做的事，变成员工想做的事。管理层做的决策和计划，如何让员工来实现呢？如果只凭命令这一手段，可能会物极必反，员工完成的结果未必让管理层满意。反之，管理者与员工进行良好沟通，让员工明确工作的目的，并与员工切身利益相结合，讲清道理，达到“士为知己者死”的互动关系，令员工争先恐后去完成，其效果不言而喻。

② 把员工的想法，变成自己的想法。拿破仑说：“只有愚蠢的将军，没有愚蠢的士兵。”显然每个员工都有自己的思想，每个员工都有自己的主见。而且员工身在饭店基层，对服务

管理中每个环节和客人的需求，看得最清楚。因而管理层也须具备民主意识，让员工参与管理，随时听取员工的合理化建议，了解员工的思想动态，把握员工的创新精神，取其精华，并付诸实施，这样就能把员工的想法，变成管理层的行为。

③ 掀掉保护伞，端平一碗水。员工利益与饭店利益是唇齿相依的。在一些饭店中，由于用人不是任人唯贤，出现了“特殊员工”，导致“一粒老鼠屎坏了一锅汤”，影响饭店管理的运作。因此管理层在安排任务和分配利益的天平上要确保公平与公正，评估员工不以小人之言为定论，做到多听逆言，不保护“特殊员工”，端平一碗水，以避免员工不满情绪的产生。

④ 掌握好“宽严相宜”的尺度。文武之道，一张一弛。在强调严格管理方法时，也应适当加入“人情味”，这更符合中国的人文精神。员工出错，管理者也难辞其咎。管理者必须根据实际情况采取相应的管理艺术，该严则严，该宽则宽，做到令员工心服口服。在管理上，管理者也应克服官僚主义。一味讲究领导权威，怒则痛斥，伤害了管理层与员工的关系，就不利于发挥和调动员工的积极性和创造性。

小资料 1-1

北京喜来登长城饭店“以人为本”的管理理念

北京喜来登长城饭店是我国五星级酒店中的第一家合资酒店。她与国际接轨的先进管理理念，以人为本的管理方式，使得其业绩在国内五星级酒店中一路领先。提及管理，总容易被理解为一个严肃、刚性的概念，而在喜来登长城饭店，管理则更像是一池清水，顺着员工的工作、生活涓涓流入每个人每件事的细枝末节。

长城人力资源部总监说：出色的服务、一流的业绩靠的是饭店气顺劲足的氛围保证。我们最欣赏的是“将心比心”的人性化管理，所以“有多严格的管理，就有多殷切的关怀”，管理对长城而言，不是刚硬的金属而是柔和的涓涓细流……

宾客至上，员工第一

竞争日趋激烈的今天，良好的饭店形象是一笔无法取代的宝贵财富，而饭店形象不止包括客房、餐厅等硬件设施，还包括服务质量、员工精神面貌、企业文化、饭店管理等软件形象。大部分饭店的管理体系是以总经理为顶端，逐级管辖，员工处于最底层，呈正金字塔结构。在这种体制下，容易形成人人只对上级负责的状况。长城采用倒金字塔的管理理念，以宾客为最高层，向下依次为员工、下中层管理者、决策层，各层依次以前者作为服务对象。这种管理理念逆转了整个层次主要只对上级负责的状况，利于强化宾客导向和各层次的服务意识，也利于形成以人为本的管理意识。

现代化的理念是饭店以顾客为中心，全部经营活动都要从顾客的需求出发，以提供使顾客满意的产品与服务作为饭店的责任和义务。饭店产品是一种有别于其他产品的无形产品，其特殊性在于他以服务形式表现且本身带有感情色彩。饭店大量的服务工作和管理行为，都要通过直接面对宾客的一线员工的行动来付诸实现，没有员工的满意，饭店服务产品就不可能成为具有感情成分的优质产品，必然出现服务效率、质量及管理水平低下的状况，从而难以赢得宾客的满意。因此，员工是企业成败的关键，没有员工的满意和向心力，就不会有饭店优质的服务，也无法产生顾客的满意。人力资源总监说，这是一个价值链：员工－满意－顾客。饭店只有以员工为中心，提高员工的满意度，才能形成和增强饭店的凝聚力、竞争力。饭店以人为中心，把员工作为服务主体，注重人力资源的开发，提出“员工是饭店的内部客人”，充分理解被管理者的要求和愿望，尊重、关怀、帮助、信任和培养员工。只有这样事事以人为本，员工才会为企业贡献才智。

长城在职工宿舍、职工食堂等设施方面尽量给员工创造一流的环境。在努力给员工提供好的薪酬与设施的同时，长城也非常重视与员工之间的交流，总经理、副总经理每月都会跟某一个部门的员工进行一次对话会，听取员工意见。对于有价值的意见和建议，人事部门马上落实改进。每年至少做一次员工满意度调查，找出需要改进的地方。此外员工过生日、每月银色之星的评选，对员工满意度的调查、感谢卡等都是长城管理层对员工关怀的体现。长城对员工的关怀连细微之处也不忘记下工夫，譬如在他们给员工的信里你会发现他们把员工不叫职员，而是如下称呼：亲爱的同事，……大家感觉挺新鲜、平等。长城的管理层将员工看成自己的客户，用员工服务饭店的标准来服务于员工，关爱员工，从感情上抓住员工的心，形成企业文化的一部分。

长城，从招聘、入职、培训到员工的薪酬待遇等，事事、处处无不渗透着人文关怀。每一次招聘结束后，凡是给长城寄过简历的人，包括没有录取的人，都会收到这样一封信：亲爱的朋友，……非常感谢您对长城的关心！新员工入店，也会收到一封温馨的信：欢迎您来到喜来登大家庭，希望您在这里找到您的理想，发挥您的聪明才智……员工布告栏里也能看到每一位新员工的姓名和欢迎词，这些关心很具体、很人性化，总能让人心里一热。如果员工提升，同样会收到一封信：恭喜您的提升，您是我们的财富！希望您继续努力！任何一个部门经理，只要看到员工的超常行为，也会马上写封信鼓励该员工。

长城还通过企业文化建设，将不同年龄、不同背景员工的价值观统一于企业价值观。在统一目标和价值观的基础上，使得饭店团队能在不断变化的环境中保持协调，步调一致地往前走，从而保证企业的市场竞争力和发展的潜力。

点燃激情，建立有效的激励与培训机制

时下一些新的企业可以看到长城过去的影子：组织职工开展篮球运动等活动，增强企业凝聚力。然而，老企业员工的激情就不如新企业了，很多事情员工们也已经习以为常了。所以对人力资源部门来讲，要时时观察，多出新点子，点燃员工的激情，让员工也能够想事、干事、干成事，继而开发才能。因为市场经济承认的是人的显能而不是潜能。潜能要经过激励才能变成显能，而显能会进一步化为企业的效能。激励重在自我激励。凡是自我激励水平低的人，让他出彩是很难的，一定要有自我激励水平高的人追随他、配合他。激励是相互的，需要一个环境、一个团队、一个群体的效应，喜来登饭店就想办法为员工制造一个大的良好的激励氛围。

年终，饭店会精心设计一份新年贺卡，贺卡经饭店领导班子亲自审阅并签名后，分别寄送给员工。贺卡看似普通、却极具内涵，有限的字里行间，让每一位付出过心血与汗水的员工都会感受一份炽热。可别小看这么一张简单的卡片，她的感召力远远超过一次大型报告会，她对员工是一种无形的激励，也更增加了团队凝聚力。

长城很重视员工的培训。首先在新员工刚进酒店时有为期四五天的入店培训，了解酒店情况、服务理念、酒店规章及发展。接下来的半个月到一个月时间，会进行入职教育，各部门还有具体的业务培训。喜来登长城饭店很重视职业培训。在全面开展职业教育的同时，从普通员工到部门经理，每个部门每个月都有一个小时的培训，分安全、业务等几大项。与此同时，培训部还派业务人员到国内外喜来登大酒店进行交叉培训，譬如，派员去中国香港地区学习服务意识，到德国、比利时和法国学习西餐知识。这样做一来可激励员工，二来能提高员工业务水平，保持国际知名酒店的水平。此外，各个部门时常根据实际情况进行不同重点的具体培训。长城饭店针对管理人员也有时间管理、性格分析等一整套系列培训。总之，长城的员工自进店之日起，一直处于不断学习的过程当中。

长城的领导层对人才发展和培养非常重视。他们目前正在考虑怎么去多招聘有学历的人，并且如何如留住人才。既相马，又赛马，是长城人才工程的宗旨。对人才不能仅凭文凭、学历去狭义地理解，而应当根据企业的实际岗位的实际需求去看待。目前他们正在着手做的就是怎样根据个人特点为不同员工量身订做好的自我发展的职业道路。从新员工培训，到工作一段时间后员工成长的每一个重要阶段甚至领导能力的培养等，都实施非常完善的培养机制，帮助员工成长。他们还计划将每个员工的职业生涯规划纳入管理体制，变成一种制度，即使更换领导后，管理风格会变，但体制和制度并不因此而改变。饭店同时要求经理们将注重员工成长作为自己使命中最重要的一点，评估经理人管理水平很重要的一个标志就是能否让他的团队成长。

一所系统规范的饭店业大学校

喜来登长城饭店在业内是一所正规、系统的大学校、大熔炉。在长城能学到很多东西，而长城也舍得在员工身上投入。由于社会大环境的因素，喜来登长城从开业至今向社会输送了许许多多的人才。长城人诙谐地讲：我们把人才培养成这个行业的骨干，就算是我们为社会做贡献了。

可以这么说，全国各大城市，有知名饭店的地方，就会有长城人。从长城走出去的人都会有一份长城人的骄傲与综合素质，他们离开饭店后，只要还在业内发展的，都会有所建树。

在流动是正常的、不流动是不正常的大统一认识背景下，对于人才流动，长城人能够用平常心来看待：因为企业和组织都是宝塔型结构，下面大，上面小，“人往高处走”可上面的职位又有限。加之，当今人才资源是第一资源的观念深入人心，人才争夺倍加激烈，从而加剧了人才的流动。从长城走出去的人，他们服务于我们的友商或合作伙伴，也为我们企业间的合作提供了有利条件。当然，长城也努力利用业务的增长、组织的扩大和员工的内部流动及发展来创造留人环境，建立更加完善的留人企业文化与综合机制。

总之，长城在其先进管理理念的指导下，培训机制、激励机制、人文关怀总在随着饭店与社会的发展而时时常新。

“问渠哪得清如许？为有源头活水来。”让我们衷心地祝愿喜来登长城这汪“以人为本”的管理之泉涓涓长流……

1.1.2 饭店人力资源管理的含义

饭店人力资源管理是研究饭店人力资源管理活动规律的一门综合性、应用性很强的科学。其最终目的是使人与事相协调，最大限度地发挥人的潜能，提高工作效率，适应社会经济的发展需要。

饭店与任何企业一样，都有一个投入与产出的运转过程。为了维持饭店的经营活动，必须从饭店外部输入资源。饭店的资源包括人力资源、财力资源、物力资源、信息资源、信誉资源，饭店在客人心目中的良好形象，以及与经营环境的良好关系是饭店的信誉资源等。在以上五种资源中，人力资源是饭店服务活动中最活跃的因素，也是一切资源中最重要的资源。由于该资源特殊的重要性，它被经济学家称为第一资源。人力资源相对于物力资源与财力资源来说，是可再生资源。人力资源管理的意义在于为饭店组织提供有劳动能力、服务意识、才能、创造力和推动力的人，有系统和有步骤地实施饭店企业人员招募、选择、训练和开发等计划，以及开展组织活动和实施管理行为等，以充分调动员工的工作积极性，发掘员工的内在潜力，努力营造一个良好的工作环境。

饭店人力资源管理就是科学地运用现代管理学中的计划、组织、领导、控制等职能，对饭店的人力资源进行有效的开发和管理，合理的使用，使其得到最优化的组合，并最大限度地挖掘人的潜在能力，充分调动人的积极性，使有限的人力资源发挥尽可能大的作用的一种全面管理。

1.1.3 饭店人力资源的需求定位

饭店是人力资源在内的各种资源组合而成的竞争实体。在激烈的市场竞争中，环境的变化、对手的改进和自身内部的资源消耗都会影响饭店的运行和发展。饭店竞争优势的持续保障是饭店获得发展的基本条件，而这又有赖于饭店人力资源需求的科学定位。它在根本上影响着饭店资源的增值潜力及其竞争价值。

1. 饭店人力资源的层级区分

由于技能、知识和经验的差异，饭店内的各种人力资源对饭店的贡献也不同，即在竞争力上存在层级区别。根据饭店内各种人力资源的竞争力属性，可以将他们分为 4 个基本类型，即：核心人力资源、优势人力资源、基础人力资源和劣势人力资源等 4 个层级。

(1) 饭店核心人力资源，是与饭店核心竞争力紧密度较高的相关因素之一。它是指在饭店的人力资源体系中，具有较强的战略控制能力和总体决策能力的人力资源种类，比如饭店中的高级管理人员。拥有和维持这种人力资源，饭店可以获得持续性的竞争优势。饭店的核心人力资源凝聚了饭店文化构成，他们了解本饭店的软环境、工作气氛，他们往往是本饭店所独有的。市场上不具备同类人力资源，饭店正是凭借这种人力资源确立自己有别于其他饭店的竞争优势，由于这种人力资源不易被竞争对手所模仿，因此其竞争优势是持续的。

(2) 饭店优势人力资源，指具有丰富的饭店业从业经验，具备较强的管理能力和控制能力的人力资源种类。饭店中的部门经理、主管人员等就属于饭店的优势人力资源。饭店优势人力资源能为饭店提供一定的竞争力，但这种竞争力容易被竞争对手赶超，因此不具备可持续性。饭店优势人力资源也是构成饭店竞争优势的资源之一，但在一定时期内，其他饭店可以通过自己的培训和职业锻炼来获得类似的人力资源，因此这种人力资源所确定的竞争优势有一个逐渐势微的过程。

(3) 饭店基础人力资源，指一般的饭店业从业人员，它可以通过一般的岗前培训和职业训练获得，因此它不具备稀缺性。这种人力资源能够为饭店提供一定的生产价值，没有他们，饭店会处于竞争劣势，但是其他饭店也很容易取得同样或类似的人力资源，因此它不能成为形成饭店竞争优势的人力资源。饭店中的一般服务员就属于基础性人力资源。

(4) 饭店劣势人力资源，指不具备饭店发展所需知识和服务技巧价值的人力资源。这种人力资源不能为饭店提供竞争优势，往往是饭店的包袱和累赘，常常阻碍甚至破坏饭店竞争力的形成。像不适应岗位发展需要的老员工就属于饭店劣势人力资源，摒弃这种人力资源可以降低饭店的经营管理成本，提高饭店的相对竞争力。

劣势人力资源的存在是饭店管理中一个难以避免的配置问题。其根本原因是，由于时代的飞速发展，饭店知识和服务技巧在不断变化，饭店内的人力资源在使用过程中有一个自我老化过程。如果员工的技能、管理人员的管理思想背离了饭店发展的需要，相应的人力资源就会转化为劣势人力资源。

除了内部转化以外，饭店的优势人力资源、基础人力资源和劣势人力资源和市场中的优势人力资源、基础人力资源和劣势人力资源也有一个动态的转化过程，它表现为饭店人力资源和市场人力资源的动态输入与输出。饭店人力资源的内部转化和外部转化往往交织在一起，互为推动。

需要指出的是，竞争优势是经济实体相对于竞争对手而拥有的优越条件或地位。在饭店人力资源的配置管理中，饭店总拥有一组区别于其他饭店的独特的人力资源，它主要指饭店的核心人力资源和优势人力资源。这些人力资源的存在使饭店人力资源的综合特征具有异质性，并区别于其他竞争对手。在本质上，饭店正是凭借这些异质性人力资源，才能够以更低的成本为顾客提供同样的服务和产品，或者以同等的成本为顾客提供更多、更新的服务和产品。因此，人力资源的异质性所引出的饭店异质性使饭店能够创造更好的顾客价值。由此可见，饭店人力资源的异质性是饭店竞争优势产生的源泉和基础。

2. 饭店人力资源的需求定位

饭店人力资源的需求受饭店的生命周期、饭店市场的需求和饭店人力资源柔性发展要求等诸多因素的影响。

（1）基于生命周期变化的人力资源需求定位。面对外部市场的变化，饭店会经历一个从初创、成长、成熟到衰退或变革重生的演替过程。在每一个发展阶段，饭店人力资源的累积水平都受上一阶段人力资源存量的影响。不同的人力资源配置能力是造成资源根本变化的最活跃因素，它的差异会造成饭店新的人力资源累积水平，进而影响到饭店未来的竞争状况。饭店在自身生命周期中的每一个阶段性变化都会反映在饭店人力资源结构和数量的变化上。其中，每个阶段起主导作用的人力资源存在阶段性的差异。初创期起主导作用的是饭店所拥有的少量熟练员工和管理人员等基础性资源。到了成长期，一些员工的技能和知识不断增加，并成长为具有本饭店服务经验的熟练员工，饭店文化的初步形成也使部分管理人员的管理风格趋于规范化，这些优势人力资源在这一时期起着主要的作用。而在成熟期，大量的有本饭店服务经验的熟练员工和在成熟的饭店文化模式制约下的管理人员发挥着重要的作用，饭店的核心优势也在这一时期形成。衰退期的出现则是由于知识老化的员工和管理人员的不思进取所导致的。

（2）基于市场需求变化的人力资源需求定位。饭店所拥有的人力资源优势向竞争优势转变的过程中，存在诸多的制约因素。其中除了饭店自身的资源配置外，市场的需求是决定性的因素。市场的需求就是市场对饭店竞争条件的要求，它是个宽泛的概念，其具体的选择因素包括如下 3 个。

① 市场的主流竞争范式。市场的主流竞争范式是在市场的自然选择过程中所形成的公认度较高的行业竞争方式。它主要受三个层面内容的影响，即市场的内在运行规律、国家的法律政策和通行的业务操作规则。市场的内在运行规律是市场活动的内在联系和必然发展趋势，它具有不可违抗性。国家的法律政策是国家所制定的关于饭店经营所必须遵守的法规和政策。通行的业务操作规则是在长期的市场运行中所形成的习以为常的业务处理手法和规则。主流竞争范式是向效率倾斜的竞争规则，它的形成变化反映了市场选择的结果。因此，饭店的人力资源储备和积累应该充分考虑主流竞争范式的内在要求。

② 市场的需求偏好。自现代饭店产生以来，饭店产品就处在不断的变革之中，其根本

的引致力量是市场的需求偏好变化。饭店产品的变化必然导致饭店人力资源素质需求的变化，有时还会带来新工种的产生，比如网络服务所带来的网络管理职位。只有具备相应的人力资源，饭店才能生产出符合消费者需要的饭店产品来。在市场选择中，消费者根据自己的需求偏好，用手中的货币选票来判断饭店产品的竞争力。因此，饭店人力资源的储备和积累应该以市场的需求偏好所引致的人力资源需求作为基本的定位因素。

③ 行业的技术动态。当饭店进行竞争的核心技术平台发生变化时，饭店在以往创新过程中所累积起来的人力资源结构可能变得与现有的竞争不相适应，甚至成为饭店进一步发展的阻碍因素。饭店的人力资源结构还存在一个与“产业技术动态”相互选择的交互过程。如信息技术的变化，它不仅带来饭店组织结构、管理模式的深层变动，信息知识和信息设备的操作技能也成为饭店人力资源所必须具备的基本技能。当相关的技术发生变化时，饭店的人力资源结构和种类不可避免地要进行配套变革，否则就难以适应市场的需求，获得持续性的竞争优势。

（3）基于柔性需求的饭店人力资源定位。饭店人力资源的柔性定位可以从如下 3 个角度予以考察。

① 从饭店经营目标的柔性出发对人力资源进行柔性定位。在动态的市场环境下，饭店经营的具体目标会随着市场形势的变化而不断调整，饭店产品的具体形态也会随之产生相应的波动。这种波动的背后，蕴涵着饭店人力资源需求的变化。换言之，饭店经营目标的变化会引发饭店人力资源需求的变化。在我国，由于新的消费阶层的不断产生和更替，与之相应的饭店产品也一直处在变革和调整之中，这种趋势在今天和将来会愈趋明显。因此，要想在动态的市场环境下维持饭店的竞争优势，饭店人力资源的种类、结构和数量必须具备相应的柔性。

② 从人力资源的柔性特质出发对人力资源进行柔性定位。饭店的主体产品是服务，因此产品形态的具体改变主要是服务的改变。饭店服务所依赖的资源主要是管理资源、服务员和服务设施等资源种类。饭店可以通过改变人力资源的技能、经验来营造完全不同的服务产品，而这种改变可以建立在饭店其他资源不发生变化的情况之下。在饭店中，人力资源的改变和流动是饭店资源变动的主体，而一般的工业产品在改变产品形态的时候，它需要原材料、加工设备、加工流程等一系列的资源配套改革，这正是饭店和一般工业企业所存在的最大的差别。因此，饭店人力资源需要具备较强的柔性。

③ 饭店人力资源的柔性主要有三个衡量指标，即饭店人力资源的有效使用范围、人力资源移作他用所需要的时间和人力资源移作他用所耗费的成本。比如经过跨部门培训的服务员，他一般能在较短的时间内转换到其他部门从事服务工作，而且不必再接受新部门的上岗培训。这种人力资源具有较广的使用范围、移作他用所需的时间短、耗费的成本也低，这是典型的高柔性人力资源。一般而言，人力资源的专业性和专用性越强，其柔性就越低。饭店可以通过选择高柔性特质的人力资源或增强单体人力资源的柔性（比如加强员工培训）来提高饭店人力资源整体的柔性。饭店应该根据自己的发展需要储备相当数量的柔性人力资

源，以应付市场或内部人力资源的突变。

饭店在对人力资源需求计划进行定位时，应该综合地从饭店发展的生命周期、饭店市场需求的变化，以及饭店人力资源的柔性发展要求等适度进行衡量，通过这种三维的复合选择来增强人力资源需求定位的科学性和前瞻性，为饭店竞争力的形成提供最坚实的基础。

1.1.4 饭店人力资源管理的特点

现代饭店人力资源管理是包括传统的人事行政管理、员工的激励与管理和潜能开发利用的一种全面管理。它包括以下特点。

1. 饭店人力资源管理是一种动态的、较为全面的管理

饭店人力资源管理的范畴相对来说比较广泛。应该说，凡是与饭店员工的需求和供应有关的问题，都是饭店人力资源管理研究的对象。饭店人力资源管理不仅包括根据饭店的整体目标为饭店提供和选拔合适人才等人事管理的职能，如对饭店员工的录用、培训、升迁、奖惩、退职等全过程的管理等，即对饭店的经营管理的各个环节和各个方面的人事管理工作统一计划和组织管理，使之形成一个有机的整体。而且还包括如何来创造一个良好的工作环境，调动员工的工作积极性，指导员工工作，改善员工的工作环境和生活条件，发展员工潜在的各项能力等。这就要求在饭店的经营过程中，注重“软件”应用，即重视员工的心理，关注员工的情绪，了解员工的思想，合理地利用饭店人力资源管理活动，激发员工的工作积极性。这是一种在广义的范畴下在动态中进行的较为全面的管理活动。

伴随着知识经济的到来，中国饭店业竞争的焦点将集中在人才资源方面。谁拥有人才优势，谁就能抢占市场先机，谁就能克敌制胜，谁就能永言不败。因此，每一家现代饭店企业都应该建立“竞争上岗，优胜劣汰”的人才激励机制，坚持“公平竞争，择优录取，能上能下，可进可出，自然吐故，自动纳新”的动态人才管理原则，定期开展全员任职资格考评活动及管理岗位公开竞聘活动，为每个人都能提供不断认识自我，不断展示自我，不断完善自我和不断实现自我的机会与条件，最终建成“逆水行舟，不进则退，动态激励，不断进取”的人才自我管理机制，即：动态个性化人才管理机制。

建立动态个性化人才管理模式，必须要对以下观念有所认同与理解。

（1）员工不应被看作简单的劳动成本，而应被看作可持续开发的人力资源；有别于物质资源，人力资源可以被反复不断地开发利用，并能逐步转换为宝贵的人才资源，因此对人力资源投资的回报率远远超过对任何其他资源投资的回报率。

（2）员工追求的不仅仅是一份理想的工作，而且还是一项有发展前途的事业或职业。一项择业标准调查结果显示：有71%的被调查者将“个人发展前途”列为择业考虑的主要因素。因此，当饭店进行工作设计时，一定要力争使每一项工作都与员工的个人发展前途相关联。

（3）员工不应仅仅靠机械的奖惩制度来管理，而且还应靠灵活的思想工作来管理；奖惩制度强调的是外界因素对个人行为的作用，往往忽略了人的主观能动性，而思想工作强调的是内在因素对个人行为的作用，即通过调动员工的主观能动性来进行自我完善、自我管理和自我实现；前者注重的是法治，而后者注重的是德治。

（4）员工不应再被强制性地固定在一个岗位或部门而应被允许定期调换岗位和部门。

（5）员工不应仅仅接受工作技能、知识的培训，而且还应接受综合素质与个人特长方面的培训。

（6）员工不应仅仅靠物质刺激来激励，而且还应靠成就感，被尊重感，被承认感和被关心感等精神刺激来激励。

（7）管理者不应再想方设法阻止人才外流，而应主动为人才提供或创造内部流动的机会与条件。

（8）管理者不应再继续沿用被动救火型管理方式而应引用主动防火型管理方式。

（9）管理者不应再凭长官意志来指定接班人或调换员工的工作岗位，而应根据员工意志并通过公平、公开和公正的竞争来择优录取。

（10）管理者不应再仅仅以一技之长和工作经验来作为主要选人标准，而且还应兼顾候选人的综合素质与发展潜力。

（11）管理者不应仅仅鼓励忠于职守和勤奋工作，而且还应鼓励拼搏向上和开拓创新。

（12）管理者不应再一味地追求“我赢”，而且还应不断地追求“双赢”，即饭店利润与员工价值的同步扩大。

2. 饭店人力资源管理是一种全方位、全员性的管理

饭店人力资源的开发与管理，既是一项日常的、表层的，同时又是长期的、渐进的深入的管理。不仅要对饭店中各类人员进行全员培训与考核，把每一位员工都看成宝贵的资源，并发挥其应有的作用。无论服务员、工程技术人员或是管理人员，都有长短期的开发能力计划，以达到胜任本职工作和提高素质的目的，而且包括饭店全体管理人员对下属进行有效的管理与督导。若要有效，就不能局限在对下属一般意义上的相知，必须在更广深的层面上下工夫。这样，饭店人力资源管理就不仅仅是饭店人力资源部门独家的业务工作，而且应该是饭店全体管理人员的必须和日常的工作，尽管侧重点和着眼点或许有所不同。因此，饭店的每个管理人员都应该了解和掌握人力资源管理的理论、方法，以及人力资源管理的职能，开发利用人的才能。对现代饭店的管理者来说，要真正了解一个员工，掌握一个人各方面的情况，应该坚持这样的原则：不凭主观臆断，而要在日常工作和生活的实践中去了解、检验。

（1）知人的长处与短处。通常意义上的知人，从根本上说，是要知道人的长处与短处。例如作为饭店管理者，所属员工具体到某人，究竟是外语运用程度更好一些，还是实际操作技能算强项？是应变能力较好，还是性格内向不善交际，等等，并据此加以任用。在现实生活中，人们往往存在一种偏见，认为一个称得上“人才”的人一定具有超人的素质，可以把他放在任何一个岗位上，这是片面的、不恰当的。要知道人不是神，有长处，也有短处，不可能是全才。因此知人要客观一些，要一分为二，分清主流和支流，不能求全责备。人的长处和短处，人的外显能力和潜力，有时可以是一目了然的，而更多的时候要获得更多的真知却不那么容易。例如饭店员工的敢于创新和好出风头，甘当配角和胸无大志，当机立断和主观武断，坚持原则和墨守成规，相机行事和自作主张，等等，往往很难区分。这是因为人的缺点在许多时候与他的优点相联系。因此，作为饭店管理者应辩证地看待人的长、短处，并从两者的区分和联系中，力求既知其长又知其短。

（2）知人的发展趋向。人的长处和短处，并不是固其终身、一成不变的，而是在环境和自身的综合作用下不断变化的。因此，知人不仅要知其现在，还要知人的长处和短处的变化及其总体发展趋向。只有知晓每位员工的发展趋向，饭店管理者才有可能为人才的成长尽量创造一些条件，才能真正地将人使用好。

（3）知人的潜在才能。人的潜在才能是受各种因素影响的。由于种种潜能因素的影响，有些人的才能潜藏于深处，而有些甚至连本人都没有意识到。作为饭店管理者应发现员工的各种潜在才能，为其疏通“出口”，使其潜在的才能充分发挥出来。

目前，国内外不少企业所采用的发现人的潜在才能的方法很多，归纳起来主要有如下 3 种。

① 追踪调查预测法。这种方法较为全面细致，但花费的时间和精力较多，主要是对对象的成长过程进行全面跟踪调查，充分了解他的过去和现在各种能力的增长变化情况，并进行分析，从而预测出他的潜在才能。

② 实践预测法。这种方法的时效性较强，而且便于操作。主要是把对象放到实际工作中去锻炼，给他们创造一个展示才能的机会和条件，然后根据他们的现实表现和工作实绩，综合分析评判他的各种能力的大小。

③ 专家评议法。这种方法较为权威和理性化，主要是聘请有关专家、学者对人才的能力进行评估。

（4）知人的内心世界。人是社会性的高级动物，其基本属性、内心世界及其行为表现是十分复杂和具体的，并且既具有共性也有个性。对于一个现实生活中的人，其行为的表现及能力的发挥，在于内在的动力。尽管人的内心世界比较难测，但作为饭店管理者应尽量了解员工的内心世界，只有知其心，才可知其人。

在现代化条件下，饭店应当而且完全可以建立一系列制度，掌握知人之术。尤其是要掌握组织行为学的某些知识，并通过各种制度和方法，真正了解员工。例如可以充分利用计算机等媒体，建立饭店员工个人资料数据库，除一般性的常规档案资料外，还应详细记载其特点、专长、兴趣和在学内容等，从而掌握每个人的基本情况。美国著名管理学家 M·费卫林根据自己的经验和研究，提出知人应该摒弃个人喜恶，不图外表，不单看履历，认识聘用者的背景等，这都是饭店管理者在现实工作中值得借鉴的。

3. 饭店人力资源管理是一种系统性、综合性的管理

饭店人力资源管理既然是一种全方位、全员性的管理，就不可能由哪一个部门或哪一位管理者来孤立地实施，而必须将其作为系统工程来认识和运作。该系统由录用系统、培训系统、使用系统、奖惩系统、离退系统等围绕着总系统目标进行运转的数个子系统组成，还应看到其有综合性的特点。在管理制度、管理体制和管理方法上，要善于兼收并蓄、取长补短，既要结合我国的国情和人员素质的实际情况，又要积极借鉴国际上许多饭店先进的管理经验，如行为科学、管理心理学的科学内容；既要提倡人才的合理流动，又要从经济效益角度促使业务骨干保持相对稳定等。在管理思想、管理目标、管理内容等方面，必须采取一系列措施，而且这些措施本身要配套，要相辅相成，不能顾此失彼。也就是说，不搞单一的管理，而要配合运用各种制度和方法进行综合管理。系统管理和综合管理的中心内容，主要体现“以人为中心的饭店立体管理模式”。其具体内容由“三维空间”，“九个要素”构成。

一维是个体素质开发维，即自觉性开发。其目的是提高员工自我管理、自我调节、自我开发的能力。为此，要从文化、教育、修养三个方面来努力，即包括文化、教育、修养三个要素。在这一维的三个要素中，文化是前提。这里的文化，是指饭店企业文化。就是要通过企业文化，来增强员工行为的自觉性，促使员工与饭店之间形成一个同舟共济、利益分享、风险共担的命运共同体。教育这个要素是基础，饭店在竞争中取得优胜和发展靠管理水平和服务质量，管理水平和服务质量靠人才，人才靠教育。要通过全方位的员工教育来开发员工的智慧，提高员工的素质。修养这个要素是手段，就是要用自我修养的方式提高员工的综合素质，增强员工自我管理、自我调节的能力。

二维是集体行为调控维，即强制性的驱动。其目的是为了保证人的行为的合理性和有效性。个人行为要与集体行为一致，否则饭店就不能奏出和谐优美的乐章。为此，要在组织、制度、激励三方面下工夫，即包括组织、制度、激励三个要素。在这些要素中，组织是骨骼。组织形成既要有利于个人积极性的发挥，又要有利于集体优势的发挥。不仅要使人与物和谐，更要使人与人和谐。制度这个要素是保证。个体的积极性与群体的协调性，能否在良性循环的“磨合”中渐趋一致，不能依赖于“人治”，而必须科学化、规范化，即要靠科学的制度来加以保证。激励这个要素是杠杆。激励既包括物质方面，也包括精神方面。把三个要素有机组合起来，就能形成对人的行为的合理有效的强制性驱动，从而取得更大的群体效能。

三维是物质、社会保障，即积极性“再充电”维。这一维包括生活、交往、保健三要素。也就是说，饭店人力资源的开发与管理，绝不仅仅是管理者向员工的单方索取，期望最大限度地“榨干”员工的所有能量，以实现急功近利的短期效应目标。这样或许会收取一时之效，但最后结果只能是以失败而告终。饭店人力资源的开发与管理，既然作为具有综合性的系统，就要统筹兼顾，在提高员工的素质和调动积极性的同时，还必须解决员工的多层次需要问题。饭店员工作为人，至少有生理、安全、社交、文化及自我发展等需要。为此，就要使员工生活社会化，交往广泛化和保健科学化，为员工提供物质、社会的保障。这样，就可以对员工多方面、多层次的物质文化需要提供有效的基本保障，从而实现对员工的积极性“再充电”。

从“以人为中心的立体管理”的“三维空间”、“九个要素”的相互关系看，自觉性的开发，侧重于个体素质和积极性的提高；强制性的驱动，侧重于群体行为的协调性和有效性；积极性的再充电侧重于人的多种需要的满足。综合起来看，用一个公式可描述为：

饭店生命 = 人的素质 + 积极性 + 自觉性的开发 + 强制性的驱动 + 积极性的再充电

4. 饭店人力资源管理是一种科学化的管理

现代饭店人力资源管理是一项复杂的、综合性的系统工程，其运作方式和手段如果以曾在某些单位久为实行的“五个一工程”（一张报纸、一杯浓茶、一支香烟、一部电话、一叠报表）为蓝本，显然是远远不能适应的了。应该逐步实现标准化、程序化、制度化和定量化。

1）标准化

标准化是指按照饭店岗位制定的有关工作的数量、质量、时间、态度的书面文件。其主要内容有以下几个方面。

（1）该岗位的职责任务。

（2）每项任务的数量、质量要求。

（3）完成每项任务的程序和方法。

（4）与相关岗位的协调配合。

（5）工作任务完成情况的考核办法。

（6）标准的审核、批准人、批准时间、编号等。

例如，饭店录用员工要有素质条件的标准；岗位培训要有合格条件标准；操作要有方法和时间标准；劳动报酬要有等级标准；各部门要有定员标准；服务工作要有质量标准等。

一般来说，标准化制定的方法如下。

（1）以工作数量规定工作标准。工作数量标准通常是规定在某段时间内对某种工作应完成某种数量，或完成一件工作需要多少时间。一般来说，凡工作程序与方法较为固定，工作成果数量易于计算，处理一件工作所需时间易于估计的，可用应达到的工作数量制定工作标准。例如饭店中的服务规程的制定。

（2）以工作质量确定工作标准。工作质量标准指处理工作时，在质量上应该达到的要求。例如饭店餐饮部在菜肴的色、香、味、卫生状况、质价相符应该达到的要求；客房部在整理客房时在整洁度、清洁度和卫生状况、用品配置上应该达到的要求等。凡对工作成果的要求，其外表、正确性、适应性、有用性等，较工作数量重要时，可以用工作质量制定工作标准。

（3）以工作时限规定工作标准。工作时限标准指规定完成工作的期限。大凡因逾越时限将损害当事人或组织权益，或严重影响组织信誉，或将失去预期效果的，都需订立时限工作标准。国际上许多饭店都十分讲求服务效率，如上菜应在多长时间之内；清扫一间客房多长时间内完成；设备坏了要在多长时间内修好；总台结账多长时间内完成；甚至电话总机铃响几遍必须应接都有明确的时间标准。尽管不同的国家、不同的地区、不同的饭店在定量上有所区别，但“快捷、简便”是共同的准则。

（4）以工作态度规定工作标准。工作态度标准，指在处理工作时，在姿态、仪表、言辞等方面，规定其应达到的要求。凡在工作上特别需要重视与同事的合作、与客人的接触等需要开展人际关系的处所，可以用工作态度订立工作标准。例如饭店员工在工作岗位上向客人提供服务时，在态度上就应按标准表现出诚恳、热情、和蔼、耐心，做到微笑服务。正如美国商业旅馆的创始人埃尔斯沃思·斯塔特勒先生曾经指出的那样："服务指的是一位雇员对客人所表示的谦恭的、有效的关心程度。"这里所说的谦恭的、有效的关心，就是对服务态度的要求，也是工作态度的基本要求。

订立标准化常用的上述 4 种方法，饭店管理者视所属员工的情况，可适当地选择应用。如员工所处理的工作项目较多，对各工作项目的要求也不相同，或对同一工作项目有不同要求时，宜从工作数量、工作质量、工作态度、工作时限等方面，选用若干种分别规定应达到的要求。

2）程序化

程序化是按照项目制定的有关管理步骤的规定。它对管理或工作的过程进行科学的分段，规定各阶段工作的先后顺序和每个阶段的工作内容、要达到的标准、责任者及完成时间，它是各项目管理或生产活动客观规律的反映和要求。程序化可以使饭店人力资源管理工作井然有序，按程序办事，按照管理业务的内在联系建立科学的信息流程。

标准化和程序化是饭店人力资源管理中的两个重要内容，它们之间既有联系又有区别。它们之间的联系主要表现在如下 3 个方面。

（1）一致性。它们都是饭店服务和经营管理活动实际经验和先进方法的概括，都是饭店服务和经营活动客观规律的总结和表述，都是员工从事服务和管理的工作依据、活动规范和行为准则。

（2）标准化中规定着完成每项工作内容的程序，工作必须按规定的程序进行；程序化中规定着完成每一项工作步骤必须达到的工作标准要求，程序必须按标准进行。

（3）程序化中的每个工作步骤都必须有相应岗位来承担并完成，每个步骤的工作内容和要求都必须在岗位的工作标准里做出具体规定。没有工作标准，程序化的执行就没有保证，系统目标也难以达到；反过来，每一岗位的工作又必须由程序化来衔接和协调，以保持系统的平衡和畅通，保证系统目标的实现。离开程序化，工作标准只是分散的"细胞"，无整体效应可言。

标准化和程序化的区别在于如下 4 个方面。

（1）对象不同。标准化是按岗位制定的，是从岗位的性质、特点和应负的责任出发，对岗位工作范围这一"块"的活动的任务、内容、方法要求、考核办法的规定；程序化则是按服务或管理项目这一"条"制定，是对项目活动系统各环节的前后顺序、衔接内容、应承担的责任、质量要求的组织。

（2）依据不同。标准化是以岗位职责条例为前提制定的，是对岗位工作实际经验和先进方法的总结和提炼，是开展该岗位活动的最佳方案；程序化则是以各项目的管理制度为前提制定的，是对各项目活动过程的总结和表述，是从事各项目服务或管理活动的最佳方案。

（3）用途不同。标准化是岗位工作人员开展本岗位业务的工作蓝本、活动规范、行为准则和考核依据；程序化则是有关岗位人员从事该项目服务或管理业务的工作依据，活动规范和应共同遵守的行为准则。

（4）侧重点不同。标准化强调的是岗位职责范围这一“块”，重点是保证和满足岗位工作的科学性、岗位任务的完成和岗位目标的实现；程序化则强调服务或管理项目的系统性、项目各环节的协调配合与紧密衔接，重点是保证该项目活动系统的稳定畅通和系统目标的实现。

3）制度化

制度化是指饭店人力资源管理工作应建立严格的规章制度，使饭店员工的招聘、录用、培训、考核、奖惩、选拔、调动、退休以及潜能的开发利用等都有章可循，无论整体运行还是各个环节都能规范化。

饭店是社会经济系统中的一个子系统，它的生存发展必须适合社会经济环境对它的要求和制约。饭店适应社会经济的基本前提，必然是其主体——饭店人的行为应该也必须符合社会的共同规范。如果一座饭店内，人人都醉心于个人谋私利，不遵守社会公德，违法乱纪，那么该饭店绝不可能有生命力，必将被社会所淘汰。因此，饭店约束人的首要任务是教育包括管理者在内的全体员工遵纪守法，遵守社会法定和公认的行为准则。无论什么样的饭店，不管它的性质、类型、规模有多大差异，就约束员工做合格的社会人而言，约束的内容是相同的，具有共性。因为饭店的员工，首先是社会人，是生活在特定社会环境、受社会公认的各种规范制约的人；其次才是饭店人，是为饭店共同目标和个人生存发展目标而工作劳动的人，只有做合格的社会人，才可能成为杰出的饭店人。引导饭店员工既做合格的社会人，又力争成为杰出的饭店人，是饭店不可推卸的责任。

“没有规矩，不成方圆”。对现代饭店来说，这句话的含义尤为深刻。饭店的规矩就是规章制度，饭店的规章制度，是对饭店从业人员在共同劳动中应当执行的工作职责、工作程序和工作方法等所作的规定，具有法定性和强制性。因此，饭店的规章制度在某种意义上来说就是饭店的“法”。现代饭店经营管理是一个繁杂的过程，必须合理地组织从业人员的分工协作关系，组织服务过程中人与设备设施等之间的关系。这就需要科学的规章制度，使饭店员工有所遵循，做到统一指挥、统一行动、人人有专责、事事有标准，以保证饭店的经营管理活动顺利进行。饭店规模越大，设备设施越先进，功能越齐全，分工协作关系越复杂，规章制度就越重要。

饭店规章制度的制定，当然不能形同虚设，而要起着约束人的作用。管理思想发展的历程和饭店自身的实践说明，尽管对组织成员的约束几乎视为管理的同义词，但是，只靠严厉的约束人是不可能真正实现饭店追求的目标的。

美国曾有一本畅销书，名曰《一分钟经理》，是近年来美国管理界风行一时的书。该书的作者花费了许多时间，拜访了各式各样的经理，得出了这样一个结论：种种经理，归纳起来可以分为：“严厉的”和“温和的”两类。严厉的经理所管理的企业，看起来是发了财，但员工们却没有得到更多的好处；温和的经理自称民主行事，员工们皆大欢喜，但企业却往往遭殃。显然，无论严厉的或是温和的管理者，都难以引导企业顺利发展。

现在饭店就碰到这样一个两难的选择，一方面，任何饭店要生存都离不开约束从业人员，都必须强调个人行为的纪律性；另一方面，饭店的约束又不可避免地会与个性发生冲突，甚至可能抑制个人的自主性和创造性。解决这一矛盾的基本思路应该是，合理地确定约束的“度”，即合理规定约束人的松紧程度。美国的管理学者彼得斯和沃特曼在其名著《成功之路》中，曾对企业约束人的“度”的问题，做了精辟的概括，这就是“紧中有松，松中有紧”，实质是让坚定的集中指导与最大限度的个人自主并存。以紧中有松，松中有紧的原则为基础的企业，其组织管理的基本特征是，一方面严格地约束人，让全体员工严格执行企业的计划和纪律；另一方面又允许甚至鼓励员工享有自主权和发挥创造性。严格执行纪律，是约束人的“紧”的方面，自主和创造则是“松”的方面。纪律和目标的约束与个人自主并非不可调和的矛盾。正像学校中守纪律的班级往往学习效果较佳一样，有严格纪律的企业更能让员工在实现企业目标的轨道上，充分发挥能动性和创造力。要有效地约束人，必须宽严相宜，约束适度，就是说恰到好处。当宽则宽，当严则严，太刚易折，太柔易废；约束人必须有法必依，执法公正，绝不能朝令夕改；约束人必须合理解决执行纪律、规范行为和发挥员工的自主性、创造性的矛盾。适当约束人的目的不是要限制人的思想和主观能动性，而是要力图使人与企业形成唇齿相依的有机联系，齐心协力地为实现企业的价值观和目标而贡献智慧和力量。约束人的目的为约束人提出了两项具体要求：第一，约束必须是适度的；第二，约束应当是有效的。适度的约束才能做到既规范人的行为，又不过分限制企业员工的个性和创造性。有效的约束既指约束具有权威性，并非纸上谈兵，能取得预期效果；又指约束是高效率的，即花费最少的精力和时间，就可以获取期望的成效。在寻求最佳的约束方式时，有效性和适度性应成为我们的基本要求。

如果认为约束人仅仅是指上级对下级的约束，那就是偏颇之见了。其实，约束人既指上级对下级的约束，也指下级对上级的约束。而有效约束的真正基础，是用饭店的价值观、目标和规章制度来约束饭店的全体人员，包括经理们及普通员工。

治国要讲法制，讲“法律面前人人平等”，管理饭店同样也需讲法制。饭店全体员工在饭店的“法”——规章制度面前人人平等。传统管理与现代管理的根本区别之一，就是看管理是以“人治”为基础，还是以法制为基础。饭店约束人能否取得预期的效果，与约束是否具有平等性、全员性密切相关。饭店的普通员工常常是约束的主要对象，对他们的约束一般不会出现认识上的误区。饭店的管理者则往往处于“执法者”的地位，约束下属是他们的职责之一，执行好这一职责相对来说，容易一些；但是，管理者自身的约束，特别是高层管理者自身的约束，就困难得多。首先，“执法者”的特殊地位和权威容易使他们忽略对自身的约束；其次，现有的组织管理理论强调了上级对下级的统一指挥这一必要的基本准则，也容易使人们产生误解，以为下级与上级的关系仅仅是服从与被服从的关系。这两个认识问题很容易导致饭店缺乏约束管理者的机制，使下属难以监督管理者受约束的状况。饭店实施“法制”的基本特征就是在制度面前人人平等，只有解决了约束管理者的问题，才能谈得上人人平等。

约束人的工作主要靠管理者来做，管理者自身的行为，对约束人的效果有着极大的影响。日本著名企业家，松下公司的创立者松下幸之助之所以能使他创办的松下公司从小到大，从弱变强，也与他本人严于律己的作风密不可分。松下公司曾规定，凡员工上班时间迟到，就罚薪一个月。新年伊始，松下决心以身作则，绝不迟到。然而，在他第一天上班时，接他的专车却未按时到来，无奈他只得改乘电车，谁知电车刚刚启动，接他上班的专车又来了，于是他又下电车而改乘专车。就这样，由于几经折腾，虽然紧赶慢赶，到公司时松下还是迟到了 10 分钟。尽管是事出有因，松下仍然认为迟到是不对的，必须照章办事。因此，他主动将该月工资交还公司。这一举动打动了全体员工，从此，松下公司基本消除了迟到现象。松下先生的做法说明，只有正己才能律人。要使规章制度得到不折不扣的贯彻，管理者必须从自身做起。某饭店连续接待了三个大型团队，饭店上下都是加班加点，作为前厅部经理更是里外奔波，忙得不可开交，连续几天没有很好休息。适逢一日上午稍有闲暇，他就在大堂一侧咖啡厅座椅上小睡了一会儿，事后他向员工解释是太疲乏了。事有凑巧，第二天上班时，又因道路拥挤堵车，虽然这位经理唯恐迟到而坐出租车赶来，但还是迟到了半小时。尽管他向员工们解释了迟到的原因，而且大家当面对这两件事都未置可否，但在相当一段时间内，前厅部违反饭店规章制度的现象却屡屡发生。

在饭店中，人是经营管理和服务活动中最活跃的要素。与其他要素不同，人有自己的意识、独特的目标和自主行为。如果一个饭店仅仅把人作为约束的客体，就会完全扼杀人的自主性和创造性，使约束效率很低，也无法做到“适度”的约束。因此，约束人不能仅仅理解为人就是约束的客体，不能片面地认为必须靠外部环境的作用才能规范人的行为。事实上，饭店中的每一个人既是约束的客体，又是约束的主体，每一个人都会受到饭店的价值观、目标、规章制度以及上级的约束。饭店经理们亦不例外。就此而言，人是约束的客体；另一方面，大多数员工都肩负着按饭店要求约束他人的责任。此外，每一个人都必然对自己的思想、对自己的行为按认定的规范进行约束，因此，人又是约束的主体。

4）定量化

定量化是指饭店员工有合理的定员与定额。考核系统有科学的数量依据等。定额制定或修改要经常进行测试和统计分析，考核系统可利用人员功能测评和对积极性状态等进行统计分类，综合评价，搞好定量分析。

1.1.5 饭店人力资源管理的任务

1. 科学地了解和评价人

饭店为了正常开展业务，必须拥有一批具有各种特长和才能的人员，要不断培养和造就各种人才，使用各种人才，其基础首先是了解和评价人。要了解人，就要研究和一定社会形态相联系的人所具有的本质特征和意识观念，研究人的需要和追求，研究人的个性特征，研究人的长处和弱点，从社会学和生理学的角度对人的不同特征进行研究分类。通过研究，对研究对象有一个全面的了解和客观的评价。对人的了解和评价既要从整体出发，确立正确的人生观和科学的评价尺度，也需从每个个体的特殊性出发，了解和评价各个个体的基本素质、思想意识、才智能力、业务水平，造就的可能性和缺陷。对个体的了解评价也许更现实更重要。只有当每个个体的状态和发展趋势得到客观全面的反映和分析评价，那么造就人才，开发人力资源才能有一个坚实的基础。

2. 积极造就并且合理使用人

饭店人员工作的基本特点是独立性强。在独立作业过程中，可充分运用自身的智慧才能和经验。这种独立性要求饭店从业人员具有某一方面合格的业务能力，具有较强的独立工作能力，所有这些能力需要培养和造就。

当人存在于世时就具备原始的基本素质，人的原始基本素质只是能从事某一职业的基础。而要适合某一行业的需要，还必须具备行业素质。饭店人员的行业素质是指从业人员所具有的能适合本行业特定工作内容和工作对象的自身素质。行业素质不但因行业内容、标准、要求不同，在同一行业还有层次标准的不同。饭店从业人员要达到规定的行业素质标准，并不断地向高层次发展，就要对从业人员进行专业训练和素质塑造。训练和塑造既包括有计划有目的的灌输、训练，也包括引导并创造条件让从业人员发挥主动性，进行自我训练和自我塑造，以求得自我发展，而且具备饭店各专业业务所需要的行业素质。也就是说，造就人是在了解和评价人的基础上，根据每个人的长处和短处，给予外在的条件和培养产生内在的动力，充实强化从业人员的长处，克服消除短处，从而成才的过程。

造就人的目的是为了使用人。使用人就是根据每个人的特长和才能，把它放到合适的岗位上，使每个人的才智能得到尽可能充分的发挥。使用人是在评价人、造就人的基础上，对人量才录用，是人力资源开发的中心任务。使用人的含义为：第一，把每个从业人员放到适合的岗位；第二，大胆放手使用，积极引导、指导，而不是过多的干预。第三，有使用就要有考核、考评，以使每个人能更恰当地发挥自己的才能；第四，使用和造就相结合，有使用也要有造就。

3. 优化组合人才群体结构

一支优秀的员工队伍，必须经过科学合理的配置，才能形成最佳的员工组合。饭店人才群体结构是指群体成员的能力、知识、专业、性格、年龄，以及思想、道德观念等要素的组合联系，饭店人才群体结构的优化组合就是上述内容的有机结合。即饭店员工为了一个共同的目标，通过一定的社会关系，在饭店内组成一个相对独立的人才群体，又通过某种联系形成饭店人才群体结构。这种结构形式决定各个饭店员工（如总经理、部门经理、服务人员）在群体中所应处的地位和作用，所应承担的相对独立的职责和任务，通过群体结构将他们联系在一起，相互发生作用，形成一个有机的整体。其意义和作用如下。

（1）优化组合人才群体结构，不仅求得人与事的最佳结合，且能协调同事之间的人际关系，会在思想、感情上产生共鸣，彼此之间思路相通、互相帮助、互相鼓励，达到人与人的最佳配合，进而增强群体的向心力和凝聚力。

（2）优化组合人才群体结构，充分调动饭店员工的积极性和创造性，提高饭店整体工作效能。其内容之一，是以因事择人、依才适用的原则来使用人才，确立能者为上的价值取向，引导员工争先竞优，从而调动起员工的积极性和创造精神。其内容之二，是根据优势互补，合理组织人才，发挥群体效应的原则，把不同知识、能力、性格、年龄的人有机结合在一起，形成一个科学合理的群体智能结构，以提高整体工作效能。

（3）优化组合人才群体结构，科学地定岗、定人、定责，无疑对提高饭店科学管理水平，将起到积极作用。

为了保证人才结构的逐步优化，应从以下几方面着手。

（1）优势互补、相互适应。一个优化的群体结构并不等于简单的优秀个体相加。因此，在组合优化群体结构时，既要考虑个体智能结构的全面，更要注重群体人才的最佳集合。根据优势互补、合理组织、发挥群体效应的原则，把不同知识、能力、性格、年龄的人有机地结合在一起，使之性格互补、知识互用、能力互接，变专能的人才个体为多能的人才群体。

（2）优势定位，职能相称。根据每个人的年龄、专业技术、能力、性格、气质、学历、思想品德等因素，把员工安置在最有利于显示和发挥其优势和长处的工作岗位上，做到职能相称，以便产生最大的人才效益和工作效能。要把思想素质好并具有较高业务水平、管理决策能力和有领导魅力的人才安置在领导岗位上。用好、用准一个管理者，就能理顺、推进一个部门。对一般员工的配置，也应打破论资排辈，把真正胜任能干的员工安排到适得其所的岗位上。

（3）加强在职培训，保证人才知识结构的不断优化。坚持有计划有步骤地对饭店员工进行饭店方针政策、饭店法规、职业道德水平、外语和计算机等课程的业余培训和考试，按照统一的经营管理体系和模式，进行管理理论和实际相结合的规范化培训。有条件的饭店可实行国内教育与境外培训相结合，变国内封闭教育为与国际饭店教育相接轨的开放教育，使境外培训成为行业管理者教育的有机延伸。总之，要方向明确、目标具体、措施落实，并逐步走向经常化、制度化，这是饭店人才知识结构优化的保证措施。

（4）动态调节，不断完善。一个新的人才群体的组成并不是人才配置工作的结束。随着社会政治经济的发展，人才群体目标及群体中个体成员自身一直发生着变化。原来合理的群体结构，因主客观条件变化，可能发生不协调的变化，这就需要进行动态调节，使群体结构不断完善。

4. 处理好人才流动问题

在市场经济条件下，人才稳定是相对的，流动是绝对的。对一家饭店而言，员工流动过快无疑不利于企业的发展。根据有关调查资料，近年来饭店员工流动比较频繁，不少饭店流动率都在25%以上。星级越高，流动率越高；学历越高，流动越快；能力强且比较年轻的中低层管理人才及专业技术人才流动大。影响员工流动的五个基本要素是：个人发展、学习、工资福利、成就感和人际关系。面对这种状况，饭店如何留住人才特别是优秀人才，建立饭店与员工的相互忠诚关系，就成了人力资源的一个重要课题。

人才流动问题是任何饭店都不可回避的。所谓人才流动是指各饭店之间、饭店和其他行业之间使人才有来有往、能进能出，使饭店的人才能够选择其合适的职位从而发挥其特长，逐步形成合理的人才智力结构。合理的正常的人才流动对饭店来说是必要的，饭店业务的开展，要有各层面的专业人员，各类专业人员也需要不断地增加和更新。由于饭店工作多是复杂劳动，对智商和智力发挥的要求比较高，对饭店人员的选择性比一般行业要强一些。这些条件没有一个饭店一开始就具备，这就决定了饭店要从社会和同行业中引进和充实人才，以满足本身发展的需要。当然饭店在引进人才的同时，也要允许本饭店人才外流。

饭店要正确对待、认真处理好人才流动，懂得人才流动的客观必然性和人才流动的规律，在保证本饭店人才基本稳定的前提下，允许人才正常流动。饭店对外要进行人才交流，对内则要注意人才的调适。所谓人才调适是指在饭店内部允许各人根据自己的特长和对岗位的适应性，在各岗位之间进行适当的调整。

中国饭店业市场化给饭店带来的一个重要的变化，就是饭店业人才流动的频繁和加剧。人们把员工，特别是管理人员流动称之为跳槽。如今，跳槽似乎成为一种时尚和自我价值的实现方式，愈演愈烈。许多经营者发出了“人才咋就留不住”的困惑和无奈。跳槽成为困扰经营者的一个难题。如何正确认识饭店人跳槽现象？应该说，分析跳槽的原因，按照人才流动的特点进行人力资源管理，发挥人才流动的积极作用、限制其消极作用，是饭店经营者必须面对的新课题。

1）跳槽的原因分析

饭店作为劳动密集型产业，人员流动高于其他行业是正常的。人们一直认为正常的饭店人员流动在 10%～15%。根据中国旅游协会人力资源开发培训中心对国内 23 个城市部分星级饭店的调查统计，近 5 年员工流动率最低在 22.56%，最高在 25.645%，平均为 23.95%。饭店人员流动比例居高不下，是由多方面原因造成的。有员工的直接动机、有饭店管理上的原因，也有社会观念和市场变化的间接原因。

（1）为实现自身价值，谋求发展而跳槽。在流动群体中，主要为中、高级管理人员和大学生。有调查表明，在杭州市有 10 家饭店近 3 年招聘了 168 名大学生，目前已流失 111 名，流失率达 66%。其中不到 1 年就离开的有 81 名。在海南有的饭店新招聘的大学生，工作不到两年全部流失，主要原因在于他们心理预期与现实工作存在较大差距。中、高级管理人员跳槽，有的是对领导不满意，有的是对工作环境不满意，有的是对发展空间不满意。

（2）为寻求更高的薪酬收入而跳槽。寻求高收入，也是跳槽的一个重要原因。目前，我国饭店人员薪酬收入的差别主要体现在不同星级、不同所有制和国内、国外管理。国有饭店最为复杂，高低相差较大。国有饭店隶属于不同行业，总经理的收入往往受行业工资水平制约。比如，有的隶属于行政事业单位的饭店，每年盈利几十万元，老总的年收入不过 4 万多元，而有的保险行业所属的饭店每年亏损几百万，老总年收入在 10 万多元。同时，有些国有饭店激励机制和约束机制都比较差，每年招待费十几万、几十万元。经营者基本上是吃喝玩乐全报销，以费用补收入的现象也存在。股份制饭店在管理上要好于国有饭店，在效益和管理人员的收入上也高于国有饭店。一般说，管理人员收入要高于国有饭店 20%～30%。外国饭店公司管理的饭店多为高星级饭店，效益最好，管理人员的收入也最高。不同星级、不同档次饭店之间的薪酬差异，从物质上为饭店人跳槽提供了动力和欲望。

（3）为寻求一个稳定的工作而跳槽。饭店被普遍认为是吃青春饭的行业，技术含量不高，所以有些人工作了一段时间就流动到其他行业。

（4）为寻求人生体验而跳槽。如今伴随体验经济而产生一种人生体验的理念，就是不断尝试新的工作，寻求一种内心的满足，主要群体是青年学生。在海口某大饭店有一名员工，工作了一年零三个月就离开了。走之前他写了一篇文章，记录了自身的体验。他先后到营销部、客房部、保卫部实习，体验了各岗位的辛苦和快乐，后来做到了办公室秘书岗位。这个职位已经令好多人羡慕，然而他却选择了离开，很多人不理解而惋惜。他说："抑或若干年后回看今日，发现做了一个错误的决定也不后悔，我只是做了在我这个年龄应该尝试的事。"目前，这种寻求人生体验的青年不断增加，他们大都具有高等文化基础和一定的素质，找工作都不难。

其实，出现饭店人员高比例跳槽的真正原因，并不完全是这些具体原因，而是决定员工跳槽动机产生的社会条件。

（1）市场经济必然产生与之相适应的观念——劳动自由。在计划经济体制下，计划是调节劳动力的唯一手段，所以许多员工从一而终，在一个企业干一辈子。市场经济打破了劳动力计划调节，实现了劳动力市场化。市场调节改变了人们的观念。近 10 年来人们在观念上的更新和变化，远远超过了过去的一个世纪。在这个意义上说，劳动力流动是历史的一个重大进步，是人性的一次解放。

（2）饭店业的发展为跳槽提供了经济基础和客观条件。饭店容量是决定人员流动的客观基础。如果现在仍然是 20 世纪 80 年代那 2 000 多家星级饭店，人员饱和，人才想跳槽也难。现在全国各地每月都有新饭店开业，并且高档次、高星级、高薪酬的国外饭店也在不断增加，这就从客观上为人员流动提供了物质条件。这是人员高比例流动的根本原因。

2）正确认识跳槽的利与弊

既然人员流动是市场经济的产物，那么就有利有弊。跳槽的弊端造成的损失和不良影响是显而易见的，许多老总对此深恶痛绝。人们普遍认为，高比例人员流动造成的消极作用表现如下。

（1）经营费用增加。一家饭店老总说，刚刚搞了一次培训，可没过半年，走了一多半员工。另一家国有饭店老总更是直言：招了几名大学生和业务骨干，工作没干咋样，条件、待遇要了不少，满足不了就跳槽，真是没办法。由于人员流动大，饭店培训费用和工资成本普遍增加。

（2）服务质量和效率不稳定。人员的高比例流动，骨干不断地流失，使饭店服务质量和效率下降。一般新员工上岗经过半年后才能熟练。如果是中层管理人员的流失，在服务质量上造成的影响就更大。

（3）客源流失。员工跳槽，给饭店造成损失最大的往往是销售人员。一家饭店老总面对销售经理带走了客户资料跳槽，气愤地说："现在员工真是没良心，一名员工在销售部干了5年，送出去学习，培养成经理，结果翅膀硬了就攀高枝，还是跳槽了，把一些客户也带走了。"

（4）影响团队的积极性和稳定性。少数员工跳槽往往影响饭店员工队伍的整体稳定，特别是中层干部跳槽影响更大，往往会造成相关人员的流动。

饭店人员流动有没有"利"的一面？有哪些积极作用？有些饭店经理人认为，如果说"利"，也只能从社会作用上去讲，对饭店是无利可言。也有些人认为，跳槽对传统的人力资源管理方式提出了新的挑战。饭店人员流动作为市场经济劳动力资源配置的一种实现方式，具有重要的作用。其"利"的一面也是不可忽视的，表现在如下方面。

（1）为饭店选拔人才提供了资源。正是大量的人才流动，为饭店挑选人才提供了方便，提供了充分的资源。这比过去分配什么人，用什么人更有选择自由。特别是为专业化、效益好的饭店选择优秀人才提供了资源。

（2）跳槽有利于人才开发和有效利用。从饭店来说，任何一个总经理即使是天才，也无法做到让每个人才资源都合理利用。每个流动的人都是智力和能力的一次开发和提升。当进入一家新的饭店后，必须学会掌握新的知识、开发自己的潜能、提高自己的水平。

（3）跳槽为饭店人力资源管理创新提出了新课题，现代饭店必须按照市场经济要求，摒弃与市场经济不相适应的做法。建立新的人力资源管理办法，吸引人才、留住人才，最大限度地发挥人才的创造性。

3）饭店如何应对跳槽——趋利避害，发挥积极效应

著名哲学家黑格尔有一句名言："凡是存在的都是合理的。"其核心思想是说，凡是客观存在的事物都有其存在的必然性。只要这种必然性没有丧失，那么，这种客观事物是不可能被消灭的，这充分体现了哲学辩证法思想。对于人员流动的认识也应如此。只要是市场经济，劳动力的市场配置就是必然的，除非你能退回到计划经济。由于人力资源市场调节带有自发性，因此，不可能是规则的、有序的、理性的。我们要做的是适应人才流动，研究人员流动的规律和特点，总结和探索市场经济体制下的人力资源管理方法，趋利避害，限制其消极作用，发挥其积极作用。

（1）饭店人力资源管理在思想上要从过去以我为中心——我雇你、我炒你、我命令你，转变为以我们为中心——我们合作、我们互利、我们双向选择。经营者必须从高高在上、发号施令、唯我独尊、称王称霸的领导方式转变为相互平等、相互尊重、相互理解、相互支持。

（2）文化留人。加强企业文化建设，建立企业和员工共同的价值观；有了共同的价值观，有利于留住人才。同时，总经理要有人格魅力，凡是人才都重视领导的人品、能力和饭店的前途。

（3）事业留人、待遇留人、感情留人。美国管理学家马斯洛提出了人的“需要层次理论”。他把人的需求从低级到高级分为五个层次：生理需要、安全需要、社交需要、尊重需要、自我实现的需要。他认为自我实现是人的最高需要。人们对人才流动所作的调查显示，为实现自身发展需要占大多数。因此，更重要的是重视人才、关心人才、尊重人才，为他们实现自身价值提供发展空间。同时要关心人才的物质利益，要和他们建立深厚的感情。

（4）管理人员配备要适应人才流动。在人事管理上，一个部门不能只配备一名有才干的领导，还要储备管理人员。部门经理和主管之间的能力、水平差距要小一些，特别是重要部门。总经理要管销售部，要掌握和控制大客户。这样既有利于经理和主管相互竞争，努力提高自己，又能在出现人才流动时主动应对。

（5）建立合理的制约措施。饭店对于自己投资培养的人才，可以用合同的方式约定合理的服务期限。对于商业秘密、客户源的管理可以通过制约措施、规章制度加以管理。出现问题时通过法律手段得到合理解决，避免人才流动给饭店造成的损失。

总之，采取积极的应对措施、发挥人才流动的积极作用、缩小消极作用，就能使饭店面对跳槽充满生机和活力，在竞争中立于不败之地。

小资料 1-2

酒店留人有道

随着酒店吸引力的日趋下降和酒店人才竞争的日益激烈，如何吸引和留住优秀人才，越来越成为每个酒店最为关心的问题。随着人才交流的市场化，传统的限制人才流动的做法已经根本不能达到预期的目的。因为你无法控制各种更加有吸引力的机会在向自己的员工招手。所以酒店人力资源管理的目标是应该想办法预先控制谁要走和何时走，以便有针对性地留住企业所需的人才，特别是当本地区有新的酒店要开业时更要提前作好应对的准备，就像洪水来了我们不能光靠筑坝而要及时疏导一样。酒店留人不能只强调扣除工资、奖金、福利等硬性因素，其他很多软性办法也往往能起到意想不到的效果。

适应人才流动

在市场经济条件下，人才流动是绝对的。据了解，近年来酒店员工流动比较频繁，有的酒店员工流动率甚至超过40%，这无疑对酒店的正常运转有不小的影响。面对这样的现实状况，怨天尤人不如积极应对。所以，当我们发觉找不到任何留住某些特定员工的办法，我们就要学会去适应它。通常寻找合适的外部资源无疑是第一选择了。当市场上有现成的人力资源供给时，我们有时会发现人才流动并不是一件很可怕的事情。

酒店除要花精力尽量留住老员工外，也应该花相当一部分精力来招聘新员工。要真是所有的员工都不愿意动，酒店恐怕遇到的挑战就会更大。当然，在看待人才流动时，我们也不能单纯地看酒店走了多少人，而更要看走的人是不是酒店想要留住的人，是不是在内部或外部人才市场上能够找到替代的人。

不招绝顶聪明人

日本西武集团总裁堤义明是日本企业界、财经界和公众中极具魅力和影响的人物，他有一套行之有效的较为独特的用人哲学和方法，即不轻易用一般认为是聪明绝顶的人。他不用聪明人主要基于三点考虑：一是聪明人易犯的毛病是看不起身边的人，由此造成员工心理不安，破坏员工信心，降低整体效率，最后形成一股影响公司发展的阻力。二是聪明人的欲望较常人强烈。聪明人欲望重，而荣誉、地位、利益时常会腐蚀一个人的内心，这就会在群体中常常造成矛盾，破坏团结。三是聪明人的野心是常人的十倍甚至百倍，一旦掌权，很可能私心超良心，开始为自己的权力欲找出路，不仅压制别人的能力，还可能以权谋私。因此，作为服务性企业，酒店留人也应从招人开始。在工作实践中，没有哪家酒店不希望招到最优秀的员工，但实际上那些形象很好、能力很强、技能很高的员工往往多数对客服务态度一般，在酒店也干不长久，对酒店来说留住他们是非常困难的。

所以，酒店在进人时对招人目标应作一些调整，多招那些比较外向、态度很好，而形象和能力中上的员工，因为他们相对更容易得到满足，工作更踏实，也更重视酒店给予他们的工作和职位。当然，对酒店来说，留住他们也更容易一些。

平时得烧香

任何员工的流动都是有原因的，而有些就是因为酒店平时关注太少的结果。为防止员工突然辞职给酒店带来意想不到的损失，酒店平时就要多做一些准备性的工作。

一是要进行一些战略性的人才储备。即在每位骨干员工包括管理者的背后都备有一位替代性的人才，这些人才可以由骨干员工推荐，并由骨干员工负责培养。对后备人才的培养成效可以纳入酒店对骨干员工特别是管理人员的考核内容之一。

二是加强员工之间的沟通。沟通是生活的重要组成部分，据分析，人类除了睡觉，70%的时间都是用在人际沟通上的。而据调查，“沟通不好”也是现在员工跳槽的主要原因之一。所以，酒店平时要注意建立畅通的沟通渠道，创造足够的沟通机会，在酒店内建立一种良好的人际关系。事实证明，和谐的人际环境、向上的团队精神对酒店留住员工大有帮助。

三是通过培训增强酒店对员工的吸引力。培训是现代社会促进个人成长和企业发展的重要手段，因此制定完善的培训体系，经常地开展多样化的培训项目对酒店留人也是必不可少的。试想，一个渴望发展的员工在酒店几年都得不到培训的机会，酒店能留得住他吗？美国国际数据公司有一项最新调查显示：如果企业缺少培训机会，44%的员工会选择在一年之内更换工作。

让 B 级人做 A 级事

在人才市场上，大凡成功的人士都是那些水平中上但非常勤奋的人。尽管酒店在市场上招来的不是顶级人才，一般情况下也招不到顶级人才，但是我们要为招来的人才提供发展的机会，让他们在工作中不断造就自己，成为顶级人才。这样，他们就会更加忠诚于酒店，为酒店留人打下较好的基础。

如何促使酒店员工成为顶级人才，制定适度偏高的工作目标，“让B级人做A级事”，“逼”出员工潜力，无疑是非常有效的一招。试想，如果员工在工作位置上，工作要求和工作能力恰好吻合，有时还绰绰有余，员工工作起来游刃有余，自然就会产生非常满足或沾沾自喜的心理，这在无形中会无情地扼杀员工追求更高目标的意志，使员工变得平庸、安分守己。而“让B级人做A级事”，则会使员工始终处于一种不断进取，努力达到工作要求的动态工作中，在工作的同时也不断地提升自己。“适度偏高”形成的工作挑战性会使员工觉得自己受到器重，从而更投入也更忠诚于酒店。当然，“适度偏高”要掌握好一个“度”的问题。“度”过低，达不到预期的效果，还容易使员工对酒店产生不信赖感和抵制情绪，善后工作很难做；而“度”过高，则容易使员工产生巨大的工作压力，不仅工作要求完不成，还会使员工有很强的挫败感，从而极大地打击他们的工作热情，影响酒店的服务质量和整体效益。

鼓励内部“跳槽”

日本著名的索尼公司每周出版一次的内部小报，经常刊登各部门的“求才广告”，职员们可以自由秘密地前去应聘，他们的上司无权阻止。这就是所谓的内部“跳槽”。

我们都知道，当一个人做某项工作做了一段时间以后，就容易麻木僵化，看什么都习以为常，反应也会越来越迟钝，到最后甚至产生厌烦情绪，当然也就谈不上什么压力和动力了。作为劳动密集型企业，酒店的岗位是比较多的，因此，作为酒店的人力资源管理人员，要改变那种让员工长期在一个岗位工作的旧观念，不妨学学索尼公司的做法，创造条件让员工有机会跨岗位、跨部门工作和发展。

要知道，经历是一种财富，内部“跳槽”对提高员工综合素质、留住员工将大有好处，同时对酒店改善各部门之间的沟通与协调，提高酒店整体效益也是一剂不错的良方。现在不少酒店都有轮岗培训的项目，但还要加大力度，增强计划性和针对性，以使其在留人方面发挥更大的作用。

5. 建立饭店人力资源开发利用体系

要真正达到饭店人力资源开发和利用的目的，必须有一套科学合理的人才开发和利用体系，形成人才辈出的优化机制。首先，要建立一套招聘员工的科学的程序和方法，为饭店挑选一批事业心强、有培养前途的员工。其次，建立一套科学的培训制度和方法，有效地提高饭店员工的素质和能力。再次，进行科学的定岗定员、优化结构、发挥最佳的群体效应。最后，通过科学的管理和激励方法，创造一个良好的人事环境，使员工安心工作，努力工作，进取向上，最大限度地发挥员工的积极性和创造性。

饭店人力资源管理的内容是多方面的，随着社会的发展，人力资源开发的内涵和外延还会不断地发展。

1.1.6　饭店人力资源管理的内容

饭店人力资源开发与管理指的是为实现组织的战略目标。组织利用现代科学技术和管理理论，通过不断地获得人力资源，对所获得的人力资源的整合、调控及开发，并给予他们报酬而有效地开发和利用。人力资源开发与管理是实现组织目标的一种手段。在管理领域中，人力资源开发与管理是以人的价值观为中心，为处理人与工作、人与人、人与组织的互动关系而采取一系列的开发与管理活动。人力资源开发与管理的结果，就饭店而言是饭店的生产率提高和组织竞争力的增强；就员工而言则是工作生活质量的提高与工作满意感的增加。生产率反映了实物产品或提供的服务与投入的人力、物力、财力的关系，工作生活质量则反映员工在工作中所产生的生理和心理健康的感觉。

在饭店中，人力资源开发与管理的范畴，可以分为 3 个部分。

（1）人与事的匹配。做到事得其才，人尽其用，有效使用。

（2）人的需求与工作报酬的匹配。使得酬适其需，人尽其力，最大奉献。

（3）人与人的协调合作，使得互补凝聚，事半功倍，强调团队精神。

三者有机结合，构成饭店人力资源管理的内容。调整好各个方面的人事关系，使人与事、共事的人们之间的相互关系达到最佳状态，是人力资源管理的基本目的。具体而言，饭店人力资源开发的内容主要包括饭店组织设计、员工招聘、人事组配、薪酬福利、评核奖惩、员工培训、领导激励等方面。

1．制订饭店的人力资源计划

这要根据饭店的经营管理目标和组织结构需要，对各项工作性质、岗位职责及素质要求进行分析，确定饭店员工的需求量和需求标准，做好饭店人力资源数量和质量的预测。人力资源计划的流程如图 1－1 所示。

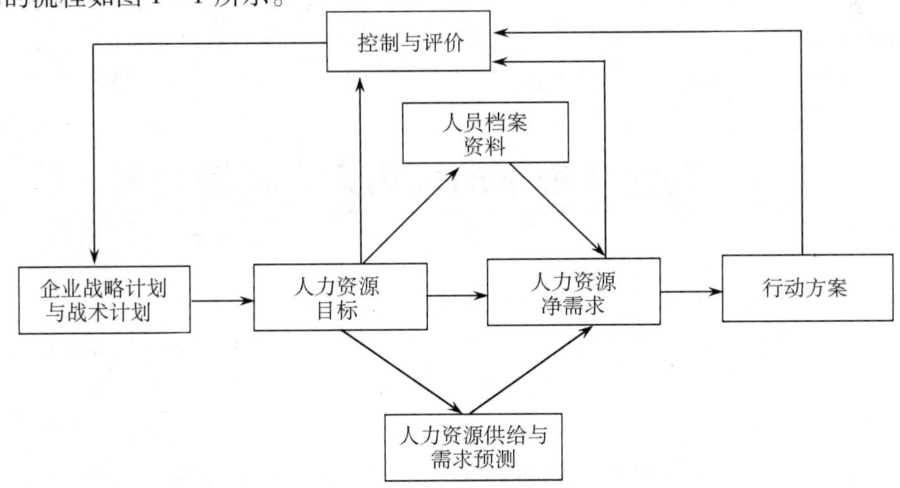

图 1－1　人力资源计划流程图

2. 招聘录用员工

按照饭店人力资源计划招聘所需员工。招聘录用员工应当按照科学的标准，达到人与岗位的最佳组合。

3. 教育培训

为使每个员工胜任其担任的工作，快速适应工作环境的变化，必须对员工进行经常不断的培训。由于员工所担任的工作层次不同，所采取的培训方式和内容也不一样。对在操作层工作的一般服务员工应进行职业培训，即注重工作技能方面的培训。对担任管理工作的员工应进行发展培训，即注重分析问题和解决问题等管理能力方面的培养。培训方式有店内培训、外出进修、考察等。

4. 建立完整的考核体系和奖惩制度

考核奖惩是对员工业绩、贡献进行评估的方法，又是饭店人力资源开发管理效能的反馈。定期对员工的工作成绩作出正确的考核和评估，是员工提升、调职、培训和奖励的依据，做到奖勤罚懒，鞭策鼓励。

5. 建立良好的薪酬福利制度

薪酬福利对员工基本生活需要的满足至关重要，饭店可根据自身的情况选用适当的工资形式，实行合理的奖励和津贴制度，其劳动保险和福利待遇对员工工作积极性的发挥具有重要的作用。

6. 培养高素质的管理人员

饭店管理人员素质和工作能力的高低，对员工工作积极性的调动及饭店经营管理活动的正常运转，具有重要影响。饭店管理人员必须掌握有效的领导方式和激励、沟通技巧，培养"企业文化"，增强饭店的凝聚力，调动员工工作积极性，以提高饭店的经济效益。

1.2 网络环境下的饭店人力资源管理

在网络环境下，饭店业的管理模式将发生根本性的变革，对人力资源管理与开发将产生重大影响。传统的人事管理流程使饭店人力资源部花费大量的时间处理人事信息数据，而仅剩少量的时间专注于人力资源的发展和规划。在当今人力资源管理迅速发展的时代，没有一个强大的人力资源管理系统，人力资源部门面对大量的信息，无法有效地将其中的重要信息提取出来，作出相应的判断和处理。饭店管理层的决策只能依据简单的一些报表，在浪费大量人力、物力的同时无法做到实时监控，难以保证数据的准确性和及时性，更加无法满足饭店管理层对人力资源部提出的更高要求。人力资源部感到越来越大的压力，尽快提升工作效率和水平成为 HR 管理最迫切的要求，因此饭店需要选择一套最适合的 HR 管理系统来全面提高饭店的人事管理水平。

由于知识经济和新经济时代来临，尤其是电子商务的实质性发展更带动了企业经营环境的深刻变化，正如“电子商务”引起商界的注意力和想像力一样，人力资源领域亦在迅速地进步，引进一种新的依靠电子方式来进行人力资源运作的理念。EHR 系统将适合企业的先进的人力资源管理思想在工作流程中处处贯彻体现出来。最重要的是观念发生了很大变化，更加重视员工的满意度，管理者变成员工的服务者、支持者。综合来讲，它代表了人力资源管理的未来发展方向。

人力资源管理系统经历了漫长的发展过程。传统的人力资源管理系统，主要用来解决 HR 部门内部的业务管理问题，如人事信息管理、薪资计算、考勤管理，等等。这类信息系统的应用，能从某种程度上提升 HR 管理的效率，但由于系统的用户对象主要是 HR 本部门的管理人员，HR 管理的信息流无法突破本部门，从而导致 HR 管理体系的封闭状况始终不能得到解决。

随着Internet/Intranet技术的发展，信息流突破了部门的限制而延伸到企业内外的各个角落，使得 HR 管理的业务流程再造有了稳定、可靠的技术支持，HR 管理体系也将因此而突破封闭的模式，企业各级管理者及普通员工都能参与到 HR 的管理活动中来，这就孕育了 EHR。

与传统人力资源管理系统不同，EHR 是从“全面人力资源管理”的角度出发，利用 Internet/Intranet技术为 HR 管理搭建个性化、规范化、网络化、动态化的工作平台，在满足 HR 部门业务管理需求的基础上，还将 HR 管理生态链上不同的角色联系起来，使得 EHR 成为企业实行“全面人力资源管理”的平台。

1.2.1 EHR 的基本含义

EHR 是互联网时代人力资源管理的趋势和模式，它将先进的技术运用于人力资源管理，为企业建立人力资源服务的网络系统，使人员管理流程电子化。一方面，EHR 可以缩短管理周期，减少 HR 工作流程的重复操作，使工作流程自动化，减少不必要的人为干扰因素，使最终用户自主选择 HR 信息和服务，加速实现事务性工作和日常服务的外包。另一方面，EHR 可以使 HR 部门从提供简单的 HR 信息转变为提供 HR 知识和解决方案，可以随时随地向管理层提供决策支持，可以向 HR 专家提供分析工具和建议，可以建立支持 HR 部门积累知识和管理经验的体系。

EHR，即 Electronic Human Resources，意为“电子化人力资源管理”、“网络人力资源管理”、“在线人力资源管理”等。简单来说，EHR 是指电子化的人力资源管理，任何利用或引进各种 IT 手段的人力资源管理活动都可称为“EHR”。但是，随着互联网的发展及电子商务理念与实践的发展，目前所说的“EHR”都是包含“电子商务”、“互联网”、“人力资源业务流程优化（BPR)”、“以客户为导向”、“全面人力资源管理”等核心思想在内的新型人力资源管理模式；它利用各种 IT 手段和技术，如互联网、呼叫中心、考勤机、多媒体、各种终端设备等；它必须包括一些核心的人力资源管理业务功能，如招聘、薪酬管理、培训(或在线学习)、绩效管理等；它的使用者，除了一般的 HR 从业者外，普通员工、部门经理及总经理都将与 EHR 的基础平台发生相应权限的互动关系。

所谓电子化人力资源管理，从狭义上说是指基于互联网的、高度自动化的人力资源管理工作，运用现代电子资讯科技来汇集、分发、分析及处理所有与人力资源管理相关的资讯，以达到降低人力资源管理成本的目标，囊括最核心的人力资源工作流程如招聘、薪酬管理、培训等。从广义上说，EHR 是基于电子商务理念的所有电子化人力资源管理工作，包括利用饭店内部网及其他电子手段的人力资源管理工作。饭店由传统的经营环境（如文件的传递仍以纸上作业为主、与客户接触须通过面对面的方式）进入电子化商业形态经营环境之际，员工的工作环境与其所需求工作技能与知识都在不断改变。因此，人力资源管理部门的工作也应有新的内涵。例如，如何为饭店建立适合未来电子商务时代的工作环境，以及培养员工符合时代潮流的技能。

1.2.2 EHR 的特点

（1）HR 人员角色和目标的改变 。传统的人力资源管理中，饭店人力资源部用传统的手工操作进行 HR 管理显然会非常吃力，重复性的人事信息录入和统计就需要花费 HR 部门大量的时间，人事报表的制作更是既烦琐又不规范，致使工作效率很低，而且还经常出现问题，大大影响了整个饭店的管理效率及员工的工作情绪。HR 人员的大部分精力将耗费在烦琐的日常行政事务处理上，而作为饭店管理层的参谋角色应该做的咨询和策略制定的工作相对缺乏。在 EHR 中，HR 人员可以将绝大部分精力放在为管理层提供咨询、建议上，而在行政事务上的工作可以由电子化系统完成，只需占用 HR 人员极少的精力和时间。

（2）提供更好的服务。EHR 系统可以迅速、有效地收集各种信息，加强内部的信息沟通。各种用户可以直接从系统中获得自己所需的各种信息，并且根据相关的信息做出决策和相应的行动方案。

（3）降低成本。EHR 通过减少 HR 工作的操作成本、降低员工流动率、减少通信费用等达到降低饭店运作成本的目的。

（4）革新管理理念。EHR 的最终目的是达到革新饭店的管理理念而不仅仅是改进管理方式，优化人力资源管理。

（5）运用先进技术。先进技术应用于人力资源管理不仅仅是为了将现有的人力资源工作做得更好，更重要的是，做些对于饭店更有效率的事情，成为管理层的决策支持者，为决策提供信息和解决方案。

（6）基于互联网的人力资源管理流程化与自动化。“E”把有关人力资源的分散信息集中化并且进行分析，优化人力资源管理的流程，实现人力资源管理全面自动化，与饭店内部的其他系统进行匹配。

（7）外界资源的有效利用。饭店的人力资源管理者能够有效利用外界的资源，与之进行交易，比如获得人才网站、高级人才调查公司、薪酬咨询公司、福利设计公司、劳动事务代理公司、人才评价公司、培训公司、e-learning服务商等 HR 服务提供商的电子商务服务。甚至还要包括有关与政府劳动人事部门发生业务往来的事务处理，由原来的书面、人工往来，转移到网上处理，比如保险、劳动合同审查等。

（8）全员参与人力资源管理。让员工和部门经理参与饭店的人力资源管理，体现 HR 部门视员工为内部顾客的思想，建立员工自助服务平台，开辟全新的沟通渠道，充分达到互动和人文管理。

1.2.3 EHR 的优势

EHR 将企业发展战略融入人力资源管理的工作实践，把人本管理的思想转化为具体、简便的操作，克服传统考核的弊端，在客观、公正、科学、简便方面实现质的突破，并且能为饭店建立规范、有效的培训体系。相对传统手工操作的人力资源管理，EHR 有许多优势。

（1）EHR 大大提高了管理水平和工作效率，降低了管理成本。将人力资源管理功能从烦琐的行政事务中解脱出来，使人力资源管理重点放到战略性员工队伍管理。采用和实施人力资源管理系统不仅为了提高工作效率，应该看到，在实施人力资源管理系统后，经过整合的、较为全面、准确、一致和相容的信息不仅可以让饭店高层管理者对本饭店人力资源的现状有一个比较全面和准确的认识，同时也可以生成综合的分析报表供其在决策时参考。实施人力资源管理系统的过程本身也包含着回顾饭店本身的机构和岗位设置、管理流程、薪资体系，等等，并且根据软件中所蕴含的先进管理思想来改变现行的体系。

（2）通过 EHR 加强人力资源管理工作的透明度和客观性，人力资源管理重心也因此可以下移。这个人员管理的重心下移，在传统的人力资源管理模式是不可能办到的。由于 EHR 通常是集中数据管理、分布式应用，通过采用全面的网络工作模式，实现信息的全面共享。这样，它使得人力资源管理可以跨时间、跨地域进行，饭店的人力资源管理也因此保持了统一性和连贯性。

（3）EHR 能更快地对市场需求的变化做出反应，使人力资源管理更好地配合企业战略、从宏观上推动饭店人力资源的规划和管理。通过将一些日常的人力资源管理工作下放到部门经理和员工身上，人力资源部门可以将更多的时间放在组织发展、人力资源策略和员工职业发展规划等更为关键的任务上。

（4）推动人力资源管理变革。

① EHR 使人力资源管理工作者真正从烦琐的行政事务分离出来，有充足的精力和时间

担当行政总裁的“战略伙伴”。同时，电子化人力资源管理系统可使人力资源管理部门从提供简单的人力资源信息转变为提供人力资源管理知识和解决方案，可以随时随地向管理层提供决策支持，向人力资源管理专家提供分析工具和建议，建立支持人力资源部门积累知识和管理经验的体系。这两方面使人力资源管理部门名副其实地进入“管理”的战略伙伴角色。这是 EHR 给饭店人力资源管理带来的最为积极的影响。

② EHR 完全改变了人力资源管理部门的工作重心。在传统的人力资源管理方式下，人力资源工作者从事大量的工作就是行政事务，其次是管理咨询的职能，而在帮助饭店策略的制定方面是最少的。在 EHR 环境下，人力资源工作者所从事大量的工作就是帮助饭店在人员管理上提供管理咨询服务，行政事务工作被电子化、自动化的管理流程所大量取代，工作效率得到明显提高。

③ 电子化人力资源管理实际上把人员管理的重任转移到第一线的经理身上，真正使他们能通过管理，激励员工实现其业务发展目标。第一线的经理可以通过网上得到最新的饭店人力资源管理政策、流程、市场数据，经过授权，他们可以进行相关人员管理，包括进行人员的奖惩。EHR 系统给人力资源管理带来的另一个积极影响是，饭店的每个员工都参与人力资源管理工作，使人力资源管理变成他们自己的责任之一。

1.2.4 EHR 的主要内容

在线人力资源管理是传统人力资源管理与现代的网络技术相结合的产物，在作业及技术层面表现的效果最为明显。目前应用最为广泛、发展最为迅速的是网络招聘与在线培训。此外，还有电子化员工档案管理、员工自助服务、薪酬管理、业绩管理和职业发展规划等。图 1－2 为在线人力资源管理模型。

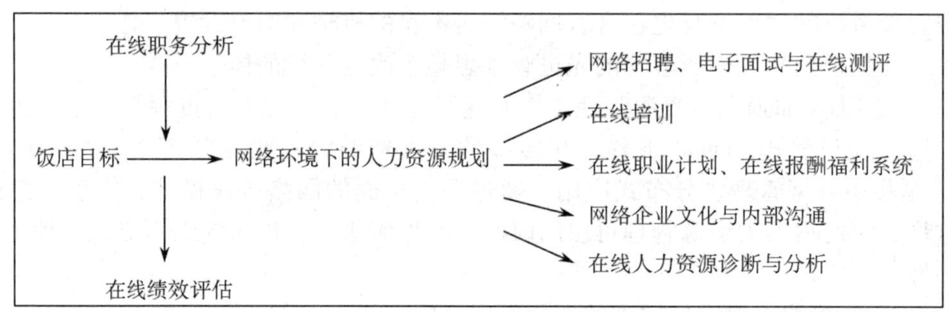

图 1－2 在线人力资源管理模型

1. 网络招聘、在线职务分析、电子面试与在线测评

作为星级饭店，每年都会通过各种方式网罗各种优秀人才，其中通过互联网招聘是饭店一个重要的招聘手段，人力资源管理系统提供了基于互联网的招聘功能。这意味着饭店人力资源部门能够将招聘信息上传到工作栏或在线招聘网站后，直接接收电子应聘资料，并且自动进入简历处理流程。结果是通过人力资源管理系统帮助人力资源部门节省大量处理简历的时间，帮助饭店提高工作效率。目前，网上招聘已显示出巨大的威力，网络招聘最大的优势就是速度快、效率高，而且成本低、覆盖面广、周期长。网络信息保留时间长，影响更大。

招聘工作应该从职位需求分析、工作分析、职位说明书的制定开始，经过初选、面试、考核等过程，到人员录用且进入公司的新员工档案库为止的一系列管理工作。在 e 时代，基于 Internet 的 EHR 管理系统为其实现提供了可能。运用 EHR 管理系统可以从饭店管理的全局出发，及时展开有关的招聘工作，如一旦原有职位产生空缺，部门经理即可在线输入职位招聘申请，系统自动将其职位说明书中的任职条件、主要职责等要求从人事数据库中提取出来，以便修改和确认；如果是工作增加而产生新的职位需求，则由部门经理做职位需求分析、工作分析并制定职位说明书，并经人事经理或上级进行在线修改和确认。职位招聘申请提交并且审批通过后，系统立即在网上发布招聘信息，使招募工作及时进行。如果需要，可先直接进入 EHR 管理系统的内部人才储备库挑选合适的候选人，对符合其职业生涯发展计划的，可以优先录用。招聘信息在网上发布之后，应聘者在网上输入的应聘信息直接转入 EHR 管理系统的应聘者数据库，同时与招聘相关的管理工作的整个过程都会在网上完成，包括确定候选人、面试考官、面试时间和地点、面试面谈或笔试题目、面试评价表等，并通过网络进行互动式管理，EHR 系统会自动通知面试候选人面试时间地点，自动通知（通过 E-mail 或 EHR 网页的信息提示栏通知）面试考官出席面试，并将面试或笔试题目、面试评价表、面试候选人简历传给面试考官。面试结束后，面试考官在线输入录用意见，当面试候选人面试通过后，系统自动产生录用审批表，交上级审批。通过测评可以选择来饭店的应聘者，可以很快得到一份详尽的人才分析报告。在招聘的后台处理系统中，饭店可以更快地得到更多的招聘工作分析报表。应聘者一经录用，他的基本资料便会从 EHR 管理系统中的应聘者数据库直接转入公司员工档案库。这样，一个应聘者从面试候选人到新员工的流程就完成了。

2. 在线培训与培训管理

以网络为基础的虚拟学习中心将在一些大型饭店管理集团或专业的培训机构涌现，在线培训使得学习成为一个实时、全时的过程，公司的培训成本将大大降低。人力资源部更重要的工作将是强调员工要协作学习、自我管理、自我激励，并设计好及时有效的培训评估体系，以保证培训的效果。饭店将在线教育培训计划发布在网络上，员工均可更自由地选择自己想进修的课程。未来网络大学也将提供各种适合社会需要的课程，包括专门为企业而设计的技术及管理课程。利用 EHR 软件可以进行培训需求的管理和评估，根据经营发展战略确定培训需求，制订培训规划与相应的培训实施计划，对培训结果进行各种统计分析，如成本、效果分析。

3. 在线绩效评估

由于网络将原来遥远的距离拉近，管理人员可以很快看到下属定期递交的工作报告，进行指导、监督，评估及述职也可在网络中实现，员工的工作地点已经不是很重要了。只要具备工作条件，他只需按计划去完成工作就可以了，员工的满意度将大大提高。在线评估系统实时录入饭店所有员工评估资料，其强大的后台处理功能将出具各种分析报告，为饭店的管理改进提供及时的依据。

4. 网络环境下的人力资源规划

在网络日趋发展的今日，企业的架构设计、职务的规划将以信息的发布及处理为基础，必须结合公司的网络战略规划，做好人力资源规划。网络时代企业的价值链同样发生变化，人力资源规划该如何顺应网络时代的变化，例如一家饭店应设计怎样的组织架构、招聘何种员工、怎样更有效地去招聘、如何去管理评估饭店的员工及虚拟员工、采取怎样的方式去做好培训工作、如何设计有竞争力的薪酬福利体系去留住好的员工，所有的这些都涉及管理体系。

5. 在线人力资源诊断与分析

对饭店所有人力资源数据的采集将成为人力资源部门的一项主要工作。实时的饭店人才知识结构分析、招聘管理分析、评估分析、培训分析、薪酬福利系统分析、组织管理水平分析，需要专业的人员对数据库进行采集，更好地挖掘、开发、管理人力资源。饭店的人力资源不仅局限于饭店的员工，而是网络时代的所有人力资源。

6. 基于 Web 的员工自助服务

随着互联网应用的逐步普及，饭店希望利用互联网技术提供一个员工的公共平台，使员工能够方便地查询和更改一些相关信息。人力资源管理系统中的员工自我服务模块，允许直线经理和员工通过他们在个性化界面中所扮演的角色、在线经验、工作内容、语言和信息需要，更新和使用人力信息。员工经过授权，可以采用 Web 浏览器在饭店内部网范围内实时访问人力资源信息或参与到人力资源管理流程中；允许员工在线查看饭店规章制度、组织结构、重要人员信息、内部招聘信息、个人当月薪资及薪资历史情况、个人福利累计情况、个人考勤休假情况等；员工可以利用系统平台，与 HR 部门进行电子方式的沟通，如提交个人培训需求、提交休假申请，更改个人基本信息，进行个人绩效管理等。

此外，利用 EHR 软件还可进行人员信息、考勤、劳动合同、员工离职、休假、加班、出差、查询、薪资福利管理等。总之，EHR 能够完成许多通过传统人力资源管理方法无法完成的任务，而且随着电子化人力资源普及率的逐步提高，人们还在不断开拓电子化人力资源管理的应用范围。

目前，中国饭店业人力资源部门或多或少已经接触到电子化人力资源管理，但从总体看，真正全面实施电子化人力资源管理的饭店仍然不多。要真正发展中国饭店业的电子化人力资源管理这个庞大的市场，还面临着不少的问题。EHR 不仅使饭店的人力资源管理自动化，实现与财务流、物流、供应链、客户关系管理等系统的关联和一体化，而且整合饭店内外人力资源信息和资源与饭店的人力资本经营相匹配。饭店全面导入人力资源管理系统，实施后的效果也非常好，让人力资源部大大减轻工作负担，并且显著地提高工作质量，HR 人员可把工作重心放在人力资源的发展和规划上，从而大大提高整个大饭店的综合竞争实力。新颖的人力资源国际化管理理念，改变了饭店传统的人事资源管理模式，而且系统的完整性，易用性及灵活性等优越的性能，使饭店的人力资源部工作更轻松，更高效，员工与 HR 部门的沟通也大大改善，从而为饭店的人力资源管理提供坚实的技术保障。

小资料 1–3

E 化人力资源管理

花园酒店是上海老牌的五星级酒店之一，位于市中心原法国俱乐部旧址，毗邻繁华的淮海中路，拥有近三万平方米的花园，由原法国俱乐部巴洛克老式建筑与新建的 33 层主楼珠联璧合而成，是一个集古典高雅与豪华舒适于一体的五星级宾馆。酒店拥有 500 套客房，多个西餐厅、咖啡厅、中餐厅、日餐厅和酒吧，在酒店中工作的员工有 900 多名，而负责人力资源工作的，只有 3 个人。“以前我们的人力资源管理工作主要靠手工和 Excel 表格来做，工作量大，而且大都是重复劳动。我们经常需要半个月的时间才能把考勤情况做完统计，而薪资的计算也需要 10 天左右。因此可以说，忙完了考勤，忙工资，忙完了工资又要开始忙考勤了。有时候事情多，我们经常是把工作带回家去做。”人事部经理介绍。据了解，1993 年花园饭店开始使用开发人力资源的管理软件，但只做了工资模块和一些较简单的人事资料。不具备丰富的统计功能，只能做单纯的记录，因此酒店人力资源部门的工作量还是非常大。

虽然，花园饭店作为一家十多年经营的五星级酒店已经建立一整套比较规范的人力资源管理方法，但在当今人力资源管理迅速发展的年代，花园酒店意识到，没有一个强大的人力资源管理系统，人力资源部门面对大量的信息，无法有效率地将其中的重要部分提取出来，并且作出相应的判断和处理。酒店管理层的决策只能依据简单的一些报表，在浪费大量人力、物力的同时无法做到实时监控，难以保证数据的准确性和及时性，更加无法满足酒店管理层对人力资源部提出的更高的要求。因此，选用一套既有国际化管理理念，又能满足中国特殊的人力资源管理环境的人力资源软件系统就被提上了日程。

最初，花园饭店准备要对人事软件进行升级改造，实现酒店人力资源管理的 E 化时，对一些相关的软件公司作了很多的调研。其中发现，有些定制开发的产品无论成本，还是风险度都相对较高，而规模公司的成熟产品则可以避免这些情况。花园饭店和多家软件企业接触和比较下来，无论在产品的功能模块、成熟度，系统的设计理念，还是售后服务上，金蝶都与花园饭店更加“投缘”。经过一番权衡后，2003 年 7 月，金蝶 K/3 HR

入主花园饭店，4 个月后，金蝶完成系统实施，花园饭店开始运用信息手段管理人力资源。这家有着悠久历史的五星级酒店开始焕发现代科技的气息。

金蝶的 K/3 HR 将花园饭店烦琐的考勤、薪资和培训管理变得异常轻松，效率成倍提高。事务性工作逐步地被金蝶的系统所取代，人力资源的管理真正进入了信息时代。

E 化管理：考勤、薪资、培训。

在酒店行业中，考勤制度往往非常复杂。据了解，在花园饭店的中、西、日餐厅、咖啡厅、酒吧中都有着各自不同的考勤制度。“因为有的餐厅可能需要供应早餐，它的考勤就要从早上 5 点、6 点钟开始，而有的餐厅如果不供应，它可能只需要从 10 点、11 点开始。而且，就算在同一个餐厅中，不同职务的员工也会有不同的考勤要求。因此，在我们酒店里如果把所有的考勤方式加起来至少有上百种。”人事部经理介绍。“另外，由于时间的变化，这些考勤制度还需要经常调整。”以前这些烦琐的数据从统计、输入到计算，经常要耗去人力资源部门一大半的时间。而现在，在实施金蝶的考勤管理模块后，花园饭店的人力资源部门只需要将各个部门提交上来的、存有考勤数据的软盘插入电脑，数据就可以自动导入系统。在设置条件后，系统可以根据要求进行考勤数据的计算。“原先很多用人工计算的考勤工作，现在非常快捷地就做完了，大大节省了劳动力。”而之前占去人力资源部门另一大块工作时间的是薪资的计算。花园饭店有 900 多名员工，其中包括 600 多名正式工和 300 多名劳务工、计时工、实习工等，这都要求系统在进行薪资计算时采取不同的计算方式。薪资是员工最关心的信息之一，不能出一点差错。在以前手工加 Excel 时期，计算数量如此庞大的薪资数据要耗费人力资源部门大量的时间和精力。现在，只要在金蝶的薪资管理模块中设定不同的工资、补贴、奖金计算公式，系统就可以自动而精确地计算出花园饭店所有员工的薪资。据介绍，从 2003 年 12 月开始，花园饭店就开始使用金蝶系统中的薪资管理模块，经过三个多月来的应用，现在薪资模块已经被花园饭店用得得心应手。

花园饭店是一家日资企业，与其他同级别的酒店相比，其在人员培训方面的要求更多。为此，金蝶提供了符合花园饭店实际需求的培训管理模块。现在的培训管理模块包括培训审批、培训活动安排、培训总结安排和培训报表等功能。根据花园饭店外语培训和考试的需求，金蝶在培训管理模块中增加了多种查询方式，可以按照部门、考试日期，以及参加培训者的星点数等条件，查询个人、部门及全饭店当前的外语水平现状。“用这个系统查询起来非常方便，而且，员工的信息也收集得很完整。如果人力资源部门需要对员工的一些情况做修改也非常便捷。”花园饭店成功实施金蝶 K/3 HR 后，人事部经理深刻感觉到了工作内容的变化：“我们现在的事务性工作已经逐步地被金蝶的系统所取代，人力资源的管理真正进入了信息时代。”实现人力资源管理的 E 化，将帮助人事经理们成功转变角色，为企业提供优化的，甚至是创新的人力资源服务。

人力资源服务的演化：从优化到创新。

在花园饭店，通过借助信息化的手段，改变了人力资源管理一直陷在事务性工作中的困境，并且优化了人力资源服务。现在，花园饭店的工作人员有更多的精力和时间去为酒店做更具价值的人力资源服务，为酒店招聘优秀新员工就是其中一项。据了解，花园饭店只招聘应届毕业生，许多学校的酒店专业都与花园饭店建立了长期的联系，应届毕业生都会通过固定的渠道到花园饭店来面试。前几年，学生资源一直比较充足，但近几年，上海的高档酒店越来越多，其中也不乏许多与花园饭店一样的五星级酒店，酒店招聘新员工的竞争就变得非常激烈。在以前，人力资源部门经常疲于做考勤和薪资的计算，在招聘新员工方面能够调动的时间和精力比较有限。现在，一方面有了更多精力投入新员工招聘，另一方面，系统也详细地记录了应聘者的情况，使人力资源部门能对招聘信息了然于心。这都为花园饭店招聘到更多、更优秀的新员工创造了条件。

许多从事人力资源管理的人经常都会面临同样的困惑，他们感叹自己忙忙碌碌，头绪繁多，而工作却似乎见不到成效，也得不到肯定，没有成就感。这在人事部经理看来，最主要是他们没有抓住人力资源管理的关键问题，没有从人力资源管理的诸多内容中找出轻重缓急，从而实现人力资源管理系统角色的转变。而实现人力资源管理的E化，将帮助人事经理们成功转变角色，为企业提供优化的，甚至是创新的人力资源服务。

1.2.5 EHR的主要功能

EHR软件具有人员信息、考勤、劳动合同、员工离职、休假、加班、出差、查询、薪资福利管理等多种功能。图1-3为EHR系统结构图。

1. 人力资源规划

主要用于管理人力资源规划和机构编制，并且提供人力资源规划表、机构编制表。在月度、年度人力资源数据及基本经营数据等基础上生成季度、年度规划；根据饭店历史数据及战略发展，生成三年、五年中长期规划及人员结构等素质规划；灵活生成更新率、增长率、离职率等规划指标；确定新进、淘汰、调动、继续教育的基本目标；对空缺职位进行管理，可以作为招聘计划的重要参考依据；对饭店现有人力资源状况进行分析，优化各岗位人力资源配置；可以输出历史人力资源配置状况，以及人力资源成本的发展趋势报告。

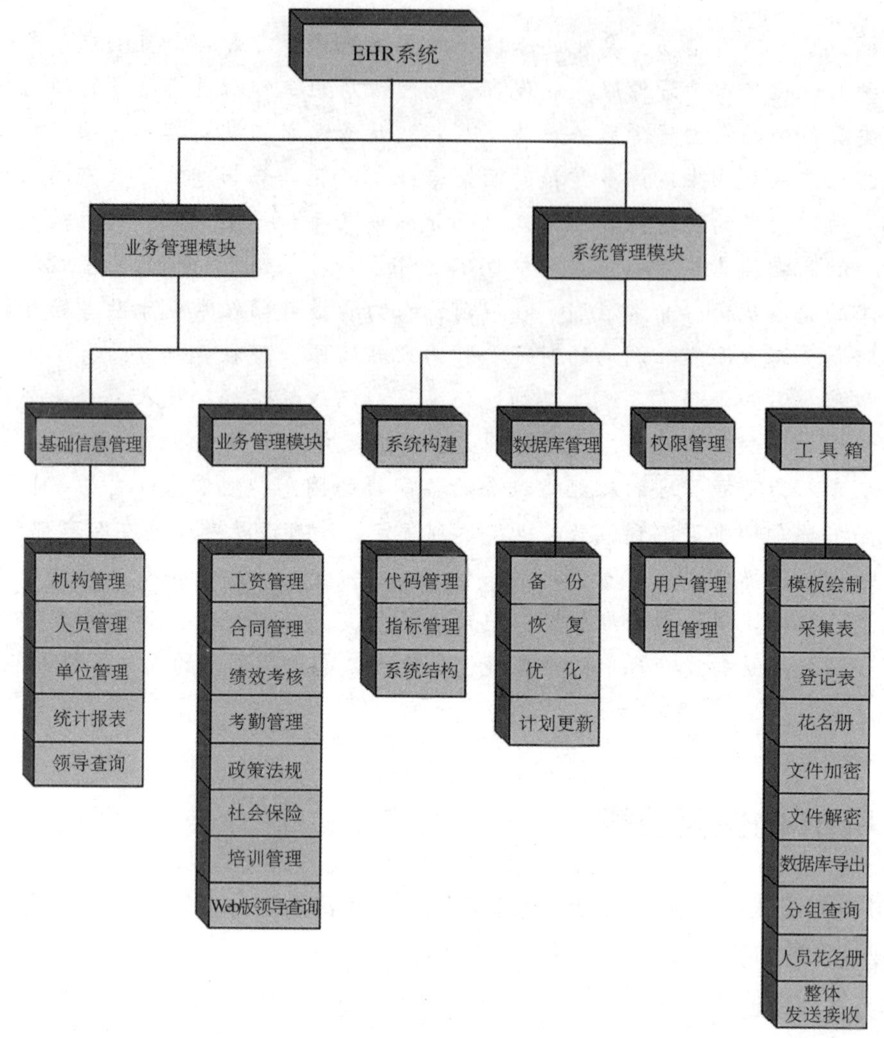

图 1－3　EHR 系统结构图

2. 事务管理

系统提供多种组织结构设计模式，根据饭店行业特点、经营规模、基本性质等提供最合适方案；灵活设置各级组织机构、职级、岗位，灵活定义各机构之间的上下级关系；灵活调整和管理各岗位职级、岗位职责、任职资格、岗位编制等信息；可输出图形化的工具，直观反映饭店的组织结构和动态发展；在工作分析的基础上，对饭店设定的职位进行全面管理；针对不同的职位提出职责检测标准，为饭店进行及时的职责诊断；根据岗位空缺为人员招聘提出自动申请和职责要求。图 1－4 为人力资源状况趋势变化图。

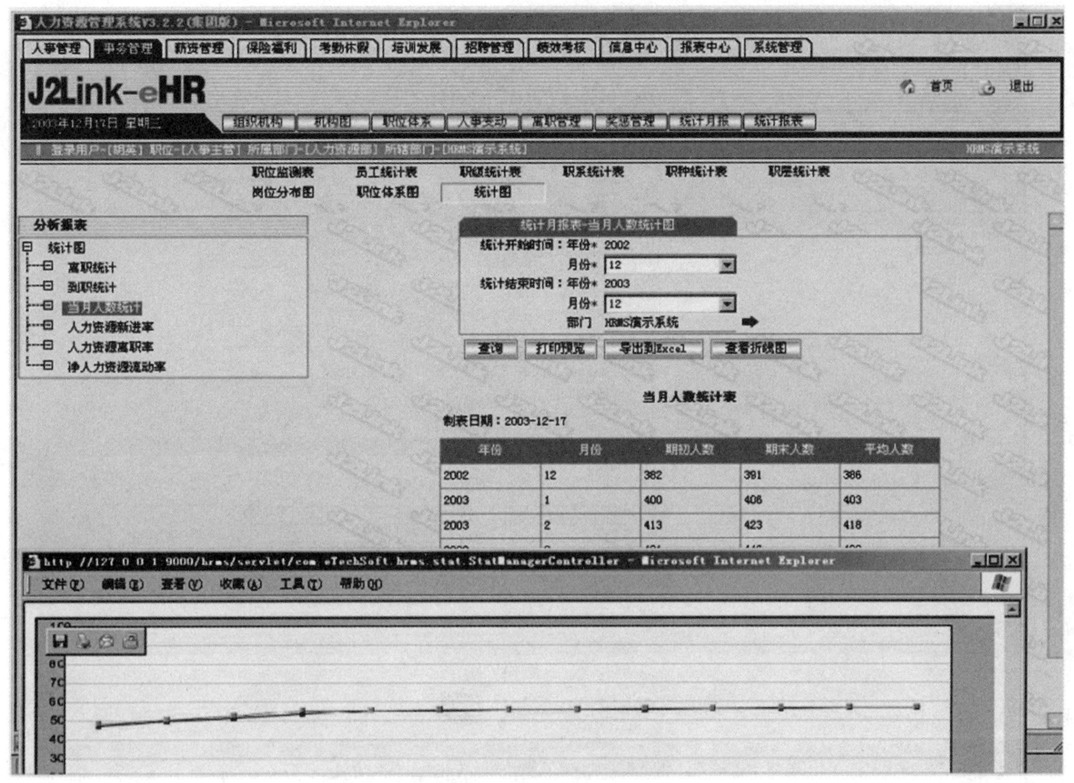

图 1-4　人力资源状况趋势变化图

3. 人员信息管理

可以分类或在同一界面查看员工在饭店工作期间的所有信息，包括各类基本信息（如姓名、年龄、联系方式、员工照片等），以及记录员工的教育培训经历（奖惩、合同、休假、绩效考核、薪资福利、家庭情况等其他信息）；可根据饭店实际需要自定义员工档案项目；试用期员工转正提示；跟踪管理员工从进入饭店到离职全过程的历史记录，包括薪资变动、职位变动、奖惩情况等；可挂接与员工相关的各类文档，如 Word 文件、WPS 文件、Excel 文件、扫描文件等；提供多种不同形式的员工信息报表；系统自动提示员工生日、试用期满、合同期满，灵活处理人员的转正、离职、退休等；强大的定位查询及模糊查询功能，快速方便地从众多数据中定位某一员工。图 1-5 为员工基本信息界面，图 1-6 为员工统计分析界面。

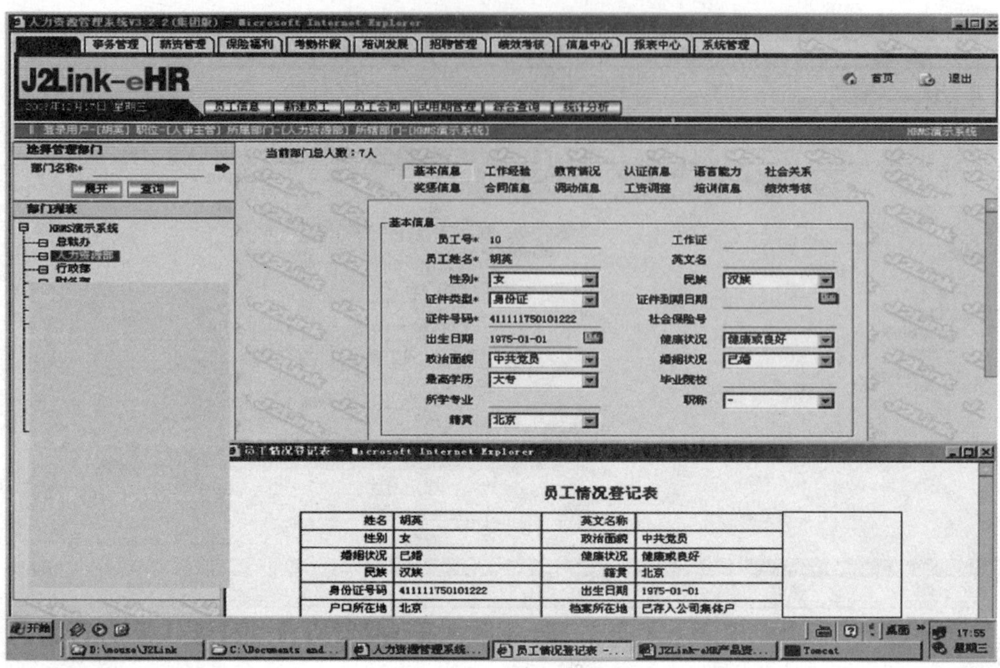

图 1-5　员工基本信息界面

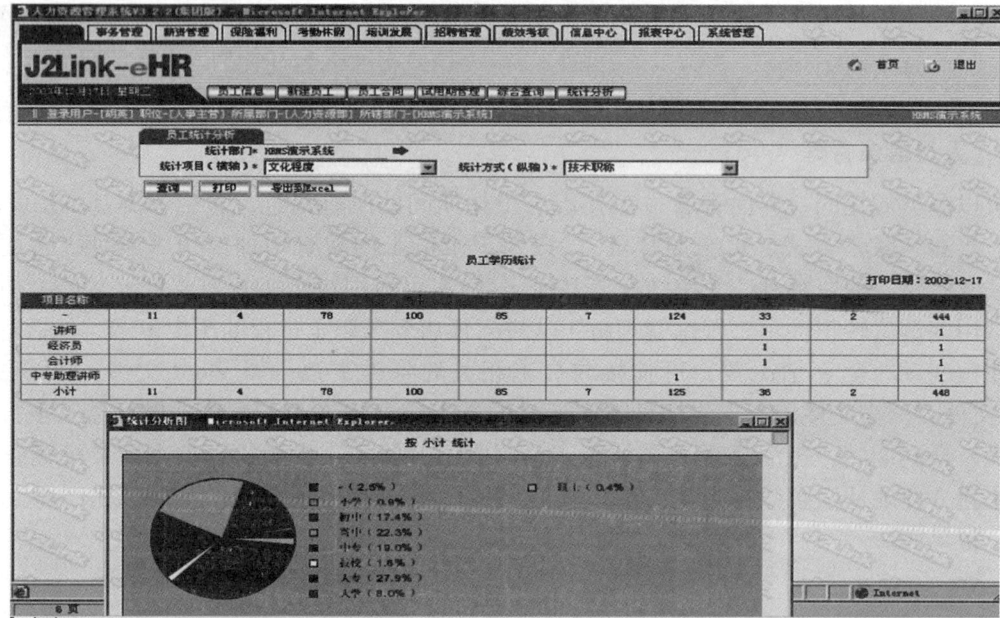

图 1-6　员工统计分析界面

4. 招聘管理

对编制招聘计划、发布招聘信息、采集应聘信息、招聘甄选、通知面试、聘用这一过程进行全面管理，可以根据相应的职位信息、招聘计划，自动生成招聘书；根据应聘职位和相应的任职资格条件，自动甄选应聘人员；根据饭店年度人力资源计划与部门人力资源需求计划，制订招聘计划；随时显示职位空缺信息，针对不同的职位空缺，提供基本信息、职位说明、对职位的具体要求、申请该职位必备条件等的管理；根据不同的职位空缺查看应聘者的所有的详细简历，匹配职位与应聘者；分类建立应聘人员档案库，便于查询检索；根据自定义规则批量安排面试时间，并且在必要时自动进行时间调整；面试流程通过网络自助服务的方式自动化处理，相关人员的评价自动存储并汇总到人力资源部门；批量发送电子邮件或打印通知单将结果通知应聘人员；录用人员数据自动转入员工信息库，减少重复录入；未录用人员转入饭店后备人才库，以备今后查询。图 1 －7 为面试管理界面，图 1 －8 为招聘流程图。

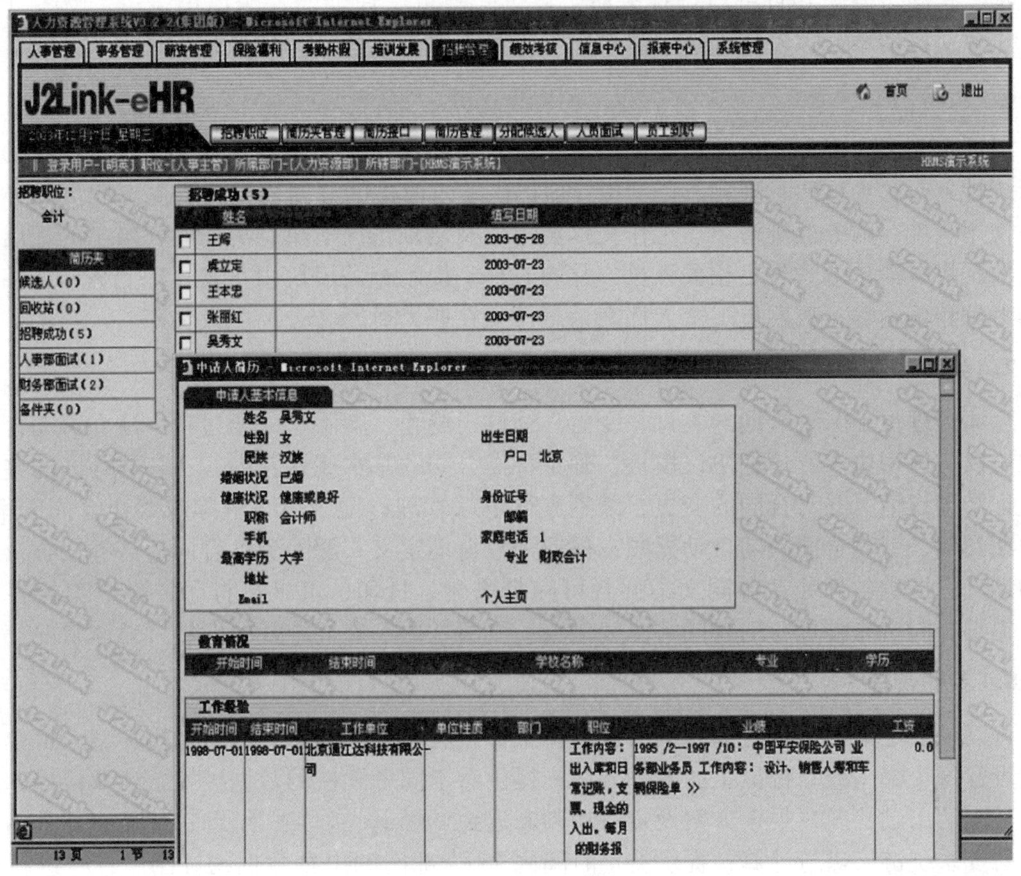

图 1 －7　面试管理界面

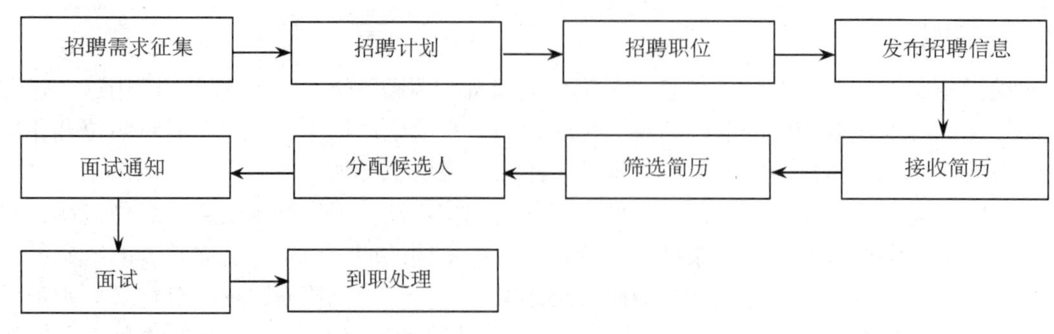

图 1－8　招聘流程图

5. 人员调配管理

灵活定义人员调配类型；灵活设置人员调配手续办理流程，详细记录人员调配信息，记录调配、转岗位原因并且进行统计分析；提供转岗员工详细的资源使用清单、财务处理清单、工作交接清单，以及培训情况清单；下岗员工管理，包括再就业培训计划等。

6. 员工离职管理

灵活定义离职类型；灵活设置离职手续办理流程，详细记录离职信息；记录离职原因，便于统计分析，为饭店管理尤其是 HR 管理提供绩效改进的诊断依据；提供离职员工详细的资源使用清单、财务处理清单、工作交接清单以及培训情况清单；离职时，员工的饭店资源占用情况将以清单形式告之相关人员，并同时自动提示相关模块中止其管理业务，如相关月份的考勤和薪资等；离职员工个人档案信息可从在职人员库转入离职人员库。

7. 劳动合同管理

全面管理员工劳动合同的签订、变更、续订、终止、解除这一全过程。建立劳动合同及岗位协议、保密协议、培训协议模板，确定各类合同的基本属性及内容；各类合同的签订管理，记录签订情况并对合同的变更、续签进行跟踪管理；记录员工解除或终止合同的情况；试用期到期、劳动合同到期自动提醒，提前天数自动定义；解除劳动合同经济补偿金及违约金的计算；提供各种劳动合同文书并且可随意增删、打印；可批量打印一批员工的各类合同；提供合同台账管理，随合同情况变化自动更新，便于查询统计合同签订总体状况。

8. 考勤管理

可以灵活定义上下班时间、灵活设定休息日；灵活设置倒班类型与加班类型；可单独或批量设置每个部门或每位员工的考勤方案；提供对不同考勤机的数据导入、读取接口；记录每位员工的出勤状况，根据方案设定自动判断迟到、早退或旷工；统计每位员工的月出勤结果与薪资系统链接进行计算；提供特定时间内个人/部门的出勤数据统计图表，并进行分析比较。图 1－9 为考勤汇总和明细表。

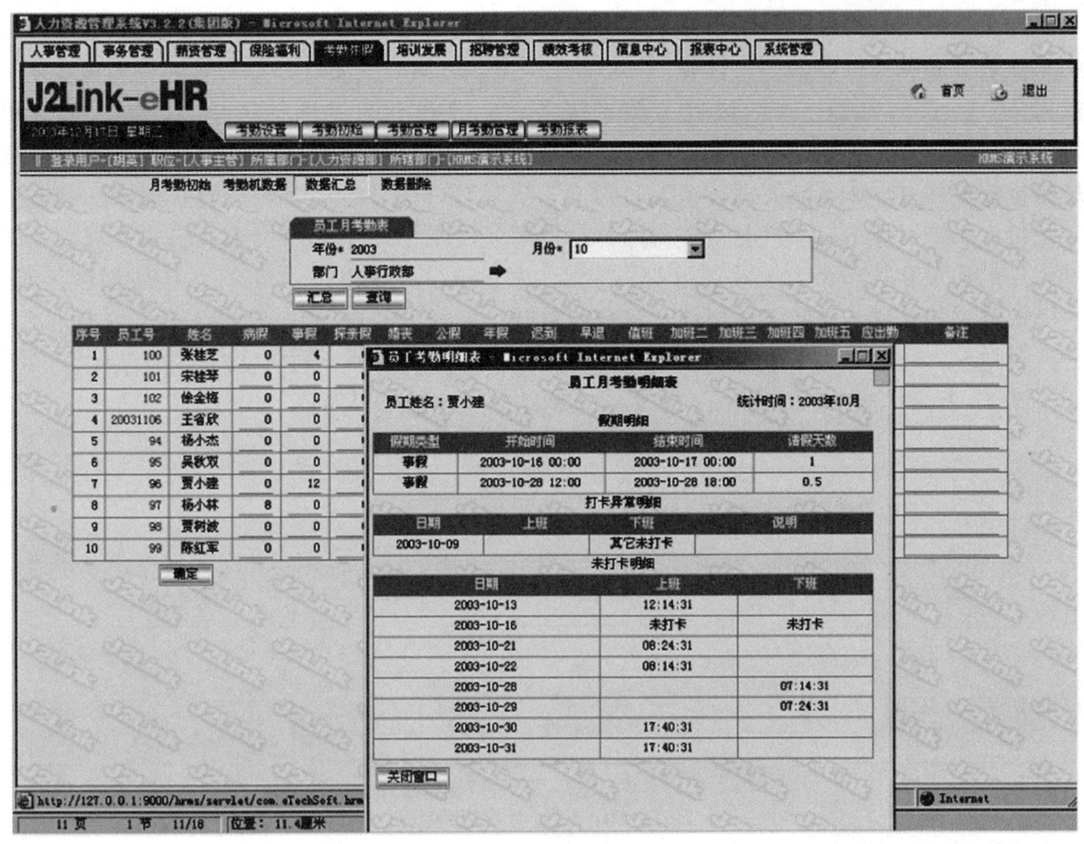

图 1－9　考勤汇总和明细表

9．休假管理

可以灵活定义饭店规定的休假制度；根据员工的个人情况如工作年限与单位工作年限，自动计算年休假、医疗期、探亲假等假期天数；为员工制订休假计划，提供特殊岗位强制休假管理；提供休假申请及审批管理，并对员工休假情况进行记录；提供休假到期预警与销假处理功能；自动计算和累计员工的假期，生成各类假期的积存余额记录；对休假情况进行统计，结果提供给薪酬管理系统使用；需要时，一些未休假期如年休假可自动折算成工资。

10．加班管理

提供加班加点申请和审批管理；记录员工加班加点情况，并可将加点时间折算成工作日；将经批准的加班申请自动转入加班记录，免除人工录入；提供加班后的补休管理；加班工资计算，根据加班时点状态自动判断加班工资计算倍数，结果提供给薪酬管理系统使用。

11．绩效管理

按部门职责及目标、岗位说明书中注明的岗位职责为主要考核要素，同时结合自定义指标库中的通用绩效指标，准确灵活设计及调整不同部门与岗位的考核方案，合理选择考核指标，形成考核表，做到考核表的“个性化”；灵活设定考核方案有关属性，如考核名称、考核期限、考核目的、考核对象等；灵活设置考核层级关系，选择不同类别的考核人，构成如360°、270°、180°等不同度数的绩效考核；灵活定义考核方案中的考核人类别权重、考核要素权重、考核指标权重，并形成不同类别考核人对同一考核对象的多张考核量表；通过计算机终端进行绩效评价，系统对评价结果自动整理与计算；查询绩效评价的结果及明细情况；提供员工绩效关键事件的记录和管理，为绩效评价提供参考；提供员工绩效申诉及处理，绩效面谈记录管理；考核结果与薪资、职业生涯规划及培训相关联；根据考核的历史记录，分析员工及部门业绩的改善情况；利用考核结果对应预期目标与完成目标，从各种不同角度对考核结果进行统计分析。图1－10为绩效考核流程图，图1－11为绩效考评结果界面。

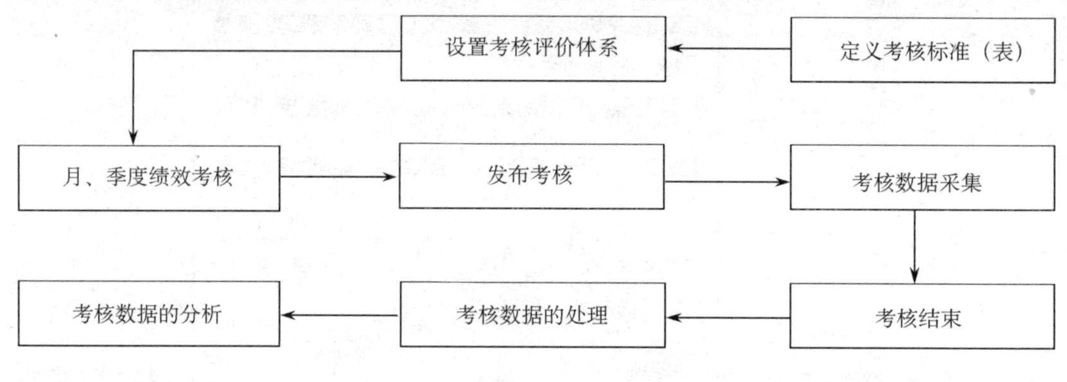

图1－10　绩效考核流程图

12. 薪资福利管理

主要提供员工的各项福利基金的提取和管理功能。灵活设置不同类型员工的各类薪资项目及其计算方式；可自定义工资计算参数，分别计算每月工资表的每个项目；支持不同地区定义不同的计税方法，灵活管理上税方式；薪资调整批处理或指定个别计算员工薪资；基于上月数据进行下月薪资计算，只需对变化部分进行调整；可对计算有误的薪资计算进行重算、纠错，薪资发放有误的可进行重设置并执行相应处理；与考勤系统链接，根据员工考勤情况调整员工的薪资福利；设置不同的员工和领导查询功能；员工网上查询个人当月薪资及薪资历史情况、个人福利累计情况等；与Word、Excel、txt格式文件实现数据完全互换；生成不同格式的薪资福利明细报表和统计报表；数据以与银行自动转账系统相容的数据格式输出，并储存于磁盘，方便向银行报盘；提供完善的薪资统计分析功能，为制定薪资制度与调整薪资结构提供依据。图1－12为薪资曲线图，图1－13为保险报表。

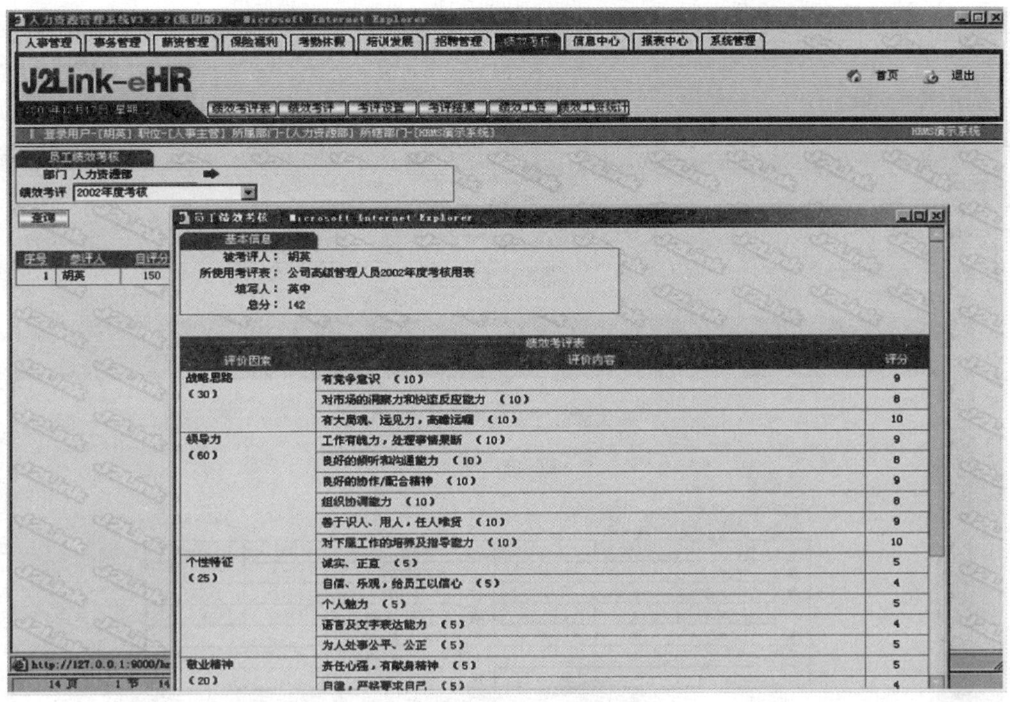

图 1－11 绩效考评结果界面

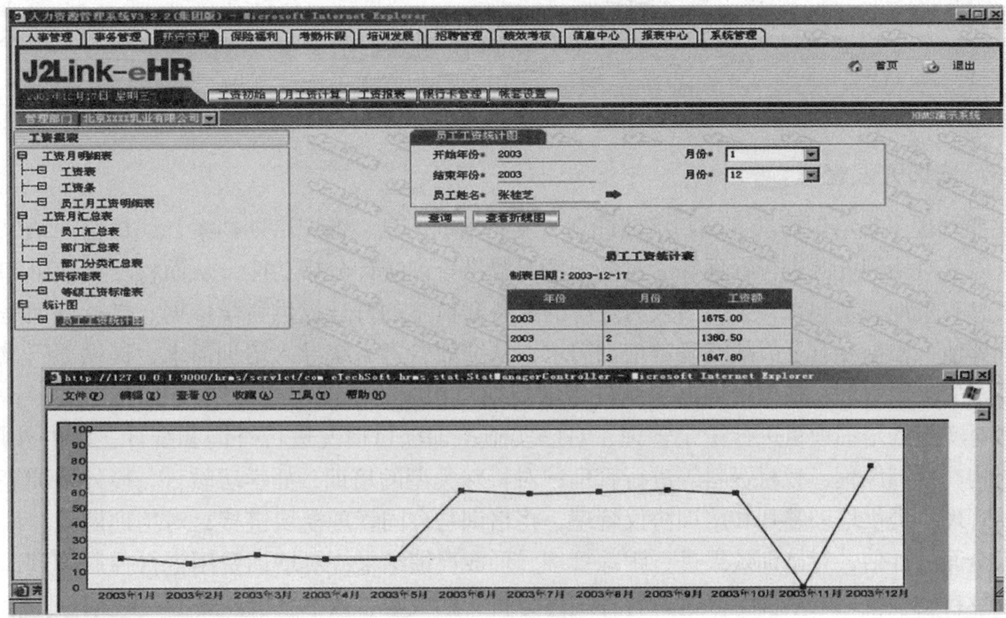

图 1－12 薪资曲线图

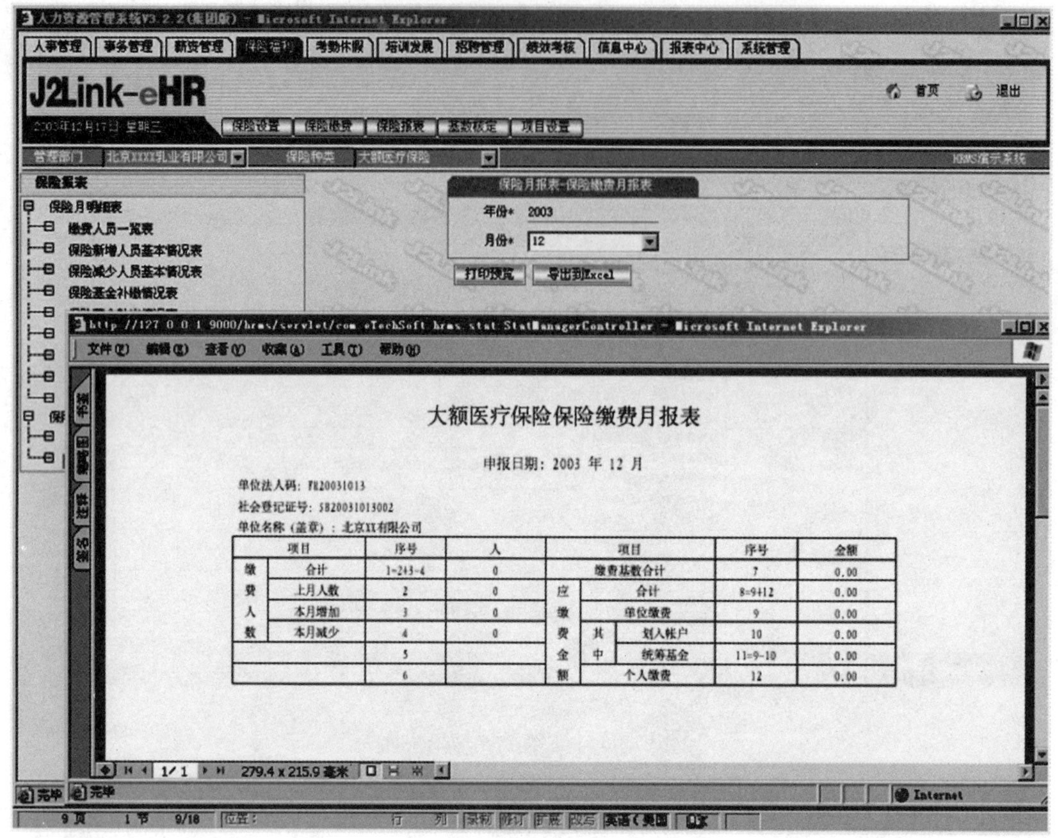

图 1－13 保险报表

13. 培训开发管理

主要管理采集培训需求、编制培训计划、发布培训信息、维护培训档案、评估培训结果这一过程，以及对培训资源进行管理等。对培训情况提供查询统计分析功能，从而将培训信息和人力资源信息有机地联系起来，为饭店人力资源的配备和员工的升迁提供科学依据。进行培训需求的管理和评估，根据经营发展战略确定培训需求，从绩效管理系统导入培训需求，提供部门或个人培训需求的申请管理；根据培训需求制订培训规划与相应的培训实施计划，可对计划进行查询、统计；对实施的培训项目进行记录管理，对已实施培训项目情况进行查询和统计；对内外师资、培训机构、培训课程、教材资料等进行管理；对特殊类型的培训，如学历教育、境外培训等进行特殊的管理；提供培训签到和培训协议管理，将培训与合同管理模块链接；对培训课程、培训师资进行全面的评估，对培训效果进行跟踪管理，形成反馈结果；对培训费用进行控制管理，根据费用预算自动预警；对培训结果进行各种统计分析，如成本、效果分析。图 1－14 为培训流程图，图 1－15 为培训管理界面。

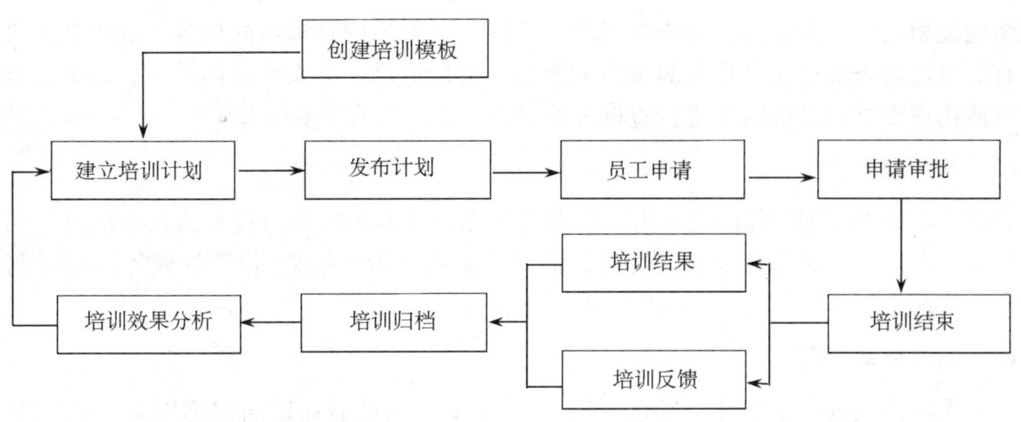

图 1－14　培训流程图

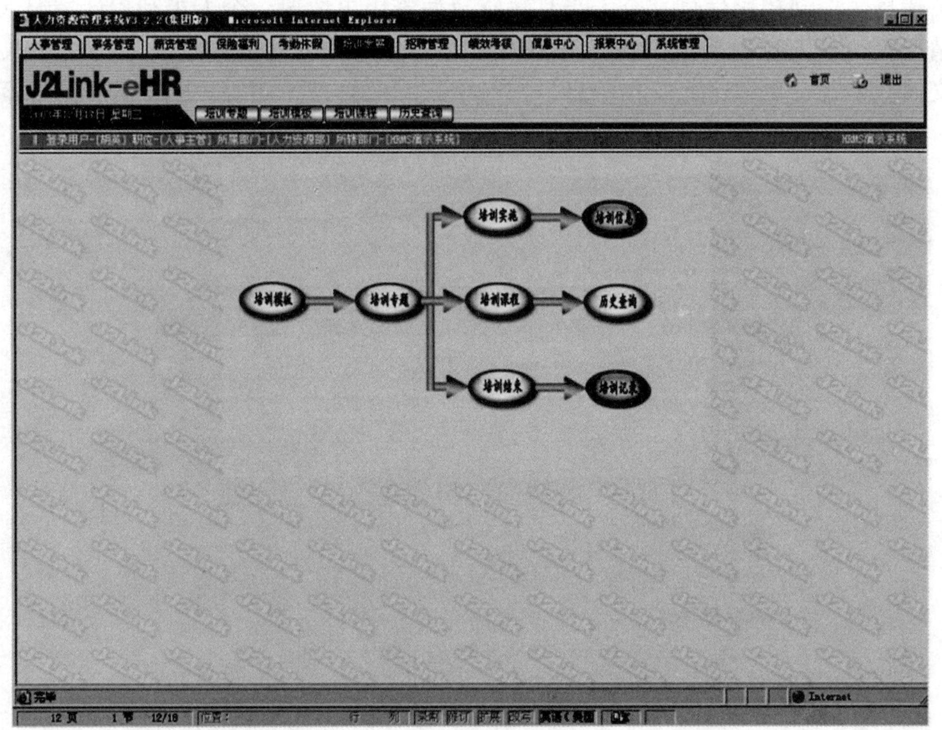

图 1－15　培训管理界面

14. 综合报表系统

灵活自定义各种查询和报表，所有报表的数据范围和查询条件可以自由控制；灵活定义报表显示格式，生成多种分析图表；提供报表自动校验功能；灵活输出报表并且设置打印功能；包含树状查询、条件查询、统计报表等功能。树状查询可以满足所有员工在工作中对于组织结构及相关工作人员信息的查询需求，条件查询可根据管理者的权限范围按其需要对员工所有信息进行查询；统计报表对饭店人事信息进行汇总；本系统提供给用户自定义查询的功能可使用户根据自己的需要进行查询方案设定，且可保存查询方案。

15. 总经理查询

总经理可不通过 HR 部门的帮助，自助式地在线获取饭店人力资源的状态信息，如人力资源配置情况、人力资源成本变动情况、薪资平衡表、组织绩效/员工绩效等；可以利用系统平台，在网上对需要其决定的 HR 管理活动直接进行处理。

16. 员工自助服务

员工无需安装客户端软件，经过授权，采用 Web 浏览器在饭店内部网范围内实时访问人力资源信息或参与到人力资源管理流程中；允许员工在线查看饭店规章制度，组织结构，重要人员信息，内部招聘信息，个人当月薪资及薪资历史情况，个人福利累计情况，个人考勤休假情况等；员工利用系统平台，与 HR 部门进行电子方式的沟通，如提交个人培训需求、提交休假申请，更改个人基本信息，进行个人绩效管理，等等。图 1 – 16 为规章制度查询界面，图 1 – 17 为员工个人信息查询界面。

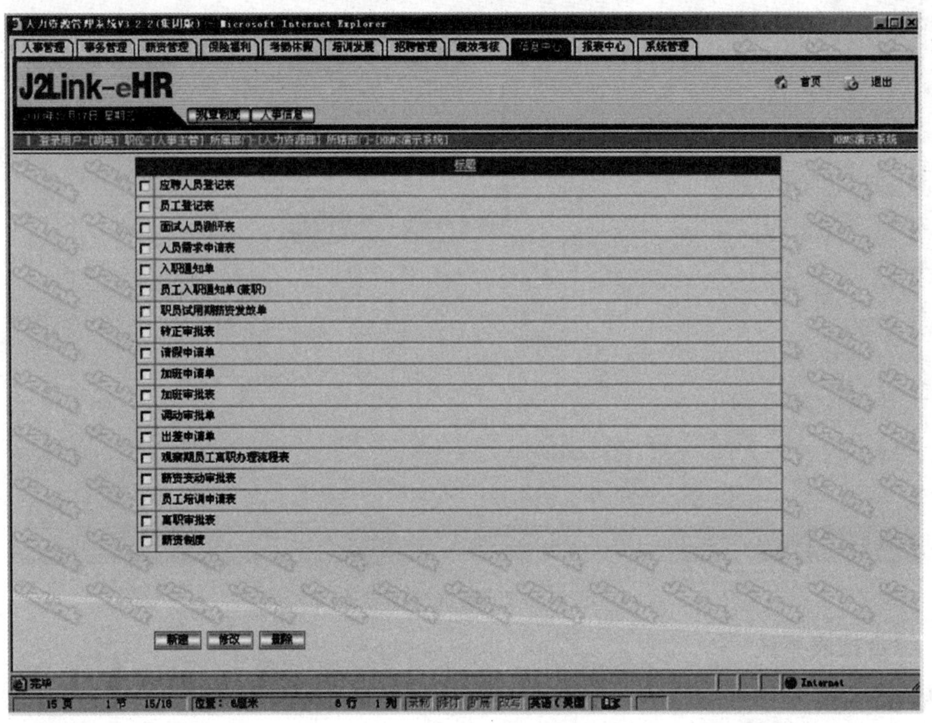

图 1 – 16　规章制度查询界面

图 1 – 17　员工个人信息查询界面

思考题

1. 如何理解人力资源管理中的人本思想？
2. 什么是饭店人力资源管理？
3. 饭店人力资源管理的主要特点是什么？
4. 饭店人力资源管理的主要任务与内容包括哪些？
5. 何谓 EHR？与传统管理方法相比其突出特点有哪些？
6. EHR 的主要内容包括哪些？

第2章

饭店员工的职务分析

【学习目标】

☑ 了解职务分析的含义、目的和意义。
☑ 熟悉职务分析流程的4个阶段。
☑ 掌握职务分析的主要方法。

一个饭店要有效地进行人力资源管理，首先要了解饭店内各工种岗位的特点以及能够胜任这些工作岗位的人员的特点。早在19世纪末，“科学管理之父”泰勒就系统地对各项工作予以科学的分析，即所谓“动作与时间研究”。他指出，“在现代科学管理中，最突出的一项要素，也许应该算是‘任务’的概念”。“所谓的任务，殊不仅以‘应该做些什么’为限，还应包括‘应该怎么做’以及‘需要多少时间’等项”。他对职务分析研究的贡献是：① 利用最佳的工作方法；② 采用物质诱因来激发和维持员工工作。其后，吉尔布雷夫妇（Frank and Lillam Gilbreth）对于泰勒的工作继续研究并使之发扬光大。

在第一次世界大战期间，美国参战后，便设立了军队人事分类委员会（Army Committee on The Classification of Personnel）来实施职务分析，于是职务分析一词便开始使用。1920年美国国家人事协会规定把职务分析定义为一种处理方法，其结果可以确定一种职务的构成及胜任该职务的人所必须具备的条件。现在，职务分析已被作为人力资源管理的基本范畴确定下来，是人力资源管理的重要职能之一。

通过本章的学习，了解职务分析的基本概念、目的和意义，掌握职务分析的工作流程和职务分析的主要方法。

2.1　职务分析概述

2.1.1　职务分析的基本术语

与其他专业领域一样，人力资源管理领域中的职务分析也有许多专业术语，以下是职务分析过程中可能涉及的相关术语及含义。

1. 任务

为一个明确目的而实行的工作活动或行为，它可以客观地、合乎逻辑地认定为不连续的活动单位或阶段。例如，为了了解客人对饭店客房的环境、卫生、价格等满意度，客房服务员向每一间客房配置宾客满意度调查表。

2. 职责

由一个个体操作的包括一定数量的任务的工作。例如，一个餐厅服务员的责任，包括向顾客介绍菜谱、开票，把饮料、食物端给顾客等。

3. 职位

在一定时期，组织要求个体完成的一项或多项责任。一般来说，职位与个体是一一匹配的，有多少个员工就有多少个职位；即员工的数量与职位的数量相等。

4. 职务

一组具有明显相似的职位，如服务员。根据饭店规模的大小和工作性质，一种职务可以有一至多个职位。

5. 职业

在不同时间、在不同组织，从事类似活动的一组工作的总称，如培训师、技师、电工等。

6. 工作分析

通过与员工沟通交流、问卷调查、现场工作日志记录、实地观察等方法去考察一项工作，明确任职资格、工作职责和范围的系统过程。

7. 工作描述

根据工作分析的结果，用书面形式具体说明某一工作的物质特点和环境特点。

8. 工作规范

指完成某项工作的人必须具备的最基本的资格条件的文件，主要包含学历、工作经历、技巧和个性特点等。

2.1.2 职务分析的定义

职务分析（Job Analysis）亦称工作分析，是指通过观察和研究，确定关于某种特定职务的基本工作情况，以及完成工作所应具备的资格的一种程序。换句话说，职务分析是把员工工作的性质、任务、知识、能力与责任等方面的每个职务内容进行周密调查和研究分析，并且有系统有组织地描写或记录，以便进行科学的管理。

国外人力资源管理心理学家指出，工作分析就是全面收集某项工作的有关信息，提出职务分析公式：① 用谁，即责任人（WHO）；② 做何事，即工作内容（WHAT）；③ 何时，即工作时间（WHEN）；④ 何地，即工作岗位（WHERE）；⑤ 如何，即怎样操作（HOW）；⑥ 为何（WHY）；⑦ 为何人（FOR WHOM）。

2.1.3 职务分析的目的和意义

1. 职务分析的目的

一个组织的工作涉及人员、职务及其环境等三方面因素。工作人员的分析包括工作条件、工作能力等，有助于员工职业生涯指导和发展，达到人尽其才的目的。工作职务的分析包括工作范围、工作程序、工作任务等，对员工工作上的任用、甄选、协调有所帮助，达到适才适职的目的。工作环境的分析包括饭店的环境设备，工作的知识技能等，使员工易于应付工作的要求，达到才尽其用的目的。职务分析乃“人与才”、“人与职”、“职与用”三者的有机结合，通过一定的组织行为以达到组织目的：

职务分析→{人员——工作条件、能力……人尽其才；职务——工作范围、任务……才尽其职；环境——工作设备、技能……职尽其用}→组织目的

2. 职务分析的意义

职务分析对于人力资源研究和管理具有非常重要的作用。全面深入地进行职务分析，可使饭店充分了解工作的具体特点和对员工的行为要求，为作出正确的人事决策奠定坚实的基础和提供科学的依据。具体地说，职务分析有以下几个方面的意义。

（1）明确选人用人的标准，做到人尽其才。职务分析明确了工作的具体程序和方法，指明在哪种工作岗位需要什么样的人才；规定工作职务近期与长期的目标；提出有关工种的心理、技能、文化和知识等方面的要求。人事部门就可以招聘、选拔和任用符合工作需要和

职务要求的合格员工。

(2) 提高工作效率，避免人力资源的浪费。通过职务分析，可使工作职责明确，目标清楚，饭店中的每一个人，上至总经理下至清洁工都能明确工作环节和任务要求，充分利用和安排工作时间，使他们能更加合理地运用自己的知识和技能，增强他们的工作满意度，从而提高工作效率，避免人力资源浪费现象。

(3) 有效地激励员工。通过职务分析，可以设计积极的人员培训和职业开发方案。根据实际工作要求和聘用人员的不同情况，有针对性地安排培训内容和方法，以培训促进员工在组织内能按部就班地获得知识、技能和能力的提升，增强员工工作的信心；职务分析可以为工作考核和晋升提供客观标准和科学依据，使员工的工作积极性提高；工作和职务的分析，可以建立先进、合理的工作定额和工资、奖金等报酬制度。饭店在以上工作分析基础上了解员工工作的各种信息，全方位多角度地有效地激励员工。

(4) 改善工作环境。通过职务分析，确定工作职务的任务与要求，建立工作规范，就可检查出工作中不利于发挥人们积极性和能力的方面，发现工作环境中有损于工作安全、加重工作负荷、造成工作疲劳与紧张等不合理因素，从而有利于改善工作环境，使员工在更适合身心健康的安全舒适的环境中工作。

2.2 职务分析的流程

2.2.1 职务分析流程的4个阶段

职务分析的流程可分为职务分析准备工作阶段、信息收集阶段、信息分析整理阶段和职务分析形成分析报告阶段，各阶段间关系紧密，相互制约。

1. 职务分析准备工作阶段

包括明确职务分析的目的，这样才能确定工作分析信息调查的范围、项目和信息收集的内容等方面的问题；选择职务分析人员，在职务分析的过程中涉及大量的工作信息和工作量。为使职务分析顺利进行，需要选择职务分析的工作人员，同时对具备一定条件的工作人员进行相关工作的培训；选择职称分析的方法和工具，有助于将职称分析所需要的信息进行预先组织和整理；与组织中的相关成员进行沟通，向组织成员传达工作分析的目的、意义、作用等相关信息以获得组织成员的赞同。

2. 职务分析信息收集阶段

在职务分析过程中，需要明确应向哪些人收集职务分析所需的信息；收集职务分析所需的信息后，要确认信息的准确和可靠性，并整理成需要的文件样式。

3. 职务分析信息分析整理阶段

对所收集的信息进行总结、归纳、分析和整理，形成按分析目的产生的职务分析结果（见2.2.2节）。

4. 职务分析形成分析报告阶段

在最后一个阶段，要将工作分析的结果形成标准文件，形成正式的职务描述和职务规范。在饭店人力资源管理的实践中，需要按职务描述和职务规范的各项要求进行人员的聘用、培训、考评、薪资管理，同时正式的职务描述和职务规范还要不断在工作实践中，去进行修订和完善。

2.2.2 职务分析的结果

职务分析的结果，记录在职务说明书这一类专门文件中。职务说明书（见表2-1）包括两部分：一是职务描述，是对有关工作活动、工作程序和方法、工作职责、工作条件等工作特性方面的信息所进行的书面描述；二是职务规范，是全面反映工作对员工的品质、特点、技能、经历和知识等方面要求的书面文件。职务描述和职务规范可分成两份文件来阐述，也可合并在一起。

1. 职务描述

职务描述主要解决的是职务操作者做什么，怎么做和为什么做等问题。其主要包括以下4个要素。

（1）工作名称：即从事的是什么工作。

（2）工作活动和程序：包括所要完成的工作任务、工作职责、完成工作所需要的资料，工作流程、工作中上下级与平行级之间的关系等。

（3）社会环境：包括工作团队的情况，同事的特征及相互关系、各部门之间的关系等。

（4）聘用条件：包括了工资报酬、工作时间，该工作在本组织中的地位及所享受的待遇，等等。

2. 职务规范

职务规范是根据职务描述所提供的信息，拟定工作资格。制定职务规范的目的是决定重要的个体特征，以此作为甄选、任用和培训的基础。其主要包括以下3个要素。

（1）有关工作程序和技术的要求。

（2）操作技能和各种工作能力（记忆力、注意力、判断力等）的要求。

（3）文化程度、工作经验、生活经验、健康状况的要求。

表 2－1　前厅部经理的职务说明书

职务名称：前厅部经理
部门：前厅部
岗位等级：部门经理
职务代码：FO0001
任职基本要求
1. 自然条件：男 25～40 岁，身高 1.7 米以上；女 25～40 岁，身高 1.6 米以上；精力充沛，仪表端正； 2. 受教育程度：大学本科毕业或者同等学力以上，具有经济师职称及同等业务水平； 3. 工作经历：曾在同档星级宾馆饭店前厅任经理职务，熟悉前厅运作及管理规范； 4. 语言能力：流利的、较标准的普通话、所在地方言，较强的英语口语表达能力。
工作活动和工作程序
1. 制订并实施前厅业务计划。 2. 根据饭店市场环境、部门的历史数据和现实情况，编制部门预算，在预算获得批准后，组织实施和控制，保证预算的完成。 3. 巡视属下各个部门，抽查服务质量，保证日常工作的顺利进行。 4. 负责对直接下级的工作评估及部门的奖金分配工作。 5. 协助检查当天抵达贵宾的房间质量，并于大门外恭候迎接当天抵达的贵宾。 6. 指导主管训练属下员工，并负责督导各主管的管理工作；接受客人的投诉，及时进行处理解决并做好记录。 7. 检查消防器具，做好防盗等安全工作及协查通缉的工作。 8. 组织、主持每周的主管例会，听取汇报、布置工作，解决工作难题。 9. 监督检查各主管的工作进度并纠正偏差。 10. 掌握客房预订情况和当天客情；审阅大堂经理周报，呈报总经理批示。 11. 负责部门的文化建设工作，对部门的人员素质建设负有直接责任。
社会环境
1. 有一名副手，前厅部工作人员有 30～35 人。 2. 下设前台接待处、问讯处、订房部、商务中心、礼宾部、总机、大堂经理等七个二级部门。 3. 直接上级是房务部总监；需要经常联系的部门是公关销售部、客房部、餐饮部、财务部等。
聘用条件
1. 每周工作 48 个小时，每周休一天，国家假日放假。 2. 基本工资每月 3 000 元，岗位津贴 1 500 元，年终双薪。 3. 本岗位是饭店中层管理岗位，可批签最高房费 5 折的优惠，餐饮 9 折（不含酒水）。 4. 每两年有一至二次培训进修机会，可报销培训费用 3 000 元。 5. 饭店免费提供洗衣服务。

2.2.3 职务分析的方法

职务分析过程中需要收集工作岗位的信息，通过不同的信息收集方法所收集的信息不同。职务分析的方法依照基本方式划分的主要有观察法、访谈法、问卷法、现场工作日志法等。每种方法都有各自的优缺点，在工作实践中，要做好职务分析，常常根据不同的岗位，把不同的方法相结合。

1. 观察法

对员工现场工作过程、行为、内容、工具等情况，直接或间接的观察、记录的方法称为观察法。

1）优点

职务分析人员能够直接了解被观察者的行为、所需完成的操作，适用于那些工作内容主要由身体操作的活动所组成的工作岗位，如 PA 员工、前台接待员、保安人员等。

2）缺点

（1）不适合单独用于抽象的智力活动、心理素质的分析，如公关部美工、部门经理等。

（2）如果被观察者知道自己处于被观察状态，会影响其正常的工作表现。

（3）对于复杂的工作则难以全面观察。

（4）不能得到有关任职者资格要求的信息。

（5）观察结果的质量在很大程度上依赖于观察者的能力和所接受的培训。

观察法的观察记录表如表 2－2 所示。

表 2－2 观察记录表（部分）

员工姓名：		职位：	部门：		日期：
观察者姓名：		观察时间：			
任务（观察内容）	工作标准	完成情况	存在问题	问题原因	备注

2. 访谈法

访谈法又称面谈法，指与担任有关工作职务的人员通过访谈的方式获取有关信息的调查研究方法，是一种应用最为广泛的工作分析方法。

1）优点

（1）比较灵活，谈话双方都可以随时改变策略和方式，有利于了解新的或较新层次的信息。

（2）可以对员工的工作任务和工作态度等较深层次的内容有比较详细的了解。

（3）运用面广，可用于不同问题，可以简单而迅速地收集多方面的职务分析资料。

（4）由员工亲自讲出工作内容，具体准确，同时容易了解观察法不易发现的问题，有助于管理者发现问题。

（5）有助于与员工的沟通，缓解工作的情绪和压力。

2）缺点

（1）访谈法要注意访谈策略和提问技巧，因此对职务分析人员的要求比较高，需要进行严格而规范的培训。

（2）访谈结果的处理和分析比较复杂，要有专门人员负责。

（3）花费的时间和精力较多，费用较高。

（4）搜集到的信息往往被扭曲，失真。

访谈法的工作岗位分析表如表2-3所示。

表2-3 访谈法的工作岗位分析表

职位名称：	主管部门：
所属部门：	工作地点：
间接主管：	监督者：
直接主管：	
1. 这个岗位工作目的是什么？	
2. 岗位的工作职责是什么？在各项职责中，需要完成什么工作？	
3. 岗位的工作内容是什么？你是如何做的？	

续表

4. 除了日常工作外，每周、每月、每季或每年还需要承担哪些工作？
5. 如何衡量你的工作完成的好坏？
6. 你的工作对完成的时间要求是什么？
7. 在日常的工作中是否存在难以克服的困难？
8. 工作职责是否与别的工作岗位职责有交叉的部分？
9. 为了圆满完成你的工作，所需要的教育水平如何？需要何种类型的知识、技能？
10. 你的工作向谁汇报？
11. 你的工作与组织中的哪些岗位有接触？接触的频率是多少？为什么需要这些接触？
12. 你的工作与组织外的哪些组织、机构有联系？
13. 你是否承担管理他人的工作？管理哪些岗位的员工？你是如何管理的？
14. 你在工作中难度最大的是什么？为什么？如何才能很好地完成这些工作？

3. 问卷法

问卷法是指通过书面形式、以严格设计的心理测试项目或问题，让员工或相关人员填写问卷，收集工作分析所需信息的方法。

1）优点

（1）比较规范化、数量化，适合于用计算机对结果进行统计分析。

（2）费用低、速度快、节省时间，同时不影响工作时间。

（3）调查范围广，调查样本量很大，适用于需要对很多员工进行调查的情况。

2）缺点

（1）填写调查问卷是由职务分析者单独进行的，缺少交流和沟通，不易唤起被调查对象的兴趣。

（2）调查问卷的设计比较费人力和物力，也不像访谈那样可以面对面交流信息。

（3）调查问卷如果过短，就不能获得足够详细的信息。

问卷法的问卷样本如表 2－4 所示。

表 2－4　岗位调查问卷

本调查问卷是为了帮助你清楚地描述你的工作。你所提供的信息将有助于更新你的工作描述。在你所从事的工作中，你需要最适当地描述的工作是什么，如何做，以及需要何种知识与能力去完成，请如实地填写下表。谢谢你的支持与合作。

一、基本信息	
姓名：	填写日期：　　年　　月　　日
职务名称：	职务编号：
所属部门：	部门经理姓名：
二、调查信息	
1. 请你用准确、简洁的语言描述你的工作：	
2. 请认真、详尽地描述你的日常工作、活动和职责：	
3. 请简明地描述你的上级是如何监督你的工作的：	

续表

4. 请简明地描述你的哪些工作是不被上级监督的：
5. 请详细地描述你在工作中需要接触到其他职务的哪些员工，并且讲明接触的原因：
6. 请列举工作中需要用到的主要办公设备和用品：
7. 请描述你在人事和财物方面的权限范围：
8. 你认为胜任本岗位的工作需要何种经验，期限长短：
9. 你认为胜任本岗位的工作需要什么样的知识学历？最低学历要求？所需专业知识？外语水平？计算机熟练程度？
10. 你认为一位没有相关工作经验的大专学历的人员，需要多长时间的培训可以胜任本岗位工作？
11. 你认为较好地完成岗位工作应该接受哪些培训课程？培训内容？培训方式？最少培训时间？
12. 请描述你认为可较为有效开展工作所需的工作环境：

续表

13. 你认为什么样的性格、能力的人能更好地胜任本岗位工作？
14. 你认为什么样的心理素质的人员能更好地胜任本岗位工作？
15. 请列举你的岗位组织关系，如直接上级、直接下级、内部接触、外部接触：
16. 你对该工作岗位的评价：
17. 你认为饭店以及你所从事的工作中存在哪些不合理的地方，应该如何改善？
注意事项： 1. 填写人应保证以上填写的内容真实、客观，并且没有故意地隐瞒； 2. 该问卷内容作为职务分析的重要依据，如果填写人发现有遗漏、错误，或其他需要说明的情况，请立即与饭店人力资源部联系。 填写人签字： 人力资源部负责人签字：

4. 现场工作日志法

根据员工按工作日的时间顺序记录自己工作岗位的任务和活动内容，工作活动结果的描述对工作进行分析的方法称为现场工作日志法。

1）优点

（1）提供了员工工作活动的概要信息，了解员工日常做什么。

（2）掌握了员工各项具体工作时间分配资料。

2）缺点

（1）提供的信息失真，包括遗忘、不能及时填写及刻意隐瞒等。

（2）不能了解长期的、周期性变化的工作活动。

（3）不能完全了解各项工作活动的目的和重要性。

现场工作日志法的现场工作日志如表2－5和表2－6所示。

表2－5　现场工作日志

姓名：			岗位名称：	
填写日期：　　年　　月　　日			所属部门：	
开始时间	结束时间	工作任务和活动内容	活动结果	备注
说明： 1. 请你按工作活动发生的顺序及时填写，勿在一天工作结束后合并填写； 2. 严格按照表格要求进行填写，不要遗漏细小的工作活动； 3. 请你提供真实的信息，以免损害你的利益。				

表 2－6　楼层工作日志

楼层：　　　　　　　　　　页号：　　　　　　　　　　时间：

班次	人员		主要事项和工作内容	签字	备注
早班	领班				
	员工				
中班	领班				
	员工				
晚班					

思考题

1. 简述职务分析的含义及其对人力资源管理的意义。
2. 请简述职务分析流程的 4 个阶段。
3. 访谈法是应用最为广泛的职务分析方法，请谈谈它的主要优点。
4. 根据你所学的饭店管理知识，请为饭店某部门设计一张工作岗位调查问卷。

第3章 饭店员工的招聘与录用

【学习目标】

- ☑ 了解人力资源规划的概念、程序和内容。
- ☑ 认识招聘决策中的5个主要方面。
- ☑ 了解员工来源的渠道。
- ☑ 掌握面试的程序、内容和面试中的注意事项。

能聘用到好的员工、相宜的员工，是每一家饭店所期望的，而在现实的运作当中，却未必能如人意，甚至相去甚远。面对着激烈的市场竞争，如果没有较高素质的员工和恰当的人事安排，饭店便不能持续运营，更谈不上发展。所以，员工的选录、培训、督导、培养，以及合理的用人制度至关重要，而员工的招聘与录用，正是其中的首要任务。

通过对本章人力资源规划、招聘决策、员工来源、面试技巧、任职指导等要点的理解和学习，掌握饭店员工招聘与录用的过程和程序。

3.1 饭店人力资源规划

3.1.1 饭店人力资源规划的概念和作用

在员工的招聘与录用工作中，许多饭店的做法是：按饭店现有的职位空缺发布招聘信息，然后约见面试，再择优录用。如此实施招聘与录用工作，在程序和内容上似乎都没有异议，但其效果却总是难以令人满意的。而在人力资源部门方面，招聘与录用工作往往是他们疲于奔命的主题。为什么会出现这样的差异呢？我们试分析其中存在的问题，主要是饭店的经营管理者在人力资源方面缺乏整体规划，导致人力资源部门的工作缺乏计划性，造成招聘人员疲于奔命，却难以达到让人满意的招聘与录用效果。因此，我们的招聘与录用工作，应该建基于饭店的人力资源规划，而人员选录的标准，则以职务分析的结果作为依据。

饭店的人力资源规划，是饭店的经营管理者根据饭店的整体经营规划，结合人力资源的供需以及发展情况而制订的人力资源工作目标与计划，是一项长期的动态规划项目。饭店的人力资源规划是饭店经营规划的辅助内容，但许多饭店只是进行整体的经营规划，却没有意识到人力资源规划的作用及其后续的价值，疏于进行人力资源规划，导致饭店在人员补充、培养和开发上，经常陷于被动。

饭店的人力资源规划是实现饭店经营目标的支撑项目，它与饭店的营销规划和运营规划等项目平行。此外，饭店的人力资源规划是饭店人力资源开发、应用与管理的指引，也是综合效果的评估依据。饭店的内环境与外环境都是不断地在变化的，而人力资源规划就是要根据整体经营规划的调整，以及人力资源供需状况的变化进行分析和预测，以便采取相应的措施，使运作质效能有效地配合饭店整体经营目标的实现。

3.1.2　饭店人力资源规划的程序

饭店的人力资源规划是一项动态的规划项目。其程序主要是：调查人力资源供需状况 → 分析人力资源供需现状及发展趋势 → 制订人力资源的目标及实施计划 → 实施人力资源规划并且落实评估 → 分析评估结果并根据新的人力资源状况及其发展趋势进行调整。在该项工作中，不能贪图方便而抄袭其他饭店的分析结果，因为每家饭店都有自身的特点与要求，直接地抄袭、套用，会导致人员安排上的失调，造成运作质量下降或人力资源成本的浪费。

1. 调查

收集人力资源供需双方的有关数据，进行审核、分类和甄选，如饭店的人员素质要求及现状，配合新经营项目人员的综合要求，人员流动情况及预测，饭店的人力资源储备情况，饭店外部人力资源的供需现状，综合文化教育状况，职业技能培训情况，目标人才市场的供需状况，目标人才的择业心理，潜在人才市场的状况，等等。在项目内容的调查中，不但要了解现在的状况，也要了解其变化的趋势。

2. 分析

根据调查所得的信息与数据，分析饭店内部和外部的人力资源供需现状以及发展趋势，为制订饭店的人力资源的各项目目标和实施计划提供依据。在分析过程中，要注意每个项目的发展趋向及潜力，重视对潜在市场的发掘与探讨。

3. 制订

根据饭店内、外人力资源供需状况的分析结果，制订人力资源规划的各项目标和具体的实施计划，如人力资源费用预算、员工培训计划、员工补充计划、员工评估与激励计划、员工合同管理计划、临时用工计划、人才储备计划，等等。

4. 实施

把人力资源规划中的各项计划付诸实施，及时进行质效评估。在计划的实施过程中，需要不断地进行对比，如实际的人力资源成本费用与预算对比，实际招聘人数及人员素质要求与预设的情况对比，实际的人员流动情况与预设情况对比，实际的劳动生产率与预算相对比，等等。

5. 调整

因为饭店的内部环境和外部环境都是不断地在改变的，所以人力资源规划也必须不断地随之更新。通过各项目计划的实施与评估，及时地根据新的人力资源状况及经营情况作短期计划的调整，以便有效地完成人力资源各项目目标，配合饭店的整体经营与发展。

3.1.3 饭店人力资源规划的内容

人力资源规划须根据计划期内的人力资源目标对各细分项目进行具体规划。一般的细分项目包括各项人力资源管理政策及如下内容。

1. 人力资源费用预算

员工工资费用，员工福利费用，招聘费用，培训费用，易耗品费用，办公费用，行政费用，法律咨询费用，等等。

2. 员工培训计划

培训项目与目标，培训费用，培训收益预测，培训时间、地点、对象，培训内容与方式，培训评估，外拓培训项目，培训合同，培训员培养及培训管理方案，等等。

3. 员工补充计划

招聘及录用费用，岗位设置的必要性评估，岗位需求人数及人员素质要求，招聘的方式、方法，各招聘媒介的广告定版，饭店良性形象的营造，录用条件，面试指引，各岗位的面试者资格，录用确定权的归属者，招聘与录用的效果评估，离职面谈指引，人员流动分析方法，等等。

4. 员工评估与激励计划

评估与激励成本费用，评估方法及执行者，员工满意度调查及改善，激励方法与目标，工资及福利政策，员工提升方案，工作环境改善方案，员工集体活动方案，等等。

5. 员工合同管理计划

法律咨询及诉讼费用，合同管理及延续费用，劳动法规宣传教育方案，等等。

6. 临时用工计划

临时用工需求的必要性评估，临时用工人数及素质要求，临时用工费用，临时用工管理方法，临时人员的培训方案，等等。

7. 人才储备计划

交叉培训，轮岗培训，外派学习，校企联合培养人才方案，等等。

3.2 饭店的招聘决策

1. 招聘需求的确定

当收到员工的《辞职申请书》便立即忙于补充员工，是不明智的；以“只要安排了有相应经验的人员填补职位空缺就行了”的态度匆忙进行招聘与录用工作，更是后果严重。因为，其中主要忽略了以下问题。

（1）员工的离职原因是什么？在员工离职时，由人力资源部的职员与其进行离职面谈，以便了解员工离职的原因，以及综合的意见和建议。大部分员工在离职的时候，都愿意说出离职的真正原因，以及原岗位上的工作情况、职位状况、员工关系、福利待遇的个人看法，等等。成功的离职面谈所获得的信息，有助于了解员工的心理，掌握岗位状况和其中存在的问题，从而改善工作，以保持合理的员工流动率，提高饭店员工的满意度。

为便于离职面谈及后续分析的进行，饭店应该设计一份《员工离职面谈记录》(见表 3－1)。在进行离职面谈时，应该尽量选择舒适、安静的地方，以真诚的态度进行交谈，特别要注意的是：离职面谈不应该由离职员工的直接上司主持，以减少员工心中的顾虑，保证面谈的效果。

（2）可否借此机会调整工作内容和运作程序？根据饭店的人力资源规划，分析相应岗位的综合状况，如当前的劳动生产率、员工心理状况、运作质量、目标劳动力市场的情况，等等。衡量是否有调整工作内容和运作程序的需要。调整的项目包括工作时间的调整或局部调整，工作内容重新划分，实施人员共享制度，局部流程更新，等等。通过及时的分析与调整，充分利用人力资源，在保证运作质量的前提下，有效地提高劳动生产率。

表 3－1　员工离职面谈记录

员 工 离 职 面 谈 记 录

<table>
<tr><td>姓名</td><td colspan="6"></td><td>部门</td><td></td><td>职位</td><td></td></tr>
<tr><td>员工编号</td><td></td><td></td><td></td><td></td><td></td><td></td><td>入职日期</td><td>年　　月　　日</td><td>面谈日期</td><td>年　　月　　日</td></tr>
</table>

1. 您辞职的原因是什么？

2. 您是怎样看待酒店行业的？

3. 在您任职以前，本酒店有人清晰地向您解释过工作内容和职责吗？

4. 您在工作中发现问题或出现错误，都能及时提问吗？

5. 上司给您的指令清晰吗？

6. 按 100 分制，您会给上司打几分？

7. 您感到自己是酒店里的一员吗？

8. 您对本酒店的整体评价如何？

9. 您喜欢原来的工作吗？觉得原职位的工资与您的工作相符吗？

10. 您找到新的工作了吗？

11. 除了工资和福利，什么可以令您留在本酒店工作？

12. 您对酒店有些什么建议？

记录员：________________

年　　月　　日

（3）能否在内部调动或提升员工？饭店应该设计《招聘员工申请表》（见表 3－2），使用于每个岗位招聘与否的审批过程中。根据人力资源规划中制定的审批制度，通过相关部门的审批，以确定招聘工作的实施与否。此外，在日常运作中，注意了解员工的工作态度、工作效果、学习主动性，等等，发掘其发展潜力，多加培养。在确定职位空缺时，根据现有员工的情况，在内部调配合适的人选，予以指导和培训。当然，内部调动或提升亦存在着优点和缺点，但绝对是值得考虑的补充人员方法之一。

表 3－2　招聘员工申请表

招 聘 员 工 申 请 表

<table>
<tr><td>申请部门</td><td colspan="3"></td><td rowspan="3">□临时工　时薪：　元　聘用期限：
□合同工　月薪：　元
□其他：</td></tr>
<tr><td>职位名称</td><td></td><td>人数</td><td></td></tr>
<tr><td>希望到职日</td><td colspan="3">年　月　日</td></tr>
<tr><td colspan="5">招聘原因</td></tr>
<tr><td colspan="5">□新增设的职位　原因：____________
□现有职位增加　____________
□代替离职员工　____________</td></tr>
<tr><td colspan="5">工作职责</td></tr>
<tr><td colspan="5">工作内容</td></tr>
<tr><td colspan="5">职位要求
性别：□男　□女　技能及经验：____________
年龄：[　]～[　]岁　____________
身高：[　]～[　]米　____________
语言：[　　]　____________
学历：[　　]　其他：____________</td></tr>
<tr><td>申请人</td><td colspan="4">申请日期：　年　月　日</td></tr>
<tr><td colspan="5">部门经理意见</td></tr>
<tr><td colspan="5">人力资源部意见</td></tr>
<tr><td colspan="5">总经理批示</td></tr>
</table>

（4）应该补充怎样的人员？确定了补充人员，就需要明确选录员工的条件。人力资源部应该根据最新的《岗位描述》和《工作说明书》进行招聘与录用工作，以便获得适合部门需求的人员。在实际运作中，可能出现《岗位描述》和《工作说明书》陈旧的情况。这会给招聘与录用带来不良效果的，一定要注意及时进行更新。

（5）应该选择哪种招聘信息发布渠道？为了了解招聘工作的实际成本与效果，总结招聘质量，饭店的人力资源部应该对招聘效果进行量化统计与分析，以便为日后选择招聘方式提供参考依据。统计的项目主要包括招聘费用、公布职位、应聘人数、面试人数、存档备用人数、录用人数、平均成本等。饭店应该根据自己的人力资源规划和所在地区的劳动力市场状况设计《招聘效果统计表》（见表3－3），以保持相对长期的可对比性。通过统计、对比、分析，因应不同的职位空缺，选择不同的招聘信息发布渠道，以达到较好的招聘与录用效果。

表3－3　招聘效果统计表

日期	招聘方式	费用	公布职位	应聘人数	面试人数	存档人数	录用人数
总结及分析							

制表人/日期：

2. 岗位描述

岗位描述（见表3－4）一般包括岗位名称和代码、所属部门、工作地点、工作时间、工作环境、工作关系、工作内容、运作程序、所需要的设备和用具、岗位特点、聘用条件、职业发展机会等内容，具体地描述饭店各岗位的情况。通过对岗位描述的分析，可以确定所需人员的综合素质要求。

表 3－4　岗位描述

岗　位　描　述

<table>
<tr><td>岗位名称</td><td colspan="2"></td><td>所属部门</td><td></td></tr>
<tr><td>岗位编号</td><td colspan="2"></td><td>工作时间</td><td></td></tr>
<tr><td>工作区域</td><td colspan="4"></td></tr>
<tr><td rowspan="4">工作关系</td><td>直属上司</td><td colspan="3"></td></tr>
<tr><td>直接下属</td><td colspan="3"></td></tr>
<tr><td>内部联系</td><td colspan="3"></td></tr>
<tr><td>外部联系</td><td colspan="3"></td></tr>
<tr><td colspan="5">工作职责：</td></tr>
<tr><td colspan="5">工作内容：</td></tr>
<tr><td colspan="5">工作环境：</td></tr>
<tr><td colspan="5">工作用具：</td></tr>
<tr><td colspan="5">聘用条件：</td></tr>
<tr><td colspan="5">职业发展：</td></tr>
</table>

制表人/日期：

3. 工作说明书

工作说明书（见表 3－5）的明确与执行，能减少岗位与岗位之间的工作误会，有助于提高员工的工作质量，其主要内容包括岗位名称和代码、所属部门、工作内容、工作职责、工作要求，等等。

表3-5 工作说明书

工 作 说 明 书

岗位名称		所属部门	
岗位编号		工作时间	
工作区域			
汇报途径			
贯彻途径			
外展途径			
工作职责：			
工作内容：			
操作规程：			
安全规定：			
工具维护：			
相关标准：			

制表人/日期：

4. 录用条件

根据岗位描述与工作说明书的内容，分析总结各岗位所需人才的具体要求，如学历要求、业务知识要求、社会知识要求、操作技能要求、语言表达及听力要求、语言种类要求、文书能力要求、工作经验要求、生理素质要求、心理素质要求、个人特质要求，等等。明确了录用员工的具体要求，可以更有针对性地开展招聘工作，保证员工招聘与录用的质量。

5. 吸引人才

吸引人才包括三方面的内容：一是饭店的良好社会形象对人才的吸引；二是饭店的工作

回报对人才的吸引，如相对高的工资与福利待遇，优化的工作机制，弹性的工作时间，有效的人才培养计划及晋升制度，实在的保险制度，良好的工作环境等；三是人力资源部对目标人才市场（劳动力市场）主动发出的吸引性信息和活动，包括互补性校企合作，参加互动交流会，正确地选择招聘渠道，完整、准确的招聘广告内容等。倘若一家饭店能够成功地吸引人才，招聘与录用工作就容易多了，聘用到高素质员工的几率也会提高。

3.3 饭店员工的来源

补充饭店里的职位空缺，可以选录饭店内部的在职员工，也可选录饭店外部的潜在人才。内部招聘和外部招聘都各有其优点和缺点，关键在于恰当地利用和调配。

3.3.1 饭店员工的内部招聘

内部招聘就是从饭店的在职员工中选录合适的人才，填补所在饭店的职位空缺。

1. 内部招聘的优点

（1）收获前期培养的回报，招聘成本较低。通过对在职员工的潜力发掘，予以培养，能够成功地进行提升；对饭店来说，是前期一系列栽培工作的收获。

（2）有助于激励在职员工提高士气。在职员工真正感受到机会的存在以后，上进心会促使他们努力地充实业务知识，提高操作技能，积极地在实践中学习。如此，便有利于提高员工的素质，营造良好的学习氛围。

（3）直属上司能更快地对员工建立信任。因为在以往工作中，对员工已经有较全面的了解，包括优点和缺点，所以相互影响与磨合的时间相应地缩短。

（4）了解本饭店的企业文化。被调动或提升的员工，对饭店的历史、现状、经营原则、工作要求等比较清楚，容易融入新的工作岗位。

（5）熟悉运作流程和标准。被调动或提升的员工，对饭店的运作流程、工作标准等比较熟悉，能够更快地投入新岗位的工作。

（6）为其他员工创造晋升机会。倘若是把基层管理人员提升至中层管理人员，基层管理岗位上产生空缺，则意味着基层员工中存在晋升的机会。

2. 内部招聘的缺点

（1）容易导致员工队伍缺乏活性。由于在职员工已经适应原来的工作模式和观念，难以主动更新，甚至没有受到新信息的触动，容易导致员工队伍的固化和老化。犹如人体的新陈代谢，健康的员工队伍是需要有新的思维和创新观念的，否则，难以长期生存与发展。

（2）会挫伤没有被提升的员工。饭店里拥有较多有能力、有潜力的员工，无疑是一件好事，但能被提升的员工数量是有限的。在综合能力相当的情况下，没有被提升的员工很容易因此而受挫。

（3）容易出现黑幕情况。内部员工日常的工作交往及人际往来，必定建立因人而异的私人感情。在内部调动或提升中，此种关系的影响是很容易出现的。另外，还有某些政治性、主观性的影响因素，导致“黑幕”情况的出现。某些员工为了讨好上司，增加被提升的机会，做出一些表面上的奉承行为，给员工队伍造成不良的影响，甚至分帮结派。

（4）可能导致员工的心态倾斜。在职员工对内部提升的人员选择会产生不同的看法，或积极、或消极，倘若缺乏正确及时的心理引导，会导致员工产生心态倾斜。

3. 人才培养制度

要找到好的员工不容易，要找到有志于饭店行业且有较好潜力的员工，且能使之与饭店共同拓展就更难了。所以，饭店应该为员工提供培训与职业发展机会，提高员工的主观能动性，鼓励员工留在饭店工作，共同成长和发展。为配合饭店的内部招聘工作，在人力资源储备方面，应该培养员工成为工作上的多面手，让在职员工通过交叉培训，掌握更多的知识与技能，达到升值的效果。此外，饭店应该通过制定工作质量标准、工作评估制度、员工培训计划、横向职务调动方案、工作岗位轮换等措施，在丰富员工知识与技能的同时，指导员工付诸实践和总结经验，并且及时进行评估，发掘员工的潜力，为更高的职位储备人才。

4. 员工评估

有效地进行内部招聘，必须依据在职员工的评估资料。通过审阅评估资料，了解员工的知识水平、技能范围，以及过往的工作质效，从而分析岗位调动或提升的可行性。倘若没有及时、全面的员工评估，单凭员工直属上司的描述，是极其容易存在偏差和遗漏的，这样，便会给内部招聘的结果带来负面影响。如果在职员工的知识和技能长时间被埋没，会挫减他们对现有工作的兴趣，最后将离开所在的饭店。饭店应该尽量避免因工作不力而造成的人才浪费。

3.3.2 饭店员工的外部招聘

外部招聘就是运用各种招聘方式来吸引所在饭店的外部人才，从其中选录合适的人员来填补职位空缺。饭店外部人才的主要来源包括同行人士推荐的人才，相关专业的毕业生，实习项目的参加人员，职业介绍中心推荐的人员，饭店在职员工推荐的亲属和朋友等。

1. 外部招聘的优点

（1）给员工队伍带来活性。通过外部招聘，可以给员工队伍注入新的思想和新的观念，有助于在员工队伍中营造竞争的气氛，防止员工队伍的固化和老化。

（2）容易了解其他饭店的各方面状况。新加入的员工，会与从前工作过的饭店作各方面的比较，如果我们留意倾听，往往能了解到其他饭店的更多信息及其效果。这些信息是有助于饭店不断完善的参考资料。

（3）较大程度地避免了黑幕情况的出现。外部招聘的渠道较多、层面较广，由此吸引而来的人员为饭店的招聘与录用工作提供较多的人员选择，饭店可以根据职位的实际需要较客观地进行选录，从而避免内部人员影响与短线阻扰所造成的黑幕现象。

（4）没有被提升员工产生挫折感的几率较少。在职员工彼此之间的了解较多，没有被提升的员工往往会与被提升员工进行主观性的对比，而这种对比会因为主观思维的偏差或能力差距较小，导致挫折感的产生。在职员工对外部招聘而来的新员工了解较少，狭窄的对比削弱了在职员工的综合对比强度。

（5）减少培训的时间。从外部招聘而来的员工，一般都具有一定的理论知识和实践经验，可以省去培训方面所需要的时间。

（6）有助于拓宽在职员工对所在饭店及职位的了解。在新员工与在职员工的日常沟通过程中，外部招聘而来的新员工会让在职员工了解到所在饭店及职位在另一个角度上的看法。如新员工说，“我觉得这里的同事很友善”，“我一直都很想来这里工作，因为同行的朋友都说这里挺好的”，“一直都设有这些职位吗？我觉得可以合并的，或者以兼职人员替补”，等等。

（7）在发布招聘广告时亦起到宣传作用。人力资源部在报纸、杂志、电视、网络等媒体中登载的招聘广告，在发布招聘信息的同时，其实也增加了公众对本饭店的认知。

2．外部招聘的缺点

（1）新员工需要时间作适应性磨合。每家饭店都有着不同的企业文化氛围，从外部招聘而来的新员工需要一段时间，适应新的工作环境。其中会有部分新员工因为环境不相适应而离职，造成员工的流动率的提高。

（2）磨合适应期内的工作质效难以保证。从外部招聘来的新员工，对新的工作环境不熟悉，难免降低工作的质效。

（3）可能导致部分在职员工产生不良情绪。在职员工可能会因为失去了一个被提升的机会而产生埋怨和失落感。当外部招聘而来的新员工在工作质效方面欠佳时，在职员工的不良情绪会更多。

（4）招聘成本远远高于内部招聘。直接的招聘成本会高于内部招聘，如发布招聘广告的费用，约见面试的电话费、交通费、场地费，测试评估的资料费、用具费，入职培训的资料费、讲师费、场地费等。

（5）增加了招聘及入职培训的时间。在进行外部招聘的过程中，资料筛选、面试、测试，以及入职手续等方面所用的时间，会远远多于内部招聘。对于外部招聘而来的新员工，饭店会组织进行入职培训，以增加新员工对本饭店文化、历史、政策、制度等方面的了解。

如此，便又增加了所花费的时间。

3. 饭店内的招聘广告

由人力资源部统一在饭店的员工公告栏上公开发布招聘信息，让在职员工根据职位要求推荐亲属或朋友来饭店应聘。其优点是：在职员工比较了解饭店的要求与文化，能提升应聘者的信任度；在职员工因为亲属或朋友加入自己所在的饭店工作而感到荣幸；通常在职员工对所在饭店较为满意，才会进行推荐，倘若被推荐的人员适合职位需要，这确是好事，且招聘费用较低。而缺点是：容易形成小团体，影响其他在职员工的工作；当其中一人出现异常情况时，其亲属或朋友会产生不同程度的连带效应。

4. 职业中介机构

通过职业中介机构协助完成招聘工作。当然，职业中介机构会因为有效地提供不同岗位的人才而收取相应的费用。值得注意的是，饭店和人才双方的情况是否有夸大或扭曲，以免造成令人失望的情况。

5. 现场招聘会

现场招聘会的优点是能配合较短时间内的招聘需求，操作程序比较简单，而且能与宣传推广活动一并进行，有助于树立饭店形象；缺点是招聘会的现场应聘人员及人数难以得到保证，不容易遇到真正合适的人才。

6. 校园招聘

校园招聘的人才层次比较集中，针对性较强。饭店可以通过定向培养、委托培养、直接选录毕业生等方式储备和选录人才。有些饭店在参加校园招聘会以前，就已经渗入校园里面去了，例如专项指导、专题讲座、兼职项目、合作宣传活动、择业论坛等。缺点是时限性较强，前期投入的时间较多。

7. 实习及培训项目

针对饭店行业的特点，在为专业学生提供实践环境的同时，也为饭店储备专业人才。与专业学校建立专项合作协议，在专业学生完成理论学习以后，安排到饭店进行在岗实习。实习期结束，饭店和毕业生双方可在比较了解对方的情况下进行双向选择。饭店通过实习期内对实习生的了解，有选择地进行录用与培养，为饭店的持续发展储备人才。此外，规模完整并且运作完善的饭店可与专业学校建立合作培训项目，利用各自的优势，让学员不但掌握理论知识，而且有一定的独立操作能力，为饭店行业培养适用性人才。

8. 临时用工的人员储备

饭店用工的多样性，以及人力资源成本的合理化，令饭店的人力资源部着力开拓不同层次的人才储备与运用。其中，临时性用工主要是配合饭店完成低循环率工作和临时性、紧急性工作项目的，例如大型的宴会接待工作，节庆推广活动，专项或特殊接待工作，扩展经营的部分前期配合工作等。在临时用工方面要注意的是：一是要着实签订合法的劳动合同，不能因为时间的短暂而忽略或随意简化；二是建立临时用工人员资料库，详细记录个人资料、联系方法、文化水平、技术范围、工作经历、过往工作评价等，并且借助社会机构扩展人才库。三是重视临时用工的跟踪工作，因为临时员工也是正式员工的后备人选之一。

9. 社会关系推荐

随着社会交往的拓宽，同行朋友、业界联会、专业协会、民间团体、合作学校的教师等，都有可能给饭店推荐较好的人才。这与饭店的外界形象营造和人力资源部经理的社会交往情况有较大的关系。

10. 互联网

利用本饭店的网站和专业的人才网站，在网络上开展招聘工作，选录合适的人才。网络招聘的信息发布较快、范围较广、不受地域与时间的限制，而且费用较低，已被广泛接受。饭店员工的来源层面较广，但在部分知识层面及技能差距较大的潜在人群中，网上招聘的收效较低。

11. 人才租赁

随着人力资源供需情况的变化，市场上的人力资源中介机构和饭店人力资源部的专业化，饭店内的部分职位可以向专业的人力资源中介机构租借人才，但必须谨慎地选择合作机构和签订清晰合法的租赁合同。

12. 自主来店

除了以上的招聘方式外，还有自主来店应聘等。自主来店的应聘者，一般是目的十分明确的，但是因为时间上的差距，往往不一定能遇到恰好存在的职位空缺。对于这一类应聘者，在一定程度上确实打扰了正常的工作，但人力资源部的员工还是应该礼貌地接待，作简要的面谈，留下其个人简历和联系方法，并诚恳地予以反馈信息，倘若有相适合的职位空缺，人力资源部会及时地进行联系。让应聘者感到被礼遇、被尊重，这是有助于饭店树立良好形象的。

3.4　饭店员工招聘的面试技巧

在饭店整体的招聘与录用工作中，具体的操作流程是：进行工作分析→确定招聘计划→发布招聘信息→审核应聘资料→预约应聘者→面试→试用→入职培训→在岗培训→评估→中止试用或录用为正式员工。

1. 面试前的准备

在进行面试以前，人力资源部需要完成一系列面试前的准备工作。其中的主要项目包括发布招聘信息，预约应聘者，组织面试人员，准备面试资料，选定面试场地等。

1）发布招聘信息

准确、有效地发布招聘信息，有助于增加应聘者人数和提高招聘质量。人力资源部应该根据不同的职位而选择合适的信息发布时间和渠道，以提高招聘效果。在发布招聘信息时，要注意清晰地描述饭店概况、待补职位名称、职位要求、录用条件等，减少应聘者的误会，提高应聘资料筛选的效率。此外，为配合饭店形象的树立，在发布招聘信息时，要注意风格与修辞。

2）预约应聘者

预约应聘者的联系媒介通常是电话和互联网。在预约应聘者的时候，要注意清晰表达约见的时间与地点，并进行“二次确定”，尽量避免应聘者失约而耗费面试人员的时间。为了减少应聘者的顾虑，增强应聘的信心和动力，饭店的人力资源部应该尽可能地帮助应聘者选择合适的交通线路及提供其他资讯。对于距离较远的应聘者，一定要阐明是否支付交通费用，避免出现误会。

无论选择电话预约，还是使用互联网预约，主约者的表达效果都体现了饭店的形象。饭店应该委派已经通过“电话服务质量测试”的员工来负责电话预约工作。对于网上预约，则应使用统一的预约文书，文字流畅，内容清晰，且可根据饭店的特色配以外观修饰。

3）组织面试

针对不同职位上的应聘者，人力资源部应该在面试前预约好相应的面试官和测试人员，简要地向各位面试官介绍应聘者的情况，以便顺利地进行面试工作。不同的招聘职位，其面试官和测试人员也有所不同（见表3-6）。

表3-6 各职位面试官设置

各 职 位 面 试 官 设 置

部 门	职 位	主持者	主面试官	面试官	面试官	面试官	面试官

续表

部　门	职　位	主持者	主面试官	面试官	面试官	面试官	面试官

制表人/日期：＿＿＿＿＿＿＿＿　　　　人力资源部经理：＿＿＿＿＿＿＿＿

4）准备面试资料

在进行面试以前，人力资源部应该准备《职位申请表》（见表3－7）、《饭店简介》、《饭店员工期刊》、《面试记录表》、《测试资料》等。《职位申请表》是饭店员工的重要人事资料，由应聘者于面试前填写，以便于面试人员了解应聘者。《饭店简介》及《饭店员工期刊》是饭店的文化宣传资料，供应聘者在等待面试的时候看阅，以利于增加应聘者对饭店的了解，加深感受。《面试评价表》（见表3－8）及《测试资料》是用于面试和测试的，是甄选人才的主要依据。为了能够有效地对应聘者做多方深入的了解，在面试过程中，除了面谈，还可安排专项测试；项目包括智力、专业技能、专业知识、社会知识、情景模拟、个性心理、情商等。

表3－7　职位申请表

职　位　申　请　表

申请职位

<table>
<tr><td colspan="2">申请职位</td><td colspan="6">①　　　　②</td><td rowspan="5">请用正楷填写内容
相　片</td></tr>
<tr><td colspan="2">要求薪酬</td><td colspan="2"></td><td>可到职日期</td><td colspan="3"></td></tr>
<tr><td colspan="8">个人资料</td></tr>
<tr><td rowspan="2">姓名</td><td>［中文］</td><td>性别</td><td></td><td>民族</td><td></td><td>籍贯</td><td></td></tr>
<tr><td>［英文］</td><td>年龄</td><td></td><td>婚况</td><td></td><td>政治面目</td><td></td></tr>
<tr><td colspan="2">身份证号码</td><td colspan="4"></td><td>城市户口/农村户口</td><td>身　高</td><td>米</td></tr>
<tr><td colspan="2">身份证地址</td><td colspan="5"></td><td>视　力</td><td></td></tr>
<tr><td colspan="2">联系电话</td><td colspan="2">［家庭］</td><td colspan="3">［手机］</td><td colspan="2">［女士］现是否怀孕？　是/否</td></tr>
<tr><td colspan="9">技能及爱好</td></tr>
<tr><td colspan="2">电脑操作</td><td colspan="7">熟悉应用的软件：</td></tr>
<tr><td colspan="2">外语水平</td><td colspan="2">［英语］</td><td colspan="5">［其他］</td></tr>
<tr><td colspan="2">其他技能</td><td colspan="3"></td><td colspan="2">爱好和特长</td><td colspan="2"></td></tr>
<tr><td colspan="9">受教育情况</td></tr>
</table>

续表

<table>
<tr><td colspan="2">起止日期</td><td colspan="3">学校全称</td><td colspan="3">所获文凭或证书</td><td>证明人</td></tr>
<tr><td colspan="2"></td><td colspan="3"></td><td colspan="3"></td><td></td></tr>
<tr><td colspan="2"></td><td colspan="3"></td><td colspan="3"></td><td></td></tr>
<tr><td colspan="2"></td><td colspan="3"></td><td colspan="3"></td><td></td></tr>
<tr><td colspan="9">工作经历</td></tr>
<tr><td colspan="2">起止日期</td><td colspan="3">公司全称</td><td>职　务</td><td>月　薪</td><td>离职原因</td><td>公司电话及证明人</td></tr>
<tr><td colspan="2"></td><td colspan="3"></td><td></td><td></td><td></td><td></td></tr>
<tr><td colspan="2"></td><td colspan="3"></td><td></td><td></td><td></td><td></td></tr>
<tr><td colspan="2"></td><td colspan="3"></td><td></td><td></td><td></td><td></td></tr>
<tr><td colspan="9">家庭成员</td></tr>
<tr><td colspan="2">姓　名</td><td>关　系</td><td>年　龄</td><td colspan="3">所在城市及工作单位</td><td>职　务</td><td>联系电话</td></tr>
<tr><td colspan="2"></td><td></td><td></td><td colspan="3"></td><td></td><td></td></tr>
<tr><td colspan="2"></td><td></td><td></td><td colspan="3"></td><td></td><td></td></tr>
<tr><td colspan="2"></td><td></td><td></td><td colspan="3"></td><td></td><td></td></tr>
<tr><td colspan="9">联系人资料</td></tr>
<tr><td colspan="4">如认识本公司员工，其姓名：</td><td>部门</td><td colspan="2"></td><td>职位</td><td></td></tr>
<tr><td colspan="4">遇紧急事件，应通知人姓名：</td><td>电话</td><td colspan="2"></td><td>地址</td><td></td></tr>
<tr><td colspan="9">声明</td></tr>
<tr><td colspan="9">如曾经被工作单位开除，请说明原因：____________________
如曾经被执法部门扣押，请说明原因：____________________

本人保证以上资料全部属实，如有虚报或隐瞒，愿意接受开除处理。
本人同意对上述资料之查证。

申请人签署：____________　　年　月　日</td></tr>
<tr><td colspan="9">————以下由酒店管理当局填写————</td></tr>
<tr><td>聘用职位</td><td colspan="3"></td><td colspan="2">所属部门</td><td colspan="3"></td></tr>
<tr><td>每月工资</td><td colspan="3"></td><td colspan="2">始聘日期</td><td colspan="3"></td></tr>
<tr><td>人力资源部经理</td><td colspan="8"></td></tr>
<tr><td>总经理</td><td colspan="8"></td></tr>
</table>

表 3-8 面试评价表

面 试 评 价 表

姓 名		拟应聘职位		可到任日期	
学 历		专 业			
户籍地		受训项目			
工作简历					
礼 貌		仪 容		举 止	
态 度		沟 通		应 变	
电脑技能		驾驶技能		其他技能	
外语能力	［英语］ 听：	写：		言：	
外语能力	［英语］ 听：	写：		言：	
外语能力	［英语］ 听：	写：		言：	
表达能力					
文书能力					
专业知识					
知识资讯					
专 长					
爱 好					
家庭状况					
要求待遇					
综合评价					

面试官/日期：____________________

5）选定面试场地

为了保证面试的质量，应该选择一个舒适、雅洁，且不受干扰的地方进行。倘若条件允许，最好选择接近应聘者未来工作的地方，以便在面试结束后，引领较佳的应聘者去参观工作场所，加深应聘者对工作环境和工作内容的了解。此外，在等候面试区域，应该设置报纸杂志栏、饮水机，以及明显的洗手间标志等。

2. 面试的程序和内容

（1）面试的一般程序是：确定应聘者本人 → 向应聘者致以欢迎 → 介绍面试安排和所需要的时间长度 → 按计划进行面试和测试 → 说明工作要求和录用条件 → 请应聘者提问 → 做简要的总结。

（2）面试的主要内容有目前的工作情况、过去的工作经历、受教育情况、个人兴趣、职业发展计划、个人及家庭情况、应聘的原因等。在面试的过程中，有一些问题是经常被使用的，如下列举其中的一部分，以供参考。

- 了解应聘者目前的工作情况

您现在的工作职位是什么？
主要包括哪些工作内容？
一进入这家饭店就任职现在这个职位吗？
您觉得现在所任职的饭店有哪些优点？
那么，缺点在哪方面呢？
与现在的同事相处得好吗？
您为什么想辞去现在的工作呢？
倘若您被录用，什么时候能够到职？

- 了解应聘者过往的工作经历

能说说你的工作经历吗？
在以往的工作中，您有否曾经获奖？
现在还有联系以往的同事吗？
您觉得在哪家饭店工作最让您怀念？
是什么原因导致离职呢？

- 了解应聘者的受教育情况

您在学校里学习的主要课程有哪些？
您曾经任职班干部吗？
您在学校里参加过哪些集体活动？
您觉得在学校里学到的知识能运用到现在的职位吗？
曾经参加过哪些培训？

- 了解应聘者的个人兴趣

您喜欢哪些体育运动？
有没有一些艺术类的特长？
喜欢听音乐吗？
喜欢听什么类型的音乐？
经常去旅行吗？
喜欢到哪些地方旅行？
是自由旅行还是参加旅行团？
曾经参加过相关的比赛吗？
您在休闲时喜欢参加些什么活动？

- 了解应聘者的职业发展计划

有没有为自己的职业发展做过计划？

您的短期计划是怎样的？

那十年的计划呢？

打算如何实现？

您计划如何完成该职位的工作？

您愿意接受工作岗位调动吗？

- 了解应聘者的个人和家庭情况

您的家人支持您应聘这份工作吗？

您需要照顾家中的长辈或幼儿吗？

您可以上夜班吗？

您是怎样看待加班的？

您认为自己的优点是什么？

那缺点呢？

您喜欢与哪些人共事？

会特别讨厌哪些人呢？

您期望新工作的工资和待遇是怎样的？

您能接受工作岗位调动吗？

本饭店给您的印象是怎样的？

您有其他想咨询的问题吗？

- 了解应聘者的应聘动机

您为什么想转换工作呢？

您是通过什么渠道知道本饭店的职位空缺的？

您为什么会选择这个职位呢？

您认为所应聘的这个职位是负责哪些工作的？

3. 面试中的注意事项

（1）尊重应聘者。面试官与应聘者是在工作人选上进行双向选择的两个主体，是平等的。除了实施特殊的面试方案，面试官不应该盛气凌人，而应该以真诚的态度进行人才甄选工作。注意：在实施特殊的面试方案前，必须取得应聘者正式的应允，以免带来没必要的法律诉讼。

（2）保持开放的态度。面试官要保持宽容、开放的态度，用心听取应聘者的回答，不应该就应聘者的答案进行批评与攻击。在提问时，应该选择开放式问题，即“为什么……”或“……怎么样？”的问题，让应聘者多谈谈自己的观点和意见。

（3）使应聘者尽量放松。面试官在提问时，不要使用审问的语气，以免增加应聘者的心理压力，造成面试场面紧张、僵化，影响面试质量和应聘者对饭店的印象。

（4）用心倾听。在面试的过程中，面试官不应表示自己的观点和想法，避免应聘者违心附和，影响面试质量。此外，面试官应该让应聘者多表达自己的意见和想法，用心倾听应聘者回答的内容，以便通过更多的信息，综合地了解应聘者，最后再进行分析和评价。要注意的是：面试官要保持头脑清晰，注意把握主题，对一定量度的内容及时地进行小结，并取得应聘者的确认，以免浪费时间。

（5）保持目光接触。眼睛是心灵的窗户，应聘者会通过不同的眼神，反映不同的思绪。同时，与应聘者保持目光接触，也是礼貌和尊重的表现。

（6）留意应聘者的身体语言。在面试的时候，通过应聘者的身体语言，接收应聘者在语言以外的更多信息，增加对应聘者性格、举止、信心等方面的了解。

（7）尽量不要打断应聘者的讲话。出于对应聘者的尊重，并给应聘者提供良好的语言环境，让应聘者更乐于表达自己的想法和意愿。倘若应聘者的表达偏离主题，面试官则应该及时地婉转地予以提示和调整。

（8）一次问一个问题。在应聘者回答完第一个问题以后，再提出第二个问题，以免影响应聘者的思路，造成回答内容混乱的情况。

（9）提出合理合法的问题。面试官的问题应该是合法、合理的，不要提出与工作无关或侵犯应聘者权利的问题。

（10）注意控制面试时间和气氛。面试不同于聊天，面试官应控制好时间。此外，以简单的提问作为面试的开始，可以缓解应聘者紧张的心理，如询问应聘者的家离饭店远不远？今天是怎样来饭店的？

（11）正确处理第一印象和晕轮效应等心理影响。了解自己的客观心理状况，及时调整与甄别，减少因为心理影响导致的评价偏差。

（12）不要以貌取人。作为饭店的专业面试官，不能以貌取人，应该客观地进行面试评价。

（13）避免趋中的评价。在对应聘者作多方评价时，应该避免趋中置评，影响面试质量，降低应聘者之间的可比性。

（14）请应聘者提问，并予以诚恳的回答。了解应聘者的关注点，减少应聘者心中的疑问。

（15）及时地记录重要的信息。

3.5 饭店员工的任职指导

1. 录用通知

通过面试和综合评选，饭店的人力资源部应该向被录用者发出《录用通知》（见表3－9），并在其中注明：聘用职位；所属部门；办理入职手续的时间、地点和所需的物件；咨询电话号码，饭店还可以根据实际情况，加印饭店的方位图和组织入职培训的时间、地点，以及培训要求等。《录用通知》是饭店向被录用者正式表明录用意向的重要文书，其形象会影响被录用者对饭店的观感，所以，要注重《录用通知》中的修辞、格式和外观。

表 3－9　录用通知

录　用　通　知

____________________先生/小姐

本酒店拟录用阁下为____________________部门____________________职位员工，行政级别________________，工资级别________________。请于____________年__________月__________日__________时，带齐如下所“√”物品到本酒店人力资源部办理入职手续。如有疑问，请致电____________________，逾期作自动放弃处理。

□　身份证复印件［　］份
□　婚育证
□　健康证
□　失业证
□　人事担保书
□　原单位出具的离职证明
□　学历及技能证明复印件
□　一寸彩色近照［　］张

欢迎您的加入！

人力资源部

________年____月____日

2. 工作职责与要求

在新员工办理入职手续以后，除了安排参加入职培训，还应该安排参加岗前培训，以便了解工作内容、明晰工作职责。明确的工作职责和要求，有利于新员工与在职员工在工作程序上的衔接与配合，减少工作中的误会，同时也是评估员工工作表现的标准。饭店应该在新员工充分地了解自己的工作内容和职责，并在专业技术水平和安全操作达标以后，才正式安排上岗工作。若贪图一时的方便，直接安排新员工上岗工作，不但难以达到较好的工作质效，还会提高工作中出错的几率，造成多方面的损失，如损坏工具或经营用具，发生人身损伤事件，因为工作误会而产生员工矛盾等。这些不良效果会导致经营成本提高、员工思想涣散、工作效率降低、人员流动上升、服务水平下降等。

3. 工作调查

刚刚入职的新员工，一般都怀着开拓新局面的心情与憧憬，态度积极，要求上进。饭店应该把握新员工在这段时期内的心态，给予充分的理解和关注，加强培训和指导，让适应期内的多个方面都有效地得到磨合，顺利成为正式的员工。饭店可以在对新员工参加入职培训、参加岗前培训、试用满30天、试用期结束这四个期间进行工作调查和评估，以便及时地了解新员工的综合素质和工作情况，及时地作出恰当的补充培训和人事安排。饭店应该根据自身的特色，设置相宜的调查问卷，并由通过专项培训的职员实施调查和分析（见表3－10和表3－11）。

表3－10　工作情况调查

工 作 情 况 调 查

（一）

姓　名		所属部门		职　位	
员工编号		入职日期		调查日期	

1. 入职以来您接受了哪些培训？培训的主要内容是什么？这些培训对工作帮助大吗？

2. 您与同事相处得愉快吗？较熟悉的同事有哪些？

3. 您对现职工作的职责、内容、程序和安全规程熟悉吗？可能在哪方面欠佳？

4. 您觉得上司的指令清晰吗？

5. 您觉得现在的工作适合吗？与您入职前的期望是否相符？

6. 您有尚未解决的困难吗？希望得到什么帮助？

7. 您觉得现时的工作程序有需要改进吗？您的建议是怎样的？

员工签署：＿＿＿＿＿＿＿＿　　调查员/日期：＿＿＿＿＿＿＿＿

表3－11　工作情况调查

工 作 情 况 调 查

（二）

姓　名		所属部门		职　位	
员工编号		入职日期		调查日期	
1．您喜欢现在的工作吗？每天的主要工作有哪些？您给自己的工作评价如何？（满分100分）					
2．您与同事的关系和谐吗？您对其他部门熟悉吗？经常与哪些部门打交道？					
3．您现有的知识、技能足够应付工作吗？您期待参加哪方面的培训？					
4．您觉得现在的工作有改进的可能吗？有什么建议？					
5．您的工作需要与哪些同事配合？他们乐于合作吗？沟通是否存在障碍？您认为原因是什么？					
6．您能适应酒店的规章、制度吗？认为哪些需要改进或补充？					
7．您心中最想向哪一方面发展？					
员工签署：＿＿＿＿＿＿				调查员/日期：＿＿＿＿＿＿	

思考题

1．饭店人力资源规划是一项动态的规划项目，试述其主要程序。
2．招聘有哪些主要形式，各有什么优缺点？
3．如果你作为一名饭店面试官，试述面试前你应做哪些准备工作？
4．如何对新入职员工做好任职指导工作？

第 4 章

饭店员工的培训

【学习目标】

- ☑ 了解员工培训的含义及意义。
- ☑ 掌握培训的分类、内容和方法。
- ☑ 掌握培训的执行程序及各程序之间的关系。
- ☑ 了解员工职业生涯的发展阶段。
- ☑ 掌握员工职业生涯管理的步骤。

对饭店员工进行培训，是现代饭店人力资源的一项重要内容，是饭店以人为本思想的真正落实。随着科学技术的不断发展和人民生活水平的不断提高，饭店管理的事务越来越复杂。为使饭店经营管理进一步科学化和规范化，还必须对饭店自身所使用的组织结构、技术技能、设施设备、人际关系等各种因素加以协调和均衡，让各个因素之间构成一个有机整体。这要求饭店员工不断提高自身的素质和能力，适应各种新变化和新情况。为达成上述目标，就必须对全体员工进行培训。

本章主要涉及培训的含义及意义，培训的分类、内容和方法，培训的执行程序等内容，通过学习，认识员工培训是人力资源开发和管理的重要环节，是一种重要的人力资本投资形式。

4.1　饭店员工培训概述

4.1.1　饭店员工培训的概念

员工培训是指饭店及其有关部门根据饭店市场发展变化，以及饭店实际工作的需要，通过各种教导或经验的方式在知识、技能、态度等诸方面对员工进行培养和训练的活动。其目的是为了提高饭店员工知识水平和从业能力，以适应当前的岗位工作和未来发展的需要。

对于员工培训含义的理解应该注意把握以下 3 点。

（1）员工培训是一项经常性的活动。自我国推行对外开放政策以来，大批旧饭店迅速得到改造，中外合资的饭店和外商投资等各种投资形式的饭店在国内各大城市迅猛发展，一批设备设施一流，操作现代化，管理科学化的饭店，将我国的饭店业推向一个崭新的繁荣时期。这极大地改变了我国饭店的经营和管理发展缓慢的状态，也使得饭店管理活动变得更加复杂，专业性和技术性要求更高了。

如饭店的服务、清洁作为一项知识化、专业化的工作要求甚高。为客人提供快捷、高效的优质服务需要具有心理知识和语言技巧，具有业务知识和操作技巧，这样才能满足多层次的需要。同样，清洁工作也需要技巧和知识，也要有专业水平。因为它不仅包括清洁工作，同时也有对设备的保养和正确的使用。近几年来，随着高科技和新技术在饭店中不断使用，饭店的经营和管理日趋复杂，饭店管理的专业知识和技术也在不断变化，饭店员工专业知识和技术水平必须不断更新和充实，才能满足需要。

（2）员工培训是饭店的一项有计划、有组织的工作。饭店员工要提高自己的知识水平和工作能力，可以采用多种多样的学习方式和培训途径，可以是饭店有组织地进行，也可以自己作出适当安排，且要自觉地进行学习。提高饭店各类员工的专业和技术能力，主要目的在于提高员工在饭店中的实际工作能力及工作效率，促进个人与饭店的发展，饭店义不容辞地要有计划、有组织地进行员工培训。

饭店培训活动不是盲目进行的，它需要由饭店的计划来进行指导。在饭店培训水平不断提高的今天，计划的重要性日益突出。饭店应该通过计划，有针对性地预先制定饭店培训活动的目标、方针和过程，制定达到饭店培训目标的方法和措施。培训要有组织，就要作出合理安排，科学合理地动员组织、协调饭店的人、财、物，实现饭店培训的计划目标。这样才能确保达到提高饭店员工素质的目的。

（3）员工培训是一项以岗位培训和技能训练为重点的活动。员工培训工作应随着饭店本身和外在环境的发展变化而不断进行改革。饭店员工培训工作是为饭店的市场竞争服务的，只有立足饭店的需要、市场的需要，才能真正提高员工的素质，促进饭店的发展。

饭店员工的岗位培训是指在本职岗位上所接受的各种培训。其重点之一，就是对新产品、新技术和新制度的培训。如饭店推出一款新菜式，从出品人员到管理人员，从餐厅服务员到销售人员，对该菜式的颜色、味道、配料、造型等都要接受培训，有所了解。技能训练主要包括操作技能和人际交往技能训练两个方面。

目前大多数饭店，都非常重视员工的培训工作，并且形成一套由饭店培训组织结构、培训需求分析、确定培训对象、拟定培训计划、培训实施、培训评估和反馈等组成的培训程序和制度。

4.1.2 饭店员工培训的意义

饭店产品的特性、人力资本的有效性及饭店业发展的需要，决定了饭店业对员工开展培训的必要性和紧迫性。在现代饭店中，对人力资源的有效培训与开发，无论对饭店组织，还是对员工个人，均有重要的、积极的现实意义。

1. 培训对饭店的意义

（1）改善服务质量，提高劳动效率。培训是根据饭店的操作标准和规范进行的，员工通过饭店各种类型和方法的培训，可以纠正错误或不良的工作方法，从而掌握正确有效的工作方法、工作技能和知识，由低水平提高到中、高级水平。随着员工人力资本存量的增加，服务质量得到相应的改善和提高，必然创造出更高的劳动效率。

消费心理的统计表明，对要办理入住登记或就餐的顾客来说，等候是最感到头痛的事情。等候会影响我们在其他服务方面所作出的努力，较长时间的等候，甚至会使我们前功尽弃。因此，在服务中一定要讲究效率，提高劳动效率，尽量缩短宾客的等候时间，才会让宾客感到满意。

（2）降低消耗，以最小成本获取最大收益。经过培训，达到合格标准的员工，在工作中按正确的操作程序和方法去服务，可以减少或避免在工作中的人力、物力浪费，从而有效地降低消耗。

实践证明，经过培训的客房服务员可以合理地降低消耗，有效地控制成本费用，避免因操作不当或使用清洁设备和清洁剂不当，给客房设备用品造成破坏，从而降低客房的营业费用，提高经济效益。

（3）减少工作事故，保护员工安全。员工缺乏甚至不懂机器设备操作，工作技能不熟练，安全管理和工作岗位意识不强等，都是导致事故发生的原因。资料表明，未经培训的员工的事故发生率几乎是经过培训员工的三倍。我国企业每年发生的事故中，60%是员工岗位意识不强或劳动技能不高所造成的。培训可使员工养成良好的职业习惯，增强安全意识和掌握安全操作规程，以保护机器设备和员工安全，防范事故发生。

（4）有利于饭店永葆活力，塑造优秀的饭店文化。在知识经济浪潮的猛烈冲击下，饭店要想永葆生产经营的活力，就要不断创新，不断地适应新形势的发展要求，不断提高员工的知识与技能，才能赢得和保持竞争优势。对饭店有效的培训与开发，是起创新作用的唯一因素。

在优秀饭店文化塑造过程中，培训起着不可低估的作用。饭店员工作为企业文化塑造的主体，经过培训后其自身素质得到进一步提高，也能获得与饭店要求一致的价值观和行为标准。这样，必然构建出高水平的优秀的企业文化。

2. 培训对员工个人的意义

（1）提高员工的综合素质。饭店对员工培训就是要训练员工成为适应工作和具备较强工作能力的人。员工在饭店培训中，不仅要加强对本职工作的办事能力，而且还要接受饭店职业道德、礼节礼貌、消防安全、食品营养与卫生、饭店管理基础知识、公关与营销知识等培训，使员工的综合素质得到提高，以保障员工不断完善执行、履行职责的工作能力。

（2）增强员工的自信心和安全感。培训具有很强的目的性、针对性，员工不断地接受培训—工作—再培训—再工作后，具备胜任工作的能力，专业技能水平也不断向前发展。这样，不仅能使员工在工作中充满自信心，更能增强员工工作的稳定性和安全感。

（3）为员工晋升创造条件，促进职业发展。员工经过培训后，不仅胜任本职工作，在现工作岗位上出色地工作，还可以承担更重大的责任，为获得更大发展创造了条件。如有利于晋升到饭店管理层，而且可以扩大员工知识面，拓展工作领域，为员工实现自己的职业理想，求得新的职业发展打下坚实的基础。

4.2　饭店员工培训的分类、内容和方法

4.2.1　饭店员工培训的分类

饭店员工培训的分类，可以根据实施培训的不同时间阶段、培训对象的层次、培训的地点和专题培训等 4 个方面进行具体分类。

1. 根据实施培训的不同时间阶段分类

1）职前培训

职前培训有上岗引导（Employee Orientation）和专业性职前培训。

上岗引导是指对员工进行有关饭店的常识性内容灌输，包括饭店业知识、饭店工作的性质与特点、饭店从业人员素质要求（如职业道德、礼节礼貌、仪容仪表等）、饭店情况、饭店消防知识、饭店与员工的劳动关系、饭店的员工手册等，以增进新员工对饭店工作的了解与信心。

专业性职前培训，侧重于新员工分部门、分岗位进行针对性学习，要求员工在上岗前了解所在部门的业务内容、服务规范、程序、质量标准，以便新员工进行“零距离”上岗。

目前，饭店的一些岗位进行职业资格准入制度，要求员工上岗前先培训，先考核，先获取资格证后才能上岗，未经培训，且培训不合格者不得上岗。

例如，×××饭店员工入职前培训的日程安排如表 4 -1 所示。

表 4－1　×××饭店员工入职前培训的日程安排

日　期	时　间	培　训　内　容
第一天	上午 8:30—10:00 10:15—11:45 下午 1:00— 5:00	饭店概况 饭店组织结构及主要人员介绍 《员工手册》教育 饭店常识
第二天	上午 8:30—11:45 下午 2:00— 5:00	个人卫生礼节礼貌(包括看录像) 外事纪律教育
第三天	上午 8:30—11:45 下午 2:00— 5:00	饭店消防知识 饭店保安员工应负报案责任
第四天	上午 8:30—11:45 下午 2:00— 5:00	饭店的开源与员工的关系 饭店设备的维修保养
第五天	上午 8:30—11:45 下午 2:00— 5:00	职业道德与急救常识 消防录像
第六天	上午 8:30—11:45 下午 2:00— 4:00	复习 考试

2）在职培训

在职培训是指饭店员工在工作场所，在完成生产任务的过程中接受的培训。它是职前培训的深化过程，且时间贯穿整个职业历程。在职培训旨在不断提高员工队伍的素质水平。

在职培训是解决饭店各种经营问题的有效手段之一。饭店在发展中要不断采用各种新技术、新设备、新理念、新思维，饭店只有通过不同形式的在职培训才能使员工创新思维，掌握新技术、新设备。

3）脱岗培训

饭店因业务的发展，或者员工工种变更、职位提升等需要接受某种专门的训练，如果训练需要受训员工暂时脱离现在的岗位或部分时间脱离岗位参加学习或进修，这种培训称为脱岗培训。

2. 根据培训对象的层次分类

1）决策管理层培训

决策管理者的培训主要在智力、能力方面的培养，如概念化能力、判断力、逻辑思维能力等。

概念化能力是指管理者能否看出表面上互不相干事件的内在联系，且从系统的角度进行分析。概念化能力有助于管理者把握全局，能够深入地分析和解决问题。

判断力是通过管理者对已知信息的处理，对事物发展趋势进行方向性把握的能力。判断力有助于管理者在进行饭店规划和工作计划时，提高工作效率和准确度。

逻辑思维能力是指管理者对一些事物进行的符合常理的判断，较强的逻辑思维能力有助于提高管理者实际工作行为的有效性。

通过培训，主要提高决策管理层把握市场、市场预测、预算管理和经营决策能力。

2）督导层培训

督导层是饭店的中坚力量。饭店主要从规划能力、行动能力和人际交往能力方面进行培训。

规划能力是指充分调配现有资源，指定达成工作目的计划的能力。

行动能力是指在工作中采取积极主动的行动策略的能力。

人际交往能力可分为对上级交往能力、平级交往能力、下属交往能力和处理对客关系的能力。对上级的交往主要是接受上级的任务和对任务的向上级的反馈；平级交往主要是部门协调及部门沟通；对下属的交往主要是布置工作任务及进行工作指导；对客关系的能力主要是处理宾客投诉、协调宾客关系的能力。

通过培训，着重提高督导层的管理技巧和深化专业培训。

督导人员的培养过程及其培训流程如图 4－1 所示。

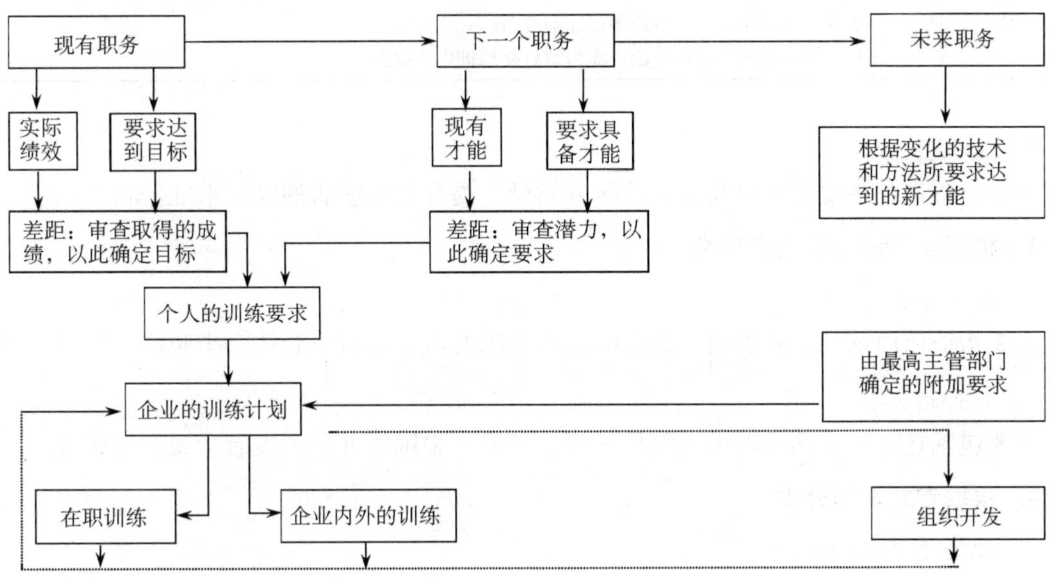

图 4－1　督导人员的培养过程及培训流程

表 4－2 为×××饭店主管培训的日程安排。

表4－2　×××饭店主管培训的日程安排

日　期	时　间	培　训　内　容
第一天	上午9:00	培训动员
第二天	上午9:00—11:00 下午2:00—4:00	管理基本知识 人力管理
第三天	上午9:00—11:30 下午2:00—4:30	主管的职责、领导技巧及其信息传递 管理心理学基础知识
第四天	上午9:00—11:30 下午2:00—4:30	培训的重要性和主管必须成为培训者 如何处理投诉
第五天	上午9:00—11:30 下午2:00—4:30	消防知识 外事纪律
第六天	上午9:00—10:20 上午10:20—11:30	职业道德 急救知识
第七天	下午2:00—4:00	考试
备注	一、本表所列为理论培训阶段之安排，实践培训阶段由个人写出培训计划后，根据部门实际情况安排。 二、随表送上培训讲义，请各位做好课前复习。 三、培训登记表必须在培训开始一周内填好交培训中心保存。	

3）服务员培训

服务员培训，主要侧重提高员工的服务质量，提升整个饭店的经营水准。

3. 根据实施培训的地点分类

1）店内培训

主要指饭店内培训，是利用本饭店的培训资源对员工进行的脱产、半脱产等培训活动。

2）店外培训

主要包括选送员工到旅游饭店院校进修、学习，去国内外相关饭店参观、考察等。

4. 根据专题培训分类

1）职业素质培训

员工的素质水准是决定饭店服务质量的关键。课题包括旅游业与饭店业的行业信息，服务业的职业道德教育，涉外人员准则与外事纪律，饭店从业人员的基本职业要求，个人卫生与仪容仪表标准，礼貌常识与外事礼节训练，人际关系处理技巧等。

2）外语培训

旅游涉外饭店要求员工掌握一至两门外语，达到与外国客人沟通的目的。饭店不同部门、不同岗位、不同层次的员工，要求掌握外语的语种、熟练程度、听说读写能力都不相同，但英语作为通用的国际语言，要求员工必须掌握基本会话。

饭店还可以根据自己的客源市场，决定外语的种类。

3）部门专业实务培训

饭店各部门对各自员工进行各种形式的在职培训，是饭店培训工作的主体，且是长期的培训，旨在改进工作方法、提高工作效率。

4）服务与管理技巧培训

培训的专题有电话礼节规范训练，宾客关系训练，督导技巧培训，营销技术培训，公关常识及运用，防火安全训练，医护急救训练等。

5）部门专业实务培训

饭店各部门对各自员工进行各种形式的在职培训，是饭店培训工作的主体，且是长期的培训，旨在改进工作方法、提高工作效率。

例如，Sheraton 饭店的入店教育（New Staff Orientation）是：Sheraton 饭店对新员工进行为期 7 天的入店教育，内容包括饭店的历史和现状介绍，饭店的规章制度如《员工手册》的学习，参观饭店、聆听饭店总经理和部门经理的讲话，饭店安全教育和宾客满意系统（Sheraton Guest Satisfaction System）的培训；7 天培训后，对员工进行一次小测验，检查新员工是否掌握了饭店的基本知识和规则。

再如，白天鹅宾馆的培训系列次序如图 4－2 所示。

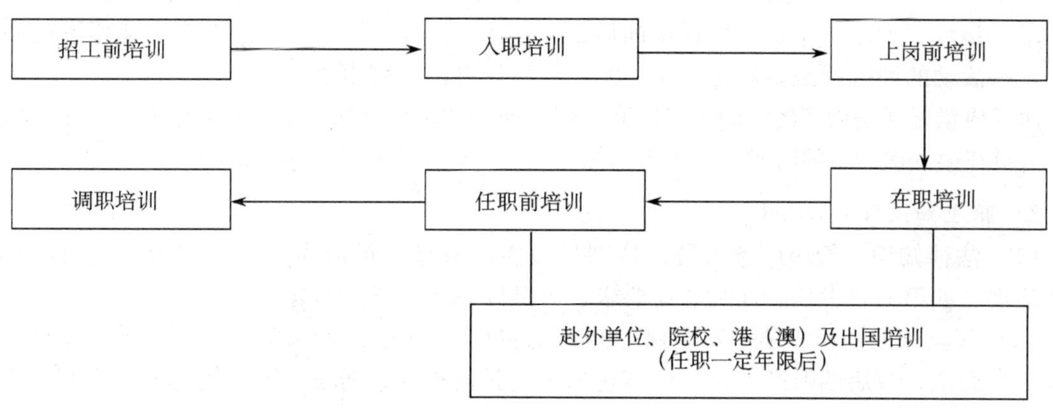

图 4－2　白天鹅宾馆的培训系列次序图

4.2.2　饭店员工培训的内容

总的来说，饭店员工培训的内容可以分为“职业基本要求”和“特别要求”两大类。

1. 职业基本要求

1）职业态度（Attitude）

职业态度是饭店服务从业人员应具备的基本素质要求。

（1）礼节礼貌。礼节礼貌对饭店来说是非常重要的。饭店服务人员的礼节礼貌，从一个侧面反映饭店的档次、级别和服务水准。根据希尔顿的经验，饭店管理的成功，93%靠礼节礼貌，7%是知识和技能。

（2）职业意识。饭店从业人员应有以下意识。

客人意识："客人永远是对的"、"客人是我们的衣食父母"是饭店的服务宗旨。

服务意识：要时时刻刻为客人着想。

服从意识：自觉遵守饭店管理规则，自觉服从工作的安排与调度。

公关意识：每个员工都要明确自己是饭店的代表，自己的一举一动、每一句话都代表着饭店。

（3）员工的奉献精神。饭店对员工进行敬业爱岗教育，教育员工热爱自己的工作对象和劳动资料，乐于为本职工作奉献自己的青春和年华，强化员工的奉献精神。

（4）价值观。饭店应对员工进行本饭店最提倡的价值观的教育，努力让员工相信这也应是他们的。

价值观的内容包括团队精神、尊重和信任他人、饭店质量观、诚信经营等。

团队精神对企业来讲，不是他们想有就有的，而必须对员工进行培训，使他们成为合格的工作团队成员。有的饭店利用户外培训，开展拓展训练来建设团队精神，诸如"满怀信心下落"运动，要求一个员工慢慢地向后倒，落到5～10个小组成员伸着待其落下的胳膊上。这些活动的动机就是要建立信任，尤其是信任自己的同事。

服务质量是影响饭店经营的重要因素，保证质量的最好办法是事先预防错误的发生，饭店从业人员在第一次做事的时候就要把事情做好（We do it right the first time）。

2）职业知识（Knowledge）

（1）法律知识。饭店服务人员，特别是饭店的管理人员应当熟悉掌握饭店经营的相关法律法规，如第三者责任、住宿登记要求、公共娱乐场所管理规定等。

（2）安全保卫知识。学习安全保卫知识的目的，是为了保障客人生命、财产安全及员工的生命安全，饭店的财产安全。内容包括如何预防抢劫，防盗，客房钥匙的管理制度等。

（3）食品卫生知识。包括传染病知识、餐具卫生、食品处理与大众健康、员工个人卫生、洗涤和消毒措施等。

3）职业技能（Skills）

（1）基本的计算机技能。

（2）沟通能力。

（3）语言能力。

（4）读写能力。

4）职业习惯（Habits）

（1）微笑：微笑是饭店员工最好的化妆。

（2）良好的记忆力：熟记客人的姓氏，并以姓氏去称呼客人。

（3）见到客人勤打招呼、问好。

（4）多使用敬语、服从性语言等礼貌语言。

（5）保持良好的仪容仪表。

（6）见到垃圾，随见随捡、谁见谁捡的习惯等。

2. 特别要求

1）特别知识

饭店不同部门的管理人员需要不同的知识，具体如表 4－3 所示。

表 4－3　饭店不同部门的管理人员所需的专业知识

序　号	管 理 岗 位	所需专业知识
1	前台经理、客房管理	旅馆法、合同、预算、预测
2	餐饮部经理、餐厅经理	食品、饮料制作、服务与管理、预测或预算
3	销售经理	营销学、预测
4	人事部经理	劳资关系、工资管理、政府法令、评议、培训
5	财务部经理	财务会计、工资法、税法与合同、预测或预算
6	厨师长	食品采购、成本管理、食品制作

2）特别技能

根据岗位职责分析，确定各个岗位所需的专业技能，如餐厅服务员的六大基本技能、客房服务员的客房卫生清扫技能、大堂副理处理宾客关系的能力、管理人员的管理技能、监督技巧、行政能力等。

3）管理能力开发

管理能力开发是一种比较长期的培训。其目的是为组织发展或解决某些组织问题（如部门间沟通不畅）而可能出现的某些未来工作；开发现在或将来的管理人员，如解决问题的技能、沟通技能以及团队建设的技能。

例如，美国康乃尔大学网络“饭店管理核心课程”内容如下。

（1）更有效地管理员工。

（2）管理有活力的团队。

（3）饭店财务会计原理。

（4）使用管理会计。

（5）饭店业的营销分析。

（6）饭店业的营销计划。

4.2.3 饭店员工培训的方法

饭店员工培训的方法多种多样，需视培训的目的与需求、培训内容与教材、受训员工层次与水平、训练时间、场地与人数等的因素考虑而选用。

培训的效果很大程度上取决于培训方法的选择。采用合适的培训方法，可以提高受训员工的兴趣与注意力，并取得最佳培训效果，因此选择培训方法要讲究技巧。

1. 在职培训的方法

1）针对管理人员的培训方法

（1）工作轮换（Job Rotation）。让员工在相类似或稍高水平的工作岗位分别工作一段时间，通过实际做某项工作来学做这项工作。

对于饭店新上岗的大学生，或重点培养的对象（在他们被提拔之前），可以安排在饭店的每个部门各学习一段时间，如每个部门一个月，这不仅有助于丰富他们的经验，也有助于他们找到自己喜爱的工作。受训人员在饭店的相关部门工作后，掌握了该部门的运转情况，有助于日后工作的沟通和协调。

（2）“助理”方式。“助理”方式是培训和开发本饭店未来高层管理人员的重要途径，同时也是一种对员工的提升方法。饭店让有潜力的员工在一段时间内担任某职务的助理，让其对这一职务有更多的了解，同时也帮助他增加工作经验与培养胜任这一职务的能力。

（3）“初级董事会”。初级董事会（Junior Boards）是指将管理人员受训者组成一个初级董事会，让他们对整个饭店的政策如组织结构、经营管理、部门之间的冲突等提出建议，将这些建议提交正式的董事会。

成立初级董事会的目的在于为有发展前途的中层管理人员提供分析整个饭店问题的机会。

（4）指导法。受训者直接与他将要取代的人一起工作，而这个人就负责对受训者进行辅导。受训者不承担一定的经营责任，这样便为受训者提供学习工作的机会。采取这种方法，可保证现任管理人员因退休、提升、调动、辞职等原因离开现在的工作岗位而出现岗位空缺时，饭店能有训练有素的人员顶上，也有助于保证饭店管理人员的长期开发。

2）针对员工的培训方法

（1）师徒制。由经验丰富的师傅带一名或几名新员工，其主要过程为：

Tell you（告诉培训对象做什么）

↓

Show you（教培训对象怎么做）

↓

Follow me（培训对象跟着做）

↓

Check you（检查培训对象的工作）

（2）员工发展会议。在这类会上，讨论每个员工的工作特点及其应如何提高个人工作绩效。

（3）指导法。饭店新员工上岗一般都会有某种陌生与局促感。要让新员工感到自己就是饭店的一员，一个较好的办法就是给予个别指导。给新员工以专人指导，使之逐渐适应新的环境。专门指导者负责向新员工详细介绍饭店的各种设施；告诉其更衣室、员工餐厅、员工图书馆、布草房的位置，及其各员工设施的使用注意事项等；将其他同事介绍给新员工等。

（4）操作示范法。餐厅服务技能，如托盘、斟酒、铺台布、摆台、上菜、分菜、餐巾折花、酒吧调酒；客房服务技能，如铺床、卫生清扫等实务都可使用示范法进行培训。一般由技术能手担任培训员，在现场向受训员工简单讲授操作理论与技术规范，然后进行标准化的操作示范表演，学员则反复模仿实习，经过一段时间的训练，使操作逐渐熟练直至符合规范程序与要求，达到运用自如的程度。

2. 脱岗培训的方法

（1）短期课堂学习。短期课堂学习针对性强，内容安排紧凑，受训者能在短时间内获得大量的信息。

（2）学历教育培训。饭店鼓励员工参加成人高考及夜大进修课程。专业涉及饭店管理及外语学习。

（3）饭店外各类会议，如年会、研讨会、行业会议、技术标准会等。

3. 课堂培训的方法

1）讲授法（Lecture）

讲授法属于传统的培训方法，主要通过培训者讲授知识，受训者记忆知识，中间穿插一些提问。

优点：运用方便，便于培训者掌握整个过程。

不足：单向信息沟通，反馈效果差，且效果取决于培训者的水平。

适应范围：常用于理念性知识的培训。

2）视听技术法

通过现代视听技术如电影、闭路电视、录像、多媒体技术等，对员工进行培训。

要求：

（1）事先提出问题，让受训者带着问题看（听）视听资料；

（2）事后开展讨论。

优点：运用视觉与听觉的感知方式，直观鲜明，学员易接受。

不足：制作成本高、学员反馈与实践较差、内容易过时。

适应范围：介绍饭店概况、部门工作流程等。

3）案例研究法（Case Study Method）

案例研究法是为受训人员提供有关一个饭店问题的书面描述，让其自己去分析这个案例，诊断案例问题所在，在与其他受训者一起讨论时提出自己的研究结果和解决问题的一种方法。

优点：

（1）运用组织的实际问题；

（2）受训者能陈述自己的观点，并且能征求他人意见；

（3）对教师的依赖性降低；

（4）教师可以通过创造适当程度的戏剧场面来推进案例的研究。

作用：

（1）不仅为了解决问题，还能培养员工对问题的分析判断力及解决问题的能力；

（2）员工在研讨中还可学到有关管理方面的新认识与原则。

案例讨论的步骤如图 4－3 所示。

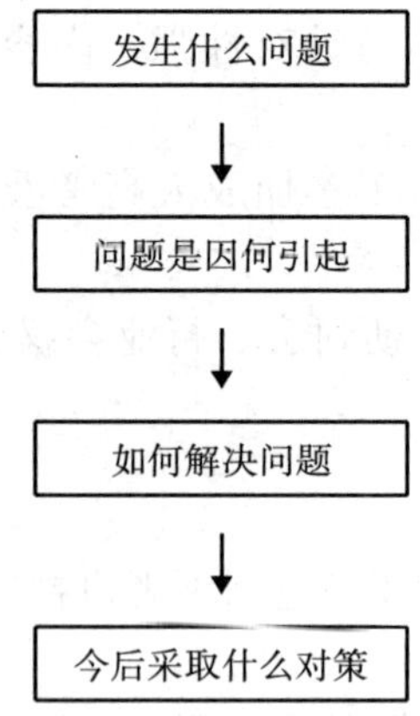

适应范围：饭店中层以上管理人员的培训

图 4－3　案例讨论的步骤

4）角色扮演法（Role Playing）

设计一个最接近现场的培训环境，设计一系列尖锐的人际矛盾和人际冲突，要求受训者扮演某个角色，利用“情景置换法”进入该角色去处理各种问题和矛盾，看受训者是否符合角色的身份和素质要求，使他们真正体验到所扮角色的感受与行为，以发现和改进自己的工作态度和行为表现，从而提高积极面对现实和解决问题的能力。

在饭店里，人际关系上的感受常因所担任的职位不同而异，如主管与下属间，销售人员、服务员与客人间，领班与服务员间，由于所处职位不同，角色各异，其感受与态度也常常不同。如下属总觉得主管管制过严，主管总觉得下属不够勤奋，销售人员、服务人员总觉得客人过于挑剔，客人总感到服务员不够礼貌及缺乏耐心。为了增进对对方情况的了解，培训可采用角色扮演法，特别是让服务员扮演客人的角色，进入模拟的工作环境，让服务员亲自体验做客人的感受，以客人身份评论服务员的工作表现，获得对客人需求的理解，进而改善与客人的关系，达到提高服务质量的培训目的。

优点：反馈效果好、实践性强、费用低。

适应范围：人际关系能力的培训。

5）敏感训练法（Sensitivity Training）

敏感训练法亦称互动学习法，是一种在通过培训教师指导的改善关系小组“实验室”中公开表达情感，提高参加者对自己行为及他人行为洞察力的方法。让学员以在培训活动中的亲身体验，提高他们处理人际关系的能力。

优点：可明显提高人际关系与沟通能力。

不足：其效果在很大程度上依赖于培训教师的水平。

适应范围：管理人员的人际关系和沟通能力训练。

6）商业游戏法

商业游戏法是指受训者在一些商业竞争规则的情景下收集信息，将其进行分析，作出决策的过程。受训者在游戏中所做的决策类型，设计饭店各个方面的管理活动，如市场营销、新产品的开发、财务预算等。

优点：有利于迅速构建信息框架、培养团队合作精神。

适应范围：管理技能的开发。

7）情景模拟法

情景模拟法是一种代表现实中真实生活情况的培训方法，受训者的决策结果反映其在被“模拟”的工作岗位上工作发生的真实情况。

例一：

晚餐时间，在烛光餐厅一位小顾客在其父母和值台服务员都没有注意的情况下，把汤汁撒在光洁的过道上，这地方接近你的工作区，你该怎么办？

A. 赶快在有汤汁的地方放上一张椅子或其他障碍物，以免客人滑倒。

B. 立即通知楼面杂工来擦洗干净。

C. 那不是你的工作区，但在有机会时把这一情况通知该区域的值台员。

D. 站在被污染地旁，劝告顾客和同事小心，同时设法通知最近的杂工来处理。

答案：

饭店业最基本的要求是安全和卫生。在这一事件中，顾客和同事的安全受到了威胁，就应立即采取措施，因此不能等你去通知杂工后再来处理。另一方面，如果你大声要求顾客注意地上有小孩撒的汤汁，那会使小孩的父母难堪。把椅子或其他障碍物放在那儿也不是最合适的，因为椅子可能被人移动，别人也可能绊跌。如果你选答案 D，那是对的。

例二：

你的一位常客来餐厅，没看菜单就要了份常吃的菜，结账时他说“你多算了一元钱。”你把菜单递给他看，价格是最近调整的。这时，他很尴尬，并且有点生气。你说：

A. “先生，真对不起，我只是服务员，价格是由我们经理定的”。

B. “真对不起，您不知道调价的事，都怪我没提醒您”。

C. “真对不起，没告诉您调价的事，但我们可以作为特别优惠，按老价格收费”。

D. “让我去找经理，因为您是老主顾，经理可能会让您按老价格付款”。

答案：

菜单的价格调整，特别对老主顾来说是件麻烦事。对此，你是无能为力的。如果你提醒他，你可能会听到“我付得起”的反驳。因此，你的回答一定要不使顾客产生对立情绪或感到尴尬。你不能擅改账单，因为价格是管理部门制定的，你也不能让经理给这名顾客优惠价，这样会使顾客和经理都为难。所以最好的解决方式就是 B，把错揽在自己身上，说明没让顾客注意价格的调整，承担责任可能赢得客人对你的赞扬。

4.3 饭店培训的执行程序

一个完整有效的饭店培训主要有培训需求分析、拟定培训计划、实施培训计划及培训的评估和反馈等四个执行程序。各程序之间存在着特定的关系，相互制约和影响，从而使整个培训活动过程具有一定的结构和功能。

饭店人力资源培训首先要做的第一件事情是要确定培训的需求，只有明确饭店在人力资源开发与培训方面的迫切需要，才能使培训工作做到有的放矢，真正达到饭店人力资源培训的目的。

4.3.1　饭店培训需求分析

1. 饭店培训需求分析的含义

培训需求是指特定工作所要求具备的与任职者现有的能力之间的差距。培训需求可用图 4-4 生动形象地表示。

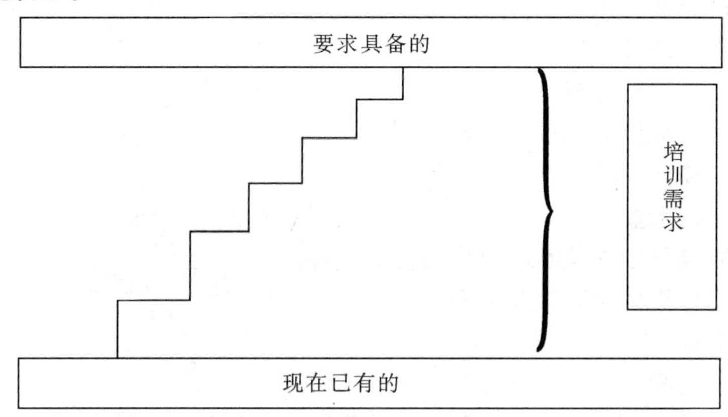

图 4-4　培训需求示意图

培训需求分析是指由培训主管部门、主管人员、工作人员等采取各种方法，对组织内各成员在职业知识、职业技能、职业态度等方面进行系统分析，以确定是否需要培训，谁需要培训、何时需要培训、需要何种培训的一种过程或活动。它是确定培训目标、设计培训方案、制订培训计划的前提，也是进行培训评估的基础。

当然，培训需求分析不仅仅局限于饭店中的每个员工，也应该包括饭店组织结构及每个具体岗位。当一个饭店及其组织系统中员工们的职业知识、职业技能、职业态度等方面达不到饭店发展的目标和要求时，该饭店及其组织就存在着培训的需求。下面将用一个简单易懂的公式来表述以上这一理论：

饭店/组织/员工要求具备的全部 - 现在已有的 = 还需要的

"还需要的" 就是培训需求。饭店的培训需求是不断变化和更新的，在一定程度上得到满足后仍会存在，只是内容会有所不同而已。

2. 饭店培训需求分析的作用

从上述的饭店培训需求的概念，大致可以看出培训需求分析对饭店培训的作用，在实际的操作过程中，其作用更为具体，概括起来有如下 8 个方面。

(1) 了解受训员工现有的全面信息。在开发任何一项培训之前，都应尽可能地多了解受训者的情况，掌握参加培训的人数、年龄层次、工作岗位、生活地点，以及职业、兴趣等多方位的信息。

（2）确定员工的知识、技能要求。通过培训需求分析，确定员工的知识、技能需求，以及组织希望他们知道什么或能做什么。

（3）明确主要培训内容。这些内容可以成为培训课程中的部分。例如，一个饭店的新员工入职培训课程应包括以下内容。

① 饭店的基本情况。

② 了解饭店的企业文化。

③ 全面了解饭店的各项规章制度。

④ 了解本饭店员工行为规范。

⑤ 了解本职工作岗位的职责和考核标准。

⑥ 掌握本职工作岗位的基本工作方法。

⑦ 了解相关部门的业务。

⑧ 熟悉饭店各高层领导及本职工作岗位的领导。

⑨ 熟悉本职工作岗位的同事及部属。

⑩ 提高团队意识。

⑪ 建立正确的自我意识和心态等。

（4）提供培训材料。通过培训需求分析，可以收集到相当丰富的材料，包括员工手册、组织流程图、岗位介绍、各部门的制度、工作程序及工作实例等。这些材料可以用于新员工入职培训，也可用于案例研究和角色扮演等。

（5）了解员工对培训的态度。通过培训需求分析，可以借机向有关人员强调培训的重要性，灌输某种观念，从而有助于增强培训效果，因为，你要想让人们改变他们认为不需要改变的事是十分困难的。

（6）获得饭店高层管理者的支持。在进行培训需求分析的过程中，可以借此机会与饭店管理者频繁接触，这可以让他们充分认识培训的价值与意义，增强其兴趣及为培训提供必要的协助的意愿。有些饭店培训管理人员总是感叹饭店高层管理者不重视培训工作，其实，很主要一个原因是缺乏与高层管理者的沟通，其次是没有让高层管理者加入培训工作的决策中去。

（7）有助于估算培训成本。因为在进行培训需求分析过程中，可以为组织了解下面问题的答案。

① 某次培训的重要性。

② 涉及的人员（包括培训管理者、部门经理、受训者、培训顾问、培训讲师等）。

③ 培训需要花费的时间。

④ 培训需要的教材、场地与设备。

⑤ 培训的期限规划。

（8）提供培训效果评估的依据。通过培训需求评价，定出要求和目标，特别是它能为评估培训效果提供有用的资料，如果培训需求分析做得不好，它就会导致在培训中提供大量无关的材料，使参训者感到不满，培训效果将大受影响。

3．饭店培训需求分析的具体内容

由于现代饭店组织结构的多样性、多变性与复杂性程度的增加，涉及饭店培训需求分析的内容、项目也很多。因此，在分析饭店培训需求分析的内容时要考虑各个方面的因素。

1）分析饭店本身的需求

（1）饭店发展战略规划对管理人员及员工队伍的要求。

（2）饭店目前经营中经常遇到或将要遇到的问题。

（3）目前的管理队伍素质和员工队伍素质已经影响饭店的发展。

2）分析饭店全体员工的基本情况

饭店培训的对象是全体饭店员工，对他们的基本情况进行分析，是饭店培训需求分析的首要内容。正常情况下饭店员工基本情况分析有以下项目。

（1）有多少人需要参加学习、培训？

（2）他们各自需要参加什么类型的培训学习？各种类型学习的人员分布情况、数量？

（3）预备受训对象的职务、工作岗位及工作经历情况如何？

（4）他们的年龄、性别、学历等背景情况如何？

（5）他们在工作中获得过哪些成功或受到过何种挫折及失败？

（6）岗位工作的实际需要与任职者之间能力的差距到底有多大？

（7）个体现有能力及知识状况与应具有的能力及知识上的差距到底有多大？

（8）个体现有的能力及知识状况与饭店未来发展趋势相适应的差距是什么？

3）分析参训学员的知识、技能和态度

参训学员知识、技能和态度的分析是以下主要内容及项目。

（1）参训学员对将要培训的内容的了解和熟悉程度？

（2）参训学员们以前所学的知识、技能有多少能应用与实践？

（3）学员们对教师和培训机构的了解程度？

（4）学员们对待培训的期望、态度是什么？

（5）还有什么特殊的需要希望通过培训予以满足？

4）分析饭店员工的主要素质结构

（1）知识结构。对饭店员工知识结构的分析，不但为了准确地制订培训方案，更为了充分地利用有效的资源，从而使得培训取得最大的经济效益，主要包括文化教育水平、职业教育培训和专项短期培训等三个方面。

（2）专业结构。饭店很多员工往往不是从事自己的本专业的工作，必须对饭店里的员工，特别是饭店中层管理干部和业务骨干进行培训，制订培训方案，则必须对他们的专业结构进行深入的调查与分析，获取以下几个方面的数据（以饭店的管理人员为例）。

① 有多少管理人员在从事和自己专业对口的工作？

② 有多少管理人员在从事与自己的专业不对口的工作？

③ 有多少管理人员在从事自己喜欢干的工作？

④ 有多少管理人员在从事自己不喜欢干的工作？

⑤ 有多少管理人员认为自己有必要换岗位，这样会有更大的能力发挥余地？

（3）性别结构。这是一个比较简单的问题，也是最容易忽视的问题。谁都知道男女有别，但是又有多少饭店在进行员工培训的时候，针对男女不同而制订过不同的培训方案呢？在制订培训方案的时候必须搞清楚这样几个问题。

① 在饭店的中层管理人员中有几位女性？

② 在不同部门的业务骨干中有几位女性？

③ 饭店所有员工中女性所占的比例有多大？

同时，作为饭店的培训部门，必须清楚这么一个概念：在对饭店的员工进行培训时，大多数的女性和男性各自都有什么样的特点？有没有区别呢？大多数人的回答是：肯定是有区别的。那么，在培训时应该注意哪些问题呢？我们认为以下几个方面的区别必须给予足够的重视。

① 男女在接受知识时，对于知识的不同有着不同的接受能力：可能是女性更容易接受理论而男性更容易接受工程或经验。

② 男女在理解并应用知识时，可能男性只能应用20%，而女性则有可能应用60%；但是男性的20%则可能是所接受的培训内容中的最重要的部分，而女性的60%则有可能丢失关键的问题。因为岗位或者工种的不同，在进行培训时也一定要注意“男女有别”。

当然，人类之所以有进步，就是因为有变异，特别是在男女问题上，男性女性化和女性男性化的现象是肯定存在的。

（4）年龄结构。谁都希望自己的员工越年轻越好，且又具有年龄大的人的智慧、经验、稳重和谨慎等，但这是不可能的。所以，在进行培训时必须注意饭店员工的年龄结构。必须知道的是，年龄的大小和个人的接受能力有着非常直接的关系。从这个角度来说，并不是饭店里的所有岗位上的管理人员越年轻越好。所以在进行培训时，分析饭店员工的年龄结构就显得比较关键了。

① 先要分析饭店所设立的岗位的特点，再分析目前在岗管理人员的年龄特点，并且根据在岗管理人员本身的特点来确定其所要接受培训的内容。

② 从饭店整体发展要求分析对某个岗位的工作特点，根据合理的年龄搭配，决定岗位的培训内容。

③ 如果是饭店的中高层管理人员，那么作为饭店重大决策的参与者，则更应考虑年龄结构，而饭店整体的培训基调也是根据饭店整体的年龄结构和饭店所有管理人员的年龄结构来初步确定的。

（5）职务结构。在进行素质结构分析时，必须对饭店整体的中层管理干部的结构进行详细的分析。在制订培训方案时进行职务结构分析的作用如下。

① 提高培训的针对性和目标性。

② 制定培训内容的依据。

③ 站在饭店整体的角度进行培训，减少或降低培训的随机性和零散性，从而提高培训的经济效益。

在进行饭店中层管理人员职务结构分析时，必须注意以下几个方面。

① 针对一个部门进行职务结构分析，确保被调查或被分析部门岗位设置的合理性和经济性，包括岗位数目、岗位职责分配、岗位工作流程设计、岗位工作负荷度估算等。

② 在部门岗位分析的基础上，从饭店整体的角度出发，根据业务量的多少，对饭店设立的部门进行结构分析，包括部门数量、部门职责分配、部门工作流程设计、部门工作负荷度估算、部门效益对饭店整体效益影响的关系等。

（6）性格结构。在对饭店培训分析时，必须对饭店的中层管理和业务骨干进行性格分析，可以从以下几个方面入手。

① 某个岗位的工作特点要求在职者的性格是怎样的？目前在位的管理人员的性格实际是什么样的？

② 目前饭店所有岗位上的管理人员的性格和岗位的要求一样吗？

③ 饭店的决策层性格结构是否符合决策的要求？（从决策层的角度来说，必须具有多元化的、丰富化的性格结构，以利于在决策或表决时意见的多元性和多角度性。）

④ 整体的性格结构偏向于外向还是内向？和饭店的企业文化定位是否一致？

5）分析饭店培训环境因素

饭店培训的环境因素主要包括以下几个方面。

（1）饭店领导是否支持他们参加培训？

（2）他们对参加培训学习有什么顾虑和具体困难？

（3）培训机构及开设的课程内容、能否满足学习者的需要？

（4）培训对饭店和个人的发展是否有积极的意义？

（5）学员所在饭店对这次培训有什么期望？能否满足这种期望？

（6）培训仅为完成某种学习任务，还是为了个体及饭店长远发展目标的需要？

4. 饭店培训需求分析的方法

一般情况下，饭店培训需求分析方法的采用得当与否对于分析结果的科学性、可靠性、可行性尤为重要。因为对饭店培训需求进行分析，通常是将用各种方法收集到的信息，经过统计处理后所得到的有关数据来进行判断。近年来，国内外在人力资源管理理论与实践中，发展起来的各类培训需求分析的方法较多，它们对于培训需求的分析产生了一定影响。现将最普遍采用的分析法介绍如下。

1）工作分析法

工作分析又称职务分析。对饭店的许多职员来说，培训是人人都必须接受的活动，工作分析可以提供有关工作的内容和任职人员条件的合理信息，因而它就成为饭店制订培训计划的客观依据。从某种意义上说，工作分析是确定培训需求的第一步。这在我国很多饭店培训的实践中常被忽略，因而造成培训效果不佳或培训的盲目性。因此，在培训前对职务进行科学的分析，可以更好地确定培训的内容和相应的培训方法。

工作分析是人力资源管理的平台和基础，它有多种用途，如人力资源管理中的组织结构设计、定岗定编、绩效评估、报酬分配等问题都要涉及工作分析。培训工作中的工作分析可与上述的人力资源管理工作分析结合起来进行，但应着重注意培训目的的特异性，因为培训是为了提高员工的知识和技能。在实际分析中，可以结合其他分析数据，求出培训的需求，培训需求常用如下公式表示：

培训需求＝理想工作绩效－实际工作绩效

在这一公式中，理想工作绩效是指设计能力应达到的标准，实际工作绩效是指经过测量得出的工作绩效。通过培训取得的效果要弥补此两者之差。

（1）工作分析的主要层次。

① 组织层次分析。着重分析组织的战略目标、组织的资源、组织的环境，通过分析明确认识培训的需求。

② 任务层次。任务层次也称为作业层次。它着重分析作业部门中工作人员的关键工作、期望绩效标准和实际工作过程，通过分析以确定总体的理想绩效与实际绩效的差距。

③ 个人层次。个人层次分析与任务层次分析有相似之处，但它更多的是侧重于个体对实现理想绩效所需的知识、技术、能力，以及个体在这方面的期望状态、态度等主观性因素。

（2）工作分析的主要因素。为使工作分析更为有效并具有可操作性，在进行工作分析时，有必要在对以上三个层次分析的基础上，对人的各种工作能力作进一步的分析，大致包括下列 12 种不同的能力。

① 自我管理能力：指自我安排和自我调控自己的行为的能力。

② 状况处理技巧能力：指人的处理各种突发情境的能力。

③ 细部技巧能力：指人的精细程度的能力。

④ 运动技巧能力：指人的机体的运动及反应能力。

⑤ 操作技巧能力：指人的动手从事某项带有技术要求的能力。

⑥ 数字技巧能力：指人对数、计算、估计、预算等数字概念。

⑦ 文字表达技巧能力：指人的读、写、说明、表达情绪等表达能力。

⑧ 想像技巧能力：指人的可以创造事物的能力。

⑨ 分析判断技巧能力：指人的判断、明辨各种事实的能力。

⑩ 逻辑推理技巧能力：指人的调查、计划、分析、综合等能力。

⑪ 人际关系技巧能力：指人的服务、合作、了解、建议等能力。

⑫ 领导技巧能力：指人的决定、指挥、协调、控制等能力。

以上这 12 种能力基本上可以囊括人力资源培训的内容，但这并非意味着人人必须具备这 12 种能力。有些能力对某种职务可能很重要，而对其他职务可能是可有可无。例如，分辨颜色的能力，对财务人员可能不重要，但对厨师却是必要的。因此，决定培训需求的第一要素，就是该项技巧对某职务是否具有必要性。

2）任务分析法

在工作分析中提到的 12 项工作能力大体可以归为三大类：即知识、态度和技能。在很多情况下，员工的工作业绩不佳，也许不止是因为知识不足、技能不熟悉或是态度不积极等单一因素导致的，而可能是三者的交互影响。因此，真正确定培训需求，还须进一步做任务分析。

（1）任务分析的内容。

① 关键工作。主要分析饭店员工完成工作任务的现有知识、技能水平，工作绩效状况。

② 工作标准。主要分析饭店工作任务的发展，及其对员工知识、技能、态度和行为方式的要求。

③ 水平与任务之间的差距。主要分析饭店员工现有水平，包括知识、技能、态度和行为方式等的现有水平与饭店工作任务发展需要方面的差距。

（2）任务分析的步骤。任务分析的最终结果，是对饭店工作活动的详细描述，按一定的分析程序进行分析，可以提高分析的效率和结果的准确、清晰度。在大多数情况下，任务分析可按选择待分析的工作岗位——罗列任务分析的任务清单——调查问卷——分析调查结果的步骤进行。

（3）任务分析的方法。在任务分析中，由于不同的工作岗位现状、需求及差距，以及收集信息的手段方式渠道是不一致的，因而采用任务分析的方法也不尽一致，但以下方法是必须采用的。

① 设定评分标准。任务是对某特定工作岗位所从事的各项活动的表述。在任务分析基本清单确定后，就必须对那些工作领域的基本（主要）任务项目设定评分标准和赋予分值。一般采用等级评定的方法，从“0”分开始依次根据每项任务执行频率、重要性、难度评分，最高分为“5”分，如表 4－4 所示。

表 4－4　餐饮部西餐厅女侍应生工作任务分析问卷

工作岗位：女侍应生

任务描述	任务执行等级评定		
	执行频率	重要性	难度
1. 准备牛油、餐桌上调味瓶与餐具等	1 2 3 4 5	1 2 3 4 5	1 2 3 4 5
2. 招呼顾客	1 2 3 4 5	1 2 3 4 5	1 2 3 4 5
3. 给客人所要酒肴落单的程序	1 2 3 4 5	1 2 3 4 5	1 2 3 4 5
4. 菜单与菜肴的成分	1 2 3 4 5	1 2 3 4 5	1 2 3 4 5
5. 将调拨单送至厨房、酒吧与出纳员	1 2 3 4 5	1 2 3 4 5	1 2 3 4 5
6. 分酒	1 2 3 4 5	1 2 3 4 5	1 2 3 4 5
7. 最后一批顾客离席后为清洁人员做好准备	1 2 3 4 5	1 2 3 4 5	1 2 3 4 5
8. 收拾台面	1 2 3 4 5	1 2 3 4 5	1 2 3 4 5

执行频率：1. 无执行；2. 偶尔执行；3. 有时执行；4. 经常执行；5. 每次执行

重 要 性：1. 无执行；2. 不重要；3. 比较重要；4. 非至关重要；5. 至关重要

难　　度：1. 无执行；2. 非常容易；3. 容易；4. 较难；5. 非常难

表 4－4 是饭店女侍应生工作任务问卷的部分任务项目，按执行频率、重要性、难度等进行评分。在分析中，如果某项任务项目执行频率为“0”分，说明工作人员从来没有执行这项任务，因而就可考虑是否有必要对这一项目的重要性和难度进行评分。当然，如果这项任务项目非常重要，无论其执行频率如何，都要进行评分。

② 关注重点任务。由于岗位工作中的任务项目繁多，分析中关注重点任务，可以提高任务分析的效率和清晰度。一般来说，岗位中的重点任务项目，都是培训所要关注的主要任务。很多任务项目对知识、技能要求亦是员工在承担工作前必须掌握的。

（4）任务分析应注意的事项。一般说来，任务分析注意的事项主要有以下 3 点。

① 技能：应考虑员工是否受习惯动作的影响。若有，则应开展正规的在职培训；若无，则应考虑是否为其经常性动作，若是则施予反馈练习，否则仅做些简单的练习即可。

② 知识：这要看是教育程度不够，还是专业知识及相关知识不足。若是教育程度不够，

最好的解决方法是转换工作，其次是离职进修。若是专业知识或相关知识不足，在无他人可取代其职务的情况下，则可施予在职培训或要求其自修。

③ 态度：包括饭店组织的奖惩制度的影响和员工个体因素。

下面以一般管理工作来说明如何用任务分析决定培训需求（见表 4－5）。

表 4－5 管家部房务员任务分析表

房务员任务分析	知识技能表现	态 度 表 现
检查服务车的状态		
识别客房用品的配置定额		
根据配置定额，配置客房用品		
把各用品按顺序放到服务车里		
清洁墙壁		
清洁镜子		
清洁地毯		
清洁抽屉		
用吸尘器给地毯吸尘		
为家具抹尘		
用玻璃光亮剂把窗户玻璃擦亮		
……		

表 4－5 所示的任务分析中的知识技能表现，仍依据饭店经营经验而决定的；而态度表现则可以根据下列的诠释来做决定。

- 不满意：经常不必要地等候工作指示。
- 稍满意：通常被动地等人指示他工作才去做。
- 满意：不必指示即按规定去工作。
- 很满意：随时注意改善工作现状或做建议。
- 最满意：有高度的自我依赖感，主动地完成工作，并非等待指示完成相关工作。

4.3.2 饭店培训计划的制订

饭店培训计划是饭店根据组织目标和对组织员工培训需求的预测而设计的关于未来培训活动的方案。只有这个活动方案的各个环节及其衔接都成功时，培训计划才能取得预期效果。

1. 培训计划制订的步骤

一般来说，饭店培训计划都由5个步骤组成，如图4－5所示。

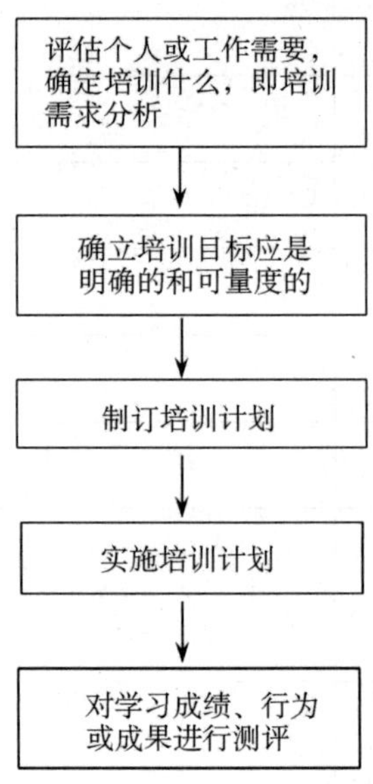

图4－5 培训计划制订的步骤

1）评估

评估的目的在于确定培训需求。饭店应搜集和分析大量的事实、资料、建议和报告，对影响饭店的经营要素进行SWOT分析。

（1）Strengths：饭店的优势。

（2）Weakness：饭店的劣势。

（3）Opportunities：饭店面临的机会。

（4）Threats：饭店面临的威胁。

在评估阶段，具体做法可参照六洲饭店（Six Continents Hotels）“The Process Improvement Method”中的9个步骤，如图4－6所示。

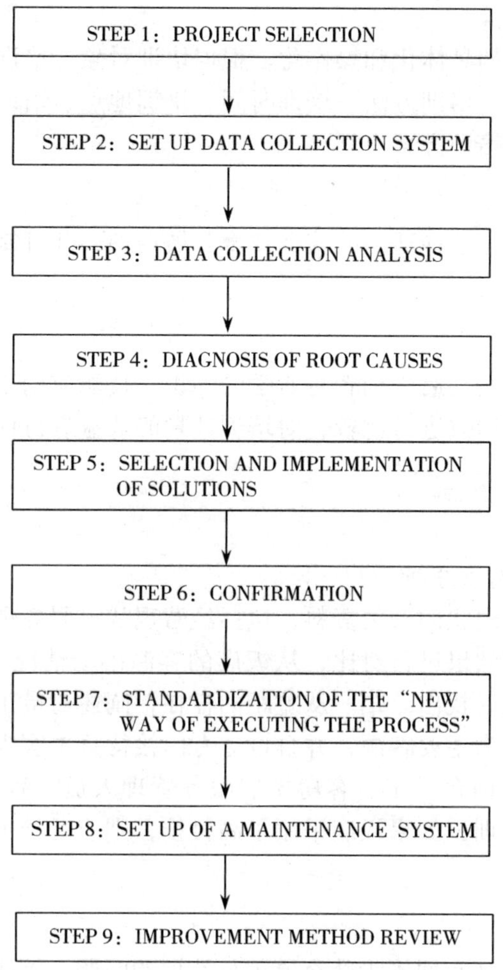

图 4－6　The Process Improvement Method

2）确立培训目标

培训目标是根据培训需求分析结果，指出饭店员工培训的必要性及期望达到的效果。在确定经过培训就可排除的一项或多项需求后，应当建立培训目标。在建立培训目标时要逐一确定经过培训的员工预期达到的显著和可量度的工作绩效。培训目标可以为培训工作提供明确的方向，为确定培训对象、内容、时间、师资、培训方法等具体操作提供依据。饭店还可对照此目标进行培训效果评估。

培训目标包括改善员工的服务态度，规范服务程序，掌握操作规范，提高服务效率，让员工掌握科学新技术，学会处理错综复杂的宾客关系等。

3）制订培训方案

培训方案是培训目标的具体化和操作化。根据培训对象、培训目标及要求，确定培训内容、培训教材和教学大纲、培训方法、培训时间、培训地点、培训师资等内容。饭店应根据不同的对象、目标，制订培训方案。

4）实施培训计划

根据饭店的培训资源，选择适当的培训技术开展培训，并且制定一系列的控制手段，监督培训方案的实施。

5）评价培训效果

评价培训效果是指在培训后受训者将所学的知识、技能应用于工作中的程度。饭店将受训者接受培训前后的工作绩效进行比较，对培训计划的效益进行评价，从而判断培训目标的实现程度。

2．培训计划的内容

1）饭店现状和培训需求分析

首先应收集饭店经营现状的有关资料，包括经营现状、服务现状、硬件现状。然后将经营现状与饭店经营的理想效果进行对比，从饭店的客源市场情况、服务质量、员工的素质、硬件等方面进行分析，最后找出差距。从差距的存在，阐述对员工培训的必要性。如饭店客源发生变化，以日本客人为主要客源，并且设立专门接待日本客人的商务楼层，饭店则应对相关人员（营销部人员、前台员工、客房楼层服务管理人员、餐厅服务管理人员等）进行日语培训和日本礼仪的培训；如果饭店采用了高科技，则应对相关人员进行相关的操作与管理培训。

2）培训目标

培训的目标，主要体现和回答为什么要进行培训的问题，阐述培训计划完成后，受训员工和饭店从中得到的收益。如饭店客源发生变化，以日本客人为主要客源，饭店在对员工进行日语和日本礼仪方面的培训时，就要确定培训日语应达到的程度，以及应当掌握和熟悉的礼仪内容，即应知和应会的内容。

3）培训对象及类型

主要确定为谁培训和培训的层次问题。在饭店的培训中，一线服务与管理人员、工程部人员与中层管理人员是培训的重点对象。

4）培训内容

主要指培训的课程内容及课程大纲。

5）培训资源

（1）师资情况：师资可以是饭店内部的培训师，也可以聘请高校或专门学校的教师，或者聘请专门培训机构的培训师。

（2）教学设施：教学设施包括投影仪、电视录像、书写工具等。

（3）教学场地：主要指教室或实操场所。

（4）培训资料：主要指教材及教参。

6）培训活动安排

（1）落实培训活动“5W1H”情况，进行具体的日程安排。

① WHAT（事项）：培训的内容。

② WHEN（时间）：课时安排。

③ WHERE（地点）：教学场地。

④ WHO（负责人）：培训项目的负责人及该项目的培训教师。

⑤ WHY（目的）：培训目的的说明解释工作。

⑥ HOW（具体措施）：培训方法及监控措施。

（2）培训方法的选择：根据内容有的放矢地选择培训方法。

（3）控制措施：饭店可以采取如签到登记、例会汇报、流动检查等控制手段，监督培训计划的进展。

7）培训预算

提供优质服务，饭店是要付出一定代价的，如投资改进服务硬件、为员工进行培训等。饭店培训预算经费的方法有两种，一是按照固定的比例，如 Shangrila 饭店集团按每年员工工资额度的 5% 提取培训经费；另一种是按照完成计划培训任务实际所需要的经费来计算。

8）培训效果分析

从员工工作表现评估、命题作业、书面测验、受训员工的培训报告等方面来综合评价培训的效果。

4.3.3 饭店培训计划的实施

1. 饭店培训计划实施的原则

1）学习动力原则

学习动力原则是指饭店根据自己的管理目标，希望员工认真、积极地参加培训，以提高其工作能力和效率；另一方面，员工则希望通过培训，实现自己的事业，以及职业安全、交际、受尊重、自我价值等需要。在员工培训过程中，学习动力和意愿一般来自饭店组织及员工个人两方面的需要而产生。因此，可以运用激励的措施和方法。

2）因材施教原则

因材施教原则是指饭店培训要从学员的实际出发，有的放矢地进行有差别的培训，使每个学员都得到应有的发展。饭店从基层服务员到高层决策层，所从事的工作不同，所要求具备的应知、应会和应具备素质，既有共同的要求，也有不同层次的不同要求。所以，员工培训应充分考虑他们各自的特点，针对不同的知识水平、不同技术技巧、不同的岗位以及其他个别差异区别对待，既要掌握集体培训的总原则，又要做到因材施教。

3）学习心理原则

学习心理原则是指饭店培训要从心理学角度将研究学习过程中知觉、记忆、遗忘等方面的一般规律应用于学习之中，有利于增进学习效果。在饭店培训工作中，员工通常是运用视觉、听觉、嗅觉、触觉、味觉等感官来掌握知识和技能的。为此培训师应尽量让学员同时运用多重感官进行学习，如在操作技能的培训中，培训师在操作示范后，也要考虑让员工亲自演练，使学员靠触觉与视觉来感受操作的要点与程序，其培训效果会事半功倍。

4）考核原则

培训必须针对培训目标实施考核。要强调学以致用，用什么考什么，以用为考。其中，考试方式和考题十分关键。

5）注重效益的原则

培训中的反馈机制十分重要。要从饭店角度、受训者的角度、培训班的角度和人事部门的角度进行效果评估。在评估中要贯彻效益原则，如投诉率是否下降，行动是否转变，经过培训的员工的任职资格差距是否缩小，员工培训后绩效考核的效果与设定目标是否进一步吻合等。

2. 饭店培训实施的内容

（1）制订授课计划。

① 设计课程。

② 教学计划。

③ 教学大纲。

（2）选择培训教材，准备参考资料。

（3）确定培训时间。一般利用饭店的淡季时间进行培训练兵。

（4）选择培训师。决定培训师水平高低有三个评价维度：知识和经验、培训技能、个人魅力，如表 4－6 所示。根据这三个维度，培训可以分为以下 8 种类型。

① 卓越型培训师。

② 专业型培训师。

③ 技巧型培训师。

④ 演讲型培训师。

⑤ 肤浅型培训师。

⑥ 讲师型培训师。

⑦ 敏感型培训师。
⑧ 无能型培训师。

表 4－6 培训师比较表

类型	知识经验	培训技能	个人魅力
卓越型	√	√	√
专业型	√	√	×
技巧型	×	√	√
演讲型	×	√	×
肤浅型	×	√	×
讲师型	√	×	×
敏感型	×	×	√
无能型	×	×	×

注：“√”表示在此方面培训师表现较好，“×”表示在此方面培训师表现较差。

（5）选择培训场所，并按培训要求进行课室布置。
（6）课程描述，如表 4－7 所示。

表 4－7 ×××饭店课程描述表

课程名称：____________ 课程编号：
目标学员：
课程目标：
教材或资料：
培训方法：
培训时间：
培训地点：
培训讲师：
要 求：
签署人： 签署日期：

3. 饭店培训实施的要求

（1）使受训者易于理解和记忆，培训资料应内容清晰，目的明确。
① 在培训开始时，给受训者提供有关资料的概览，使之了解整个学习资料的状况。
② 介绍资料时运用各种相似的事例。
③ 尽量使用受训者熟悉的术语和概念。
④ 尽可能多地运用直观教具。

（2）提供将所学转化为使用的机会，确信有利于将知识从培训场所转到工作场所。

① 尽量使学习环境与工作环境相似。

②提供适当的培训实习机会。

（3）激发受训者的学习热情。

① 尽量提供尽可能真实的实践机会。

② 对受训者正确的回答及时给予肯定，也许是很快地说一声“不错”。

③ 受训者按自定的适度学习，学习效果更佳。

4.3.4 饭店培训评估

培训评估是指运用科学分析、比较的方法和程序，从培训项目中获得各种信息数据，且将其与整个组织的需求和目标联系起来，以实现培训目标程度的过程。饭店由于其服务行业的特殊性影响，培训相对于其他行业有其自身的特点：一是人员流动快，因此饭店基础的专业、技能知识要重复进行；二是大量的培训工作由基层的领班、主管进行，培训部在部门培训中担任的是监督者和评估者的角色。

1. 饭店培训评估的意义

在饭店的培训工作中，培训课程的实施是否及时有效是依靠培训前后的评估完成的。培训的评估工作是否到位、有效，直接影响培训工作的效果。培训评估的意义主要表现在以下4个方面。

（1）有利于更好地了解培训需求。培训的评估，尤其是培训前的评估，能够及时地了解饭店员工的需求，使培训做到有的放矢。

（2）测量培训的结果。对于培训进行的评估，尤其是培训后的评估，能够提供平均的测量标准，使饭店管理层和培训师了解学员的接受情况。及时地对培训进行有效的调整，使培训发挥其应有的作用。

（3）培训的评估能够帮助管理人员监督检查培训员的工作。培训工作进行得是否及时有效，主要取决于培训师的课前准备，对课程的组织和授课技巧等方面。饭店管理层通过学员培训后对课程的评估可以了解培训部人员是否高质量地完成培训工作，防止培训工作流于形式。

（4）培训评估还对饭店整体的成本与效益产生影响。饭店是劳动密集型行业，人员的素质直接影响服务的质量和饭店的收益。因此，几乎所有饭店的管理人员都会表示培训很重要，但饭店行业整体对培训的投入相对其他行业水平还是处于较低层次。究其原因是培训的效果很难量化直观地表现出来。通过对培训效果的量化测定，可以帮助饭店的人力资源管理人员更好地衡量培训的投入和产出，确定培训预算。

2. 饭店培训评估的分类

根据饭店培训工作的特点和培训中常见的评估方式，可将饭店培训的评估分为培训前的评估、培训后的评估及对部门培训的评估。前两种评估是针对饭店培训部组织进行的培训，而后一项评估则是培训部对部门培训进行的评估。

1）培训前的评估

（1）新开发的课程——着重于培训需求、课程设计等方面。

（2）聘请外部培训机构或专家进行培训——着重于课程设计、成本核算方面。

饭店还会根据一段时间中服务出现的问题（客人集中投诉的）进行培训，对于这种培训要在之前针对投诉的问题进行评估。

2）培训后的评估

培训后的评估主要集中在培训的效果上。

（1）新开发的课程——着重于课程设计、应用效果等方面。

（2）新培训员的课程——着重于教学方法、质量等综合能力方面。

（3）新的培训方式——着重于课程组织、教材、课程设计、应用效果方面。

（4）聘请外部培训机构或专家进行培训——着重于课程设计、成本核算、应用效果方面。

作为培训的负责部门应通过培训的评估，全面掌握并控制培训的质量，对不合格的培训，能够及时找到失误的地方进行纠正。同时总结工作中的成功经验，不断改进培训质量。

3）对部门培训的评估

评估部门培训是饭店培训部的重要工作职责，对于部门培训的评估主要应该着重于部门培训的组织实施是否及时、部门培训员的培训技巧、部门培训的需求、应用效果等。

3. 饭店培训评估的步骤

1）分析培训需求

进行培训需求分析一般是培训项目设计的第一步，也是培训评估的第一步。不管一个培训项目是由什么原因引起的，培训人员都应该在培训前通过培训需求分析来决定具体的知识、技能、态度的缺陷。培训需求分析中所使用的最典型的方法有访谈法、调研法和问卷调查法。调查的对象集中在未来的受训人员和他们的上司，同时针对服务中被投诉的现象，还可以对员工所在的环境实施调查，从而确定环境是否也对工作效率有所影响。

2）确定评估的目的

在培训项目实施之前，饭店培训部必须把培训评估的目的明确下来。培训的目的是解决、预防工作中的问题或为即将到来的新任务做准备。培训评估的目的主要在于：培训是否起到或即将起到作用？无论对于饭店培训部组织的培训还是部门培训，都是一个应该明确回答的问题。否则，就会产生培训流于形式、盲目投资培训的行为，不利于饭店的发展，也不利于培训人员组织的下一个培训项目的立项和审批。并不是在所有的培训结束后，都要进行评估。以下情况下不必进行评估。

（1）培训目标不明确或目标上缺乏共识。

（2）评估的结果不能得到应用。

（3）培训评估的时间有限，导致培训质量得不到保证。

（4）培训评估的资源不足，导致培训质量得不到保证。

3）*确定评估层次*

有关培训评估的最著名的模型是由美国人柯克帕特里克（Krikpatrick）提出的4个层次评估模型：反应层、学习层、行为层、结果层，如表4-8所示。培训人员要在评估之前确定最终的评估层次，因为这将决定收集的数据种类。

表4-8 柯克帕特里克4层次评估法

层次	可以问的问题	测量方法
反应层	受训人员喜欢该培训吗？ 对培训师和培训设备有何意见？ 课程有用吗？ 有何其他建议？	问卷调查
学习层	受训人员在培训前后，知识及技能的掌握方面有多大程度的提高？	笔试、绩效考试
行为层	培训后，受训人员的行为有无不同？ 他们在工作中是否使用了在培训中学到的知识？	由主管、同事和下属进行绩效考核
结果层	组织是否因为培训经营得更好？	生产率、投诉率、流动率等

（1）第一层：反应层。

在培训结束时，向学员发放满意度调查表，征求学员对培训的反应和感受。问题可以包括以下几个方面。

① 对培训师技巧的感受。

② 对课程内容设计的感受。

③ 对教材、参考资料挑选及内容、质量的反应。

④ 对课程的组织是否满意。

⑤ 课程的内容是否将对未来的工作有帮助。

⑥ 对课程有什么其他建议。

（2）第二层：学习层。

确定学员在培训结束时，是否在知识、技能、态度等方面得到提高。主要问题是：受训人员学到东西了吗？

这一阶段的评估要求通过对学员参加培训前和培训结束后知识技能测试的结果进行比较，以了解他们是否学到新的东西，同时也是对培训设计中的培训目标进行核对。这一评估结果也可以体现出培训师的工作是否有效。通过本阶段的评估，无法确定参加培训的人员是否将他们学到的知识与技能应用到工作中去。

（3）第三层：行为层。

这一阶段的评估目的在于确定受训人员在多大程度上通过培训而发生行为上的改进，主要由主管、同事、客人和下属对受训人员进行绩效考核。还可以通过非正式的方式，如观察法来进行。在饭店中这种非正式的方法应用较多，且得到的评估比较直观，比如观察新员工"仪容仪表培训"外观是否发生了明显的变化。主要回答的问题如下。

① 接受培训后，受训人员的行为有无不同？

② 他们在工作中是否使用了在培训中学到的知识？

这一阶段的评估数据比较难获得，但意义重大。因为只有受训人员真正将所学的东西应用到工作中，才能达到培训的目的，只有这样才能为进一步的培训打下基础。

（4）第四层：结果层。

这一阶段的评估考察的不再是受训者的情况，而是从整个饭店组织的范围内，了解因培训而带来的饭店整体组织上的效果。主要回答问题如下。

① 培训为饭店带来了什么影响？

② 饭店是否因为培训经营得更好？

测量的方法主要是比较客人投诉率、员工流动率、饭店盈利率等指标。但本阶段评估的难度最大，但对饭店的意义也是最重要的。

以上 4 个培训评估层次，实施从易到难。一般常用的方法是前两个阶段，最后一个阶段的数据往往是考评饭店一段时间的综合培训效果。

4.4　饭店员工的职业生涯设计

4.4.1　饭店员工职业生涯设计概述

1. 职业生涯的分类

（1）职业生涯可分个体的职业生涯和组织生涯两种。个体的职业生涯是指劳动者职业生命周期（从进入劳动力市场到退出劳动力市场）的全过程，由职业发展计划、职业策略、职业进入、职业变动和职业位置等一系列变量构成。组织生涯强调劳动者通过职业所隶属的组织结构，是个人经历的组织所具有的一系列社会位置。

（2）职业生涯还可分为主观性职业生涯和客观性职业生涯。主观性职业生涯指的是从主观层面去考察一个人的职业发展，即在一个人的工作过程中，其为人处世的态度、价值观、职业动机、需要与激励的变化过程。客观性职业生涯是指一个人在一生中遵循一定的人生轨迹或路径去实现所追求的职业目标，是由一个人在一生中所从事的各种不同职位而构成的一个连续的终身的过程。

从过程来看，职业生涯包括了教育、职业进入、职业发展策略、职业流动与升迁和最终的职业位置；从结构来看，职业生涯是人们在职业发展过程中占有的社会位置。

2．员工职业变化的影响因素

员工职业的变化主要受两个方面的因素影响：其一是个人因素，如兴趣、能力、价值观等；其二是环境因素，尤其是所在饭店对个人努力的回报程度。如果饭店能帮助员工实现个人追求的目标，员工的职业变化就可能是在饭店内部的垂直流动；如果员工认为付出未能得到应有的回报，其职业变化就体现为在不同职业领域内的发展过程。

4.4.2　饭店员工职业生涯发展的阶段

关于职业生涯发展的阶段的探讨经历了漫长的发展过程。随着对职业观念的清晰和不断加强，学者们开始单独研究人的职业生涯的发展阶段，而且对此有多种观点，例如将人的职业发展过程划分为探索阶段、立业阶段、维持阶段、离职阶段 4 个阶段。更为理论界和实践界接受和采用的是在人力资源管理中提到的 5 阶段模型。

1．成长阶段

在这一阶段，大多数人都在接受教育，个人主要受家庭、朋友、老师的影响，培养了自我意识，自我形成了职业概念，开始对各种可选择的职业进行带有现实性的思考。在这一阶段，个体所接受的教育基本上属于“基础性教育”，这些能力的培养是在人们还未正式进入组织工作之前进行的，它通常并不由饭店这样的组织来具体实施，而是一种社会行为或政府行为。

2．探索阶段

这是一个人认真地探索各种职业选择的阶段。在学校教育、业余活动、兴趣、能力、知识等的影响下，个人对自己形成现实评价，根据各种职业的可靠信息做出相应的职业选择，并开始尝试第一份工作。在这一阶段，人们开始进入职场，并且开始崭露头角，但是稳定性不高，离职率很高，在一个又一个的公司和职位上转换，寻找最为合适的职位。在这一阶段，饭店主要面临两项任务：一是如何对新员工进行培训，使得他们尽快融入饭店；二是如何提高员工的忠诚度，留住优秀的员工，降低员工的离职率。

3. 确立阶段

这是大部分人工作和生活的核心。在这一阶段，人们寻找到合适的职业并投入到工作中，同时还会不断地尝试自己的能力。这一阶段是决定职业生涯攀升的核心阶段。一般认为，35 ～ 45 岁是职业发展的黄金时期，主要是因为在这一时期人们开始建功立业，走上管理岗位并成为公司发展的中流砥柱。但是，在这一阶段人们的知识结构开始老化，于是就面临着这样一个局面：比起上一代人自己的资历不够，比起下一代人自己又无法与之相媲美。因此，如何在这个新的环境下树立自己的权威，并且继续推动职业生涯的发展，避免中年危机就成了主要议题。

4. 维持阶段

在这一阶段，人们在职业领域中创立了自己的一席之地，并将大多数精力放在维持此地位上。这时人们关心的是如何保住工作位置。面对这一阶段的员工，尤其是面临下岗的员工，饭店应该为他们提供必要的帮助。这些员工由于技术的欠缺，很难再找到工作，生活会很容易陷入困境。饭店不能像扔包袱一样将他们丢掉，而应该帮助他们掌握相应的技能，以利于下岗再就业。

5. 下降阶段

在这一阶段，职业生涯接近尾声。人们开始接受权利和责任减少的现实，慢慢地接受新的角色，即成为年轻人的良师益友，准备退出职业发展道路。饭店对于这些员工，尤其是仍旧在管理岗位上的老员工，应给予充分尊重，但要帮助他们转换角色，从职业中期的中心、主导角色向后期的辅助、指导、咨询角色转变。由于他们特殊的经历，使得他们身上具有很多后几代人不具备的精神，饭店应该有意识地让年轻员工学习，将这种精神继承下来。同时，由于处于职业生涯晚期的人们在体力、精力上开始衰退，他们直接面临退休问题，而退休通常意味着员工职业生涯的结束，相当一部分人面临退休时都会感到一种失落。所以，饭店应该帮助员工做好退休准备，为其最终结束职业生涯做好工作上、情感上和心理上的过渡。

4.4.3 饭店员工职业生涯发展的模式

员工的职业生涯规划通常有横向发展、纵向发展两种模式，它为不同类型的员工设计职业发展道路，让员工在饭店中都能找到自己发展上升的空间。

1. 横向发展模式

横向发展指员工在同一个管理层次或同一个技术、技能等级上不同岗位或不同工种之间的变动，通过多岗位锻炼可使员工成为一专多能的人，如由部门经理调任办公室主任。这种横向的发展可以发现员工的最佳发挥点，有助于员工准确地确定职业锚，扩大视野，积累多种经验，缓解晋升压力。横向发展还包括扩大现有的工作内容，也就是在现有工作中增加更多的挑战性或更多的责任。

横向发展模式重点要解决在哪些岗位、职务或工种之间转换，多长时间或什么时候转换，在转换前饭店和个人应做好哪些知识、技能与能力准备。

2. 纵向发展模式

纵向发展就是员工在管理等级、技术等级、技能等级或薪酬等级上的上下变动。它不仅包括传统的晋升模式，即行政级别的晋升，还包括技术通道上的纵向发展。从理论上讲，纵向变动可有两种情况，即下向和上向，但一般情况下，纵向发展只是分析向上的变动。

各个类别的职业生涯的纵向发展模式存在着较大的差异。

管理类职业生涯的纵向设计，就是根据组织结构的管理等级，决定一名员工什么时候从一个等级跨入另一个等级，沿着这条通道员工可以通达高级管理职位。这种设计体现了饭店鼓励员工积极向上、努力工作，因为职位的上升相应伴随薪酬的增加。设计管理类职业生涯时，必须充分考虑两个方面的问题。一是组织变革因素。由于组织变革，组织的等级数量可能会发生一定的变化，如目前组织的扁平化趋势。因此，在进行设计时，应具有一定弹性，中间等级可以不加细分。另一个需要着重考虑的因素是协调，即每位员工的纵向通道必须考虑到其他员工的生涯通道，尽可能结合横向通道设计，避免与其他人的生涯通道近期“撞车”，但适度的远期“撞车”设计则有助于展开竞争。

技术性职业生涯的纵向发展设计可选择不同的标识，如采用职称等级来表示，员工沿着这条通道可以通达高级技术职位，高级技术职称可以与经理的薪酬相当。这样的设计思路依据中高级职称数量弹性较大的特点，鼓励有技术专长的员工持续努力地发展技术水平，在技术阶梯上发展，减少行政级别上“晋升”的压力，避免所有的人都拥挤在管理通道上挤独木桥，使各类员工都有更多的发展机会。当然，有管理专长的技术岗位上的员工也可以选择管理阶梯，成为中、高层管理人员。

4.4.4 饭店员工的职业生涯管理

职业生涯管理主要包括两种：一是由组织主动实施的职业生涯管理，简称组织职业生涯管理；二是由个人主动进行的职业生涯管理，简称自我职业生涯管理。这里只介绍组织职业生涯管理。

职业生涯管理是指在设计思想上把个人职业生涯目标与饭店人力资源需要联系起来的一套方法、步骤和实践系统。它集中确保个人职业目标与整个饭店的发展目标的协调一致，以期实现个人目标与组织需要之间的最佳匹配。一般来说，职业生涯开发要将其与饭店的各种人力资源结构、政策及常规做法统一起来，要使饭店的需要与个人职业发展的需求相一致，这种相互统一最终会给饭店带来巨大的战略优势。

饭店员工职业生涯管理的步骤如下。

（1）开展员工基本素质测评。通过对员工的个性特点、智力水平、管理能力、职业兴趣、气质特征、领导类型、一般能力倾向等方面的测评，对员工有一个全面的了解，有利于饭店安排适合的工作，在使用中扬长避短，并针对其不足之处，拟定相应的培训方案；同时，饭店可根据员工的上述特点，结合职务分析的结果，对其进行具体的职业生涯规划。

通常，测评的主要内容包括管理能力测评、智力测验、个性测验、职业兴趣测验、气质测验、一般能力倾向测验、领导类型测评等。

（2）建立与职业生涯管理相配套的员工培训与开发体系。在饭店原有培训管理的基础上，根据对员工基本素质测评和职务分析的结果，找出员工在管理能力、智力、个性、领导类型等方面与本职工作所存在的差距及今后职业发展路线上会面临的问题；同时，依照绩效考核的结果，发现员工在工作中出现的问题，有针对性地拟定员工培训与开发方案，帮助他们尽快成长，以适应本职工作和今后职业发展的需要。通过培训，进一步发现员工的潜在能力与特长，为其职业生涯的规划打下良好的基础。

（3）制定完整、有序的职业生涯管理制度与方法。人力资源管理部门根据饭店的发展需要和人力资源规划的要求，在科学、系统、规划地实施了职务分析和对员工进行了全面的测评的基础上，既要尊重个人的意愿，也要从饭店发展的全局出发，帮助员工进行切实可行的职业目标选择和短期、中期、长期职业生涯目标的制定，并对各个职位升迁的人选做出较明确的排序。在具体实施过程中，注意及时反馈有关信息，并做出相应的调整，既要使得员工的职业目标选择和职业生涯目标的确定对其有着长期、有效的激励作用，又要适合饭店发展的需要。

员工、管理者和饭店三大部分都在职业生涯管理系统中起着突出的作用。

员工负责自我评估，从自身实际出发，结合饭店的需要，在饭店现实背景中制定计划，确立职业目标并采取行动实现职业目标。这个过程同时也是员工追求理想、实现自我价值的过程，对员工有着特殊的意义。

管理者帮助员工理解饭店的需要和要求，支持他们发挥关键性的作用，是连接员工和饭店的纽带。

而饭店本身则负责提供工具、资源和设施来支持这一进程。饭店将员工视为可开发、增值的资本，通过为员工提供一个不断成长及挖掘个人最大潜力和建立成功职业的机会，并且引导和帮助员工向职业目标努力，谋求饭店和员工的和谐发展，实现饭店的持续发展。饭店制定相应的政策措施向员工提供发展的机会，满足其职业需求，一方面全体员工的职业技能的提高带动了饭店整体人力资源水平的提高；另一方面，有意引导与饭店目标方向一致的员工脱颖而出，为培养饭店高层经营、管理人员提供了人才储备，增强了饭店内部活力和竞争力。

员工对职业生涯的开发负有主要责任，管理者和饭店则扮演着协调管理的角色。

思考题

1. 员工培训与饭店发展的关系怎样?
2. 根据实施培训不同的时间阶段，培训具体分为几类?
3. 什么是培训需求分析? 目前最普遍采用的有哪些方法?
4. 试述培训评估的步骤。
5. 简述饭店员工职业生涯管理的步骤。

第 5 章

饭店员工的绩效考评

【学习目标】

- ☑ 正确认识饭店员工绩效考评的作用。
- ☑ 熟悉饭店员工绩效考评的程序。
- ☑ 掌握饭店员工绩效考评的方法。
- ☑ 了解饭店员工考评中的偏差。

员工绩效考评是饭店人事管理的一项重要任务，它贯穿于人力资源管理的全过程。定期对饭店员工的工作状况进行有序、公正、科学的考核评估，这对饭店人力资源的开发和利用，提高全体员工的素质，调动和发挥全体员工的积极性，有着重要的现实意义。这也是保证饭店经营活动顺利进行的必要条件，是增强饭店活力和竞争力的重要前提，是提高饭店的服务质量、创造良好社会经济效益的有效保证。

通过对本章的学习，了解员工绩效考评的含义、作用、内容、原则和程序等基本知识，掌握员工绩效考评的方法，正确认识员工考评中常见的偏差。

5.1 饭店员工绩效考评的含义与作用

5.1.1 饭店员工绩效考评的含义

在饭店日常管理中，把经过招聘、筛选，符合岗位要求的人员分配到合适的工作岗位，工作一段时间后，就要在工作过程中定期对员工的工作状况做出科学的考评，这是饭店人力资源管理部门的一项重要工作。

所谓绩效是个体或群体能力在一定环境中表现的程度和效果，即个体或群体在实现预定目标的过程中所采取的行为及做出的成绩和贡献。从这个定义可以看出，绩效考评应包括过程和结果两个方面。结合这两个方面对员工进行综合考察，才能对员工的工作成绩予以正确的评价。

一般来说，绩效考评又被称为绩效考核或绩效测评。所谓绩效考评是应用科学的评价系统，对每个人的工作和劳动进行公正、准确、合理的评价。通过绩效考评，既可掌握员工的劳动态度、工作效果、管理水平和技术业务水平，通过对人的绩效考核评估，反映一个人的素质与功能，为使用和培养提供依据；又可以鼓励先进、鞭策后进，充分发挥其积极性，提高工作效率和服务质量。

就现在一般意义上的员工绩效考评来看，其意义可分为两类：一类是指员工以什么样的态度完成所分配的任务，以及完成任务的效果如何，即饭店对员工工作的质量和数量所进行的评价；另一类除了包括以上含义之外，还包括对员工的潜在能力、性格、适应性等心理素质方面的评价。一般认为前一种考评是狭义的，而后一种考评则是广义的。一般来说，前者是以行为结果为重点，主要用于对员工在一定时期内的考勤、事故、完成的工作数量和质量、取得的经济和社会效益等外在客观的业绩情况进行考察、确定；后者则针对员工内在的态度、思想和动机、潜在能力、他人的认同等主观因素进行考察，两者相辅相成。总之，其目的在于激励员工的工作热情，有效改进员工自己的工作绩效，发掘员工的潜力，帮助员工成功与发展，促进员工职务升降、调配，使奖惩公平合理，增进部门主管与员工之间的相互沟通、了解等。

5.1.2 饭店员工绩效考评的作用

饭店员工绩效考评的目的在于尽可能地使员工的工资待遇和职务晋升建立在公平合理的基础之上，使饭店有可能更好地使用员工、选择人才，调动员工的积极性，提高工作效率。

饭店员工在工作岗位上的表现好坏、绩效的高低，直接影响饭店的整体形象和效益。因此，掌握和提高员工的工作绩效是饭店管理的目标之一，对员工实行定期的工作绩效考评对实现这一目标的人力资源管理工作具有重要作用。

（1）考评是对饭店员工进行激励的有效手段。大多数员工一般希望知道自己在饭店的工作情况如何，自己的努力是否得到领导的承认。通过定期考评不仅使饭店组织掌握每位员工的具体工作情况，且能及时向员工反馈考评的结果，让他们了解工作的评价，知道自己在工作中存在的不足，掌握饭店管理部门所提倡的规范行为。这有助于员工自觉巩固好的行为，纠正不足，调动他们的工作积极性。由于考评本身就是对工作业绩的评定和认可，因此它能使员工体验成就感和自豪感，从而增强员工工作的自觉性、主动性。另外，奖勤罚懒的氛围有助于饭店创建良性的企业文化。

（2）考评是确定饭店员工劳动报酬的依据。考评结果是薪金报酬管理的重要依据。按劳付酬、论功行赏能使员工产生公平感，有助于增强员工工作的责任感和信心，减少因报酬不合理而导致挫伤员工的工作热情，使有限的人力资源能够充分发挥其应有的作用，且能防止人才的流失。

（3）考评是决定饭店员工调配和职务升降的依据。考评结果也是员工工作调遣、升降、淘汰的重要依据。通过考评可以评估员工对现任职位的胜任程度及其发展潜力，依此对员工的工作岗位实施调配，职务升降，既能依理服人，又能做到人尽其才、才尽其用，减少人才的浪费。

人力资源管理要讲求“适才适能”。由于各种原因，一般情况下，在员工刚进入饭店时，常常根据其学历、资历，确定其工作岗位；而在实际工作中，这种做法的片面性很大，往往有“才非所用”的情况发生。学历和资历只能表示任职者曾受过什么样的教育，从事过什么样的工作，但不能完全作为其能力大小的依据。因此，员工绩效考评是饭店发掘内部人才的重要途径。在岗位设置相对稳定的情况下，确定人才的升迁、录用、辞退和调换，应以一定的绩效考评为基础来合理配置人才，这是现代饭店管理的重要方式。“任人唯亲”等都不利于建立饭店正常的工作环境与氛围，且会极大挫伤员工工作的积极性，不利于经济效益的提高。就目前管理科学的发展来看，要科学地评价员工素质与业绩，除了进行绩效考评外，似乎还没有更好的办法可以取代。人的才能往往是在工作中显露出来的，员工的绩效考评不仅包括工作表现和成绩，且还直接或间接涉及对员工能力的考核。员工的能力通常指完成本职工作的能力、处事能力、领导能力、组织能力等。在考评过程中，全面了解员工的长处、短处，综合评估员工的显在和潜在能力，可为调动和合理使用人才提供可靠依据。一般认为，只有员工绩效考核才能完成人在实践中的能力证实。

（4）考评是饭店制订培训计划的依据。考评有助于员工的培训工作。这是因为考评能够及时发现员工的长处和不足，以及他们与工作要求之间的差距有多大。依此制订培训措施和计划，能有针对性地对员工进行岗位培训，且可检验培训措施与计划的效果。培训的目的是为了让员工接受新事物、学习新知识、新技术，适应新的市场竞争环境和新的内部条件。不断修订培训计划，使岗位培训真正发挥其应有的作用。

一般来说，培训是在饭店员工素质与职位要求已经发生现实差距和将要发生预期差距时进行的。培训正是为了尽量缩小或弥补这种差距，力求迎头赶上。差距的产生可以由两个方面的原因造成：一是社会的不断发展变化，使同一职位的社会职责和本职功能要求相应提高；二是在人员配备时，不可能都保证尽如人意，人员素质有可能在某些方面或许多地方不能完全胜任职位要求。这种差距的找出，不是靠某个人或某些人主观认定的，依靠员工的绩效考评不失为一种重要的手段。差距的找出和确定，为饭店制订培训计划提供参考依据，决定培训的目的、内容、方式和时间，增加培训的针对性，这对提高培训的有效性将起着重要的作用。

（5）考评能对饭店员工任用或开除提供法律依据。考评结果可以提供员工个人的工作胜任情况，为个人的留用或除名提供法律依据。对经多次调整，考评仍不称职的人，饭店不可能继续留用而应除名。这完全符合相关政策法规的规定，减少合同双方的矛盾纠纷。

（6）考评能够促进饭店内部上下沟通、彼此了解。在考评过程中，各种人员之间广泛接触、相互沟通和了解。上下级之间通过面谈或其他渠道，不仅能将考评结果向员工反馈，同时也可听取员工的反应、说明和申述。由此促进上下级之间的彼此沟通，让彼此相互了解各自的期望和要求，加深饭店内部的人际交流。

（7）考评能为饭店管理的职能部门进行决策提供参考依据。工作业绩考评也是饭店管理部门开展人事工作研究的重要途径。当人力资源部门需要确定新的人员测评指标时，可以用工作成绩考评的结果作为工作成效的标准。因此，工作业绩考评可以用来进行各种人事研究，设计有关人员招聘、预测、录用、调配方面的人事决策方案，检验人事决策的效用，制订人力资源开发的计划等。

5.2 饭店员工绩效考评的内容、原则和程序

员工考评用途广泛，因考评的对象、目的不同，其考评的内容也不相同。在我国，有关考评工作的研究，长期以来集中于干部考评工作。其考评内容主要是人员的政治素质、业务能力、知识结构、发展潜力、工作态度、工作成绩等方面。为了适应饭店人力资源管理工作的需要，使员工考评科学、公正、合理，必须根据饭店不同岗位的工作要求和标准，进行具体量化，使其成为反映员工实际状况的考评指标。一般主要围绕以下两个方面的标准进行：一是职务标准，即组织对员工个人的期望及要求员工应当达到的工作内容和相应水平；二是职能标准，即组织对员工个人所期望的及要求员工应当具备的能力内容和技术水平。

对不同岗位、职务的人员进行考评时，其考核的具体内容不尽相同。一般情况下，对生产性工作的考评，可围绕服务的数量、质量、事故、考勤等可精确计量的标准来考评；而对于非生产性的工作的考评，则主要靠人员之间全方位的相互评价来实现。

5.2.1 饭店员工绩效考评的内容

绩效考评的对象、目的和范围复杂多样，因此考评内容也颇为复杂。但就其基本方面而言，习惯上主要围绕德、能、勤、绩 4 个方面的要素进行。

1. 德

“德”是指一个人的思想、道德素质和政治表现。古人很早在用人时就对德的方面有相应要求，但在不同的历史时代，其内涵不同。因此，“德”的标准是随着不同时代，不同阶

级、层级，不同行业而有所变化的。在改革开放的今天，“德”的一般标准是坚持党的基本路线，遵纪守法，坚持集体主义价值观，富有使命感、责任心和进取精神，遵守职业道德，坚持原则，实事求是，廉洁奉公，团结协作等。

“德”是一个人最主要的内在素质。它决定了一个人的主要行为方向，即为什么人生目的而奋斗，也决定了行为动力的强弱，即为达到目的所努力的程度；还决定了行为的方式和方法，即采取什么手段达到目的。因此，在传统人员考评工作中，“德”是考核内容的首要方面。

2. 能

“能”主要指个人认识世界和改造世界的能力和作用。这既包括个人完成一定任务所需具备的实际工作能力，也包括一个人的潜能，也就是每个人为适应社会、环境变化所具有的发展可能性。能力是一个人在先天遗传因素基础上，通过后天实践活动而形成的内在心理素质。因此，对“能”的考评应以内在素质为依据，结合员工在工作中的种种具体表现来判断。一般来讲，“能”包括一个人的动手操作能力、认识能力、思维能力、研究能力、应变能力、社会适应能力、创新能力、表达能力、组织指挥能力、协调能力、决策能力等。对不同的职位，其“能”的要求应有不同的侧重。

3. 勤

“勤”指一个人的勤奋敬业精神。它既指员工的工作积极性、创造性、主动性、纪律性和出勤率等，也包括员工通过个人努力而获得的适应社会发展需要的知识结构。其中，知识结构在考评过程中常又划分为：马列主义理论知识、政策法规知识、管理科学知识、本职专业知识和知识面等五个方面的具体要素。

在考核过程中，不能简单把“勤”理解为只是一个人的出勤率。员工的出勤率只是“勤”的外在表现之一，也不能只把“勤”理解为一个人的文凭高低，而应根据员工的具体条件、实际工作表现等，如实全面地综合考评。

4. 绩

“绩”指员工的工作实绩和工作成效，包括完成工作的效率、效益和群众威望。在考评时，既要考评员工的工作数量、质量，也要考评其工作满足社会需要所带来的经济效益和社会效益，还要注重考评员工与其他人员相互交往过程中所得到的评价，也就是其在人们心目中的印象。

由于“绩”的内涵与工作要求联系紧密，其着眼于“已经干出了什么”而不是“干什么”。因此，作为饭店员工的日常工作考评，通常以业绩考评为主。这类考评，虽然也能进行多维度的分解，但考评的重点是已经成为现实的成绩和贡献，而不是其行为与活动过程。其考评的结果，易于量化而且直观，可操作性强，所以，日常考评工作多围绕业绩而展开。但对了解员工的潜能、素质等则显不足。

5.2.2 饭店员工绩效考评的原则

饭店员工绩效考评是人力资源开发与管理的重要内容，考评的原则是人事政策的反映。尤其目前许多饭店一般实行能力主义的人事政策，就更是如此。考评是一项科学管理，对员工的绩效考评应遵循以下5个原则。

1. 贡献为主、长处为主的原则

从考评的目的来说，就是对员工工作奉献给予公正的评价和待遇，以激发其积极性，使其做出更大的成绩。因此，考评的着眼点，就应该放在考评的成绩和贡献方面。从这个意义上讲，考评主要就是考察业绩。所以，考核对于员工，首先要考虑“他做了些什么?”这与选人、用人时不同，那时第一项要问“他能做些什么?”而考评员工时，这一项就不能放在首要之列。

“人尽其才”、“用其所长”，这是合理配置饭店员工的原则，也是员工绩效考评的原则。人都有长处和短处、优点和缺点。在考评中，应尽量肯定成绩和潜能。人尽其才，其中最重要的就是如何避其短处，发挥其长处。这样，才有可能做到在考评中肯定成绩，发现人才。所谓避其所短也并不是说在考核中只关注成绩，对于缺点和不足视而不见、姑息迁就，而是一个如何摆正主次位置的问题，真正起到考评的作用。如果在考评中，像医院做体格检查一样，找毛病多、找问题多，都是某某未按标准办事，没按规范工作，某某服务水平极低，结果是大家都落后，整个部门乃至饭店都一无是处，又如何起到充分调动积极性，激励员工奋进向上的作用呢?所以，对饭店员工绩效的正确考核，应实行以考评贡献为主、成绩为主、长处为主的原则。

2. 严格的原则

饭店员工的绩效考评必须严格，否则考评就会流于形式。考评的标准应略高于一般要求的水平，使员工产生一种向上的压力。如果考评标准定得过低或是随意性很大，不但不能起到激励作用，反而会造成“无所谓”的消极后果，对于优秀员工的上进心也将会挫伤。就饭店来说，宽松随意的考评标准不利于饭店服务质量的提高，也有损饭店的良好形象。

3. 客观准确和“三公”原则

考评的标准不是少数人“闭门造车”的产物，不能凭主观想像临时制定，而应当与员工工作的实际状况相一致，应当是对实际经验的提炼和总结。同时这种标准并不是少数人秘密掌握的“法宝”，而应以明确的方式公开表达出来。如果秘而不宣，或者含糊不清、模棱两可，则既不能起到考核作用，也不能积极正确引导员工，从而也无法在实际工作中运用。任何考核必须公开、公平、公正，员工绩效考核也不例外。公平、公正包含两个含义：一是指每个人在考评过程中机会相等、条件相同、时间一致；二是指判定考评结果和运用考评结果时应一视同仁，没有特殊人，不搞特殊化。这也是有效发挥考评激励作用的重要条件。

4. 平时考评重于定期考评的原则

员工绩效考评不是临时性的应急措施，不能当作权宜之计，应该做到制度化和常规化，把考评作为一项经常性的工作，从制度上持之以恒地坚持下去，做到记录、小结、检查、评比、总结经常化、自然化，不搞形式化。在考评结果的运用上，应坚持平时考评的结果重于定期考评的结果。因为对于员工平时的工作情况，只要留心观察，所获得的资料就比较全面、准确，这是保证考评客观公正的重要手段。否则，只注重定期考评会使考评因平时记录不全而掺入个人偏见，而且可以避免因某些人平时工作表现和业务能力一般化，到定期考评时，搞“强化突击”，以图奏一时之效，给考评带来很大负面影响。在具体操作上，应把平时考评以较大的权重纳入定期考评之中综合考虑。只有把考评制度建立在经常化、长期化的基础之上，才能真正起到对员工的监督作用。

5. 责、权、利相结合的原则

员工绩效考评既是对个人的评价过程，也是对其是否称职的鉴别过程。目前许多饭店的职位划分一般都比较明确，各职位都有相应的职责和任务权力，因此，在考评中容易结合职位权责对员工的工作绩效进行评价。没有合理的岗位责任制就没有明确的考评标准和尺度，也不能对人员的工作绩效做出恰如其分的评价。同时，考核应当同奖惩结合起来，赏罚分明。应当与人事任用、升迁、调动安排相结合，使人的管理处于动态之中。根据心理学，人是有个性差异的。人的性格、气质、能力都是不同的，因而在任用、安排其工作时，就要考虑一个人的个性特点。特别要考虑与学识、能力相匹配。要做到这一点，就要通过对人的考评来鉴别。如果要让一个人的学识和能力充分展现出来，就必须为之创造必要的条件，给予和明确其责任、权力和利益，放手让其淋漓尽致地发挥自己的才华。这种放手并不意味着无原则的放纵，而是用人要疑。所谓“疑人”的方法就是用平时与定期考评的方法，对员工责、权、利结合行使的状况进行严格的检验，以此判定其绩效究竟如何，以使员工树立勤奋工作的精神风貌。只有这样，才能达到考评的目的。

5.2.3　饭店员工绩效考评的程序

根据饭店各岗位的具体要求，确定不同员工考评的内容和标准，是考评工作实施的首要步骤，也是考评工作能够顺利实施的关键。在此之后，还必须遵循考核的其他步骤。

1. 参评人员的确定

根据考评的目的和要求，先要确定参与考评的人员范围。对于关系到员工命运的重大考评项目，为保证考评结果的公正、客观，一般采用上、下、左、中、右的全方位的人员参与模式，以避免因考评角度单一或参评人数较少而导致个人评价比重过大，使考评结果缺乏客观性。

全方位的参评者一般包括直接上级，所管辖的下级，被考评者自身，平级同事，组织人事干部或外聘的人事考评专家和顾问。一般认为，合格的参评者应当是了解被考评职务的性质、工作内容、要求及考评标准和公司的有关政策、规范，熟悉被考评者本人的工作表现，尤其是熟悉本考评期内的实际情况，最好是与被考评者有直接接触，了解其工作特点，而且能够做到考评公正、客观、较少偏见的人。

1）直接上级

他们熟悉被考评者的职务性质、内容和要求，了解岗位的评价标准和饭店的有关政策、规范，熟悉被考评者本人的工作表现。他们参与考评，是组织管理的内容之一。上级掌握着对下级实施奖惩的权力，依据考评结果进行奖惩，能够减少上级主管的主观随意性。主管上级对下级的评价，在其公正性上也会不太可靠，这是因为频繁的日常直接接触容易产生恩怨，这易使考评掺入个人的感情色彩。因此一般是以一组同级主管共同考评他们的下级，只有大家都同意的判断才作为结论，以减少个人偏见的影响。

2）直属下级

下级是最熟悉其主管情况的最佳人选，他们直接与领导者打交道，接受其指挥和监督，因此十分了解上级的能力素质状况、工作作风、领导水平。他们参与考评，能够提高考评结果的可靠性。也有人不太赞同这种看法。这是因为在实际考评过程中，参与考评的下级往往顾虑较多，担心指出上级的缺点，会被上级记恨而报复，在工作中给小鞋穿，所以违心高估，报喜不报忧；也有的下级不按实际情况进行评价，而是从个人利益出发，把考评当作报复的机会，以主管上级是否照顾自己利益为标准，判断其好坏，对能坚持原则，工作中严格要求，维护整体利益的上级则评价较低，使考评结果反而丧失客观性。所以，在实际应用中，有一个不成文的看法，就是除特殊情况外，一般真正优秀的管理者，其所得评价往往只是中等偏上而不是最优秀的。原因是在工作中敢于坚持原则的人，总会引起部分人的不满。

让下级参与考评，对一些主管上级来说，往往也会产生顾虑，因为知道自己的工作考评将要由下级来参与，怕日常工作管多了得罪人，会影响到员工对自己的评价，因此在日常管理中缩手缩脚，充老好人，尽量少得罪下级，致使管理工作受到损害。

3）平级同事

在饭店开展业务时，由于分工协作的需要，使各部门之间、各不同岗位之间的员工，为完成共同的预定目标而相互联系、相互帮助、相互协作。因此，他们对彼此的履职情况是最熟悉、最内行的，对被评者的岗位要求也往往很了解。他们的参与对考评结果的客观性和公正性有重要的意义。

平级同事之间不存在职务的高低差异，工作联系时又必须相互协商，关系应当融洽、信任、团结，彼此之间方能交往与协作。如果平时因工作而常常相互扯皮、相互拆台，就必然造成矛盾。让有矛盾的人参与考评，会使彼此相互考评的结果失之偏颇。

从另一角度也可看出，平级同事的评价结果的好坏，往往最能反映被考评者的人际关系协调能力。

4）被考评者本人

即自我鉴定，也就是在全方位考评中设立的“中位”。这使被考评者在考评过程中，不是仅仅处于被动的地位，而可以公开自我陈述对自身工作业绩的看法，而且他们也确是最了解自己所作所为的人。自我考核能令被评者感到满意，消除抵制心理，且能有利于今后工作的改进。

不过自评时，考评维度及其权重的理解可能与上级不一致。常见的情况是被考评者本人的自我考绩的评语往往优于上级的评语和实际的情况，存在心理学中称之为“自我高估”的现象。

5）人事管理专职人员和外聘专家、学者

人事部门是考评工作的政策制定者，他们熟悉饭店的有关规定和各工作岗位的要求，且为各部门提供各种考评标准，规定考评的操作程序，培训各部门的主管，监督考评工作的运行，确保考评的形式和标准符合国家的法律规定。由他们和外聘专家组成考评的小组，其考评结果易公正、客观，具有较高可比性。

作为人力资源管理的专家、学者，他们具有相应的理论知识，掌握考评的专门技能。聘请他们参与饭店员工考评工作，能够受到饭店各级人员的欢迎。因为专家、学者与员工之间没有利害冲突，考评中较容易做到公正、客观。聘请他们，既可对人事部门的工作给予指导，以减少考评过程中的困难和矛盾，又可缩短考评时间，提高考评工作的可靠性和效率。

2. 考评时间的确定

定期进行员工考评是饭店人力资源管理的需要，一般大约间隔半年或一年进行一次，实践中常用的年度考评就属于此类。也可以在完成一项特殊任务或重大项目之后，针对员工在这一期间的表现及时进行考评，依此奖惩。

考评虽是人事部门的正常工作，但考评既不能太频繁，也不能间隔太久。太频繁不仅浪费精力和时间，干扰饭店的日常工作，造成员工不必要的心理负担，而且会使人事部门陷入烦琐的考评结果统计工作中，很难及时做出考评结论，只好敷衍了事。造成的结果是多，必然滥，最终使考评流于形式。考评间隔太长，则不利于奖勤罚懒，调动员工积极性。考评结果反馈太迟，失去时效，不利于工作改进，并使员工觉得考评作用不大，没有实际意义。

一般说来，定期实施考评，建立完整、系统的员工考评档案，依考评结果实行奖惩，对提高饭店管理水平、调动广大员工工作积极性具有重要的意义。

3. 考评的工作要求

考评工作，不仅要确定与岗位要求相一致的考评内容，而且必须坚持标准化、客观化、常模化、可靠性和有效性的实施原则。

1）标准化

所谓考评标准化，就是指开展考评工作时的各种条件和实施程序的一致性。也就是进行同一考评的条件和程序要始终保持一致，用以保证所有的被考评者是在完全等同的情况下接受考核，以体现考评的公正性。

这就要求对每一次考评都规定自己的标准程序，而每次实施考评时，必须严格按照这一标准程序进行，无论谁主持、谁参与都不能例外。例如，考评的指导语、考评的时间控制、考评的环境条件等都应基本相同。

2）客观化

客观化是指在评定考评结果时，要有统一的客观评定标准，防止评定结果受评定者个人的主观偏见的影响。也就是说，无论谁来对同一考评做出最后的评定结论，其评定结果都应当是完全相同的，不会因评定者不同而造成结论不同。

3）常模化

常模化是指在解释和分析同类考评结果时，也只能有一个相同的参照系列。这种作为参照系列的样本结果，就叫做“标准常模”。它是一大批条件相似的被考评者在该项考评中所得结果的平均分布状况，用其作为衡量尺度，比较每位员工的考评情况，从而评定谁优谁劣，即个人考评结果高于常模时为优，低于常模为劣，与常模相近为正常。

4）可靠性和有效性

可靠性即信度，有效性即效度。要想使考评的结果准确而客观，就要求考评标准本身具有相应的信度与效度。

所谓信度是指考评结果的可信程度。一种考评的可信程度可以用信度系数来衡量，信度系数的取值范围是0～1.0之间，一般要求考评结果的信度系数应大于等于0.80。确定考评信度一般以考评结果的一致性为标准。常见信度有：再测信度、同测信度、半分信度。三种信度可以分别用三种不同的方法获得。

（1）再测信度就是应用“测验——再测验”的方法，即用同一考核标准在不同的时间，对同一被考评者进行两次考评，然后计算两次考评结果之间的相关系数，这一相关系数就是“再测信度系数”。

（2）同测信度就是应用“等同测验”的方法，即事前设计两份相似的考评表，两表一次同时考评，然后计算两者之间的相关系数，这一相关系数就是“同测信度系数”。

（3）半分信度则是采用“半分测验”的方法，即把考评内容按一定的原则分为两部分，考评一次完成，然后计算两部分考评结果之间的相关系数，这一相关系数就是“半分信度系数”。

无论应用何种考评方法，应当首先知道它的信度系数是多少。如果信度系数过低，则说明该考评标准或方法存在问题，可靠性低，其结果难以说明被考评者的具体情况，故不能使用。

效度则是指考评本身的有效性，即考评所获结果与工作绩效间的相关程度。效度高则说明考评得到了想要的东西，效度低则是所测结果不是拟测的内容，而把无关信息纳入，有关信息反被忽略，结果与要求风马牛不相及。考评的有效性可以用效度系数来衡量。效度系数的取值范围是 0 ～ 1. 0 之间，一般要求考评结果的效度系数应大于等于 0. 40，最低不能低于 0. 30。常用的效度有如下 3 种。

（1）经验效度，是一种常用的建立考评结果有效性的方法。有两种具体实施办法：一是预测效度，就是首先对要了解其工作表现的被考评者（如新应聘者）进行一次考评，不论其考评结果如何都记录在案，并让被考评人员试工作一段时间。然后，对每个被考评者在试用期间的实际工作表现做出客观评定，把他们的评定结果与记录在案的考评结果相比较，从而确定原来考评结果的实际预测性，这个实际预测性的高低也就是预测效度。

另一种建立考评结果的经验效度的具体实施办法是同时效度。就是在规定的时间内，以在职人员作为考评对象进行工作考评，然后将考评结果与他们在规定时间内的实际工作表现相互关联比较，从而确定考评标准有效性的高低，这个有效性称为同时效度。

（2）合理效度（内容效度、结构效度）。

（3）表面效度（它与考评本身无关，而与实际工作有关，受参评者对考评的动机、态度的影响，这种效度的高低直接影响考评工作的质量）。

为了保证饭店考评具有较高效度，必须注意三个方面的要求：一是采用适当的考评方法，二是着重考核具体的、可量化的、能够直接反应员工工作情况的指标，三要提高参评人员的认识。只有这样才能使影响考评结果的各种不利因素的作用降至最低。

4. 组织条件和考评动员

考评工作的实施还有赖于组织条件的好坏，如饭店决策层对考评工作的重视与支持程度；考评工作是否纳入饭店管理制度的建设；各级部门主管的积极参与和接受相关知识的教育与培训；考评结果真正用于人事决策；考评工作过程是否发扬民主，让全体员工直接参与等，对整个考评工作效果都有极大的影响。

员工考评本是一项涉及面广的工作，为使各部门的参与人员明确考评的目的、作用和意义，使参评者对考评工作产生认同，必须进行考评的组织动员，让参评人员全面了解考评工作的重要性，形成共识，端正态度，掌握考评的标准、内容和具体的操作程序及方法，尽量设法消除日常人际交往中形成的亲疏、恩怨对考评结果的不利影响，减少开展考评工作的阻力。

5. 考评数据资料的统计分析

考评的原始资料回收以后，必须进行统计分析，把每位被考评者的个人情况统计出来，对某些应当进行加权处理的项目、资料还必须按要求认真处理，形成员工个人的考评档案。然后在个人基础上，分门别类汇总全体员工的各种平均考评情况，以作比较参考。

6. 考评结果的评估和反馈

整个考评工作结束后，人事部门应对考评的结果进行评估，从各方面搜集信息，以获取人们对考评工作在组织准备、实施过程、效果反应等方面的意见或要求，为今后不断改进考评工作创造条件。

有效的员工考评，是饭店人事部门全面掌握整个饭店员工基本情况、制订工作计划、进行人事决策、开发人力资源等各项工作的客观基础，是人事部门正常运行和管理的保证。

考评结果不仅用于人事决策，而且是对员工进行激励和培训的标准。不将考评结果反馈给被评的员工，考评也就失去它重要的激励、奖惩与培训的功能。反馈的方式主要是面谈，其内容一般包括考评成绩、优点和不足、今后的发展方向和希望，以及对考评本身的看法和意见。

结果反馈的内容包含对员工个人素质、工作态度、业务水平、服务质量和工作绩效的肯定或批评，会牵涉员工个人在饭店工作中的地位、报酬、人际关系、能力、威信、群众印象等问题，因而会带来较大的心理压力，所以谈话颇为敏感，应掌握谈话所需技巧和方法，以免挫伤员工积极性。

5.3 饭店员工绩效考评的方法

饭店对员工进行定期的考评，其宗旨是通过考评了解员工在考评期限内的工作表现与饭店对其期望的成绩之间的差距，肯定成绩，指出不足，帮助员工提高绩效、扬长避短，同时以考评结果为依据，实施奖惩，达到激励员工、提高工作效率和服务质量的目的。为此必须了解、掌握有关的考评方法。

5.3.1 饭店考评技术的分类

饭店在实际中具体应用的考评方法种类繁多，一般按考评的属性、标准及内容等加以分类。按考核属性可分为以下 3 类。

1. 定性考评法

这是指用划分等级或使用精练的评语来评价员工的工作表现和能力的方法，又称为评语考评。定性评语有两类：一类是简单分类法，就是列述考评的基本内容，对每一项都用优、良、中、差这类等级标准进行评定，然后综合每项因素，得到一个总的考评结果。应用这种考评方法时，首先要规定考评的项目，应注意以下几方面的问题。

（1）项目的设置要具体且符合实际。

（2）项目要有利于评价被考评者的等级。

（3）要选定能从不同角度上反映被考评者情况的项目。

最理想的综合评定考评一方面要反映被考评者的实际成绩和能力，另一方面又要看其潜在的、近期的表现能力。除了考评的项目以外，考评还应对以下几个方面进行评定：一是被考评者的工作成绩及部门主管的满意程度，二是被考评者在全部被考评员工中的等级，三是被考评者是否具备担当本工作所要求的资格条件，四是被考评者的潜力。

另一类是用短句分等级，即把评定指标化为不同的短句，供评定者选择。此法根据考评的内容要求事先确定一系列评语，把考评对象与其中的评语进行对照，得出初步的结论，再把这些结论综合起来，最后做出评价的方法。这种方法不论被考评者的差别有多大，都要一视同仁地利用评语逐条对照，并得出强制性结论。强制选一法的考评方式是将若干条评语编成一组，且每一组中不包括同性质、同系列的评语。考评时，考评者必须从每一组中挑选出一项评语与被考评者相比较，最后综合评语形成考评结果。

2. 定量考评法

这是将文字评语考评转化为数字评判，即分数考评的方法。这种考评方法需要在确定考评指标的评定项目和得分标准之后，对每一项目规定不同的减分标准，最后通过累计各项目减分后实际得分求得总分，这种方法本身又可细分为减分法和减分查对法两种。减分法首先要对每项工作或职务完成情况确定标准，再根据这一标准去衡量被考评者在完成工作任务或在执行其职务过程中的表现状况，看其表现状况与所规定的标准之间有哪些差距，根据规定的减分标准进行减分，然后根据减分的总数对每个被考评者进行评价。在采用这种方法时，必须遵守规定的减分标准，尽量避免判断中的主观因素。与此同时，减分的标准应明确，易于使用，否则直接影响考评的结果。

减分查对法基本类似于减分法。所不同的是，考评者不作任何判断，只限于对事实的确认，即只查对被考评者的行为是否符合标准就可以了，因此，也可以称之为“纯粹事实确认法”。实行这种方法时应注意：一是要选定那些应绝对遵守的项目；二是选定的项目应切实可行，太高的标准会挫伤员工的工作积极性，太低的标准又会失去考核的实际意义；三是不要仅把执行者所喜欢的或是只能反映容易出成绩、只能出成绩的强项选定为考评项目；四是项目重点要突出，对于不同人员的考评标准应有必要的差别；五是要系统选定考评项目，恰当地选定减分标准。

定量考评方法的益处是：第一，方便简单易用，标准制定后可相对稳定较长时间；第二，因选定的项目都是日常监督所不可忽视的重要工作而非高深莫测的疑难项目，所以查对这些项目就自然成为考评的重要内容；第三，由于考评标准重点突出，可使员工明白自己的工作方向和重点所在，因而可以起到很好的导向作用。

3. 考勤记录法

这是目前各饭店普遍采用的一种考评方法。与包括平时记录、月考核、季考核、半年考核以及年终总评在内的考核时间分类紧密结合。考勤记录法是根据员工的出勤、缺勤、迟到和早退等记录对员工进行考评的方法。在应用这种方法时，为使考勤记录更好地满足考评的需要，平时的记录要详尽、完备，无论工作紧张还是松弛，不能只简单地记录员工出勤、缺勤、迟到和早退的一般情况，还必须记上缺勤、迟到、早退的理由以及是否坚持事先请假、事后及时说明等情况。之所以要与定期的考绩时间分类紧密结合，就是为了使记录能及时发挥其自身应有的作用，使问题及早得以反映且妥善处理，而不能等到问题积重难返时再从头查找并非详尽的原始记录。从总体上说来，由于此种方法简便易行，因此是目前应用广泛的一种考评方法。严格说来，虽然沿用多年，且较为广泛，但考勤记录并不是一种十分科学的考核方法。因为单纯的出勤次数的多少并不能完全反映工作的勤奋程度和工作的完成情况，不可能革除“出工不出力”的弊端，因此，考勤记录法不能作为主体的考评方法单独使用。

5.3.2 饭店常用的工作考评方法

为真正把考评工作做好，必须采用适当的考评方法。在实际工作中，常用的工作考评方法有如下 8 种。

1. 等级评定法

等级评定法是按被考评员工个人工作绩效的优劣程度，通过比较确定每人的相对等级或名次，所以又可称为等级排序法，即排出全体被考评员工的绩效优劣顺序。排列方向由最优排至最劣，或反之由最劣排至最优均可。排序比较时可以按某个单一的特定绩效维度（如工作质量、服务态度等）进行，但更常见的是对每个员工整体工作状况进行综合比较。按照分级程序的不同，等级法又可分为如下 3 种。

（1）简单等级排序法。这就是在全体被考评员工中先挑选出绩效最出色的一个列于序首，再找出次优的列作第二名，如此反复，直到最差的一个列于序尾。

（2）交替等级排序法。与上述分级程度不同，此法先拣软处入手突破，即首先找出最优者，然后返回去找出对比最鲜明的最劣者；下一步则找出次优者，接着则找出次劣者；循此程序，由易渐难，绩效中等者较为接近，必须仔细辨别，直到全部排完为止。

（3）尺度评价法。该方法通常从不同维度进行考评，如政治素质、能力、工作表现和知识结构等作为考评的标准尺度。每一维度又分为优、良、中、及格、差五个等级。然后就每一维度的各个等级，做出具体文字说明。实施考评时，将每位被考评的员工的情况同等级说明一一对照，按其相近似的程度来评出等级。在各维度等级的基础上，按规定要求转换成分数并汇总，作为被考评员工的考评等级。

2. 考核清单法

这种考评法用得也较普遍。这类考评法还可分为下述两种。

（1）简单清单法。此法通常只考核员工总体状况，不再分维度考核。先找出与某一特定职务占有者工作绩效优劣相关的多种典型工作表现与行为，供考评者逐条对照被考评者实际状况校核，将两者一致的各条勾出，即成为现成的评语。下面就是一份预先拟定的绩效考核清单中的一部分。

① 工作中显现厌倦懈怠神态与行为。

② 工作可靠，总能按时完成所布置的任务。

③ 与同事合作协调，相处融洽。

④ 掌握工作中一定方面的技能有困难。

⑤ 要求多少就干多少，但从不做额外奉献。

⑥ 脾气很好，从不与他人争吵。

⑦ 有时控制不了自己，较易发火。

⑧ 工作中只需极少上级的监督指导。

⑨ 对上级的批评指导，能虚心接受。

这份清单可以很长，工作各主要方面的好、中、差情况都列入。有了这一串现成的备选条目清单，考评只要照单勾出，有经验的上级不难填好这份清单，便捷易行。

（2）加权总计评分清单法。事实上，各工作维度对绩效的作用并不相等，例如“工作敏捷利索”与“人际关系融洽”对一线员工的绩效虽都有影响，但前者就比后者更重要。因而该方法是按分解的维度分别考核评分后，再汇总计分。因此，可以根据各工作维度对绩效的重要程度，分别给予不同权重系数，使不同维度的得分在汇总分数中所占的比重不同。一般每一维度按三级至九级中的某一尺度给分，并乘以权重。考核时各维度条目混排打乱，使考评者不致根据对被评员工某一方面印象较深，影响对其他方面评分的公正性与客观性。最后分别按各维度求得单项计分，加出总分，便可既知某特定方面情况，又知道总体状况。

3. 配对比较法

配对比较法（对偶比较法）是将某一部门全体员工，逐一配对比较，按照比较中被评为较优的总次数来确定等级名次。与球赛的记分方法相似，每赢一场积一分，最后汇总，以得分高低排出名次。这种方法系统性强，科学合理，但该方法通常只考评总体状况，不分解维度，也不测评具体行为，其结果仅反映相对的等级顺序。当被考评人数过多时，配对比较实际很难进行，所以人数通常在 10 人左右为好。

4. 强制分布法

此法是按事物“两头小，中间大”的正态分布规律，先确定好各等级在总数中所占的比例。例如若划分成好、中、差三等，则每等分别占总数的 30%、40% 和 30%；若分成优、良、中、差、劣五个等级，则每等级分别占 10%、20%、40%、20% 与 10%。然后按照每人绩效的相对优劣程度，强制列入其中的某一等级。

这种方法注重好、中、差在特定群体中的比例。它并不仅仅以个人的工作表现为依据，而要考虑群体的情况，“水涨船高”，使身处不同群体中的员工都能划分为不同等级。为尽量避免考评者个人感情因素的掺入所造成的偏差，该方法把描述各种绩效状况的大量陈述句分成由 4 至 6 句组成的单元，每一单元中的那些句子描述的都是绩效中同一方面的情景。有的单元中的各句看上去全是褒义，但其中其实只有约半数才真正与所考评的维度有关，考评者参照被考评者的工作状况，与这些句子逐条对比勾选，但既然句子虚实参半，所以个人的偏见便难施其技了。

5. 行为锚定评分法

行为锚定评分法（英文缩写为BARS）是国外在考评中采用较多的一种方法。它实质上是把量表评分法与关键事件法结合起来，兼具两者长处。它为每个职务的各考评维度都设计出一个评分量表，且有一些典型的行为描述性说明与量表上的一定刻度（评分标准）相对应和联系（即所谓锚定），以此作为对被考评者实际表现评分时的参考依据。由于这些典型说明词数量毕竟有限（一般不会多于10条），不可能涵盖千变万化的员工实际工作表现，也很难与被考评者的实际表现完全吻合。有了量表上的这些典型行为锚定点，考评者依此为参考，在给分时便会有一定分寸。这些代表了从最差到最佳典型绩效的、有具体行为描述的锚定说明词，不但使被考评者能较深刻、信服地了解自身的现状，而且还可从中找到具体的改进目标。

行为锚定评分表的制定，通常是由高层领导、考评者及被考评者的代表、人力资源管理工作者、有时还有外聘专家共同民主制定的。因此在实施过程中容易形成共识，减少对考评工作的抵触情绪和阻力。

6. 绩效考评法

绩效考评法是一种对个人或小组工作业绩定期考核和评价的方法。其考评重点是具体工作的数量、质量、效益、完成任务情况，以及服务满意度等。通常，根据不同职务标准和职务要求来设定考评内容，因此针对性较强，容易量化，并且体现岗位要求与考评内容的一致性。所得结果可比性强，能够较真实地反映员工的实际工作水平，让被考评者看到自己的努力与岗位要求之间的差距或不足，便于其今后改进和提高。对于饭店管理来说，进行绩效考评本身不是目的，而只是借以提高管理水平，明确责任目标，调动广大员工积极性，以获得更高的业绩水平而使用的手段。

7. 关键事件法

该方法是以工作日志为依据进行考评的一种方法。在管理制度健全的单位或部门，采用这一方法省时省力。在缺乏相应工作记录的情况下，则需在考评前对要考评员工每人备有一本“考评日记”或“绩效记录”，由被考评者直属上级随时记载。需要说明的是，所记载的事件既有好事（如某日提前多久完成了所分派给他的某项重要任务），也有不好的事（如某日因违反操作规程而造成一次重大的质量事故）。所记载的必须是较突出的、与工作绩效直接相关的事，而不是一般的、琐碎的、生活细节方面的事。所记载的应是具体的事件与行为，不是对某种品质的评判，如“此人是认真负责的”等。最后还应指出，事件的记录本身不是评语，只是素材的积累。有了这些具体事实作根据，经归纳、整理，便可得出可信的考评结论。从这些素材中不难得出有关被考评者的长处与不足，在向此人反馈时，不但因有具体事实作支持而易于被接受，而且可充实那些抽象的评语，加深被考评者对评语的理解，有利于改进。

8. 评语法

这是一种传统定性的考核方法。通常是让考评者根据自己对被考评者的印象，写出书面鉴定意见来。考评的内容、篇幅、重点等可由考评者自由掌握，不存在严格的标准规范。通常只需按一定的习惯格式对被考评者的优点与缺点、成绩与不足、潜在能力、改进的建议及培养方法等加以说明，因此是属于一般评价。每篇评语各具特色，又只涉及总体，不细分维度，既无定义，又无行为对照标准，所以难作相互对比。加之几乎全部使用定性描述，无量化数据，依此难以做出准确的人事决策。这种方法操作简单灵活，省时省力，反馈简捷，又符合传统习惯，所以至今仍颇受欢迎。

5.3.3　饭店考评范例

人事考评可从多个角度进行具体操作，下面介绍两个方面的考评范例：① 工作岗位等级考评；② 员工工作实绩考评。

工作岗位等级的考评，就是对每个工作岗位的等级进行考核和决定。员工工作实绩的评估就是通过与其他员工或与工作标准相比较，考评和决定每位员工工作实绩的高低。工资等级的考评，就是根据工资岗位等级的评估和员工工作实绩的评估，考核和确定每位员工的工资等级。显然，工作岗位等级和员工工作实绩的考评，是正确评估工资等级的前提和保证。

工作岗位等级的考评，是通过运用和分析工作岗位责任书和工作岗位要求书来进行的。分析的结果，就是对工作岗位进行分级和分组，并在这个基础上建立各岗位工资的等级和增长阶梯。通过对员工工作实绩的考评，确定该员工处于哪个等级、哪个层次，进而确定该员工的实际工资额。当然，每个工作岗位等级工资额的确定，还要考虑相同地区同类饭店相同岗位的工资水平。例如，上海花园饭店和上海希尔顿饭店都是国际饭店管理集团管理的五星级饭店，其中任何一个饭店某个岗位的工资水平如果低于另一家的话，就可能出现员工的流动；其中任何一家饭店如果增加工资的话，另一家就必须提高工资。一家饭店要使自己的工资水平具有吸引力，就要以同类饭店同类岗位的平均工资水平作为自己饭店该岗位工资的起点。

1. 工作岗位等级考评

对工作岗位的等级进行评估，一般有三种方法。

第一种方法，按岗位本身的高低等来确定，如把岗位等级分为实习生、低级服务员、高级服务员、副领班、正领班、副主管、正主管、部门经理助理、部门副经理、部门正经理、总经理助理、副总经理、总经理。

第二种方法，按岗位工作性质来分析定级（见表5－1）。具体而言，就是综合性地分析每个工作岗位对体力、知识、能力和职责的要求，确定不同的工作岗位的等级。

表5－1 岗位工作性质分析定级法

等级	岗位性质	举例
1	很简单的高强度体力活动	清洁工
2	简单性劳务，可以根据简单明确的指令来完成。这些指令可在两三周内学会，劳务完成的质量容易检查和管理	客房服务员
3	任务范围明确，有时包含比较复杂的程序并且要求一定程度的知识	酒吧服务员、行李员
4	要求全面熟悉某项工作程序的一部分或若干部分，能够自主安排工作并发挥主动性，对任务的完成情况仅需稍加管理	文员
5	程序化的工作，一定程度上要求处理非程序化的问题，掌握管理一个小组人员的技巧	出纳员、接待员、仓库保管员
6	要求协调若干较低层次的活动并且掌握管理一个小组人员的技巧，具有较高专业知识且能独立负责某些无法跟踪检查的非程序化工作	领班、接待主管、房务主管、宴会经理、餐厅经理

第三种方法，叫评分法。即通过分析各个工作岗位的责任说明书和要求说明书，把不同岗位所要求的共同能力因素抽出来，按照各个岗位对这些共同因素的不同要求来评分，然后，把各个岗位所得总分进行比较，按总分高低来评定不同岗位的等级和等级组，具体方法如下。

（1）提取每个岗位所需要的共同能力因素。在饭店中，这些共同能力因素一般包括教育、智力、技能、身体要求、外貌、自觉性、个性、组织能力、创造性、责任性、工作条件等。

（2）给每项共同因素设定最高分，如30分，根据每个工作岗位对各项能力要求的相对重要性，确定该项得分的高低。不言而喻，对不同的工作岗位来说，每项能力因素具有不同的重要性。例如餐厅迎宾接待员，对外貌就有较高的要求，而厨师就不必对外貌有所要求。又如知识，饭店经理这个岗位对知识这个能力因素的要求最高，应该定满30分；而大堂清洁员对知识的要求就要低得多，可以定为6分。当每个工作岗位对每项能力因素的得分确定后，每一工作岗位的总得分就明确了（见表5－2）。

（3）根据各个岗位总分的高低，把它们分成不同的等级和等级组（见表5－3）。

表 5－2　两种岗位评分举例

因　素	最　高	两种岗位评价	
		实习服务员	餐　厅　经　理
知识	30	5	18
技能	20	1	20
责任	30	3	24
体能消耗	10	5	4
脑力消耗	20	8	15
社交技能	20	12	18
工作条件	10	5	3
总　计	140	48	102

表 5－3　工作岗位等级举例

等　级	总　分	岗　位　举　例
7	121 ～ 140	主厨
6	101 ～ 120	餐厅经理
5	81 ～ 100	接待主管
4	61 ～ 80	服务员
3	41 ～ 60	文员与实习服务员
2	21 ～ 40	大堂清洁员
1	0 ～ 20	厨房搬运工

这种评分法有以下优点。

（1）它适合于大型饭店。在大型饭店中，有好多工作岗位很难直观地去评估它们的等级高低，例如，客房服务员与餐厅服务员之间的等级。因此，通过分析工作岗位责任书和工作岗位说明书，运用评分法来评估工作岗位的等级，就比较客观和实际可行。

（2）评分法为评估各工作岗位等级的高低提供科学和公平的依据。

（3）通过评分法，可以准确认识各个工作岗位对不同的能力因素的具体要求，为招聘员工提供重要的参考依据。

运用这种方法时，要注意两点：一是提取的共同能力因素数量要适中，不要太多，考虑的能力因素越多，评估的难度就会越大；二是这种评估在本质上具有主观性。为了保证公平，所有评估应该一次性由同一组人完成，以避免不同的人在评估时可能产生的主观上的差异。

2. 员工工作实绩考评

饭店管理从某个角度来讲，就是对饭店员工行为和工作实绩的管理。其关键是使员工养成良好的工作习惯。对员工工作行为的管理，可以分为三个阶段：第一，对员工工作行为发生前的管理，如招聘和岗前培训的管理；第二，对员工工作发生中的管理，即规范作业的督导管理；第三，对员工工作发生后的管理，即对员工工作实绩的考核。

考评员工工作实绩的作用有两点：给每个员工一次了解、改进和提高自己的机会，通过考核，员工可以更清楚地了解自己的优点和缺点，知道自己该如何进一步去做好工作；可以根据员工的工作实绩合理地确定员工的工资等级或某个工资等级的某个细档，以及是否晋升员工的工资。

员工实绩考评的方法有很多，其基本原则是：能够比较准确地做出符合客观实际的评定；简单明了，切实可行；能为员工所接受。

1）员工实绩的考评方法

（1）记分比较考核法。这种方法主要用来对相同岗位的员工进行实绩比较，具体方法是对某一工作岗位设定相同的考评内容，为每一项考评内容设定最高分，将员工在相关考评内容方面的工作实际表现一一评分，最后得出总分，与其他员工进行比较（见表5－4）。

表5－4　厨师岗位评分考核表

内　容	1　　2	3　　4	5　　6
厨师专业知识（刀功、手眼协调、动作敏捷）			
创造性（菜谱创新）			
食品外观（色、形）			
食品质量（香、味、质地等）			
知识			
菜单结构与计划			
营养			
价格			
成本控制			
员工工作安排			
烹调过程（实用食品化学）			
剩余食品利用			
顾客关系			
公司政策			
总分			

这种考评方法需要规定每种考评内容的比重。在设定考评内容时，可以根据饭店的特点或根据部门的性质与工作特点而有所侧重。侧重的具体方法是改变考评内容所占比例，如知识占60%，技能占40%，或相反；另外一种方法是把侧重的考评内容设定较高的最高分，

如自助餐厅，成本管理与定价是重点考评内容，那么这项内容的最高分可以比其他项的最高分高出 10 分，甚至 20 分。

这种考评方法的缺点是，考评标准不是十分明确，它仅仅适用于相同岗位的员工进行比较考评。

（2）品质评价法（见表 5 –5）。

表 5 –5　品质评价法

部门：　　　　　工作岗位：　　　　　姓名：　　　　　评价日期：

品　质　要　点	优　　秀 6　　5	一　　般 4　　3	不　满　意 2　　1	总分
可靠性，上班是否准时，是否坚守岗位	无主管监督，能始终认真工作	通常工作不错，偶尔松懈	始终需要监管，消磨时间	
工作数量	能够敏捷安全地超额完成工作量	能够完成要求工作量	低于最低工作量要求	
创造性，主动行动，新见解	始终提供积极的改进建议	如果是主管，将打破常规	在没有指令前，决不做任何事	
合作性，是否愿意与他人一起工作	愿意不怕麻烦地帮助别人	如果被要求，可以与他人合作工作	喜单干，不愿意与他人合作工作	
工作质量，整洁和准确，具有高技术质量	以自己的工作为自豪，几乎不需被指正	错误较少，工作令人满意	经常需要被指正	
个性，可相处吗？机智吗？	大家都喜欢他，易交朋友	和蔼，易与大数人相处	态度消极，易引起他人的意见或怨恨	
判断能力，能够运用常识，行动有条不紊	具有全面的判断能力，从不慌张	如果工作计划正常，则工作得好	不加思考，匆忙作出结论	

这种考核方法也可以用列表的形式来进行，如表 5 –6 所示。

表 5 –6　考核表（每项 1 分）

部门：　　　　　工作岗位：　　　　　姓名：　　　　　评价日期：

1. 准时上班	2. 立即开始工作
3. 完成规定工作量	4. 超额完成工作量
5. 工作简练	6. 工作安排有序
7. 工作繁忙时能保持冷静和沉着	8. 对执行工作制度有良好的判断
9. 能独立完成工作	10. 能够担负较高职务工作
11. 出现差错能够承担个人责任	12. 注意改进工作方法

续表

13. 能够保持个人整洁	14. 工作时能保持整洁
15. 礼貌	16. 有自信心
17. 饮酒不影响工作	18. 不浪费物料和食品
19. 认真正确地执行上级指示	20. 不感情用事
21. 能与他人友好合作	22. 能使设备处于良好工作状态
23. 能胜任较重要的工作	24. 能够肯定他人的工作成绩
25. 有高度的耐心	26. 待人态度和蔼可亲
27. 能迅速学会新工作	28. 能够主动完成工作（忠诚可靠）

运用这种考评方法，要注意考评内容力求详尽。这种方法的优点是：一能指出员工的优缺点；二是每项1分，容易统计，简单易行。这种方法也有缺点。一是因为缺乏明确的判断标准，有些项目很难做出判断。例如，一个员工在大多数情况下能完成规定工作量，但在考核期内有两次没有完成规定工作量，那么如何判断呢？这一分给不给他呢？二是不便于员工之间的相互比较，往往还要借助于其他考核方式。

（3）对照工作标准考评法。这种方法就是把员工的工作结果与大家公认的标准相对照。运用这种方法，最重要的有两点：一是考评工作成绩的标准必须是考评者与被考评者有共识，即标准不是由考评者单方面制定的，而是考评者与被考评者一起讨论，达成一致意见后，共同制定的；二是对员工的表现要有原始的、完整的、连续的记录，如出勤率、完工率、事故率等，凭数据说话。这种考评方法的优点是：①考评标准明确具体，消除了品质考核法标准含糊不清的缺点；②考评工作建立在双向沟通的基础上，能为员工所接受；③考评工作比较简单易行；④能更好地落实工作标准，督促员工不断改进自己的工作表现。一般认为，把对照工作标准考评法和品质考评法相结合，可以组合成比较好的考核方法。因为这样既能加强工作标准的工作行为导向性，又能反映员工表现与素质的相对差异。

（4）生产率考评法。这种方法只适合便于计量的工作，如在8小时内清理了多少房间、洗了多少碗碟、做了多少西点、办理了多少预定，等等。对便于计量的工作，用这种方法考核最客观。

（5）名次等级考评法。这种方法主要用来考评不便于计量的工作，如管理部门的一些工作。它按照被考评者的成绩优劣排出名次。当一个部门人员比较多时，这种方法运用起来有些困难。例如，一个部门员工人数较多，按成绩排出前一、二、三、四名，比较容易；排出最后几名，往往也不是太困难；但是，中间的人员若要排出一个合理的名次，就很困难。因此，考核者大多采用等级法，即预定一个比例，如优秀占10%，一般占65%，较优秀占25%，这样，考评工作就比较简单了。

2）员工考核评估结论

对员工工作业绩考评完成后，要做出一个评估结论。这种评估结论可以和业绩考评表结合在一起，也可以单独做出（见表 5－7）。

表 5－7　员工考评评估结论表

员工姓名		工作岗位		部门	
评定人		部门		职位	
总体评估（在适当的等级画钩）		优	良	一般	差
评估理由：					
结论： ① 此人是否可以升职？什么工作最适合他的能力和愿望？ ② 为了帮助他提高业绩或准备升职，应该给以何种培训或采取什么措施？ ③ 你建议增加（或减少）多少工资？什么理由？ ④ 你是否与被考评者讨论过此评定？是/否 如果没有讨论过，为什么？如果讨论过，他的意见是什么？					

5.4　饭店员工绩效考评中的常见偏差

在考评工作过程中，要求参评人员对考评项目必须实事求是。然而在实践中由于受主观或客观条件的限制，会使人在看待问题时，尤其是在看待他人时，往往受个人认识偏见的影响而形成歪曲的社会知觉，对别人的行为做出错误的归因判断，使考评结果缺乏真实、可靠性。因此，了解人在考评过程中产生的各种偏见，以及这些偏见的表现和产生根源，对提高考评工作质量具有现实意义。

5.4.1　晕轮效应

晕轮效应，也就是日常生活中所说的“以点概面”、“爱屋及乌”。这是指我们在观察某个人时，对于他的某种品质或特征有清晰明显的知觉，由于这一特征或品质从观察者的角度来看非常突出，从而掩盖了对这个人其他特征和品质的知觉。这就是说，这一突出的特征或品质起着一种类似晕轮的作用，使观察者看不到他的其他品质，从而由一点做出对这个人整个面貌的判断。晕轮效应往往在判断一个人的道德品质或性格特征时表现得最明显。

当评价者仅把一个因素看作最重要的因素，并且根据这一因素对员工做出一个好坏的全面评价，则便发生晕轮效应的错误。例如，某位前厅主管非常重视整洁，把它作为饭店服务质量评价中的一个重要因素来看待。当让他对他的下级进行考评时，他会因某人平时不太注意整洁这一点，给了他一个较低的评价；甚至有意无意地让这个评价又转移到其他因素上，从而对其他考评项目也给予不适当的低评价。如果这个员工平时很整洁的话，则可能得到相反的评价结果。所以，在考评中晕轮效应对有关员工和组织都会造成损害。

美国社会心理学家阿希用实验证明了晕轮效应的存在。他给被试者看一张列有五种品质的表格（聪明、灵巧、勤奋、坚定、热情），要求被试者想像一个具有这五种品质的人，被试者普遍把具有这五种品质的人想像为一个理想的、友善的人。然后，他把这张表格中的热情换为冷酷，再要求被试者根据这五种品质（聪明、勤奋、坚定、冷酷、灵巧）想像一个适合的人，结果发现，被试者普遍推翻了原来的形象，而产生了一个完全不同的形象。这表明，热情—冷酷的品质起着晕轮作用，影响了对一个人的总体印象。

晕轮效应的产生，往往是由于参评者对被考评者不熟悉、了解很少的情况下，对其做出总体评价的结果，但这也是在日常考评工作中常见的情况。了解晕轮效应，有助于克服考评工作中自己看待别人时的偏见，也有助于了解其他人产生这种偏见的根源。

5.4.2 优先效应

优先效应是指一个人最先给人留下的印象具有强烈的影响，这实质上就是通常所说的第一印象的作用。如果一个人在初次见面时给人留下良好的印象，就会影响人们对他以后一系列行为的看法和解释，反之也是一样。

心理学中曾经有过一个实验：给两组大学生看一个人的照片，在看这张照片之前，对一组大学生说，照片上的人是一个屡教不改的罪犯；对另一组大学生说，照片上的人是一位著名的学者。然后，让这两组大学生分别从这个人的外貌来说明他的性格特征。结果对同一张照片做出了两种截然相反的解释。第一组大学生说，深陷的目光里隐藏着险恶，高耸的额头表明死不悔改的决心。第二组大学生说，深沉的目光表明他思想的深刻性，高耸的额头表明在科学道路的探索上无坚不摧的坚强意志。这一实验说明了第一个印象对于社会知觉的重要影响。

为进一步说明优先效应，国外曾进行了一项实验。向四组大学生介绍一个陌生人，对第一组说，这个人是外倾型的。对第二组说，这个人是内倾型的。在第三组，先讲述这个人的外倾特征，后讲述他的内倾特征。在第四组，先讲述他的内倾特征，后讲述他的外倾特征。然后让这四组学生分别想像出对这个陌生人的印象。第一和第二组学生得到的印象是显而易见的。在第三和第四组中，关于这个陌生人的印象完全符合提供的信息的顺序，总是先提供的信息占优势。这就是说，第三组学生普遍把陌生人想像为外倾型，第四组普遍把他想像为内倾型。这一实验说明了优先效应的存在。

因此，考评组织者应重视优先效应（第一印象）对考评客观性的不良作用，应通过组织手段和人员培训来避免其影响，减少考评中对人做出的错误判断。

5.4.3 近因效应

近因效应又被称为近期行为偏见。它是指在长期人际交往中，一个人往往最后给人留下的印象最为深刻。也就是说，在考评过程中，参评者会不自觉地以被考评者近期行为表现为依据做出评价。而在制度化的考评中，每位饭店员工都准确地知道何时安排对自己的工作考核和评价，尽管他们的某些行为可能并不是有意识的，但常常是在评价之前的几天或几周内，员工的行为会有所改善，积极性会有所提高，劳动效率也趋于上升。对于评价者来说，最近行为的记忆要比遥远的过去行为更为清晰，因此获得相对的好评是很自然的事情。然而，考核评价通常是指一个特定的时期，因此，评价个人的成绩应当考虑其整个时期的工作情况，否则就会造成考评的偏差。实践中许多考核评价的结果不真实，不是考评方法的问题，而是某种方法被不恰当地使用造成的。比如，评价者有可能没有受到足够的培训，或实际使用的评价方法与工作无关等。

心理学的研究证明，优先效应和近因效应都会在考评中发挥作用，影响考评的客观、真实性，但它们在不同条件下有不同的作用。一般来说，在考评不经常接触的人时，优先效应的影响较大，而在考评经常打交道的人时，如果在熟悉的人的行为上出现某种新异的表现，则近因效应的作用更大。

5.4.4 集中趋势

集中趋势是指在等级评定过程中，评价者不实事求是地将员工的表现评价为接近平均或中等水平时所发生的一种常见错误。拉开差距本是等级评价法最主要的特点，由于一些业绩评定表要求评价者对过高或过低的评价必须写出书面说明或鉴定。在这种情况下，评价者可以通过只给出平均等级而避免“麻烦”。但这种过于集中的评价结果会使考评扭曲，使考评所具有的积极作用难以充分发挥。

5.4.5 定型作用

部门主管进行考核评价时，会因个人生活中逐渐形成的习惯、观念、看法或固定形象的影响，在考评中对员工的个人特征，如民族、宗教、性别、残疾或者年龄等有关方面存在偏见，从而对员工做出歧视性评价，使结果丧失真实性。

评价中的歧视现象可能源于上述原因之外的其他因素。例如，态度温和的人可能仅仅因为其不对结果提出强硬的反对理由而得到很苛刻的评价。无论由何种原因引起，其结果都是错误的。

5.4.6 宽松或严格

在考评中，部门主管给予下级不该得的高评价被称为宽松。这种行为产生的动机往往是为了避免引起评价争议而充当“老好人”。当使用的考评标准难以具体量化而主观性较强时，或者要求评价者与员工一起讨论评价结果时，这种情况容易发生。宽松会造成管理混乱。当要求员工改进其工作时，他们会认为自己的表现评价不错，所以也不知道怎样去提高自己的工作业绩，而继续维持原状。其他员工，特别是那些工作表现比较出色的员工，则可能会对宽松的评价感到不满，产生干好干坏一个样的印象。尤其在涉及晋级、加薪或其他奖励时更是如此。宽松使奖勤罚懒最终难以具体落实。

对一个员工的工作业绩过分地批评和苛求被称为严格。尽管宽松通常要比严格盛行，但一些部门经理评价采用的标准往往要比制度规定的标准更为苛刻。这种行为可能是对各种评价因素缺乏了解而造成的。如果一个经理对所管辖整个部门过分严格，则这个部门的员工在奖励、加薪和提升方面都将受到影响，挫伤他们的工作积极性。而部门主管对某个特定的人评价过于严格，则往往是受到个人偏见的影响。

国外一项研究显示，在被调查的经理中，70%以上的人承认，对员工进行抬高或降低的评价，都是上级有意给下属这样做出的。之所以如此，是有原因的。

1. 抬高评价的原因

（1）认为太精确的评价将对下属员工的工作动机和业绩有不利影响。

（2）希望提高员工工作业绩的合格率。

（3）期望避免部门不光彩事情的扩散。

（4）希望避免产生一个消极的、永久的、并可能在将来仍会影响员工的不利业绩记录。

（5）需要对那些考评个人问题受到影响，却一贯业绩优秀的人进行保护。

（6）希望对业绩考评不高但已付出很大努力的员工进行奖励。

（7）避免与某些难以管理的员工对抗。

（8）希望以好评换取较差或令人生厌的员工自动离开该部门。

2. 降低评价的原因

实施考核评价的部门经理，手中掌握着“生杀”大权。在有些情况下，他们实质上控制着评价过程的每个方面。他们不愿客观地评价，而往往降低评价其下属员工。

（1）以确立或显示自己的权威，特别是在经理所操纵的评价决定着员工们的加薪和提升，以及未来命运时更是如此。

（2）担心给员工良好的业绩评价会使其感到惊喜而骄傲。

（3）为了惩罚一个顽固的或难以对付的员工。

（4）为了迫使某个不愿与自己合作的员工辞职。

（5）为将要解雇的人编制一个有说服力的不称职记录。

（6）为了缩小或减少凭业绩提薪的员工数量。

以上是被调查经理对他们宽松或严格做法的解释。无论何种原因，采用何种方式，其结果都大大降低了考核评价制度的有效性。因此，应该对有权的评价者进行考评的相关培训，让他们了解由于评价者的认识错误而导致的严重后果。

考评中的偏见是客观存在的。为了尽量减少员工考评中的偏见，除加强参评人员的培训外，必须按特定岗位的工作说明和工作要求，确立工作评价的标准。这是员工考评工作能否取得成效、克服个人偏见的关键所在。

总之，考评工作作为人力资源管理的一项重要任务，要想取得良好的效果，除了专职人力资源管理部门的努力之外，它的实施与执行还有赖于饭店高层领导者的重视和支持，依赖于各部门和各级管理人员的协同配合及全体员工的积极参与。除此之外，考评制度本身也需要随实践而经常检查和不断完善。人力资源管理部门要善于听取员工对考评的反馈意见。作为既是考评参与者又是被考评者的广大饭店员工，他们了解工作中存在的问题与不足，能对考评工作的改进提出有针对性的建议，人力资源管理部门应当从整个饭店的全局利益出发，虚心采纳，以提高考评工作的科学性。

小资料 5–1

广州某五星级饭店绩效考核制度实务范本

绩效考核制度

总　　则

为加强对饭店人力资源的管理，尽最大努力提高全体员工的主观能动性，尽最大限度发挥员工的潜力，优胜劣汰，引导员工逐步形成共同的价值观，根据《员工手册》制定本制度。

第一条　目的

为了科学、规范、客观地了解员工的实际工作情况和能力，以便扬长避短和改善工作，监督和督促员工不断提高自己的工作能力和处理问题能力，且为员工的目标管理、晋升、提薪等提供准确、翔实、客观的参考依据。

第二条　原则

（一）公平的原则：明确规定同一岗位相同考核标准。

（二）公开的原则：考核标准公开，考核内容公开，考核结果公开。

（三）公正的原则：全面、客观、如实地作出评价。

（四）沟通、反馈原则：考核结果出来后应该根据员工的实际情况与员工沟通，肯定成绩，指出问题并提出改正的方法，帮助员工提高自己的工作能力。

（五）审计的原则：对确定了经营指标任务的部门，其经济指标的完成情况应通过财务审计确认。

第三条　绩效考核委员会

饭店由总经理、党委书记、副总经理、总经理助理、部门正副总监、分部门正副经理，以及人力资源部门组成绩效考核委员会，人力资源部为绩效考核常设机构。

第四条　管理权限

饭店以人力资源部门为基础成立绩效考核委员会，对除总经理、党委书记以外的全体员工实行逐级考核办法，具体权限如下：

（一）总经理考核副总经理、总会计师、总工程师；

（二）分管饭店领导考核所分管的部门总监；

（三）部门总监考核副总监及下属部门经理；

（四）部门经理考核下属员工；

（五）特聘人员由所在部门行政主管及人力资源部共同考核。

绩效考核委员会对各级考核进行全程跟进，对考核的准确性、客观性进行核实，负责将考核结果汇总上报总经理、党委书记，根据考核结果进行相应的面谈和调整。

第五条　方式

饭店根据工作特点分为前线部门、职能部门目标管理考核，以及根据工作岗位分为高级管理人员、中层管理人员、普通员工考核。

考核的方式为面谈、评议、民主测评、目标考核、考试等。

第六条　考核的实施

饭店实行分级分段的考核办法。

（一）试用期员工：3 个月满后实施考核。

（二）部门副经理以下（不含副经理）半年考核一次。

（三）部门副总监以下（含副总监）一年考核一次。

（四）总监以上人员原则上一年考核一次，上级有要求的按上级要求执行。

（五）特聘人员 3 个月试用期满考核一次，此后按相应级别规定进行考核。

（六）职务晋升人员：职务提升人员必须经过一定时段的见习期才能正式任职。部门副经理以下（不含副经理）提升职务的员工，职务提升一个月后进行考核；部门副经理以上提升职务人员，职务提升 3 个月后进行考核。考核合格后方能按新职务等级、工资标准实施。

第七条　考核内容和计分方法

（一）考核内容分为专业和综合素质两部分，按岗位类别分为员工级、管理级两部分。

（二）专业部分包含岗位技能测评，业务熟练程度等。有职业岗位证书要求的必须持有上岗证书或达到岗位要求；综合素质主要考核员工的政治思想素养、职业道德水平、爱岗敬业情况。

（三）考核采用百分制的计分方法，即专业考核满分为 100 分，综合素质考核满分为 100 分。

第八条　成绩评估和处理办法

饭店对半年考核采用与员工面谈并促使其修正目标的办法，对试用期考核和年终考核成绩采取二维坐标法对考核成绩进行评估。

（一）进入 A 区的员工为优秀员工或优秀管理人员，该部分员工可以晋升工资和可以作为管理人员的培养或晋升对象，并可以在条件允许的情况外派学习。进入 B 区的员工可以参加当年的工资普调，并可以适当安排参加内部的管理培训；亦可作为管理人员的培养或晋升对象。

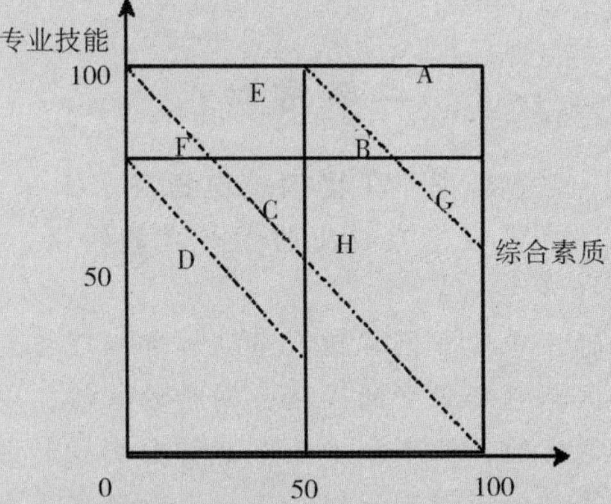

（二）进入 C、E、F、G、H 区的员工可以继续在岗位上工作，可以参加当年的工资普调，但不得晋升职务。C 区的员工应加强专业知识和综合素质的学习和提高，进入 E、F 区的员工应加强对综合素质的提高，进入 G、H 区的员工应加强对专业技能水平的提高。

（三）进入 D 区的员工属于不合格员工，应立即调整工作岗位，如仍无法胜任工作，应解除或终止劳动合同。

第九条　考核成绩出来后，应由绩效考核委员会通知部门领导并由人力资源部人员会同该员工的直接上司一同与员工本人见面，并有针对性地对员工提出问题和解决问题的方案，以促使员工更好地提高自己的工作能力和水平，充分发挥其潜能。

第十条　绩效考核委员会有权对本制度内容进行适当修改和补充。

第十一条　本规定自 2009 年 10 月 26 日起实施。以往规定与本规定不相符的，以本规定为准。

思考题

1. 在饭店中，对员工基层绩效考核有何作用？
2. 饭店员工的绩效考评应坚持哪些原则？
3. 饭店员工绩效考评的程序是怎样的？
4. 饭店员工绩效考评的主要方法有哪些？
5. 如何做好员工绩效考评工作？
6. 案例分析题：

案例分析一

二级考勤

“人事培训部办公室吗？我是客房部9楼领班邝振华。上午我匆匆上班时忘了电脑考勤，但在班组内还是签到了。我没在考勤机上打卡是我的错误，我愿意接受饭店对我的处分。”

这是某天早上9点稍过时，宁波新园宾馆人事培训部经理接到的一个电话。

新园宾馆地处宁波闹市区，它那豪华的设施，高档的装修，以及较高的管理服务水准在宁波市已赢得许多美誉。尽管宾馆开业不到一年，其社会影响和经济效益已引起同行们的注目。在宁波市，饭店同行几乎都知道新园宾馆的二级考勤制度。

每个“新园”员工上班时，首先必须在员工通道处接受电脑考勤。考勤卡上用蓝色记录上班的精确时间，下班也是由电脑考勤，不同的是用红色记录下班时间，这是第一级考勤。员工还要经过本班组或本部门的签到考勤，由考勤员记录上、下岗的精确时间，这是第二级考勤。

新园宾馆的二级考勤制度规定，即使员工在规定的时间内经过了一级考勤，如果在进入本班组或本部门之前到别处去转悠，未能在规定时间内准时上岗，一律作为迟到处理。制度又明确规定：所谓准时上岗是指必须在规定时间内更换好工作服，正式上岗工作；所谓准时下岗则指必须在规定时间之后再换下工作服离店。制度又进一步规定，若遇员工忘记电脑考勤，则以班组或部门考勤为准，但该员工必须按有关规定受到处罚。

客房部9楼领班忘记在上班时打卡，上岗后方才想起，于是向人事培训部主动报告，请求处罚。

✍ **点评**

宁波新园宾馆的严格管理是颇有名气的，他们为使各项严格的管理制度一丝不苟地执行，又制定了有关奖惩制度。实践证明，严格的管理制度可以结出丰硕的成果。新园宾馆开业不到一年，便在星级饭店林立的宁波市站住了脚跟，效益可观。

考勤是饭店人事管理的一个重要内容。我国多数饭店采用一级考勤制，或用打卡办法，或由所在班组记录上下班时间。一级考勤法有显而易见的弊端。若采用打卡方式考勤，个别不自觉的员工准时打好卡后开始磨磨蹭蹭，或聊天，或外出，或在更衣室内悠然抽烟，等到换上工作服上岗，早已超过规定时间。若采用班组记录法，个别部门负责人为避免家丑外扬，影响本部门考核，常会故意放松要求，不记或少记迟到早退的人次。新园宾馆的二级考勤制度在防止员工钻空子，减少部门舞弊现象方面颇有作用。

从本例还可看到，新园宾馆员工只有在已经换上工作服，可以立刻进入工作角色的情况下，方才被认为准时上岗；同样，只有在下班时间过后换下工作服，方才被认为没有早退。这样严格的考勤管理制度，对于许多饭店，尤其内资饭店，具有一定的借鉴意义。

问题：

1. 你对宾馆采用的考勤制度有何看法？它与业绩考评有何关系？强化考勤制度对加强饭店管理有何现实意义？
2. 你认为案例中该领班当天的考勤应如何记录？给出你的理由。

案例分析二

全面质量综合考核

1996 年初，广州三寓宾馆刘总向全店下达了任务和目标。3 月底，为了解各部门落实任务的具体情况，饭店组成了 4 个考核小组，在总经理和党委书记的带领下，对第一季度 14 个部门的各项工作进行了为期两天的全面质量综合考核。

考核小组立刻活跃在饭店的各个角落。其中一个组来到娱乐部，先是召开座谈会，听取部门经理介绍前 3 个月的情况，查看了有关记录和客人投诉，接着便是现场考评。

每位考核小组人员手中都有一份“三寓宾馆娱乐部全面质量综合考核评分表”。一位考评员走进投影室，检查墙壁和角落的卫生情况，满意地在评分表上写上 5 分，然后让服务员操作电器设备，检查其功能是否完好无损、安全有效。看到投影质量不错，图像清晰明亮，于是他在实际得分一栏上又写上 3 分。这两个项目的得分都是满分。

接着是检查桌球室。考评员摸了下桌腿，果然一尘不染，表层平滑光亮，桌球营业场所十分整洁，按要求又得了满分 5 分。考评员正待检查另一个项目时，进来两位客人要打桌球，服务员连忙礼貌接待。考评员在一旁偷偷看手表。从开始接待直到一切准备就绪，开台时间总共为52秒，不到规定的1分钟。于是他在“操作规范标准”这个大栏目下的“桌球开台”这一项内填上3分——又是一个满分！

考评员在娱乐部里又任意抽查两名服务员，进行现场考核，考核内容主要是应变能力。考评员故意设计了几道难题，看服务员如何应答。两名才上岗不久的年轻服务员居然以十分灵活、巧妙的办法应答，既体现了宾客至上的服务宗旨，又保证了饭店的利益。考评员又给一个满分。

对娱乐部的全面质量综合考核还在继续进行，另外几个考评小组分别在饮食部、客房部、营业部等部门一一考核，连后台的办公室、人事部、财务部，以及质培部本身都需接受考评。

点评

广州三寓宾馆的质量检查一向抓得很紧，国内多种报刊曾先后刊登过他们有关的规章制度和考核办法。本文介绍的是他们在1996年第一季度在全店范围内开展的全面质量综合考核。从考核的方式、内容以及认真踏实的作风来看，三寓宾馆的质量考核是动了真格的。

三寓宾馆经多年来的摸索，总结出一整套全面质量综合考核评分办法。这套办法有如下几个特点。

第一，考核范围遍及饭店每一部门，共性和单例考核项目达422项之多。不管前台还是后台，一律接受考核。连工会、质培部、人事部、办公室都不能例外。

第二，评分标准划一，满分均为100分，这样便于比较优劣。

第三，评分办法相当科学。以客房部为例，考核第一部分为“经济指标完成情况”（15%）；第二部分为“设施设备保养情况”（9%）；第三部分为“卫生质量”（14%）；第四部分为“服务质量”（20%）；第五部分为“操作规范标准”（20%）；第六部分为“培训工作”（4%）；第七部分为“政治思想工作及行政管理工作”（18%）。从中可以看到，“服务质量”和“操作规范标准”两项占分最大，体现了饭店对它们的重视。

第四，做到“尽量让数据说话”。在“操作规范标准”一栏中，定量化数据随处可见。仍以客房部为例，走房卫生为30分钟/间，住房卫生为25分钟/间，开夜床服务为3分钟/间，客人外出跟房检查为1分钟/间，清洗地毯为30分钟/间，接听电话为3声铃响。此外在营业部、饮食部、动力部等部门的这一栏中均有大量的定量化标准。

问题：

1. 你认为工作质量考评的特点是什么？采用这种方法如何对部门管理者进行考评？
2. 以客房部考核内容为例，你认为其中七个维度的权重是否合理，为什么？

第 6 章

饭店员工的激励

【学习目标】

- ☑ 了解员工激励的概念和功能。
- ☑ 认识激励理论及其实际应用。
- ☑ 掌握激励的方法和类型。
- ☑ 了解不同类型的员工激励。

在人类的各项社会活动中，总是存在领导和被领导两个方面。领导制定目标，要求被领导者接受并为之工作，甚至强迫他们服从。许多人并非完全出于自愿地按照他人的意志办事，而是不得不服从。长期以来，人们把奖惩作为最基本的激励方式。事实上，这种奖惩激励理论是值得探讨的，也许它对动物训练是恰当的，但对人来说，未必完全有效。因为人有自尊心，为此而牺牲生命也在所不惜。同时，人也有成为社会某个组织的成员，寻求友谊的需要。

对于饭店业而言，员工作为对客服务的主体，他们的感受和情绪往往直接影响服务的质量。饭店的大部分基础工作多以机械、简单、重复的方式进行，部分工作缺乏规律性、工作要求高，以及工作时间不确定（轮班、加班）等因素，容易导致员工心理不平衡、情绪不稳定；由于长期的被领导、被安排、被命令，这些强加于员工的意志也容易导致员工逐渐失去服从性。这也是全球饭店业员工流动率相对其他行业持续偏高的主要原因之一。所以，如何根据人的特性，实行有效的激励，是饭店人力资源部门需要考虑的重要问题之一。

本章详尽收录了早期和现代激励理论。通过对本章内容的学习，能够了解各种激励理论的内容、优势和缺陷及在现实组织中的应用；通过对饭店现实环境的分析，帮助学员形成自己的激励观念。

6.1 激励的概念与功能

6.1.1 激励的概念

激励（Motivation）一词作为心理学的一个术语，是指激发人的动机的心理过程。具体地说，是人在某种内部或外部刺激的影响下，始终保持一种积极的心理状态，并指向一定的对象。人的行为激励过程，或人的积极性的激发过程，实质上就是要使刺激变量（对有机体的反应发生影响的刺激条件，包括可以变化与控制的自然与社会的环境）引起机体变量（需要、动机）持续不断的兴奋；当达到目标后，经反馈又会强化刺激，使新的需要随之产生。如此反复，循环不息，这就是“激励”过程。我们这里所描述的激励（饭店内部）是指协调组织成员个人动机与组织目标之间的关系，激发、鼓励、保持与强化有利于实现组织目标的个人动机，调动组织成员工作行为积极性的过程。通过高水平的努力实现组织目标的意愿，而这种努力以能够满足个体的某些需要为条件。这个定义中的 3 个关键因素是：努力、组织目标和需要。

努力要素是个强度指标。当一个人被激励时，他会努力工作。但是高水平的努力并不一定带来高的工作绩效，除非努力有利于组织的方向。不仅需要考虑努力的强度，还须考虑努力的质量。指向组织目标且和组织目标保持一致的努力是我们所追求的。同时，还把激励看成一个满足需要的过程，如图 6－1 所示。

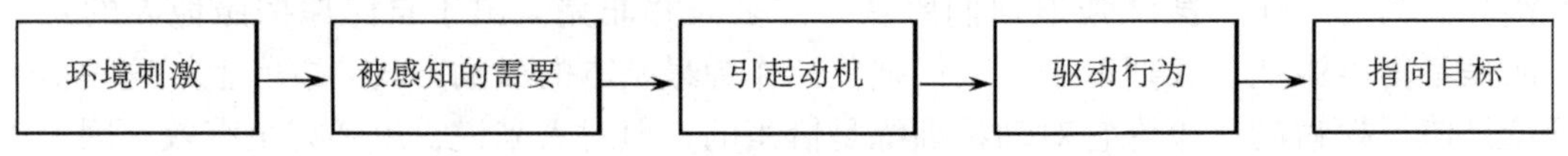

图 6－1　激励满足需要的过程

一种未满足的需要会带来紧张，进而在躯体内部产生内驱力。这些内驱力会产生寻求行为，去寻找满足需要的特定目标；如果目标达到，需要就会满足，进而就会降低紧张程度。所以可以说，被激励的员工处于一种紧张状态。为缓解紧张他们会努力工作。紧张强度越大，努力程度越高。如果这种努力成功地满足了需要，紧张将会减轻。这种减轻紧张程度的努力必须是指向组织目标的。

6.1.2 激励的功能

激励功能是指企业通过运用一定的激励手段和方式来影响员工的工作行为、工作态度和工作绩效，产生激励的作用。饭店管理中的激励功能主要是指各级员工的月薪在充分保障其基本生活的基础上体现出来的功能。

1．公平激励功能

从公平理论可以得到一些启示。美国心理学家亚当斯 1967 年提出了公平理论，主张每个人不仅应该关心由于自己的工作而得到的报酬的绝对值，而且也有必要关心自己的报酬与他人报酬之间的关系。如果以 Op 代表一个人对自己报酬的感觉，以 Ip 代表对自己付出的感觉，Oo 代表对他人报酬的感觉，Io 代表对他人付出的感觉，则公平模式为：

$$Op/Ip = Oo/Io$$

如果 Op/Ip 小于 Oo/Io，就会认为报酬过低而产生被剥夺感，以至于改变行为；如果 Op/Ip 大于 Oo/Io，也会因报酬过高产生内疚感，同样也会改变行为。

公平激励功能主要体现于公平竞争和分配机制上。分配的公平感知主要指对知识创造劳动质和量的价值判断，在“按劳分配”基础上达到劳动价值含量的平衡。因此，饭店业管理者应采取公平的原则，确立饭店不同岗位的工作职责和薪金比例，使每个员工对自己的报酬感和付出感相对于其他员工的报酬感和付出感趋于相等。这样有助于保持员工的正常行为。

2．强化激励功能

一般将强化分为正强化和负强化，前者指利用特定的刺激因素，使人的某种行为获得巩固和加强，使之再发生的可能性增大，如表彰、加薪、升职等。负强化则相反。在饭店管理中，饭店管理阶层常用的正强化激励有：每月评比优秀员工，通报表扬，奖金鼓励；对好人好事进行表彰奖励，对有潜质的员工进行培训，对表现良好的员工进行晋升，定期举办饭店员工生日会等。通过正强化激励可以树立员工学习的榜样，增加员工的凝聚力，形成一种积极向上的风气。负强化激励有：对触犯饭店纪律的员工进行不同等级的处分（按比例扣除奖金）。

3．成就激励功能

成就需要是较高层次的需要，与知识创造主体的需求吻合。饭店较高层次的管理人员一般受过高等教育，在从事智力劳动过程中，有着强烈的创造欲望而不甘于平庸。成就激励理论是美国心理学家麦克莱兰提出来的，他认为在基本需求满足之后，人的行为取决于权力、友谊和成就需要的满足程度，高成就需要的人喜欢挑战性、风险性和高目标的工作，希望有所作为。

4．期望激励功能

人的行为指向一定的目标，目标对人具有很强的吸引力。如科技现代化对每位科技人员都是一种责任，同时，目标也是一种期望。期望理论属于过程型激励理论，是美国心理学家弗鲁姆于 1964 年在马斯洛和赫兹伯格研究的基础上提出的。期望理论的基本模式是：

激励力量（Motivation）$=\sum$效价（Valence）×期望值（Expectancy）

即人们从事某项工作的动机强度，或被激发出来的力量（积极性）大小，取决于目标价值（效价）的大小和预计能够达到该项目标的可能性（期望值）的大小，效价与期望值的不同结合，会产生不同的激励力量。期望理论为激励知识创造主体，提供了又一种可靠的依据。

激励功能的发生是有条件的，受制于社会环境、饭店内部制度、员工个人能力和价值判断等诸多因素。要使饭店员工保持一定的创造热情，必须建立相应的激励机制。激励的目的就是实现一定的绩效预期，绩效大小往往取决于个体的能力和积极性。积极性又取决于行为动机的强度，动机强度与活化程度有关，活化程度又受激励水平的影响。即：工作绩效 = 个体能力 × 积极性，而积极性 = F(动机) = F(活化程度) = F(激励水平)。也就是说，当一个人的能力是常量时，其工作成绩取决于所受的激励程度。根据心理学家勒温的观点，人的行为是个体(内在心理因素)与环境(自然、社会)的函数，即人的行为 = F(个体 × 环境)。由此，可以发现激励发生的程序为：

环境刺激→被感知的需要→引起动机→驱动行为→指向目标

马斯洛强调了人的需要层次性，赫兹伯格则提出除了外部的刺激外，还存在个体内在激励因素。据此，对饭店人员的激励必须以满足他们的基本需要为前提，然后引导、满足他们的高层次需要，并且激发他们的内在激励因素，如提高成就感，体验创造的乐趣等。饭店人员的创造行为受目标效价和期望概率的制约。如果目标效价不大就不能引起员工的兴趣，如果目标实现的可能性极小又使人望而却步，饭店人员的创造行为是激励机制的关键环节。当然创造行为并不代表创造结果，能否实现预期的目标是判断激励作用的实质尺度，这一点不言而喻。

6.2 激励的理论

激励理论有三种类型。其一是内容型，该理论从探讨激励的起点和基础出发，分析揭示人们的内在需要的内容与结构，以及内在需要如何推动行为。其主要代表有马斯洛(A. H. Maslow)的需要层次理论、赫兹伯格（F. Herxberg）的双因素理论以及麦克利兰(David Mcclelland)的成就需要理论。其二是过程型，该理论侧重于研究动机形成和行为目标的选择，以及行为的改变与修正，主要研究人们选择其所要做的行为过程和如何转化人的行为以达到组织预定的目标。其主要代表有弗鲁姆（V. H. Vroom）的期望理论、洛克(E. A. Locke)的目标理论和斯金纳（B. F. Skinner）的强化理论。其三是状态型，该理论的研究重点就是弄清公平或不公平的因素和挫折对人的行为的影响，目的是找到有效的手段或措施，消除不公平和挫折对人的行为的消极影响，最大限度地保证人的积极性得到充分发挥。其主要代表有亚当斯（J. S. Adams）的公平理论和杜拉德（J. Dollard）的挫折理论。

6.2.1 早期激励的3个理论

1. 马斯洛的激励理论

先谈亚伯拉罕·马斯洛（Abraham Maslow）的需要层次理论（Hierarchy of Needs Theory）。马斯洛提出了一套动机体系，假设了不同层次的需要，作为行为的决定因素，其中最基本的是生理需要，即空气、食物和水。第二层次是安全和保障的需要，诸如职位、房屋所有权、储蓄和保险。第三层次才是高层次的需要，即心理上的需要。

以下是马斯洛排列的需要层次。

（1）自我实现：工作是一种创造性成就，是乐趣，是人的才能的发挥。

（2）自我尊重：不满足于科学管理提出的物质享受。

（3）社交：在社会环境中工作。

（4）安全：工作为了生存。

（5）生理需要：满足于科学管理提出的物质享受。

根据马斯洛的心理需求原理，人的欲望值是呈金字塔状逐步递升发展的，即生理需求、安全需求、社交的需求、被尊重的需求、自我实现的需求。作为金字塔底的需求，员工的第一需求很简单，按时发工资，满足基本的生活要求。

马斯洛认为，人类的需要是分层次的，由低到高，如图6－1所示。

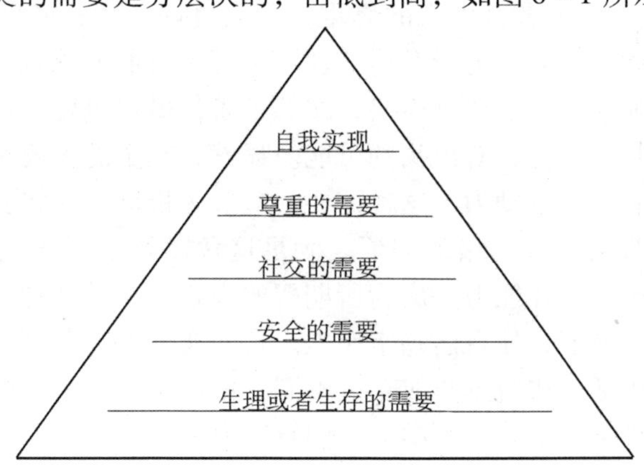

图6－2　马斯洛的需求层次

（1）生理上的需要是人们最原始、最基本的需要，如吃饭、穿衣、住宅、医疗等。若不满足，则有生命危险。这就是说，它是最强烈的不可避免的最底层需要，也是推动人们行动的强大动力。显然，这种生理需要具有自我和种族保护的意义；以饥渴为主，是人类个体为了生存而必不可少的需要。当一个人存在多种需要时，例如同时缺乏食物、安全和爱情，缺乏食物的饥饿需要总是占有最大的优势，这说明当一个人为生理需要所控制时，那么其他一切需要都被推到幕后。

（2）安全的需要要求劳动安全、职业安全、生活稳定、希望免于灾难、希望未来有保障等，安全需要比生理需要较高一级，当生理需要得到满足后就要保障这种需要。每一个在现实中生活的人，都会产生安全感的欲望、自由的欲望、防御的实力的欲望。

① 物质上的：如操作安全、劳动保护和保健待遇等。

② 经济上的：如失业、意外事故、养老等。

③ 心理上的：希望解除严酷监督的威胁、希望免受不公正待遇，工作有应付能力和信心。

（3）社交的需要也叫归属与爱的需要，是指个人渴望得到家庭、团体、朋友、同事的关怀、爱护与理解，是对友情、信任、温暖、爱情的需要。社交的需要比生理和安全需要更细微、更难捉摸。

① 社交欲。希望和同事保持友谊与忠诚的伙伴关系，希望得到互爱等。

② 归属感。希望有所归属，成为团体的一员，在个人有困难时能互相帮助，希望有熟识的友人能倾吐心里话、说说意见，甚至发发牢骚。爱不单是指两性间的爱，而是广义的，体现在互相信任、深深理解和相互给予上，包括给予和接受爱。社交的需要与个人性格、经历、生活区域、民族、生活习惯、宗教信仰等都有关系，这种需要是难以察悟，无法度量的。

（4）尊重的需要可分为自尊、尊重和权力欲三类，包括自我尊重、自我评价及尊重别人。与自尊有关的，如自尊心、自信心，对独立、知识、成就、能力的需要等。

① 渴望实力、成就、适应性和面向世界的自信心，以及渴望独立与自由。

② 渴望名誉与声望。声望来自别人的尊重、受人赏识、注意或欣赏。满足自我尊重的需要导致自信、价值与能力体验、力量及适应性增强等多方面的感觉，而阻挠这些需要将产生自卑感、虚弱感和无能感。基于这种需要，愿意把工作做得更好，希望受到别人重视，借以自我炫耀，指望有成长的机会、有出头的可能。显然，尊重的需要很少能够得到完全的满足，但基本上的满足就可产生推动力。这种需要一旦成为推动力，将会具有持久的干劲。

（5）自我实现的需要是最高等级的需要。满足这种需要就要求完成与自己能力相称的工作，最充分地发挥自己的潜在能力，成为所期望的人物。这是一种创造的需要。有自我实现需要的人，似乎在竭尽所能，使自己趋于完美。自我实现意味着充分、活跃、忘我、集中全力、全神贯注地体验生活。成就感与成长欲不同，成就感追求一定的理想，往往废寝忘食地工作，把工作当作一种创作活动，希望为人们解决重大课题，从而完全实现自己的抱负。

在马斯洛看来，人类价值体系存在两类不同的需要：一类是沿生物谱系上升方向逐渐变弱的本能或冲动，称为低级需要和生理需要；一类是随生物进化而逐渐显现的潜能或需要，称为高级需要。

人都潜藏着这五种不同层次的需要，但在不同的时期表现出来的各种需要的迫切程度是不同的。人的最迫切的需要才是激励人行动的主要原因和动力。人的需要从外部得来的满足逐渐向内在得到的满足转化。

在高层次的需要充分出现之前，低层次的需要必须得到适当的满足。低层次的需要基本得到满足以后，它的激励作用就会降低，其优势地位将不再保持下去，高层次的需要会取代它成为推动行为的主要原因。有的需要一经满足，便不能成为激发人们行为的起因，于是被其他需要取而代之。这五种需要不可能完全满足，愈到上层，满足的百分比愈小。

任何一种需要并不因为下一个高层次需要的发展而告消失，各层次的需要相互依赖与重叠。高层次的需要发展后，低层次的需要仍然存在，只是对行为影响的比重减轻而已。

高层次的需要比低层次的需要具有更大的价值。热情由高层次的需要激发。人的最高需要即自我实现，以最有效和最完整的方式表现他自己的潜力，唯此才能使人得到高峰体验。

饭店管理发展到现在，根据马斯洛的需求原理，对员工管理的认识上升了几个阶段，从雇佣人—经济人—社会人—管理人—自我实现人，这种认识将呈继续发展趋势，体现在人本管理中，饭店需要从各方面不断满足员工的需求层次，为饭店的发展创造良好的人文环境，形成饭店本身独有的人力资源优势，巩固自己的核心竞争力，从而实现“员工—饭店—客户”三方三赢的战略。如果把员工当成经济人，而管理部门的只是找出最有效的工作方法，让员工去干活，谁不愿意干，就另换一个。这种管理方法只能满足人的两个最基本的需要（生理和安全需要），但不能向高层次发展。民主管理和目标管理被认为可以提供高层次需要。员工在日常工作中参与管理，参与实现企业目标，就有当家作主之感，而不仅仅是机器的零部件。

2. 赫兹伯格的双因素理论

弗雷德里克·赫兹伯格（Fredrick Herzberg）对激励理论提出了新的见解。他指出：许多与动机有关的因素其实不是真正的激励因素。赫兹伯格把影响员工工作的因素分成两类。一类是在不能得到满足时会影响其工作或劳动积极性的因素，称之为保健因素；另一类是激励员工工作热情和活力的因素，称为激励因素。

（1）保健因素包括企业政策、管理措施、监督，人际关系，物质工作条件、工资、福利等。如果保健因素未能满足，员工就会抱怨、怠工，丧失工作热情和产生消极情绪。保健因素的满足对员工产生的效果类似于卫生保健对身体健康所起的作用。保健从人的环境中消除有害于健康的事物，它不能直接提高健康水平，但有预防疾病的效果；它不是治疗性的，而是预防性的。当这些因素恶化到人们认为可以接受的水平以下时，就会产生对工作的不满意。当人们认为这些因素很好时，它只是消除了不满意，并不会导致积极的态度，这就形成了某种既不是满意、又不是不满意的中性状态。

（2）激励因素包括成就、赏识、挑战性的工作、增加的工作责任，以及成长和发展的机会。从提高劳动生产率来说，激励因素比保健因素更重要。如果这些因素具备了，就能对人们产生更大的激励。从这个意义出发，赫茨伯格认为传统的激励假设，如工资刺激、人际关系的改善、提供良好的工作条件等，都不会产生更大的激励；它们能消除不满意，防止产生问题，但这些传统的“激励因素”即使达到最佳程度，也不会产生积极的激励。按照赫茨伯格的意见，管理当局应该认识到保健因素是必需的，不过它一旦使不满意中和以后，就不能产生更积极的效果。只有“激励因素”才能使人们有更好的工作成绩。

赫茨伯格及其同事又对各种专业性和非专业性的工业组织进行了多次调查。他们发现，由于调查对象和条件的不同，各种因素的归属有些差别，但总的来看，激励因素基本上都是属于工作本身或工作内容的，保健因素基本都是属于工作环境和工作关系的。但是，赫茨伯格注意到，激励因素和保健因素都有若干重叠现象，如赏识属于激励因素，基本上起积极作用；但当没有受到赏识时，又可能起消极作用，这时又表现为保健因素。工资是保健因素，但有时也能产生使员工满意的结果。

赫茨伯格的双因素理论同马斯洛的需要层次论有相似之处。他提出的保健因素相当于马斯洛提出的生理需要、安全需要、感情需要等较低级的需要；激励因素则相当于受人尊敬的需要、自我实现的需要等较高级的需要。当然，他们的具体分析和解释是不同的。但是，这两种理论都没有把"个人需要的满足"同"组织目标的达到"这两点联系起来。

双因素理论促使企业管理人员注意工作内容方面因素的重要性，特别是它们同工作丰富化和工作满足的关系，因此是有积极意义的。赫茨伯格告诉我们，满足各种需要所引起的激励深度和效果是不一样的。物质需求的满足是必要的，没有它会导致不满；即使获得满足，它的作用往往是很有限的、不能持久的。要调动人的积极性，不仅要注意物质利益和工作条件等外部因素，更重要的是要注意工作的安排，量才录用，各得其所；注意对人进行精神鼓励，给予表扬和认可，注意给人以成长、发展、晋升的机会。随着温饱问题的解决，这种内在激励的重要性越来越明显。

事实上，有的饭店员工的工资远超其他饭店员工，工作条件较好，上下级关系也不错，可饭店仍然亏本。在政府机关也一样，公务员的工资比企业一般职工高，保健因素是好的，但激励因素不多，工作效率就不高。在国内饭店业的管理者所持有的一种管理意识，即认为饭店服务质量差，是员工的薪水不高造成的，而没有从管理者到底如何去调动员工的积极性，这一根本问题去寻求答案，所以，一些饭店业的员工一直服务情绪不高，主要因为管理者没有严格、细腻地明确每位员工的工作职责范围、程序质量标准所致。当工作责任、工作范围、服务程序、服务质量等方面的标准不存在或不明确时，饭店员工就不可避免地出现工作情绪低落、甚至工作消极。表现在一线服务方面，对待客人不是那样热情、周到、快捷、礼貌；也不是站在客人的角度上，以客人的心情、客人的感受、客人的需求向客人提供他理想的对客服务；更不是站在饭店的角度上，为饭店的声誉、为饭店的效益，承认客人永远是对的，以最大的热情、最快的步调向客人提供饭店规定的达标优质服务。

当激励因素存在时，也就是说，工作责任、工作范围、服务程序、服务质量、服务效率、服务效果等方面的标准十分明确时，做到有章可循、有文可查，那么每位员工就会以最大的干劲、最高的热情、认真的态度来对待自己的本职工作，提供最佳对客服务。一句话，他会以理想的工作和服务效果赢得客人的满意、赢得饭店管理者的满意。因此，在抓饭店的经营管理时，先要明确激励因素，这是调动员工积极性的催化剂，而保健因素中的工作条件和环境只是调动员工积极性的辅助条件，然而也是不可缺少的。

3. 麦格里格的 X 理论和 Y 理论

道格拉斯·麦格里格（Douglas McGregor）提出两种完全不同的人性假设：一种基本上是消极的，称为 X 理论（Theory X）；另一种基本上是积极的，称为 Y 理论（Theory Y）。通过观察管理者对待员工的方式，麦格里格得出结论：一个管理者关于人性的观点是建立在一组特定的假设之上的，他倾向于根据这些假设塑造自己对待下级的行为。

根据 X 理论，管理者持有以下 4 种假设。

（1）员工天生讨厌工作，尽可能地逃避工作。

（2）由于员工讨厌工作，必须对其进行强制、控制或惩罚，迫使他们实现目标。

（3）员工逃避责任，并且尽可能地寻求正式的指导。

（4）大多数员工认为安全感在工作相关因素中最为重要，并且没有什么进取心。

与这些关于人性的消极假设相反，麦格里格还提出了 4 个积极假设，他称之为 Y 理论。

（1）员工会把工作看成与休息或游戏一样自然的事情。

（2）如果员工对工作作出承诺，他能自我引导和自我控制。

（3）普通人能够学会接受甚至寻求责任。

（4）人们普遍具有创造性决策能力，而不只是管理层次的核心人物具有这种能力。

如果我们接受麦格里格的分析，激励的含义是什么呢？答案在马斯洛的框架中得到了最好的表述。X 理论假设低级需要主导个体行为，Y 理论假设高级需要决定个体行为，麦格里格自己认为 Y 理论比 X 理论更符合实际。因此，他提出了一些促进员工工作动机的方法，如参与决策过程，提供有责任性和挑战性的工作，建立融洽的群体关系等。无论 X 理论还是 Y 理论的假设，在某个特定的环境下都可能是有效的。

6.2.2 当代激励的 6 个理论

1. 爱尔德弗的 ERG 理论

耶鲁大学的克莱顿·爱尔德弗（Clayton Alderfer）重组了马斯洛的需要层次，使之和实证研究更加一致。经他修改的需要层次称为 ERG 理论。

爱尔德弗认为有生存（Existence）、相互关系（Relatedness）和成长（Growth）3 种核心需要，所以称之为 ERG 理论。第一种生存需要涉及满足基本的物质生存需要，包括马斯洛称为生理需要和安全需要这两项。第二种需要是相互关系，即维持重要的人际关系的需要。要满足社会和地位的需要就要和其他人交往，这类需要和马斯洛的社交需要和尊重需要中的部分特征相对应。最后，爱尔德弗提出了成长需要——个人发展的内部需要。包括马斯洛的尊重需要和自我实现需要的一些特征。

除了以 3 种需要代替 5 种需要外，爱尔德弗的 ERG 理论和马斯洛的理论还有不同之处。ERG 理论还进一步证实了：① 多种需要可以同时存在；② 如果高层次需要不能得到满足，那么满足低层次需要的愿望会更强烈。

马斯洛的需要层次是一个严格的阶梯式序列；ERG 理论却不认为必须在低层次需要获得满足后才能进入高层次的需要。例如，当生存和相互关系需要没有得到满足的情况下，一个人也可以为成长而工作，或者 3 种需要同时起作用。

ERG 理论还包括挫折——倒退程度。马斯洛认为，一个人滞留在某个特定的需要层次直到这种需要得到满足。ERG 理论却认为，当一个人较高层次的需要不能得到满足时，较低层次的需要强度会增加。例如，无法满足社会交往的需要可能会带来对更多工资或更好的工作条件的需求，所以受挫可以导致倒退到较低层次的需要。

总之，ERG 理论像马斯洛的理论一样，认为较低层次需要的满足会带来满足较高层次需要的愿望；但也认为多种需要作为激励因素可以同时存在，并且满足较高层次需要的努力受挫会导致倒退到较低层次的需要。它代表了关于需要层次的一种更为有效的观点。

2. 麦克莱兰德的成就需要激励理论

大卫·麦克莱兰德（David Meclelland）曾广泛研究过成就激励，尤其是关于企业家们的成就激励。成就激励理论认为，人们被要按高标准工作或者在竞争中取胜的愿望激励着。麦克莱兰德指出，尽管几乎每个人都认为自己有“作出成就的动机”，但是在美国大约只有 10% 的人受到成就欲的激励。人们受成就激励的强弱取决于其童年生活、个人和职业经历及其所在组织的类型。

1）评估成就激励

麦克莱兰德用投影法测定人们成就激励的强度，即向被测试者出示非结构性的刺激，引起人们各种不同类型的反应。例如一团墨水污渍，人们可能把它感知为许多不同的东西；或者是一张图画，人们会根据此想像各种故事。这种测试的目的主要是为了获得被测试者对于世界的认知，它重点测试个人对刺激物的感知，赋予刺激物的意义以及组织这些刺激物的方式。刺激物的性质及出示方式，都不能明确显示测试目的，也不许说明如何解释被测者的反应。根据麦克莱兰德的说法，尽管不要求被测者谈论自己，但是对其反应的解释常常表现出被测者的世界观、个性结构、需求和感情，以及与他人交往的方式。

2）高成就者的特点

自我激励的高成就者有以下 3 个主要特点。

（1）高成就者喜欢设置自己的目标。他们不满足于漫无目的的随波逐流和随遇而安，而总想有所作为。他们总是精心选择自己的目标，因此，他们很少自动地接受别人——包括上司为其选定目标。除了请教能提供所需技术的专家外，他们不喜欢寻求别人的帮助或忠告。他们要是赢了，会要求应得的荣誉；要是输了，也勇于承担责任。例如，有两件事件让你选掷骰子（获胜机会是 1/3）和研究一个问题（解决问题的机会也是 1/3），你会选择哪一样？高成就者会选择研究问题，尽管获胜的概率相同，而掷骰子则容易得多。高成就者喜欢研究、解决问题，而不愿意依靠机会或他人取得成果。

（2）高成就者在选择目标时会回避过分的难度。他们喜欢中等难度的目标，既不是唾手可得没有一点成就感，也不是难得只能凭运气。他们会揣度可能办到的程度，再选定一个难度力所能及的目标，也就是选择能够取胜的最艰巨的挑战。

（3）高成就者喜欢多少能立即给予反馈的任务。目标对于他们非常重要，所以他们希望尽快知道结果。这就是高成就者往往选择专业性职业，或从事销售，或者参与经营活动的原因之一。

麦克莱兰德指出，金钱刺激对高成就者的影响很复杂。一方面，高成就者往往对自己的贡献评价甚高，自己抬高身价。他们有自信心，因为他们了解自己的长处，也了解自己的短处，所以在选择特定工作时有信心。如果在组织工作出色而薪酬很低时，他们是不会在这个组织呆很长时间的。另一方面，金钱刺激究竟能够对提高他们绩效起多大作用很难说清，他们一般总以自己的最高效率工作，所以金钱固然是成就和能力的鲜明标志，但是由于他们觉得这配不上他们的贡献，所以可能引起不满。

成就激励发生作用时，好的工作绩效可能对人们颇具吸引力。如果高成就者从事例行性或令人生厌的工作，或者工作缺乏竞争性，那么成就激励就发挥不了什么作用了。

3）成就激励理论的特点

研究表明，成就激励理论对于人们需要成就激励的原因，解释得不够透彻。也就是说，麦克莱兰德的理论确实清楚地说明了高成就者希望从工作中得到什么类型的相关经验，以及哪些因素会影响他们对工作经验的需要。然而，很难看出如何按马斯洛层次需求的意义把成就视为基本的动力。父母教育孩子的方式、文化背景、组织的习惯做法等环境因素，也会影响人们成就动机的发展。

3. 斯金纳的激励强化理论

根据美国心理学家斯金纳（B. F. Skinner）的激励强化理论，描述关于人的需要的研究是针对需要导致行为的输入来讨论的，公平理论、期望理论等是针对需要导致行为的过程本身来讨论的。强化理论，则是把需要导致行为看作一个黑箱，针对这个模式的输出，也就是针对行为来做文章。一般人们倾向于去重复那些受到赞扬或者鼓励的行为，避免或者说克服那些受到惩罚或者打击的行为。这就是强化理论的基本出发点。所以，它主张使用正强化、负强化、自然消退和惩罚 4 种方式，对人们的行为施加影响。

（1）正强化指的是对希望人们做出的那种行为加以奖励或者鼓励，促使人们不断地重复这种行为，提高个体的积极性。

（2）自然消退指的是对那些不希望出现的行为，可以采取冷处理，即置之不理。当人们感到被忽视、被无视的时候，这种行为也会逐渐消失。

（3）惩罚指的是当人做错某种不希望的行为的时候，及时地予以一些惩治。这会使他不再重复这样的行为，使个体积极性朝正确的目标方向转移。

（4）负强化指的是人们由于担心行为会导致某种不好的结果，而努力避免这种行为的一种状态。例如根据过去的经验，上班迟到会被扣奖金，所以在8点上班之前，你会看到人们在拼命地往单位里跑。实际上这是一种负强化，因为人们知道，假如超过8点以后迈进单位大门，就会有不好的结果。

在饭店业的工作中，这4种方式都是必要而有效的，因为这四种方式的激励效果不仅会直接作用于某个人，而且会间接地影响周围的员工和群体。通过树立正面的榜样和反面的典型，形成一种良好的工作风气，就会产生无形的正面行为规范，比枯燥的制度和规定更直观、更具体、更明确，能使整个群体的行为导向更积极，更富有生气。

4. 亚当斯的公平理论

亚当斯（J. S. Adams）公平理论认为，个人不仅关心自己经过努力所获得的报酬的绝对数量，也关心自己的报酬和其他人报酬的关系。他们对自己的投入与产出和其他人的投入和产出的关系作出判断。在一个人投入（如努力、经验、受教育水平和能力）的基础上，对产出（如工资水平、加薪、认可和其他因素）进行比较，当人们感到自己的产出与投入比和其他人的产出与投入比不平衡时，就会产生紧张感。这种紧张感又会成为他们追求公平和公正的激励基础。

公平理论主张人能否通过某种行为得到满足和满意，除了取决于自身所得到的结果的大小之外，还取决于跟他人的对比程度。这可以概括为如下的公式：

$$\frac{\text{自己的所得/自己的投入}}{\text{他人的所得/他人的投入}}\begin{cases}>1 & \text{比较满意}\\=1 & \text{公平合理、心态平衡}\\<1 & \text{不满意或比较不满意}\end{cases}$$

这个理论也给我们一些启发，就是在激励员工的时候，很多情况下起作用的也许不见得是绝对值，人们能否得到满意常常还取决于跟他人的比较。

从历史上看，公平理论着眼于分配公平（Distributive Justice），即个人间可见的报酬的数量和分配的公平。公平也应考虑程序公平（Procedural Justice），用来确定报酬分配的程序的公平。证据表明，分配公平比程序公平对员工的满意感有更大的影响，相反，程序公平更容易影响员工的组织承诺、对上司的信任和流动意图。所以管理者需要考虑分配的决策过程公开化，应遵循一致和无偏见的程序，采取类似的措施增加程序公平感。通过增加程序公平感，员工即对工资、晋升和其他个人产生不满时，也可能以积极的态度看待上司和组织。

5. 弗鲁姆的期望理论

在这里，我们讨论的是广泛被人们接受的维克多·弗鲁姆（V. H. Vroom）的期望理论。期望理论认为，当员工认为努力会带来良好的绩效评价时，他就会受到激励，进而付出更大的努力；良好的绩效评价会带来组织奖励，如奖金、加薪或晋升；组织奖励会满足员工的个人目标，如图6-3所示。

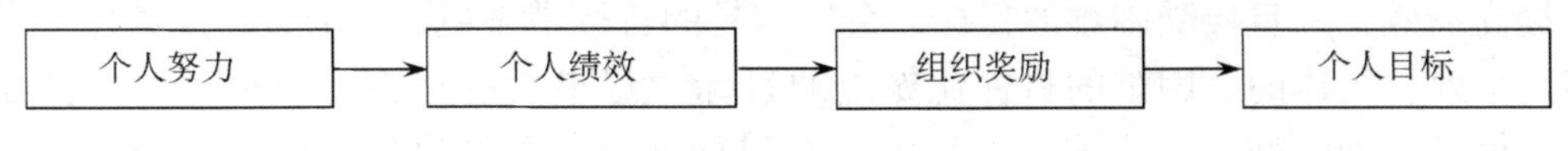

图 6－3　个人期望管理

这个理论着眼于 3 种关系。

（1）努力－绩效关系：个人认为通过一定的努力会带来一定绩效的可能。

（2）绩效－奖励关系：个人相信一定水平的绩效会带来所希望的奖励结果的程度。

（3）奖励－个人目标关系：组织奖励满足个人目标或需要的程度，以及这些潜在的奖励对个人的吸引力。

期望理论有助于解释为什么许多员工在工作中没有受到激励而只求得过且过，如果再详细考察一下这个理论的 3 种关系就会明白了。

（1）如果员工付出了最大的努力，是否会在绩效评估中体现出来？对大多数员工来说是“否”。为什么？一名员工的服务水平可能还有缺陷，这就意味着，不论他的工作如何努力也不可能成为高绩效者。组织的绩效评估体系的设计可能是为了评估一些非绩效因素，如忠诚感、创造性或勇气。这意味着更多的努力，并不一定带来更高的绩效评估结果。还有一种可能是员工认为上司不喜欢她（这种知觉有可能是对的，也有可能是错的）。结果是，不管她的努力程度如何，她也预期会得到一个不好的评估结果。这些例子表明，员工激励水平的一个源泉可能是员工的信念，即无论她工作如何努力，也不太可能获得良好的绩效评估结果。

（2）如果员工获得好的绩效评估，是否会得到组织奖励？许多员工认为在他们的工作中绩效与奖励的关系并不明确。原因在于，除了绩效，组织还奖励其他许多东西。如员工工资的分配基于资历、合作性、巴结上司等因素时，员工可能会认为绩效与奖励的关系是弱的，进而会降低激励水平。

（3）如果员工得到奖励，是否认为奖励对他具有吸引力？员工努力工作以期获得晋升，但得到的却是加薪。或者员工希望得到一个比较有趣和具有挑战性的工作，但得到的仅仅是几句表扬的话。这些例子表明，根据每个员工的个人需要设置奖励是十分重要的。遗憾的是，许多管理者受到能够分配的奖励的限制，使得奖励个人化比较困难；而且一些管理者错误地认为，所有员工都想得到同样的东西，因此忽视了差别化奖励的激励结果。

总之，期望理论的关键是了解个人目标，以及努力与绩效、绩效与奖励、奖励与个人目标满足之间的关系。作为一个权变模型，期望理论认识到，不存在一种普遍的原则能够解释所有人的激励机制。另外，一个人希望获得满足的需要并不能保证这个人自己认为高绩效必然带来这些需要的满足。

6．洛克的目标设置理论

爱德温·洛克（E. A. Locke）提出，指向一个目标的工作意向是工作激励的主要源泉。也就是说，目标告诉员工需要做什么，以及需要作出多大的努力。也可以这样说：明确的目标能够提高绩效；一旦接受困难的目标，会比容易的目标带来更高的绩效；反馈比无反馈带来更高的绩效；具体的、困难的目标比笼统的目标“尽最大的努力”效果更好。目标的具体性本身就是一种内部激励因素。如果能力和目标的可接受性这样的因素保持不变，可以说，目标越困难，绩效水平越高。合乎逻辑的假设是，目标越容易越可能被接受。一旦员工接受一项艰巨的任务，他就会投入更多的努力，直到目标实现、目标降低或放弃目标。当员工在目标过程中得到反馈时，他们会做得更好，因为反馈能帮助他们认清已做的和要做的之间的差距。也就是说，反馈引导行为。

6.2.3 激励理论的实际应用

在这一章里，阐述了几个激励理论。事实上，其中许多得到支持的理论只不过使事情变得复杂了。如果发现只有一个理论是有效的，事情就简单多了。但是，这些理论相互之间并不矛盾！因为一个理论的有效性不能自动地使其他理论失去有效性。它们都是相互补充的，可从图 6－4 来分析。

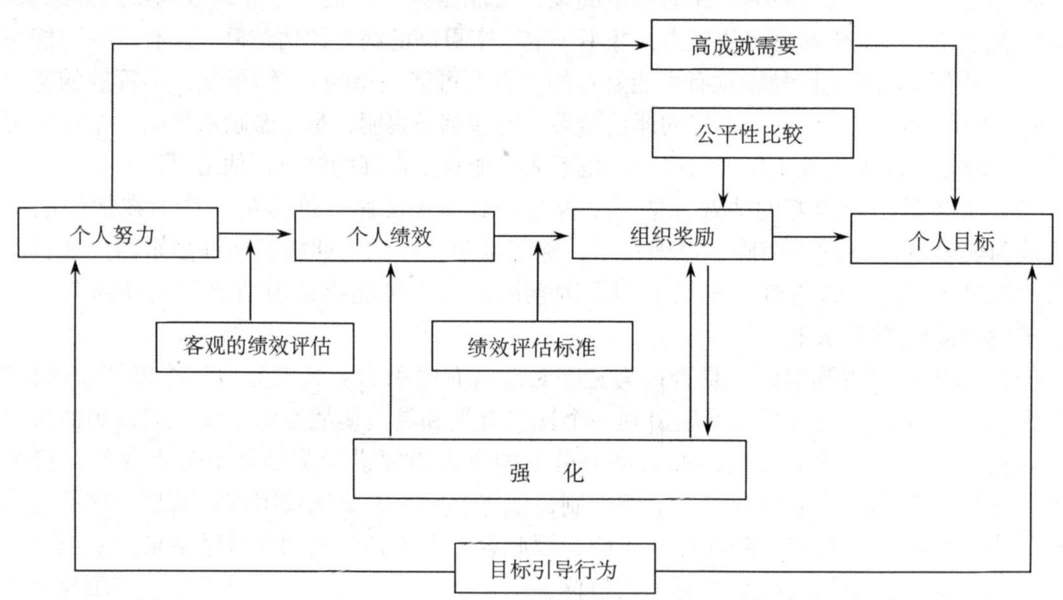

图 6－4　激励理论

从图中我们可以看到 ERG 理论、成就需要理论、强化理论、目标设置理论、期望理论和公平理论在实际操作中相互作用并互相影响。

（1）ERG 和成就需要理论的价值在于解释和预测员工的工作满意度。

（2）目标设置理论主要解释在适当的情况下，目标可以带来更高的绩效，但却没有涉及员工的缺勤、流动或满意度。

（3）公平理论在预测员工缺勤和流动行为时最为有效，在预测员工生产率的差异上效力差一些；

（4）期望理论是一种解释员工的生产率，只有所从事的工作比较复杂、在组织中的地位较高（有更多的自主权）时，其解释力才比较强。

（5）强化理论在预测工作的数量和质量、努力的持久性、缺勤、迟到和事故的发生率等方面比较有效，但是没有提供很多关于员工满意度或离职决策方面的见解。

下面逐个分析以上的激励理论，看看它们是如何在实际工作中运用的。

（1）把目标管理和目标设置理论联系起来。目标管理是由目标具体性，参与决策，明确的时间规定，绩效反馈这四个方面来体现的。目标管理的吸引力无疑在于它强调把组织的整体目标转化为组织单位和个人的具体目标。目标管理通过设计一种使目标根据组织层级相衔接的程序，使目标的概念具有可操作性，如图 6 – 5 所示。

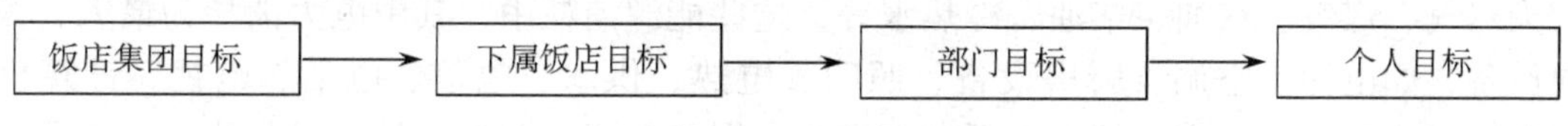

图 6 – 5　饭店目标管理

例如，饭店集团设定提高饭店前厅部服务质量目标的要求，下属饭店按照要求并且根据各自的情况参与制定相关目标（具体表现在客人在 3 分钟内必须办理完登记手续，在一个月内达到相关目标等）；而饭店的前台部门在部门内部制定严格的服务标准和简化接待程序，通过不断反馈调整，使部门员工达到所制定的要求；员工个人通过提供快捷的服务，出色完成接待工作，从而得到上级的表扬、奖励或晋升。在这个例子里，要注意的问题首先是管理目标中的目标应该是对期望成果的简要概述；其次目标不是由上级单位单方面制定然后分派给下属，应当运用参与决策制定的目标代替强加的目标；然后是每个目标都要有一个具体时间阶段，必须在这个阶段内完成；最后通过给个体提供持续的反馈，使他们能够控制和修正自己的行为。如果所有员工都实现了他们的个人目标，那么他们饭店的目标就能实现，整个饭店集团的总体目标就能成为现实。

然而，目标设置理论表明：困难的目标比容易的目标能带来更高的个体绩效；具体的目标比没有目标或笼统的目标"尽你最大努力"能带来更高的绩效；绩效反馈会带来更高的绩效。

目标管理直接提倡具体的目标和绩效反馈。目标管理隐含而不是明确指出，目标必须被认为是可行的。和目标设置理论一致，当目标足够困难，要求员工作出一定的努力才能实现时，目标管理将是最有效的。

目标管理和目标设置理论唯一不同的地方，可能是关于参与问题：目标管理极力主张参与，而目标设置理论表示给下属指定目标也会达到同样好的效果。运用参与的主要好处在于，它看起来是引导员工建立更困难的目标。在实际工作中，接触到的大多数是直接来自上级的命令，在参与的程度上较少，从而让员工参与工作的积极性受到一定程度的影响，导致员工在长期的工作中缺乏明确的工作目标。针对这个问题，作为一个管理者，在平时应做到多与员工进行沟通，让员工更多地了解饭店目前的经营状况，近期的或长期的发展目标，更好地调动员工的积极性。要学会怎样把饭店的目标和员工个人的目标结合在一起，从而达到双赢的结果。

（2）把组织行为学模式和强化理论联系起来。众所周知，饭店是一个营业的场所，有其自身的特殊性。不论是否有客入住，空调要开，热水要供应，蒸汽不能断，动力设备要运转。大堂、公共场所、走廊等处必须亮灯，不能有客人来才把灯打开，因而，消耗的能源费用是饭店支付的纯利润。关于饭店的能耗，有一个能耗比，即能耗费用与饭店营业总额之比，一般分为四档：A：6%～9%，B：10%～15%，C：16%～20%，D：21%及以上。百分比越小，饭店支付的能耗费用越省。饭店业是一个能源消耗很大的企业，电力、液化石油气、天然气、煤气、汽油、柴油、冷热水等，这些能源消耗中，其中电力消耗为最大，饭店各项设备，如电梯、空调、厨房设备、照明、电热、供水、电信、电话、电视、计算机系统、消防安全控制系统等，都离不开电力供应。据有关资料调查统计，目前我国饭店业每单位面积（m^2），每年消耗电能 165 kWh 左右，如一座建筑面积 12 000 m^2 的三星级饭店，全年耗电量约为 200 万度上下，按每度电 0.9 元计，全年需电费 180 万元，高于国外发达国家耗电平均值的 25% 左右。实际上，有些四、五星级饭店的能耗大大超出了这个水平。成本背上了很大的负担。如果饭店能够在节源开流方面做出成绩，将会在很大程度上降低营业成本。换句话说，也就是提高饭店的整体利润。某家知名饭店的能源消耗占饭店营业额的30% 以上，由于这个比例过高，饭店领导层决定减少能源成本，他们想把饭店的所有员工都动员起来，因此，他们对饭店员工制定了一套有效的激励政策来减少能源成本的开支。首先，要求饭店的员工在离开办公室或工作岗位时做到随手关灯、空调，节约用水；其次，对于用水量较大的员工浴室采取缩短开放时间来节水。空调房后半夜停运一台冷却塔（原开 3 台，现开 2 台）减少水的蒸发量，每月可节水 300 立方米。安排人员加强对厨房区域的例行巡检，关注节水工作，发现问题及时制止、提醒等。分配各个部门的包管区域，并规定部分区域的照明要定时开关；最后，对于每个季度（与上年度同期相比）节约出来的能源费用，饭店从中扣除 50% 之后，其余全部分派给员工作为节能奖励。经过两个季度的试行，饭店能源支出已经占到总营业额的 20% 左右，而且一直保持在这个水平，饭店和员工都从节能中获得收益。

根据上面的例子，要研究的是组织行为学模式的运用。组织行为学是探讨个体、群体和结构对组织内部行为的影响的研究领域，然后应用这些知识使组织的运作更有效。具体地讲，组织行为学关注如何改进生产率、降低缺勤、减少流动率，提高员工的工作满意度。

组织行为学模式主要分为 5 个步骤来解决问题。

① 识别与绩效有关的行为事件。饭店的每位员工在工作中所做的每一件事在绩效产出方面并不是同等重要的。往往这些 5%～10% 的行为可给每位员工带来 70%～80% 的绩效。

因此，先要识别员工和绩效之间的关键行为。以上饭店要求员工尽可能去节约用电就是关键行为的一个例子。

② 测量行为发生的最低频率。这要求管理者建立一个基础的绩效数据。在我们上面的例子中，饭店 30% 的能耗比例可以说明。

③ 识别行为的权变因素。这是通过功能分析，识别行为的绩效结果。这会告诉管理者行为发生的原因和行为结果。某知名饭店的能源开支过大是行为的先前征兆，于是鼓励员工节能。

④ 开发和实施干预策略。把节能费用的一部分作为奖励员工，起到一种强化绩效行为和削弱不必要的行为。

⑤ 评估绩效改善程度。某知名饭店在实施节能措施后，能源费用减少了 10% 以上和一直保持在这个水平，也就是说员工经历了一个相对持久的行为改变。

强化理论依靠正强化、行为塑造，以及确认不同的强化程序对行为产生影响。组织行为学模式运用这些观念，给管理者提供一种改变员工行为的强有力的、被证明是有效的工具。

（3）把员工参与管理和激励理论联系起来。参与管理与 X 理论和 Y 理论、激励—保健理论和 ERG 理论等激励理论都有关系。参与管理就是让下属人员实际分享上级的决策权。参与管理尤其受到年轻一代和高学历员工的重视。其理由有以下 4 个方面。

① 当工作比较复杂，管理人员无法了解员工的所有情况和各个工作细节，通过员工的参与决策可让了解更多情况的人有所贡献。

② 现代的工作任务相互依赖程度很高，有必要倾听其他部门的意见，而且彼此协商之后产生的决定，各方面都能致力推行。

③ 参与决策可使参与者对作出的决定有认同感，有利于决策的执行。

④ 参与决策可以提供工作的内在奖励，使工作更有效、更有意义。

饭店质量监督小组是一种常见的参与管理模式。质量监督小组通常由 8 ～ 10 位员工及 1 名督导员组成，质量监督小组会在饭店范围内经常不定期巡查，及时发现饭店在日常运作中所出现的问题，通常每周一次定期集会，讨论质量方面的难题，分析问题的原因，并提出解决方案，监督实施修正计划。

下面列举一些关于员工参与的建议，仅供参考。

（1）弹性福利制。弹性福利制是指允许员工在各种可能的福利方案中，选择自己最需要的。因为每个人的具体情况不同，需要的福利也不同。有的员工可能更关心子女入托的问题，而有的员工更希望得到住房补贴、交通补贴、制服津贴、电话费补贴等。弹性福利制是由饭店根据每个员工的薪水层次设立相应金额的福利账户，每一时期拨入一定金额，列出各种可能的福利选项供员工选择，直至福利金额用完为止。

（2）弹性工作制。弹性工作制是指在固定工作的时间长度的前提下，灵活地选择工作的具体时间方式。

① 缩短每周工作天数。例如在美国，有的人每天工作 10 小时，一周工作 4 天，而不是

传统的每周5天工作制。这种方法可使员工有更多的休闲、娱乐的时间，提高员工的工作热情和对组织的认同度，提高生产力和设备运转率，减少加班和旷工率。

② 弹性工作时间。饭店只规定每天工作总的时间数，员工上下班的时间可以自己掌握。通常，饭店规定一段必须在班的共同时间，以避免员工之间没有机会沟通。弹性工作时间可以减少旷工率，提高生产力，减少加班费，给员工私人生活提供方便。它给予员工更多的自主权和责任感，顺应员工成长的需要，符合 ERG 理论。不过统计表明，这种工作制主要被小企业采用。

（3）工作丰富化。工作丰富化是指在纵向上赋予员工更复杂、更系列化的工作，参与工作的规则制定、执行、评估，使员工有更大的自由度和自主权。

① 任务组合。把现有零碎的任务结合起来，形成范围较大的工作，增加技能多样性和任务完整性。构成自然性的工作单元，能使员工从事完整的工作，从而看到工作的成果、意义和重要性。

② 与客户建立联系，从而增加工作技能多样性、自主性和反馈度纵向扩充工作内涵，赋予员工一些原本属于上级管理者的职责与控制权。

③ 开放反馈渠道，使员工不仅知道自己的绩效，也可知道是否进步、退步或没有变化。

④ 组织自主性工作团队。自主性工作团队对例行工作有很大的自主管理权，包括集体控制工作速度、任务分派、休息时间、工作效果的检查方式等；甚至可以有人事挑选权，团队中成员之间互相评价绩效。组织自主性工作团队有三个特征：整个团队对最终产品负责；成员拥有各种技能，从而能够执行所有或绝大部分任务；绩效的反馈和评价以整个团队为对象。

（4）工作扩大化。工作扩大化是指在横向水平上增加工作任务的数目或变化性，使工作多样化，但工作的难度和复杂程度并不增加。例如，前台部门的员工可以从原来只专门分检各部门邮件，增加到负责分送到饭店各个部门。

（5）工作轮换。工作轮换是让员工在能力要求相似的工作之间不断调换，以减少工作的枯燥单调感。现在，有些饭店从长期培养员工的角度出发，在录用新员工后的1～2年内让员工在饭店主要的部门都工作一段时间。这种方法能非常有效地提高员工的能力。

（6）工作设计。工作设计是指将任务组合，构成一套完整的工作方案，就是确定工作的内容和流程安排。

（7）科学管理。科学管理也是早期流行的一种工作设计方法。科学管理的方法采用动作时间分析等科学方法确定工作中的每个要素，减少动作和时间上的浪费，提高工作的专门化程度，降低工作的复杂性，提高生产率。

员工参与是为发挥员工所有的能力，且为鼓励员工对组织成功做更多的努力而设计的一种参与过程。其隐含的逻辑是：通过员工参与影响他们的决策和增加他们的自主性和对工作生活的控制，员工的积极性会更高，对组织更忠诚，生产力水平更高，对他们的工作更满意。在这里提到的是员工的参与式管理，为什么管理层愿意和下级分享决策权呢？这有许多原因。当工作变得复杂时，管理者常常不能了解员工所做的一切。所以，参与允许最了解工作的人参与决策，结果可能是更完善的决策。同时，参与还可增加对决策的承诺。如果员工参与决策过程，在实施决策时他们更不可能反对这项决策。最后，参与为员工提供了内部奖励。它会使他们的工作更有效和更有意义。

员工参与方案运用一些激励理论。例如，Y 理论和参与式管理是一致的，X 理论与更传统的专制管理方式相吻合。根据激励保健理论，员工参与方案通过加强员工在工作中成长的机会、责任和参与工作本身，可为员工提供内部激励。同样，有作出实施决策的机会，然后看着它们发挥作用，有助于满足员工责任、成就、认可、成长和自尊的需要。所以，员工参与和 ERG 理论与刺激员工成就需要的努力是一致的。

6.3　激励的方法和类型

6.3.1　激励的方法

管理以人为本，提高管理绩效的关键之一在于运用适当的激励方法，充分调动人的主动性和积极性，进行创造性的工作。美国有学者将这一规律概括为一个公式：

工作绩效 = 能力 × 动机激发

古今中外，许多政治家、军事家、思想家和组织管理者都十分重视运用和研究激励方法，提出了很多有价值的思想。研究、借鉴这方面的成果，对于探索一套适合当代中国国情的行之有效的激励方法，是大有裨益的。

1. 中国古代的激励方法

早在西方激励理论提出两千多年前，中国古代的政治家、军事家、思想家就总结治国统兵实践经验，提出了一系列激励的方法。

方法之一：激励下属“士为知己者死”。这就是管理者、统治者关心、爱护下属，满足下属生存和发展特别是心理情感的需要，与之成知己和至交，从而使下属不遗余力地为自己出力和服务。儒家孔子提出“仁”，主张“施仁政”，强调国家的统治者要像爱护亲属一样地对待臣民。孙武则要求将帅一定要爱护士兵。他在《地形篇》中分析道：“视卒如婴儿，故可以与之赴深溪；视卒如爱子，故可与之俱死。”将帅如果能像对待自己的爱子一样对待士卒，就能取得士卒的信任，甘愿追随自己赴汤蹈火。这样的军队，无往而不胜。当然，爱民不是空洞的，必须体现在满足臣民的需要上。统治者决策时，必须“惟民之承”（《盘庚》中篇），顺应民心，使民成为顺民，从而形成凝聚力。

方法之二：“赏不可不平，罚不可不均。”这是指管理者、统治者要赏罚严明，善于通过奖赏和惩罚这两种正、负强化激励手段，达到鼓励先进，鞭策后进，提高绩效的目的。爱护下属不是溺爱，必须有必要的褒扬和处罚，恩威并施。赏罚的关键是：要严明、公正。“赏不可不平，罚不可不均”（《诸葛亮集》）。不分人的贵贱，谁有功就赏谁，谁违纪哪怕是皇亲国戚也严格惩罚。“设而不犯，犯而必诛”（《曹操集》）。曹操违纪，自罚“割发代首”；街亭失守，诸葛亮“挥泪斩马谡”。这些历史典故都是执法严明的例证。古人认为，只有做到恩威并施，运用正负两种强化激励手段，才能“犯三军之众，若使一人”（《九地篇》），得心应手地运筹帷幄，使之无敌于天下。

方法之三：“任贤律己”，“身先士卒”。这是说管理者、统治者要知人善任，严于律己，身先士卒，以自己榜样的作用和力量感染激励下属。中国古人历来崇尚德，用人强调德的标准。儒家曾提出“内圣外王”之说，对君子的要求是仁、智、勇、恭、敬、惠、义、达、艺，侧重于德。德的含义很广，而严于律己，“己所不欲，勿施于人”（《论语》）是其基本要求。

方法之四：“上下同欲者胜”（孙武《谋功篇》）。这似目标激励法，即管理者、统治者，引导上下心往一处想，劲往一处使，为实现特定的目标而不懈地努力。孙武非常强调“上下同欲”，将它列为五个制胜必备因素之一。“上下同欲”是作用极大的激励方法。军队战斗力强不强，治国政绩大不大，很大程度上取决于上下有没有共同目标，能不能团结一心，步调一致。上下同心同德则无往而不胜，上下离心离德则一盘散沙，不攻自破。上下同欲是取胜的必备条件，因而各种激励方法的采用，都必须促使上下同欲。

2. 西方管理理论提出的激励方法

19 世纪末 20 世纪初，西方对管理活动进行系统研究，产生了管理理论。西方管理理论经历了从把人看作“经济人”到把人看作“社会人”、“自我实现人”、“复杂人”的演变过程。由于对人的假设这一前提不同，提出的理论不同，主张的激励方法也就不同。

方法之一：“胡萝卜加大棒”。最初西方产生了以泰勒为主要代表人物的古典管理理论。该理论把人假设为“经济人”，认为人的行为是在追求本身最大的利益，工作的动机只是为了获得经济报酬，因而主张实行刺激性的工资报酬制度——差别计件工资制。泰勒研究分析了工时，制定出一个定额或标准，然后根据工人是否完成其定额而采取不同的工资率，以鼓励工人努力工作，完成定额。这种理论还认为，人的情感是非理性的，会干预人对经济利益的合理追求，组织必须设法控制个人的感情。为此，提出了一系列的管理控制制度，对违纪者处罚。人们把这种理论提出的激励方法俗称为“胡萝卜加大棒”的方法。

方法之二：满足“社会人”的需求。“胡萝卜加大棒”的方法后来逐渐暴露出其局限性。到 20 世纪 20 年代前后，美国梅舆等人依据霍桑试验的材料提出了“社会人”的假设，初创了行为科学。这种理论认为，人不单纯只追求物质和金钱，他们还追求人与人之间的友情、安全感、归属感等方面的社会和心理的需要。满足人的社会需求，往往比经济报酬更能调动人的积极性。工人的社会需求的满足程度决定他们生产率的高低，物质刺激只具有次要作用。因而主张采取多种办法满足“社会人”的需求，如创造良好的人际关系，明确人的责任，使做出成绩者得到提升，使人得到重视和发展等。

方法之三："寻找人的自我实现"。20 世纪 40 年代末，西方盛行"自我实现人"假设。这种人性假设的核心思想认为，人都有一种想寻求工作上的意义，充分发挥自己的潜能，实现自己的理想，即"自我实现"的欲望。主张创造一种适宜的工作环境，促使人们的潜能得到充分发挥。"自我实现人"的观念使激励方法有了根本性的改变。前面两种方法都是从外部条件来满足人的需要，即实施的是外来的激励。这种理论认为，外来的激励和控制会对人产生一种威胁，造成不良后果。它主张内在激励，即通过自我激励和自我控制来调动人的积极性，满足人的自尊需要和自我实现的需要。这样，人就会获得长足和持久的工作动力。

方法之四：多种激励方法并用。20 世纪 60 年代末 70 年代初，美国心理学家和行为科学家沙因提出了"复杂人"的假设。"经济人"、"社会人"、"自我实现人"这些不同假设，各自反映当时的时代背景，适合于某些场合和某些人。人有着复杂的动机，不能简单地归结为一两种，也不能把所有的人都归结为同一类人，且人的动机变动性大。因此，没有一种适合于任何时代、任何人的万能激励方法，不能只采取单一的激励方法，必须根据不同的人及人的变化，采用适宜的激励方法。

从以上的分析可以看出，中国古代的激励方法与西方管理理论提出的激励方法有着共同之处，都从物质和精神方面进行激励，有的方法基本类似。其共性说明在不同文化传统和不同社会制度下，人有着某些共同的需要，因而激励有着一般规律。然而，由于二者产生的背景不同，其研究的角度、研究的方法以及激励方法的侧重点存在着很大的不同。

（1）从研究的角度来看，中国古人研究的是国家和军队的管理，西方管理理论研究的则主要是企业的管理。国家、军队的管理与企业的管理有相通之处，但毕竟不可同日而语。

（2）从研究方法来看，中国古人是通过总结实践经验提出激励方法，较为直观，对其原因、机理缺乏理论的深入分析，没有上升为系统的管理理论。西方则是在实验的基础上，深入分析实验、实践的结果，找出其激励机理，建构系统的理论体系，试图揭示激励的一般规律。通过对人性认识的不断加深，西方管理理论不断深化，激励方法也随之不断完善。

（3）从研究和运用激励方法的侧重点来看，有以下 2 点不同。

① 中国古代激励重情。儒家认识到对民"爱之如父母，则归之于流水"，主张把家庭伦理推广应用于社会管理，人人都"爱"，建立一个和睦的大家庭，从而实现整个社会的和谐。历史上，中国成功的统治者、管理者非常注重感情投入，以赢得人心，如诸葛亮七擒孟获。中国的老百姓也确实十分重交情。如果认为领导者、管理者对他好，他就会忠心耿耿为其效劳，不会去计较物质利益上的得失。西方则比较忽视情，长期只强调用铁的规章制度管理员工，劳资双方冲突尖锐。直到 20 世纪 20 年代，西方管理理论才认识到人是社会的人，不只有物质需求，还有被尊重等社会需求。

② 中国古人强调心治，重视精神激励。《管子心术篇》中说："心安是国安也，心治是国治也，治也者治心，安也者安心。"这里实际上已提出了心治为管理之要的思想。西方管理理论在产生了一段时期后才认识到这一点。基于对这一认识，中国古代统治者历来重视塑

造人的精神，主张通过教育来造就理想的统治者与被统治者。一直坚持用一种理论来统一民众的心志，向臣民灌输儒家思想，教育臣民要“忠”、“孝”、“仁”、“义”。对那些精忠报国忍辱负重的“君子”，大力宣扬，使之成为万众学习、崇拜的楷模；对那些不忠不孝的“小人”，极力贬斥，使之为民痛恨。这种教育极大地激励人们去做“君子”，从而在国家、组织中产生一种具有很强凝聚力的整体精神。西方的精神激励方法则强调个人奋斗，实现个人的价值，组织缺少一种整体精神。西方管理学家现已认识到这正是其企业的一个缺陷，主张吸取中国传统文化中的这一精华。

6.3.2 激励的类型

不论在东、西方社会，激励作为一种手段，都是饭店人力资源管理的核心，是吸引人才、留住人才的重要手段。如何创新激励机制，吸引优秀人才，激发人才的能量，充分发挥人才的积极性和创造性，为饭店业创造出更大的价值，这是企业领导者必须解决的重要课题。至于用什么样的激励方法，多数人都会想到涨工资或发奖金。实际上激励是对员工需求的满足，员工的需求是多种多样的，所以激励的途径也是多种多样的。物质激励（涨工资或发奖金）只是其中的一种途径，其实还有许多其他途径。我们可以根据激励的性质不同，把激励区分为5种类型，分别为成就激励、能力激励、环境激励、感情激励和物质激励。通过细分激励，我们才能够更准确地运用相关的激励方法去激励员工。

1. 成就激励

随着社会的发展，人们生活水平的提高，越来越多的人在选择工作时已经不仅为了生存。特别是对知识型员工而言，工作更多的是为了获得一种成就感。成就激励是员工激励中一类非常重要的内容。根据作用不同，可把成就激励分为组织激励、榜样激励、荣誉激励、绩效激励、目标激励和理想激励6个方面。

1）*组织激励*

在饭店的组织制度上为员工参与管理提供方便，这样更容易激励员工提高工作的主动性。管理者首先要为每个岗位制定详细的岗位职责和权利，让员工参与制定工作目标的决策中来。在工作中，让员工对自己的工作过程享有较大的决策权。这些都可达到激励的目的。

2）*榜样激励*

榜样激励就是利用模范人物的优秀思想和良好行为来教育员工，使员工通过感染来接受榜样人物典型事迹的影响，从而自觉地模仿榜样人物的样板行为，以形成良好思想品质和行为习惯的一种教育方法。榜样的力量是无穷的。因为人总是希望获得他人的认可，以确立自己的价值，这种内驱力使人们自觉地向获得广泛认可的“榜样”靠近。榜样不仅影响他们的思想认识，具体告诉他们如何去做，而且熏陶他们的情感，从内心产生巨大的力量，推动他们下决心去做，促使他们形成优秀的品质。群体中的每位成员都有学习性。饭店可以将优秀的员工树立成榜样，让员工向他们学习。虽然这个办法有些陈旧，但实用性很强。就像一个坏员工可以让大家学坏一样，一位优秀的榜样也可以改善员工的工作风气。

3）荣誉激励

从人的动机看，人人都具有自我肯定、光荣、争取荣誉的需要。对于一些工作表现比较突出，具有代表性的先进人物，给予必要的精神奖励，都是很好的精神激励方法。对各级各类人才来说激励还要以精神激励为主，因为这可以体现人对尊重的需要。在荣誉激励中还要注重对集体的鼓励，以培养大家的集体荣誉感和团队精神。比如为工作成绩突出的员工颁发荣誉称号，代表着饭店对这些员工工作的认可。让员工知道自己是出类拔萃的，更能激发他们工作的热情。

4）绩效激励

在绩效考评工作结束后，让员工知道自己的绩效考评结果，有利于员工清醒地认识自己。如果员工清楚饭店对他工作的评价，就会对他产生激励作用。

5）目标激励

目标是组织对个体的一种心理引力。所谓目标激励，就是确定适当的目标，诱发人的动机和行为，达到调动人的积极性的目的。目标作为一种诱引，具有引发、导向和激励的作用。一个人只有不断启发对高目标的追求，才能启发其奋发向上的内在动力。正如一位哲人所说“目标和起点之间隔着坎坷和荆棘；理想与现实的矛盾只能用奋斗去统一；困难，会使弱者望而却步，却使强者更加斗志昂然；远大目标不会像黄莺一样歌唱着向我们飞来，却要我们像雄鹰一样勇猛地向它飞去。只有不懈地奋斗，才可以飞到光辉的顶峰。”我们在大力宣传企业的战略目标和发展前景的同时，还要注意把企业目标与员工个人目标结合起来，使员工认识到企业目标包含着个人目标，只有完成企业目标才能实现个人目标。为那些工作能力较强的员工设定一个较高的目标，并向他们提出工作挑战。这种做法可以激发员工的斗志，激励他们更出色地完成工作。这种工作目标挑战若能结合一些物质激励，效果会更好。

6）理想激励

理想激励是指企业要加强思想政治教育工作，引导员工树立科学的理想信念和正确的人生观，使企业成为由有共同理念的人组成的战斗群体从而产生理念共鸣效应，激发员工为实现共同的理想信念而奋斗。每位员工都有自己的理想，如果他发现自己的工作是在为自己的理想而奋斗，就会焕发出无限的热情。管理者应该了解员工的理想，努力将饭店的目标与员工的理想结合起来，实现饭店和员工的共同发展。

2. 能力激励

为让自己生存得更好，每个人都有发展自己能力的需求。可以通过培训激励和工作内容激励满足员工这方面的需求。

1）培训激励

培训激励对青年人尤为有效。通过培训，可以提高员工实现目标的能力，为承担更大的责任、更富挑战性的工作及提升到更重要的岗位创造条件。在许多著名的饭店里，培训已经成为一种正式的奖励。

2）工作内容激励

用工作本身来激励员工是最有意思的一种激励方式。如果能让员工干其最喜欢的工作，就会产生这种激励。管理者应该了解员工的兴趣所在，发挥各自的特长，从而提高效率。另外，管理者还可以让员工自主选择自己的工作。通过这种方式安排的工作，工作效率也会大大提高。

3. 环境激励

1）政策环境激励

饭店良好的制度，规章等都可以对员工产生激励。这些政策可以保证饭店员工的公平性，而公平是员工的一种重要需要。如果员工认为他在平等、公平的饭店中工作，就会减少由于不公而产生的怨气，提高工作效率。

2）客观环境激励

饭店的客观环境，如办公环境，办公设备，环境卫生等都可影响员工的工作情绪。在高档次的环境里工作，员工的工作行为和工作态度都会向“高档次”发展。

4. 感情激励

唐代诗人白居易说过：“感人心者，莫先乎情”。感情激励是指企业的领导者要加强与员工的感情沟通，尊重员工，关心员工，帮助员工解决实际困难，与员工建立亲切感情，使员工体会到企业的关心和温暖，从而激发他们的积极性和责任感，促使他们保持良好的情绪和工作热情。其目的是以感情手段为激励模式，在于激发人的潜能，鼓励人们积极进步。在感情激励中要注意把握五个技巧：一要勤于知情，善于察言观色、透视本质；二要敏于动情，要把握动情的契机、场合、分寸；三要巧于融情，做到情与言相耦合，情与行相融合，情与事相结合；四要善于用情，注意方式、对象、内容；五要精于导情，引导积极情感，升华一般情感，排遣消极情感。

5. 物质激励

物质激励的内容包括工资奖金和各种公共福利。它是一种最基本的激励手段，因为获得更多的物质利益是普通员工的共同愿望，它决定着员工基本需要的满足情况。同时，员工收入及居住条件的改善，也影响着其社会地位、社会交往，甚至学习、文化娱乐等精神需要的满足情况。

1）薪酬激励

薪资报酬是激励员工的基础。科学地设计企业员工的薪酬结构，且把员工的薪酬与绩效挂钩，从而更好地激励员工的积极性。奖惩激励是对员工的成绩给予表扬，对员工的失误和错误给予适当的惩罚。

2）*福利激励*

福利激励是指企业的领导者根据企业的经济效益制定有关福利待遇的发放标准，确保员工生存与安全的需要，激励员工为企业多做贡献。

3）*产权激励*

以企业的股票或企业股票期权为主要方式对员工实行产权激励。用与经济挂钩的激励把员工的个人利益与企业的经营效益联系起来，让他们感到个人利益与企业整体利益息息相关，愿意为企业整体利益服务。经济激励如果没有精神激励相辅助，过量的经济激励会加大企业的负担，对员工的成长和发展不利，对企业的长远发展反而有害。

6.4 不同类型员工的激励

每位员工都属于某种特定的类型，都拥有自己的独特的价值观念与奋斗目标。因此，优秀的管理者必须熟悉员工的类型、了解员工的需求、切实掌握不同的激励技巧。

1. 独立思考型：给予相对的自主权利

独立思考型员工属于那种“希望自由选择并决定工作”的人。不管受雇于他人还是自己创业，这类人都希望独立组织自己的工作。他们不看重规章制度，不愿在办公室里呆得太久。他们喜欢以自己的方式去行动，厌恶在别人的管束下工作。

2. 生活设计型：提供弹性的工作时间

生活设计型员工信奉的格言是：“工作是为了更好地生活。”生活设计型员工希望拥有弹性的工作时间，希望理想地平衡工作与家庭的关系。他们往往通过努力工作来获取报酬，以便获得足够的时间与财力去享受或安排自己的生活。

3. 个体发展型：创造理想的锻炼机会

个体发展型员工的格言是：“我因学习而快乐。”个体发展型员工在选择自己的工作时，往往以能否锻炼提高自己为重要指标。毫无疑问，这些人并不是天生的冒险家，如果工作能提供锻炼提高的机会，他们就有可能采取冒险行动。

4. 雄心勃勃型：增加相应的工作责任

雄心勃勃型员工的格言是：“我要不断超越并愿付出相应代价。”雄心勃勃型员工最关心的是自己的地位、特权、发展机会。当他们不得不沿着阶梯缓慢前进时，有可能同时转到另一领域来增加自己所承担的责任，以此来获得满足感。

5. 返璞归真型：调整个人的奋斗目标

返璞归真型员工的格言是："我就是我，我要成为我自己。"返璞归真型员工不愿放弃自己的个性，也不愿为了遵从规则而失去放飞个性的机会。他们富有创造力，但当管理者要求他们必须服从众多的规章时，就会发现他们很难管理。

6. 团队合作型：营造融洽的合作气氛

团队合作型员工的格言是："我需要与人合作，我是团队中的一员。"团队合作型员工对团队有一种特别的忠诚。对他们来说，与团队的其他成员晚上出去喝杯啤酒将是令人惬意的事。他们认为，与人合作是工作中最重要的一部分。

对于饭店管理者来说，主要是要处理好专业员工、临时工、其他各类员工三种类型人的激励方法。专业人员和非专业人员具有显著不同。前者对自己的专业领域有强烈和持久的承诺。他们的忠诚感更多针对他们的专业而不是雇主。为了和专业的发展现状保持一致，他们需要经常更新知识。他们对专业的投入意味着他们很少把工作周定义为每天工作 5 ～ 8 小时，每周工作 5 天。用什么激励专业人员？金钱和提升不是最佳选择。为什么呢？他们一般有较高的报酬并喜欢自己的工作。相反，工作的挑战性排在前列。他们喜欢处理问题，找到解决方法。他们工作中的主要奖励是工作本身。专业人员也看重支持。他们想让其他人认为他们正在从事的工作是重要的。因为专业人员更倾向于把工作作为生活兴趣的中心；非专业人员通常在工作以外还有其他兴趣，这可满足其在工作中不能满足的需要。如果试图激励专业人员，以上的叙述隐含一些必须记住的原则，即给他们提供不断发展的、有挑战性的工作；给他们一定的自主权去实现他们的兴趣；允许他们以自己认为有效的方式工作；提供受教育机会，如培训、专题讨论会、参加会议等来奖励他们，这可使他们了解其专业领域的发展。问他们一些问题和从事一些其他活动，向他们证实你确实对他们正在从事的工作感兴趣。

对于临时工来说，他们是饭店业必不可少的劳动资源，饭店可以通过临时工的使用来达到降低营业成本的效果。这些临时工没有长期工具有的安全感或稳定性。这样，他们就不能融入饭店或表现出其他员工具有的忠诚感。临时工通常也不享有或几乎不享受养老金、医疗或其他类似的福利。所以可以说，绝大多数临时工都是非自愿的。那么我们怎样去激励非自愿的临时工呢？显而易见的答案就是获得长期工作的机会。在那些长期工是从临时工中挑选出来的案例中，临时工会努力工作以期成为长期工。另一个不太显眼的答案是培训机会。临时工找到新工作的能力很大程度上取决于他们的技能。如果一名临时工认为他所从事的工作有助于他掌握实用技能，激励水平就会提高。

对于其他各类员工，如果想使员工的激励水平最大化，首先应该了解这些员工需求的多样化并作出反应，应遵循的关键是灵活性。通过制定工作时间表、报酬方案、福利、工作环境及其他方案以适应员工的不同需要。

改变一个人要花费太多的时间和精力，而激励一个人有时候也许只需要一句话。人才不是笨狗熊，不是只会懒洋洋地躺在路边晒太阳的波斯猫；人才是只虎，天生就有要在旷野山林里成就一番事业的雄心。每位人才都有自我激励的本能，他们都希望能够自主，希望自己的能力得以施展，希望得到认可，希望自己的工作富有意义。一个聪明的组织或者领导者如果能够利用他们的这种本能去激励人才，甚至可能不需花费分文。如果一个组织不能有效地激励员工，则可能存在着以下阻碍人才实现自我激励的因素中的某几个。

（1）组织里充满政治把戏，勾心斗角。

（2）人际关系太复杂，不知道谁和谁一派。

（3）组织对人才的业绩没有明确的希望值，不知道要做什么，也不知道做到什么程度才正好。

（4）设立太多不必要的制度让人才遵循，很少奖励，但却总有一条可以对人才进行惩罚。

（5）让人才参加许多拖沓的会议。

（6）在人才中推行过度的内部竞争，而且评价标准不公正公平。

（7）没有为人才提供必要的完成工作的支持。

（8）提供批评性、而非建设性的反馈意见。

（9）容忍差业绩的存在，使业绩好的员工觉得不公平。

（10）未能对充分发挥能力的人才给予足够的重视。

利用人才的自我激励本能，就要发掘真正的激励因素，彻底和以上所列的非激励因素说再见。利用员工的内在欲望，促使他们实现最大的激励度和生产率。不要费劲去试图一个一个地改变人才，而应该努力去改变你的组织，减少不利用激励的消极因素，从而充分调动人才实现自我激励的本能。激励是一柄双刃剑，用得好，就会促使人才留下来，用不好，就会伤害人才的自尊心，起到适得其反的作用。每位人才都希望别把自己看成“自尊人”、“价值人”和“自我实现人”。因此，激励当代人才的重点应该放在“肯定上”，正如哈佛大学教授康特所说：“薪资报酬是一种权利，只有肯定才是一个礼物。”“负激励”（如批评、严厉的惩罚等）尽量少用。

饭店除了要对不同类型的员工采取适当的激励方法外，还应建立和完善饭店有效的激励机制，应该注重把握员工的需求，并按需求层次进行调整和选择。尤其是饭店的领导者，要设法使员工的工作具有挑战性，给员工一种自我实现感。要让员工参与饭店的目标管理，鼓励员工提出改进工作的合理化建议；要给员工自身进步和发展的机会，使他们在实践锻炼和培训学习中提高自己的水平，满足其实现自身价值和发展提高的欲望，从而使员工产生参与感和成就感，更好地发挥他们的潜能。

向他们描绘愿景。从基本面来观察，饭店的“共同愿景”主要应该回答两个方面的问题。一是饭店存在的价值，这里不仅涉及泛泛的伦理判断问题，更多涉及行业的发展趋势，以及饭店行业内部的发展趋势问题。说通俗一点，这是一个战略判断问题。其二，饭店的“共同愿景”必须回答员工依存于企业的价值。饭店存在有价值并不代表饭店中的员工都有价值感。作为饭店的领导者所要做到的主要是让下属了解工作计划的全貌及看到他们自己努力的成果。员工愈了解饭店的经营目标，对饭店的向心力愈高，也会更愿意充实自己，以配合饭店的发展需要。所以，领导要弄清楚自己在讲什么，不要把事实和意见混淆。不断提供他们与工作有关的饭店重大信息，让员工充分了解，从而不必浪费时间、精力去听小道消息，也能专心投入工作。

授予他们的权力。授予不仅仅是封官任命，领导者在向下属分派工作时，也要授予他们权力，否则就不算授予。所以，要帮被授权者清除心理障碍，让他们觉得自己是在“独挑大梁”，肩负着一项完整的职责。方法之一是让所有的相关人士知道被授权者的权责；另一个要点是，一旦授权之后，就不再干涉。在日常工作中往往担心或不信任被授权员工的工作情况，授权以后不信任下属的突出表现是授权以后横加干涉，下属觉得无所适从，只好静坐观望；领导反过来又认为下属无主动性，需要推动，因而愈加有干涉的理由，下属愈发感到寸步难行，由此形成恶性循环。

饭店领导者如果能够认识授权以后的充分信任不仅对下属极有好处，同时对领导者自身也利多弊少的话，他就会积极主动地去充分放权。授权以后的充分信任等于给下属一个平台、一种机会，给其受尊重的感觉，让其有一个广阔的施展抱负的空间。授权以后的充分信任对于领导者自身也有莫大的好处：把事情简单化，有充裕的时间去思考重大决策问题。

由此可知，人的感情因素是领导者万万不可忽略的，只有信任他人者才会被信任，企业领导者如果能够设身处地想想，得出的结论将是己所不欲，勿施于人。

要注意用“行动”去昭示部下。语言的巨人、行动的矮子现象在现实生活中比比皆是，此种做法乃饭店领导之大忌。正如日本东芝总裁士光敏夫所言：部下学习的是上级的行动。对饭店领导来说，当你希望下属做什么时，请拿出你自己的示范行为来。

作为领导，当然不可能不“说”，却更忌讳不“做”。“说”与“做”简单的组合有5种，其示范作用各有不同。

（1）说了，不做，负面作用最大。

（2）不说，不做，负面作用次之。

（3）不说，做了，有积极作用。

（4）边说，边做，有很好的示范作用。

（5）做了，再说，示范作用次之。

这五种基本状态中，笔者提倡“边说，边做”，其积极作用最大。做的过程对领导者来说是一个了解真实状况的过程，对被领导者来说是一个被感召的过程。在这一过程中的“说”更有目的性，更具指导性。

著名教育家卡耐基曾说过这么一句话：我年纪越大，就越不重视别人说些什么，我只看他们做了什么。中国谚语也有“一个行动抵一万句口号”的说法，这些朴素的真理值得饭店领导铭记。

听他们诉苦。不要打断下属的汇报，不要急于下结论，不要随便诊断，除非对方要求，否则不要随便提供建议，以免流于“瞎指挥”。就算下属真的来找你商量工作，你的职责应该是协助下属发掘他的问题。所以，你只要提供信息和情绪上的支持，并且避免说出类似像

“你一向都做得不错，不要搞砸了”之类的话。

要注意“公正”第一的威力。公正生“威”。一般来说，大家会尊敬态度强硬但公正的领导人，而强硬只有与公正相伴，下属才可能接受。中国不少企业中领导者的“公正”意识是相当缺乏的。

(1) 公正意味着秩序上的公正。如对员工的奖惩要特别强调有据可依，不搞无中生有的奖罚就是一个突出的例子。

(2) 公正意味着制度面前人人平等。公正的立足点是制度管人，而不是人管人。

(3) 公正强调让事实说话，让数字说话，注意精确、有效。

(4) 公正是对企业领导人品格的一种考验。它首先要求领导人品行的端正。

提供必要的训练。支持员工参加职业培训，如参加学习班，或饭店付费的各种研讨会等，不但可以提升下属士气，也可提供必要的训练。教育训练有助于降低工作压力，提高员工的创造力。

要注意沟通的实质性效果。沟通对于领导者来说更具有特殊意义。

(1) 沟通的过程是争取支持的过程，领导的本质就是被领导者的追随与服从的过程，成功领导人的下属支持率必须高于70%，如果小于60%则很危险，低于50%就是不合格。

(2) 沟通过程是汲取智慧的过程，如好的方法、主意、决策雏形等都可以由沟通中得到。

(3) 沟通是激励下属最好的却往往是最廉价的方式，领导者认真地聆听、询问，虽然不可能解决所有问题，但你给下属的感觉是肯定的——我很重要，我的部门很重要。试想，有谁甘愿被别人认为是不重要的呢?

由此可见，沟通过程中纯语言的功用是十分次要的，领导者应更多地重视从意识深层去解剖自己，再转化为相应的为下属所欢迎的沟通方式。

思考题

1. 试解释“激励”的概念。
2. 激励理论有哪些类型?
3. 早期的激励理论有哪些? 试解释亚伯拉罕·马斯洛的需要层次理论。
4. 弗雷德里克·赫兹伯格（Fredrick Herzberg）的双因素理论中，激励和保健因素分别包括哪些内容?
5. 如何把员工参与管理和激励理论联系起来?
6. 如何针对不同类型的员工采取相应的激励手段?

第7章

饭店员工的需求与报酬

【学习目标】

☑ 了解需求与动机的含义。
☑ 熟悉需求层次理论及薪酬福利管理的实际运用。
☑ 了解薪酬体系设计要解决的问题。
☑ 认识工资、奖金和福利的含义及其作用。

员工报酬（包括工资、奖金和福利待遇等）对饭店来说是其经营成本的一部分，是饭店用来吸引人才、激励员工工作的重要手段。对于员工来说，报酬是维持正常生活水平的物质条件，同时报酬的高低在某种程度上也是证明工作能力、检验其工作水平的衡量标准之一。

员工的薪酬福利管理是饭店人力资源管理的一项重要的基础工作。通过本章的学习，了解需求理论的相关知识，进而理解激励饭店员工的方法和手段。本章对饭店报酬体系进行详细的阐述，通过学习可以了解饭店工资、奖金、福利的相关法律规定、饭店常用制度，掌握基本的操作方法。

7.1 需求与动机

7.1.1 需求与动机的含义

所谓需求，是指人们为了维持和发展自身生命对客观物质条件，也就是对某种目标的渴求式欲望的一种反映，是个体缺乏某种东西时产生的一种主观状态。需求是不以人们意志为转移的客观规律，是人类一切活动的根本动机和内在动力。人的积极性根源于人们生存、发展和享受的需求。

动机的原意是引起动作。或者说，动机是为了满足某种需要而进行活动的念头和想法。一种未满足的需要会带来紧张，进而在躯体内部产生动机。这些动机会产生某些行为，去寻找能够满足需要的特定目标。当目标达到时，原有的紧张的心理状态就会消除，使需求基本得到满足。这时，人们又会产生新的需求、新的动机，引发新的行动。这样周而复始、循环往复，使人们不断向新的目标迈进。另外，动机还可能由外部条件，也就是刺激产生，如电视广告、亲友的口碑宣传、优厚的报酬等的诱导，都会使人内心产生新的动机，对外界事物进行追求，以达到目标。

7.1.2　需求层次理论及其在薪酬福利管理中的实际运用

根据马斯洛（Abranham Maslow）的需求层次理论（Hierarchy of Needs Theory）（详细内容见第 6 章），人的需求是从低到高逐渐过渡的，先要满足生存、安全等需求。员工有多种需求，钱只能使其中的一种得以满足。其他需求，如对成就感、归属感、权力或自我实现的需求，同样有激励作用，但钱只能间接（或根本不能）使其得到满足。即使在所有的比较现代化的激励手段（如工作丰富化）中，钱无疑是最重要的激励因素。因此建立一个完善的报酬系统是饭店人力资源管理中的重要工作。所谓报酬，是指作为个人劳动的回报而得到的各种类型的酬劳。整体的报酬项目的构成如图 7－1 所示。

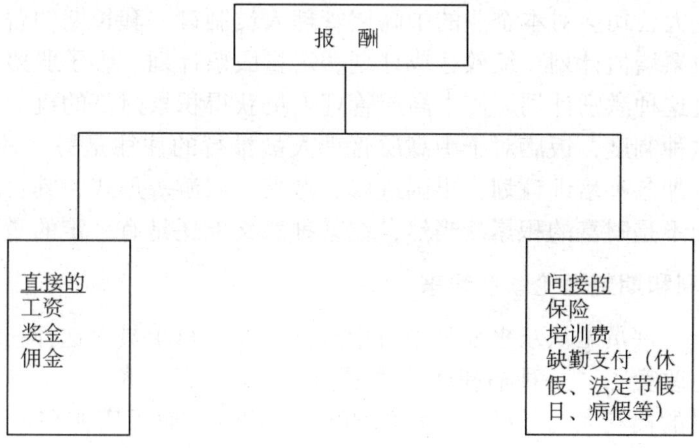

图 7－1　报酬项目的构成

1. 把工资方案和激励理论联系起来

实行以岗位工资制为基础的奖酬制度，建立健全奖酬制度激励约束机制。岗位工资制实施的一般做法主要如下。

（1）在饭店内按工作性质、责任大小、能力高低等的不同，划分不同的岗位；同一种岗位类型再划分为不同的岗级，不同的岗位、岗级设立不同的工资奖金标准。

（2）在具体工资奖金的确定上适当增加浮动部分比例，降低固定部分比例；在工资奖金的发放上，尽量做到实物分配货币化、隐性收入显性化，逐渐形成总收入的概念。

（3）岗位和岗级基本固定，岗位人员流动，谁具有更高的才能和更好的业绩，谁就被调整到更高的岗级或岗位上去。实行以岗位工资制为基础的奖酬制度，能使不同部门、岗位、从事不同性质工作的员工在设计好的不同的“跑道”上同场竞技，各有所求，各得其所，避免了只有一条激励“跑道”（如把所有不同类型的人才都赶到职务提升这条路上去）的偏差；同时对不同岗位、同一类岗位的不同岗级来说，称职者上，不称职者下，岗位、岗级变，奖酬亦变，可以对员工起到强大的激励约束作用。我们都知道，饭店业主要采取计时制的工作制度，因此饭店按月给员工发放工资。通常，对拿计时工资的员工很难使用一个统一的标准，掌握他们工作中的绩效。对于饭店来说，员工工作的质量好坏主要取决于对客服务的好坏。所以，饭店管理层首先要对面客部门制定顾客服务标准，包括对客的标准服务程序，员工对顾客需求的了解程度、关注程度，员工被顾客认可的程度等。对于那些绩效显著的员工可获得年终分红，数额为年薪的1%～2%。也就是说，把员工的工资和他个人的绩效挂钩。对于饭店的后线部门，则可通过员工的出勤率和个人的绩效考评给予一定的奖励。年终奖励的工资方案可以说是饭店强化员工行为的一种方式，但它属于一种短期的激励行为。西方国家一些大公司会对本企业的中高层管理人员制订一套长期的薪金激励计划，它通常有股票期权、股票增值计划、绩效达成计划、定量股票计划、影子股票计划和股票面值计划6种形式。通过这种激励计划，使中高层管理人员获得积累财富的机会。对于国内饭店业来说并没有推行这种制度，饭店对于中高层管理人员推行的往往是另一种形式的激励计划。例如，饭店出资参加各种培训计划，出国进修、考察、旅游等形式，其目的在于提高管理人员的管理水平，而不是财富的积累。当然，在某种意义上还是有一定的激励作用的。

2. 把灵活福利和期望理论联系起来

灵活福利是指允许员工从众多福利项目中选择，允许每个员工选择一组适合他们的需要和情况的福利。它改变了“一种福利计划适用于所有人”的现象。

一般组织提供的福利大约是员工工资的30%～40%，而饭店业在员工的福利方面更是大做文章，它包括双薪制度、年假制度、奖金制度、各种保险和其他的一些福利制度。这里理想化的灵活福利是饭店为每个员工建立一个灵活的、通常以他们工资的一定百分比为基础的消费账目，且为每种福利标明价格。选择项目可能包括个人培训计划，购买公积金或提高（降低）比例，年假天数的变化，一系列的储蓄和养老金方案，医疗保险的提高等。然后由员工选择福利项目，直到他们账户中的钱用完为止。

给予员工同样的福利是假设所有的员工有同样的需要。当然，这个假设是错误的。所以，灵活福利把福利的消费转变为激励因素。和期望理论的主旨相一致，饭店的报酬应该和个人目标相联系。灵活福利通过允许员工选择最能满足他们当前需要的报酬组合，使报酬个体化。

灵活性对员工有吸引力，是因为他们可以根据自身需要确定福利的种类和覆盖范围，但从员工角度看是个人福利的成本经常上涨，所能购买的福利总量减少。对于饭店来说，其优点是能带来节约；其不足之处是这些方案管理部门更难控制，并且实施费用常常很高。

3. 公平因素

员工报酬包括两部分：以工资、奖金、佣金等形式支付的直接货币报酬和以各种间接货币形式支付的福利，如饭店支付的保险、培训费、休假等。为了保持竞争性，饭店在制定报酬制度和体系时必须考虑以下 3 个“公平”。

（1）外部公平：是指员工所获得报酬比得上其他饭店完成类似工作的员工的报酬。有关饭店业内报酬的统计资料和饭店之间的沟通交流，能使饭店确定所应显示的外部公平程度。

（2）内部公平：是指在组织内部依照员工所从事工作的相对价值而支付的报酬。工作评价是决定内部公平的首要方法。

（3）员工公平：是指依据员工的诸如业绩水平和资历等个人因素，对完成类似工作的员工进行支付。一般在饭店中，针对销售人员制定薪酬体系主要应该考虑此项因素。

7.2　薪酬体系

7.2.1　薪酬体系的设计

薪酬体系的设计是一个庞大的工程，不是靠文字堆砌的方案就能完成的，而是饭店全体参与的过程，是与其他人力资源管理部分紧密结合的过程。

1. 培育管理环境

薪酬体系不是靠人力资源部闭门造车，不是靠参加几次培训，更不是靠把它完全交给咨询企业就能完成的。保证良好的管理环境，如同培育好的土壤：与上层沟通好，获得支持；与中层沟通好，获得配合；与员工沟通好，获得认同。

2. 工作分析

工作分析能够保证组织里所有的工作都能合理分配到合适的人身上，为随后的岗位评价奠定基础。工作分析活动需要人力资源部、员工及其主管上级，通过共同努力与合作来完成。通常采用访谈法、问卷法、观察法和现场工作日记/日志法，最后形成职位说明书和工作规范。职位说明书是描述工作执行者实际的工作内容、工作方法，以及工作环境的书面文件；工作规范以职位说明书的内容为依据，说明工作执行者主要具备的知识、技能和经验等。

3. 职位评价

职位评价是对组织中所有职位的相对价值进行排序的过程，主要方法有排序法、分类法、要素比较法和要素点值法。其中，最复杂也是相对比较科学的是要素点值法。它是选取若干关键性的薪酬要素，并对每个要素的不同水平进行界定，同时给各个水平赋予一定的分值，这个分值也叫做“点值”或“点数”；然后按照这些关键的薪酬要素对职位进行评估，得到每个职位的总点数，以此决定职位的相对薪酬，保证组织内部薪酬的公平性。著名的HAY海氏因素点值评估体系认为，智能水平、解决问题的能力、职务所承担的责任是最主要的付酬因素，每个要素是用一个多维矩阵的形式表现出来的。

4. 薪酬市场调查

因为由自己做薪酬调查的效果难以保证外部公平，一般可到咨询企业购买市场薪酬调查报告。由于饭店行业之间的岗位职能大体相同或相似，市场调查结果可以起到参考作用，但要考虑所调查的饭店必须与自身饭店的级别相当。具体到饭店的薪酬设计，需要结合本饭店的实际情况，包括饭店规模、盈利情况、员工层次，等等。

5. 与其他制度衔接

上面已经提到人力资源管理的每个部分都不是独立的，而是相互联系、相互影响的。比如，薪酬设计出来以后，对招聘工作有指导作用，而每个员工的具体薪酬又是由绩效考核结果决定的，绩效考核的结果又影响到培训、晋升等，这些又影响薪酬。所以，设计薪酬体系，是一个庞大的工程，需要全体员工的参与和认可。

7.2.2 薪酬体系设计需要解决的问题

1. 短期与长期的结合

月工资给员工带来的是短期激励，是为了满足员工的基本生活需要。那么，随着员工级别的提高，其工资也会随之上涨，特别是对于饭店中高层管理者和骨干员工，其薪酬应如何发放才能产生很好的激励作用呢？这时就需要引入长期激励机制，包括奖金、福利等。所以，长期激励方案设计得好，将是增加饭店凝聚力的重要手段。

2. 个人与团队

为了强化激励，饭店往往强调员工个人的考核与激励。如果过分强调个人的作用，必将影响员工之间的协作精神，从而影响组织整体的运作能力，最终导致经营管理链条的断裂。饭店是劳动密集型行业，整体的经营需要各个部门的协作和团队的配合，因此饭店的激励方案要注重团队。

3. 新员工与老员工

由于饭店的流动率相对较高，一般老员工在饭店会受到某些优待，会产生新老员工的利益差别。老员工由于历史的贡献分享今天的成果，外部的优秀人才进入饭店后不受重视，甚至感到被老员工剥削。一个饭店如果不能不断地吸取外部优秀人才并激发其工作激情，不能及时补充新的血液，饭店的经营必然平庸。另一个问题是工资密集的现象。一般情况下，同一职位上资格较老、资历较深的员工比新员工要创造出高的工作绩效，体现在薪酬上也应该有相应的差别。其中相差的比例和额度要根据组织的业务、具体职位的特点而有所不同。这也要求人力资源部既了解组织业务和各职位特点、熟悉每个员工的情况，又要根据时间的推移调整工资范围，保证薪酬在组织内部的相对公平性和外部的竞争性。

4. 管理者报酬

在决定管理人员报酬时，饭店一般愿意把最高层管理者的工资增长与整个饭店的业绩联系在一起；对于中层管理人员，饭店更希望把饭店经营效益和内部因素联系在一起考虑报酬因素。总之，管理者的级别越高，他们自主设计其工作的弹性就越大。管理工作因为其多样性，一般很难定义。当它们能够定义时，通常以预期效果的形式描述，而不是以任务或工作如何完成的方式来描述的。因此决定高层管理人员的报酬时，根据市场定价是可以利用的最佳途径。因为这些工作对饭店组织来讲十分重要，高层管理人员工作能力强并且难以替换；其次，由于外部联系广泛，他们也很可能对现行的市场报酬很了解。

管理者的报酬通常由基本工资，短期奖励或奖金，长期奖励和资本增值计划，行政福利和津贴 4 种基本元素构成。

（1）基本工资。尽管基本工资可能并不是管理者总报酬中的最大部分，但这部分工资显然非常重要。它是决定管理人员生活水平的一个因素。基本工资还为其他报酬形式提供依据，例如，奖金及一定的福利额可以基本月薪为基准。

（2）短期奖励或奖金。奖金的支付反映奖励价值的管理信条。事实上，今天所有饭店的高层管理人员都获得了以基本薪水为基准的奖金。这种报酬组成成分的普遍性近年来增长迅速。

（3）长期奖励和所有者权利。股份所有权是一种长期奖励，其目的是进一步把管理者的利益和饭店的整体利益连在一起。对于上市饭店，最典型的股权计划是给予经理将来以当时市场价或低于当时市场价购买一定数量股票的权利。这种报酬形式在股票价格上涨时十分占有优势，股权计划有潜在的优越性。和分红制一样，这种报酬方法在企业获得成功时受欢迎，但是在股票价格下跌时，就不太有吸引力。

（4）行政福利和津贴。管理者福利通常比其他员工所得福利要高很多，因为这种福利和经理的高薪有关，以薪金为基数的各类保险、公积金的数额相对较高。同时，饭店还提供一小部分主要管理者特殊的额外福利，称为津贴，包括免费洗衣、通信费用报销、特别餐饮特权和高职员工宿舍等。

从整体上讲，企业薪酬体系设计是一种战略决策，与饭店经营发展方向、行业特点、竞争环境、企业历史和文化等密切相关，“牵一发而动全身”，在推行新的薪酬制度时一定要慎重而行。

7.2.3 工资

所谓工资，从经济学角度来看，在市场经济条件下是劳动价值或价格的转化形式，它是劳动力这一特殊商品的价值的货币表现；而工资制度主要指劳动者之间分配消费品的一种劳动报酬制度，它是根据一定的分配原则制定的，同时也是贯彻分配原则的具体体现。

1. 工资的种类

根据我国相关法律和政策，饭店在工资制定问题上有较大自主权，可以自行制定员工的工资标准，调整工资，自行制定奖金的种类和数额等，并有权实行奖罚制度。同其他行业类似，饭店工资形式一般有以下几种。

1）计时工资

计时工资是一种传统的工资制度，在饭店中采用最为普遍。它是根据劳动者在一定期间内付出劳动量的平均水平，确定劳动者劳动报酬的一种工资形式。它直接按照员工工作时间长短和他们的工资等级与工资标准来计算工资数额。计时工资根据所计算时间的不同，可分为以下3种。

（1）小时工资制：根据员工的小时工资标准和实际工作小时数来计算工资。

（2）日工资制：根据员工的日工资标准和实际工作日数来计算工资。

（3）月工资制：根据规定的月工资标准来计算工资。

计时工资在饭店中适用于大多数岗位。其中，小时工资制和日工资制主要用于短期帮工工资的计算，而大部分岗位的员工工资以月工资标准来计算。

2）计件工资

计件工资是按劳动者单位时间内完成的合格产品数量或作业量所规定的计件单位来支付劳动报酬的一种工资形式。其基本计算公式是：

员工应得的计件工资 = 工作的件数 × 每件工作的单价

由于计件工资把员工的报酬与其产量（或件数）直接挂钩，因此它是最流行的激励性报酬体制。由于计件工资有利于奖励员工工作效率的提高，便于员工的自我约束和管理，计算方便，简单可行，因此在饭店中比较常见于销售人员的绩效工资计算。

3）协商工资

协商工资是指饭店对聘请的特殊岗位工作人员，在特定环境和条件下，由双方协商确定的一种工资形式。

目前许多饭店还采用了国外的分数因素法来确定每种岗位的工资标准。其具体做法是：把饭店内的员工分为若干类，各类人员分别规定若干评价因素，如学历、经验、熟练程度、独立工作能力、责任等。每个因素又可分为几个等级，各自定出一定的评分标准。这样，对每个岗位上的人员，都根据上述分类评分，把各人的各项得分相加得到他的总分数，再以此为依据确定工资级别。这样可以较为科学地测定每个岗位的劳动状况，以便合理地制定工资标准。

一般来说，饭店内的中方员工的工资，应当根据员工个人表现、技术与业务熟练程度、当地物价水平变动因素逐年调整。调整的幅度由人力资源部根据饭店的盈利情况制订方案，由董事会决定。

由于饭店聘用外籍员工大多因其具有较高的管理经验或较高的技术水平，对饭店的经营管理、服务质量起着相对重要的作用，在饭店中受聘的外籍员工的工资收入与中方员工有所不同。同时，他们之中的多数人来自消费水平较高的国家或地区，其收入标准也需要饭店参照国外的工资标准来确定，在大多数情况下高于同一级别的中方员工。

2. 工资率

工资率就是在一定时期内，员工平均工资的高低程度，也被称为工资水平。员工工资率的高低直接决定着员工生活水平的高低。饭店工资管理的核心问题就是如何确定员工的工资水平，从社会范围和饭店内部环境来看，影响工资水平的主要因素有以下 3 个方面。

1）影响工资水平的相关法律

根据劳部发［1994］489 号《工资支付暂行规定》及劳部发［1995］226 号对《工资支付暂行规定》有关问题的补充规定，工资是指用人单位依据劳动合同的规定，以各种形式支付劳动者的工资报酬。工资支付主要包括支付项目、支付水平、支付形式、支付对象、支付时间，以及特殊情况下的工资支付。工资应当以法定货币支付，不得以实物及有价证券代替货币支付。工资必须在用人单位与劳动者约定的日期支付，若遇节假日或休息日，则应提前在最近的工作日支付。工资至少每月支付一次，实行周、日、小时工资制的可按周、日、小时支付工资。

《中华人民共和国劳动法》（以下简称《劳动法》）规定特殊情况下的工资，是指在法律规定的特殊情况和合同约定情况下，按照有关规定和约定，而不按劳动者提供劳动的数量支付劳动者的工资。它包括履行国家和社会义务期间的工资，婚、丧等事假工资，探亲假工资，停工期间的待遇，职工半脱产学习期间的工资，伤、病、产假工资，年休假工资，附加工资和保留工资。特殊情况下的工资按计时工资或计件工资标准或计时工资、计件工资标准的一定比例支付。

饭店属于服务性行业，劳动者工作时间无法全部参照标准工时制度，大部分采用综合计算工时制和不定时工作工作制。根据劳动部《关于企业实行不定时工作制和综合计算工时工作制的审批办法》，对实行不定时工作制的大致范围作了如下规定：企业中的高级管理人员、外勤人员、推销人员、部分值班人员和其他因工作无法按标准工作时间衡量的职工；企业中的长途运输人员、出租汽车司机和铁路、港口、仓库的部分装卸人员，以及因工作性质特殊，需要机动作业的职工；其他因生产特点、工作特殊需要或职责范围的关系，适合实行不定时工作制。

对于实行不定时工作制的职工在休息休假日执行任务，是否应该计算加班加点工资的问题，根据建设部《关于印发〈建设部所属企业实行新工时制度的实施意见〉的通知》中第7条规定："对实行不定时工作制和综合计算工时工作制的人员，若在法定休假日安排工作的，单位应另外支付不低于本人日工资标准或小时工资标准的300%的加班工资。"劳动部《关于印发〈工资支付暂行规定〉的通知》的第13条中明确规定，实行不定时工作制度的劳动者，不执行加班加点工资的规定，这里两个文件相矛盾。另外，根据劳动部办公厅在给予建设部的《关于对建设部所属企业实行新工时制度有关问题的意见的复函》中指出其与《工资支付暂行规定》不一致的地方，要求保持《劳动法》及其配套法规、规章的严肃性和统一性，因此，实行不定时工作制的职工，不执行加班加点的有关规定。

《劳动法》第48条规定：国家实行最低工资保障制度。最低工资的具体标准由省、自治区、直辖市人民政府规定。用人单位支付劳动者的工资不得低于当地最低工资标准。

2）影响工资水平的社会因素

（1）社会平均生活费用对饭店的工资水平影响很大。生活费用是指一个人维持自身和家庭劳动力再生产而发生的费用，由衣、食、住、行、文化娱乐、教育等内容构成。决定生活费用的高低主要取决于生活必需品的项目、数量，以及物价等内容和数量，在一定时期内是基本稳定的。如果物价上涨幅度较大而员工工资未能相应增长，则使饭店员工原有的生活水平无法维持。所以饭店在确定工资水平时，应考虑当地的平均生活水平，使员工所取得的工资量不低于必要的生活水平，并且能够随着物价指数的变动得到相应的调整，以利于稳定员工队伍和保证经营活动的正常进行。

（2）当地业内的平均工资水平。饭店所在地区和餐饮业的环境，对饭店内部的工资制定有着一定的指导作用。顺应这种行情而制定的工资标准一般不会引起员工的不满，但是在根据业内平均工资水平制定工资标准的时候，应注意避免两个误区：一是不顾本身饭店的经营效益，一味强调与社会平均水平保持一致；而另一方面相反，经济效益相对较好的饭店也不应该过分要求与同业工资水平一致，否则会引起员工的不满。

（3）劳动力市场对工资水平的影响。在市场经济条件下，当对某种职业的需求大于供给时，这一职业所获得较高的工资是必然的。而当某种职业的供给量大于需求时，这种职业所获得的工资水平就有可能会降低。饭店内具体工作岗位的工资水平也会因社会劳动力市场的供求关系变化而波动。

3）饭店内部影响工资水平的因素

（1）不同职务相对应的权力与责任。对于饭店的员工而言，权力与责任是统一的。职位高的管理人员需要具有较高的素质和能力，要能适时地分析判断与决策，对饭店的正常经营管理有较大的影响，同时承担相应的责任。对于责任与权力较大的职位应给予相对较高的工资。

（2）技术与熟练程度。技术水平高、业务能力强的员工具有较高的劳动和工作质量，也说明这部分员工为提高工作效率，付出了时间、经济等方面的成本，对自身的发展进行了必要的投资。从经济学的角度讲，他们必然期望得到回报，要求在工资上与初级员工有所区别。目前大部分饭店根据劳动部 1993 年制定并颁布的《职业技能鉴定规定》，要求并且鼓励特定岗位的员工，参加由政府认定的培训考核鉴定机构举办的培训班，通过考核领取相应的职业资格证，如客房、餐饮服务员资格证、厨师资格证等。同时在工资制度上对持有资格证的员工给予工资上的提高，一方面提高饭店的服务质量，另一方面，接受过良好培训的员工将在工作中相对自觉地减少损失、浪费，为饭店节约运营成本。

（3）饭店的支付能力。工资水平取决于可供分配的劳动报酬总量，它与饭店整体的经济效益有着直接的关系。饭店在员工工资费用的支付上是有限度的，否则超出预算将影响饭店的正常运营。因此，人力资源部应根据饭店具体的经营收益情况和预算，有计划地控制人工费用，尤其应该注意控制高级职位和外籍员工的工资费用。

3. 工资制度

饭店中现行的工资制度一般包括下列内容。

（1）工资等级制度。工资等级制度指根据工作的复杂程度、繁重程度、风险程度、精确程度等因素将各类工作进行等级划分，并且规定相应工资标准的一种工资制度，是其他工资制度的基础，也称基本工资制度。其主要特点是从劳动质量方面来反映劳动差别。饭店通常还对长期从事夜班工作（如夜间审核）或部分工作时间经常不确定的岗位，实行额外酬劳制度。

（2）工资调整制度。工资调整制度是工资等级制度的补充。其主要内容有考核升级、自动增加工资、考核定级、提高工资标准等，使工资制度在变动中趋向平衡与合理。

（3）工资支付制度。工资支付制度指计算支付职工工资的有关原则、标准和具体立法的一种制度，主要包括支付原则、各类人员的工资待遇和特殊情况下的工资处理等内容。

7.2.4　奖金

1. 奖金的历史

奖金是指支付给产量超过预定标准的雇员的现金报酬。奖金在企业中的使用是由弗雷德里克·泰勒（Frederick Taylor）在 19 世纪晚期推广使用的。作为米德沃尔钢铁公司的基层管理人员，他非常关心称之为“有组织的怠工”的现象，即员工以尽可能慢的速度工作，把产量维持在可以接受的最低水平的倾向。尤其令他感兴趣的事实是：有些工人在每天12小时工作后，还有精力跑回家在他们的阁楼上工作。泰罗认为，如果他能找到一种方法在工作中利用这种精力，那就会大大提高生产率。

此时，企业已在使用简单的计件工资制，但其效率通常不高。工人根据产品数量和计件工资率（工资率一般是产品价值的一个固定部分，但产品价值额通常并无明确规定），确定其收入。然而，部分雇主削减计件工资率的做法产生了极其不好的影响。工人知道，如果他们的收入超过平均水平，雇主就会降低其计件工资率。结果，多数工人只愿生产可以维持其生活的数量的产品，这样就不会降低其计件工资率，泰罗的远见之一是看到了制定标准的、能广为接受的日公平工作（Fair Day's Work）标准的必要性。正如他所意识到的，这种日公平工作不应依赖于基层管理人员不精确的评估，而应依赖于仔细、正规、科学的观察和监控过程。正是这种科学评价每个职位的需求才导致了著名的科学管理（Scientific Management）运动。以后，科学管理运动又让位于20世纪30年代（饱受大萧条折磨的年代）的注重满足工人社会需要的人际关系。今天对改善雇员地位和参与管理方案的浓厚兴趣，都是这个运动的继续。

对改善员工地位和参与管理方案的日益重视，导致奖金和绩效工资计划的复兴。例如，一位专家评估，在今后的几年中，以绩效工资形式（基本工资加浮动工资；或根据个人或班组质量或数量目标的达成程度，确定工资水平的形式）支付的报酬，在美国雇员报酬总量中所占的比重将增至15%～20%。传统的岗位工资方案迅速让位于贡献计酬计划，各种形式的小额奖励和收益分享等报酬方案。

2. 奖金在饭店薪酬体系中的作用

工资和奖金都是劳动报酬的给付形式。在饭店薪酬体系中，工资是报酬的基本形式，奖金是工资的辅助形式。在正常情况下，在一段时间内，员工在工作中所提供劳动的数量和质量都应该比较稳定，工资基本反映劳动者的劳动数量和质量。大部分饭店的经营都存在着比较明显的淡季和旺季。在经营旺季时，员工的工作量会有明显的增加，同时质量的要求也会因大量的重要接待活动而提高。在这种情况下，正常工资不能如实按员工的劳动数量和质量来支付，因此大多数饭店采用奖金的形式进行补偿。季节性的奖金以辅助工资形式存在，符合激励员工的原则。奖金在饭店薪酬体系中主要有以下作用。

（1）对于员工来讲，符合激励原则，使饭店员工感到心态的满足且补偿了额外劳动的支出。按照赫兹伯格的双因素理论，奖金显然属于激励因素而非保健因素，工资的高低、奖金的有无、多少，都是对一个人能力和贡献的反映与评价；但是，工资在调动员工积极性方面没有奖金灵活、方便、及时、见效快。显然，在员工的工资福利之外实行的奖金制度，其作用和目的并不纯粹为了满足员工生活方面的基本需要，而是饭店管理者针对员工追求成就感，渴望得到社会和公众认同的心理。

（2）对于饭店经营来讲，员工得到激励从而创造更大的效益。奖励本身不是目的，而是意图，利用这一手段去迎合员工的行为动机、心理需求，并且将其变成连接管理者和被管理者，实现共同利益的纽带，从而激发被管理者的责任感和工作动力，使其更投入地工作，且在一定程度上影响员工的流动率。管理者的主观愿望能否得以彻底贯彻且达到预期目的，取决于管理者在奖励过程中的具体操作方法。

一般来说，奖金作用的发挥往往需要具备以下 3 个条件。

（1）奖励的条件应该适当。奖金是管理者主观上为调动大家积极性的一种手段。奖励的条件应该是员工经过努力才能达到的。如果奖励的条件定得太高，使大家觉得可望而不可即，就会放弃努力；若奖励条件定得过低，员工无须努力就可实现，也起不到激励的作用。

（2）饭店管理者在制定奖励制度之前，要充分了解员工的愿望。饭店的奖励制度应当根据员工的需求，有针对性地制定。只有与员工的愿望直接联系起来，才能起到激励作用。饭店管理者可以针对不同层次的需求进行奖励，投其所好。奖金的具体数量有时并不是主要的，而在于这种奖励是否迎合、满足被奖者的需要。因此，在实施奖励之前应该具体分析不同层次员工的需求，除以奖金形式奖励以外，还可以根据饭店的预算，对有突出贡献和发展潜力的员工，以外派培训的形式进行奖励，不仅可以激励员工，也为饭店储备了人才。

（3）奖金的数量要足以产生激励作用。饭店经营者在制定和实施奖励制度的过程中，应当注意发放的奖金或奖品的货币价值和精神价值，要与员工的努力和实际付出成正比，即物有所值。奖金尽管不是为了满足员工生活方面的基本需要，但如果只局限在象征性的数额范围内，那就有可能因其可有可无而失去其意义和作用，所以奖金的量或值要足以使员工感到满意或受到震动。另外，在制定奖励制度时，对于具体奖金发放额，应充分参考同业操作方法，保证其竞争性。

3. 奖金的种类

（1）单项奖金。这种奖金形式通常伴随口头及书面表扬、证书等非物质形式奖励出现，其作用不仅限于员工物质上的满足，实际上一般饭店为鼓励优质服务、工作表现等，通常会周期性（通常每月一次）选举工作成绩突出的员工获得优秀员工称号。一般优秀员工的奖励的意义不仅是物质上的，更主要是使获奖者得到精神上的满足，因为物质奖励是无止境的，到了一定程度会无法起到激励作用。而精神奖励有其独特的激励特点，精神奖励是一种非常重要的资源，这种资源的内在价值是不可以用金钱来衡量的，但它能激发人的奋斗和追求欲望，满足员工自我实现的需要，使员工感到一种至高无上的精神慰藉和心理的满足。精神激励还能起到宣传的作用，激励其他员工努力工作，赢得奖励。

（2）年度奖金。多数饭店具有旨在激励员工提高绩效的年度奖金（Annual Bonus）计划。与固定工资不同，年度奖金的总额很容易随饭店的经营效益改变而发生波动。在实施年度奖金计划时，饭店管理方应考虑资格条件、基金规模的确定和个人奖励额三个基本问题。资格条件通常可用以下三种方法来确定：一是分析职位，需要对职位进行逐个评价以确定这些职位对饭店利益的影响，根据职位确定奖励方式和额度；二是根据表现，通过年度员工表现评估来确定，如出勤率等；三是饭店的经营状况。

(3) 绩效奖金。主要针对饭店的营运部门，如房务、餐饮、市场销售等部门，根据部门预算定期对部门经营状况进行评估，以是否完成或超出部门预算利润为依据，对部门及个人发放绩效奖金。

4. 制定和实施奖金制度过程中应注意的问题

奖金的目的主要是为了在承认员工工作成绩的前提条件下，进一步激发员工的工作热情，调动员工的积极性。要想充分利用奖金，使其发挥应有的作用却不是一件简单的事情。目前在饭店业所实行的奖金制度中，从总体上看确实发挥了部分激励的作用，但也存在不少问题，总有相当一部分员工在奖励过程中感到不满意，甚至产生员工之间、管理者与被管理者之间的人际关系矛盾。有的员工拿到奖金后，并不是把奖金看成对自己工作的奖励，而仅仅当作一种纯粹的经济报酬。正如公平理论所述，人们不仅关心收入的绝对值，而且更加关心和重视所得收入的相对值，人们会下意识地将自己所付出的劳动和所得报酬与周围同事相比较，同时与自己过去收入相比较。在这种比较的过程中如果发现不公平、不合理，就会产生不满情绪。这种不满情绪如果得不到正确的疏导，就容易影响工作。员工就奖励问题产生不满情绪主要有以下 3 种原因。

(1) 奖励不及时。部分饭店对于员工绩效考核工作的过程非常重视，实施起来也颇认真，对于考核之后的惩罚工作重视的程度超过对优秀员工的奖励工作，经常无法或逾期实现奖励。这种做法不仅使绩效考核失去原有的意义，员工也会只求不受处罚，对绩效评估产生漠视心理。

(2) 奖金制度制定本身的漏洞。奖金的额度及其分配直接关系到奖金作用的发挥。几乎所有的饭店都实行奖金制度，有的奖金是人人有份，某种程度上已经成为附加工资，没有直接的奖励作用；有的是简单地根据级别分不同档次，级别高的人员奖金多，级别低的普通员工奖金少，而没有具体考察员工个人的贡献，打击了普通员工的工作热情。以上两种做法容易导致奖金的“基数化”，奖金数额只能升不能降，一旦饭店经济效益下降，管理者相应调低或取消奖金时，会引起员工不满情绪。

(3) 管理者片面强调物质奖励。在饭店管理中，奖金是激励员工的手段之一。除此之外，精神激励、福利保障等也是非常重要的手段。管理人员对员工工作及时的语言上的肯定和表扬都能起到鼓舞员工斗志、满足员工自我实现目标的心理需要。这种鼓励不需成本且收效即时、显著，而奖金的激励往往相对滞后。

7.2.5 福利

1. 福利的定义

福利分为社会福利和职工福利。社会福利是指社会机构与社会服务间的有机组织联系，在于协调个人和团体，在结合其家庭和社会需求的原则下，获取生活、健康及人际关系等各方面的满足，使其充分发挥潜能并且增进富足。这是联合国给社会福利下的定义。在我国通常的定义则是：社会福利作为国家的社会政策，由国家和社会立法及政策范围内向全体公民提供的旨在保证一定的生活水平和提高生活质量的资金和服务的社会保障制度。它通常包括社会津贴、职工福利和社会服务。在劳动法上，通常指职工福利。职工福利是指行业或企业为了保证其本身的稳定和发展，对全体职工普遍提供的一种保证其生活水平和尽可能提高其生活质量的社会福利制度。在我国，职工福利制度通常包括生活福利设施、文化娱乐设施、福利补贴、困难救济等内容。对于饭店员工来讲，所享受的福利也带有鲜明的行业特色。

2. 关于福利的法律规定

（1）社会保险是国家通过立法强制征集专门资金，用于保障劳动者在暂时或永久丧失劳动能力时或在工作中断期间基本生活需求的一种物质帮助制度。国家发展社会保险事业，建立社会保险制度，设立社会保险基金，使劳动者在年老、患病、工伤、失业、生育等情况下获得帮助和补偿（《劳动法》第 70 条）。国家实行国家基本保险、企业补充保险和个人储蓄性保险相结合的制度（第 75 条）。

① 社会保险水平。社会保险水平应当与社会经济发展水平和社会承受能力相适应（第 71 条）。

② 享受社会保险的条件。劳动者在下列情形下，依法享受社会保险待遇：退休；患病、负伤；因工伤或患职业病；失业；生育。

劳动者享受的社会保险金必须按时足额支付（第 73 条）。

（2）缴费单位缴纳社会保险费，应按下列要求缴纳。

① 缴费单位应当按月向社会保险机构申报应缴纳的社会保险费数额，经社会保险经办机构核定后，在规定的期限内缴纳。

② 缴费单位和缴费个人应当以货币形式全额缴社会保险费。个人应当缴纳的社会保险费，由所在单位从其工资中代扣代缴。

③ 社会保险费不得减免。

（3）法定休假日，又称法定节假日，是指法律规定的用以开展纪念、庆祝活动的休息时间。每个国家都有许多法定节日。我国的法定节日，可分为全体人民的节日和部分人民的节日；政治性节日、职业性节日和传统习惯性节日。元旦、春节、国际劳动节、国庆节等是全体人民共同的节日。妇女节、青年节、儿童节、人民解放军建军纪念日等是属于部分人民的节日。国际劳动节、中国香港特别行政区成立纪念日、国庆纪念日、“二七”纪念日、“七七”抗战纪念日等是政治性节日。护士节、教师节、记者节等是职业性节日。春节、少数民族习惯节日等是传统习惯性节日。虽然我国有许多节日、纪念日，但并不是每个节日、纪念日都必须放假。按照《劳动法》第 40 条以及国务院发布的《全国年节及纪念日放假办法》的规定，用人单位在下列节日期间应依法安排劳动者休假。

① 新年，放假 1 天（1 月 1 日）。

② 春节，放假 3 天（农历除夕、正月初一、正月初二）。

③ 清明节，放假 1 天（农历清明当日）。

④ 劳动节，放假 1 天（5 月 1 日）。

⑤ 端午节，放假 1 天（农历端午当日）。

⑥ 中秋节，放假 1 天（农历中秋当日）。

⑦ 国庆节，放假 3 天（10 月 1 日、2 日、3 日）。

⑧ 妇女节（3 月 8 日），妇女放假半天。

⑨ 少数民族习惯的节日，由各少数民族聚居地区的地方人民政府，按照各民族的习惯，规定放假日期。

此外，属于全国人民的假日，如果适逢公休假日，应在次日补假；凡属于部分人民之假日，适逢公休假日，则不补假。

（4）为了维护企业女职工的合法权益，保障她们在生育期间得到必要的经济补偿和医疗保健，均衡企业间生育保险费用的承担，劳动部颁布了《企业职工生育保险试行办法》。此办法适用于企业及其职工，根据“以支定收，收支基本平衡”的原则筹集资金，由企业按照其工资总额的一定比例向社会保险经办机构缴纳生育保险费，建立生育保险基金。生育保险费的提取比例由当地人民政府根据计划内生育人数的生育津贴、生育医疗费等项费用确定，并可根据费用支出情况适时调整，但最高不超过工资总额的 1%。职工个人不缴纳生育保险费。参加生育保险的女职工可享受以下待遇。

① 女职工生育按法律、法规的规定享受产假、产假期间的生育津贴按照本企业上年度职工月平均工资发放，由生育保险基金支付。

② 女职工生育的检查费、接生费、手术费、住院费和药费由生育保险基金支付。超出规定的医疗服务费和药费（含自费药品和营养药品的药费）由职工个人负担。

③ 女职工生育出院后，因生育引起疾病的医疗费，由生育保险基金支付；其他疾病的医疗费，按照医疗保险待遇的规定办理。女职工产假期满后，因病需要休息治疗的，按照有关病假待遇和医疗保险待遇规定办理。

④ 女职工生育或流产后，由本人所在企业持当地计划生育部门签发的计划生育证明，婴儿出生、死亡或流产证明，到当地社会保险经办机构办理手续，领取生育津贴和报销生育医疗费。

3. 饭店员工的福利

饭店员工福利的内容较为广泛，措施多种多样。根据员工福利的实施范围，可以分为补充性工资福利、保险福利、员工服务福利 3 个部分。

（1）补充性工资福利，也就是当员工不工作时支付给他们的福利。这些福利包括带薪休假、病假、离职补贴等。

（2）保险福利是指根据国家法律规定，由饭店代为员工缴纳的各项保险费用，包括养老保险、工伤保险、医疗保险、失业保险、生育保险等。部分饭店为了增强员工的福利，还另外为员工投保商业保险。

（3）员工服务福利是饭店为员工提供的一系列服务，主要为员工提供便利，解决生活上的困难，使员工能够集中精力安心工作。一般饭店的员工服务福利包括以下内容。

① 员工餐厅。员工享受伙食津贴或免费工作餐是饭店业的特别福利。员工餐厅是非营利性质的，主旨是保证员工享受规定标准的膳食，员工餐厅的成功与否，直接或间接影响员工的工作效率和情绪。

② 员工制服。饭店员工穿着规定的制服也是享受行业特有的福利待遇。饭店工作制服的设计一般是配合饭店的整体装修和经营风格的，也要考虑员工的安全和工作便利等因素，饭店洗衣房免费为员工洗、熨工作制服和提供更衣柜。

③ 员工宿舍。饭店根据员工人数和经济承受能力，对外地员工、夜班员工等不能回家的员工提供集体宿舍或设置安全舒适的休息场所。考虑到饭店的成本和管理问题，一般会象征性地向住宿员工收取一定费用。员工宿舍是员工福利待遇的重要内容之一，也是调动员工积极性、减少流动率、稳定员工队伍的重要措施。

④ 医疗保健。饭店医务室应配备一定水平和数量的医务人员，使员工的一般疾病和轻微外伤可以在饭店医务室得到及时就诊和处理，配合医疗保险等方法解决员工得到及时的医疗服务的问题。根据国家的相关规定，定期对员工进行体格检查，保证员工队伍的健康与安全。

⑤ 设置浴室、理发室等必要设施。这些设施和服务都是保证员工正常工作不可缺少的部分，饭店可以对理发室等酌情收取成本费用。

⑥ 培训。越来越多的饭店将员工培训当成福利的一个重要部分，员工在饭店中参加培训，不仅能够免费得到知识和技能，还可帮助个人的事业发展，能对员工起到显著的激励作用。

4. 饭店福利的作用和意义

根据“双因素理论”，大部分员工福利属保健因素，饭店员工福利待遇与饭店的工作效率、经济效益有密切的关系，直接关系到员工工作积极性调动和潜力发挥。因此，员工福利待遇对饭店的经营管理有着重要的作用和意义。

（1）员工福利能够增强饭店的凝聚力。饭店是宾客之家，要使客人有宾至如归的感觉；饭店也应该是员工的家，良好的福利待遇为员工的工作和才能发展以及工作生活环境改善等创造条件，为员工解决后顾之忧，并尽可能满足他们的合理需求。这样可以增进员工之间，员工与饭店之间的合作，使员工对饭店的归属感和自豪感得以加强，有利于增强饭店的凝聚力，使饭店上下能够齐心协力地为饭店的兴旺而努力工作。

（2）良好的福利制度有助于提高劳动生产率和生产质量。“先有满意的员工，后有满意的客人。”饭店的服务质量很大程度上依赖员工每天的表现，除了员工本人的专业知识与技能外，员工的工作情绪也影响服务质量。饭店福利在某种程度上能够起到解决员工个人困难、提高工作情绪的作用。例如养老、失业、工伤、医疗、生育保险等，能够帮助员工因故无法正常工作时维持正常的生活水平；由于饭店工作的全天候性，员工餐厅和宿舍能够及时解决员工的用餐和住宿，保障员工正常工作；员工培训则能够直接提高饭店员工的工作能力，提高工作质量和效率，因此福利投资为饭店所带来的回报是巨大的。

饭店员工福利待遇包括的内容十分广泛。重视员工福利，有效地制定和执行福利措施，可以提高员工的满意度和被重视感，提高饭店在员工心目中的位置，提升饭店的社会形象和地位，增强饭店的凝聚力，这是饭店能够在激烈的行业竞争中争取主动和保持实力的重要因素之一。

7.3 非经济报酬

在许多员工大体上能够满足基本的生理和安全需求的情况下，他们的兴趣已经转向作为报酬的金钱之外的因素。当员工能够获得足够的现金来支付基本的生活用品费用后，他们就倾向于希望得到可以满足更高需求的酬劳。这时，社会需求、自我实现需求就变得更加重要。这些需求可通过工作本身或工作环境得到满足。

1. 工作

一份工作是由为达到组织目标必须完成的一组任务构成的。因为在动态环境中任务变化很快，所以可以预料，作为一种组织方法，某些部门的工作会被转让。然而，似乎只要是任务就必须由人来完成，不论其工作名称如何变化，不论工作是由全职员工、兼职员工还是顾问来履行。只要企业需要员工，人力资源管理的一个重要目标就是把工作要求和员工能力与报酬满意地匹配起来。工作本身是许多激励理论的中心议题，它也是整个报酬方案的一个重要组成部分。员工通过完成有意义的工作可获得重要的奖励。这种奖励本质上是内在的，但是管理者将任务安排到工作内容中，因此这项工作能否获得奖励主要由企业支配。选择和安置过程也是极其重要的，由多种任务组成的工作对一个人来讲具有挑战性，但对另一个人来讲可能会是令人厌烦的，如果没能认识到这一事实，常常会引发问题。

2. 工作环境

工作环境也是非经济报酬的一个重要方面，温暖的、有激励作用的企业文化对员工来说也是一种报酬。许多饭店只做“口头宣传”来给工作更多奖励，而部分饭店则全力以赴改善工作环境中的许多因素。这些因素包括如下内容。

（1）合理的政策。人力资源的政策和实践表达了管理当局在员工关系方面的诚意，可以起到积极的鼓励作用。

（2）称职的管理。在工作环境中，没有什么比不合格的主管那样容易降低员工的积极性了。成功的饭店提供强调监督和行政管理发展的各种连续方案，在可能的范围内，这些方案保证合理领导和管理的连续性。

（3）志趣相投的合作者。饭店是一个强调团队合作和部门协作的组织，只有各方面统一步调、密切合作才能保证饭店的正常经营。因此，管理人员需要共同努力发展和谐共处的工作团队。

（4）恰当的地位标志。地位标志（如办公室规模、位置，头衔等）对于管理人员确实可以起到激励作用，因为它通常能够满足尊重需求。提供这些奖励的时候，应当公平地提供恰当的地位标志。

（5）舒适的工作条件。

小资料 7-1

一、广州某五星级饭店工资制度实务范本

工资制度

第一章　总则

第一条　本工资制度根据国家的有关劳动法律法规和《员工手册》有关规定制定，目的是建立饭店科学、规范、公平、合理的工资体系。

第二条　原则：对外具有竞争性，对内具有公平性。

第三条　本饭店根据“因岗设人”原则确定每个工作岗位的工作职责、岗位素质要求和工作条件等，并以此确定岗位工资的范围和员工工资级别、档次，使员工的工资与其劳动的付出相适应。

第四条　本制度适用于饭店招用并签订劳动合同的员工。实习生、特聘人员另行规定。

第二章　工资定义

第五条　本制度所说的工资是本饭店以货币形式直接支付给员工的劳动报酬。

第三章　工资变动条件

第六条　本饭店原则上将适时根据饭店的效益、本地区物价指数变化情况，以及本地区同行业的工资变动情况，对饭店工资标准及员工工资进行调整，尽可能保证员工工资与饭店效益和员工付出的劳动相适应，对人才具有吸引力。

第七条　充分发挥工资制度在人力资源配置上的导向作用和员工的激励作用，促进饭店人力资源合理高效的配置和潜能的发挥。

第八条　其他对工资直接影响的因素。

第四章　工资的构成

第九条　本饭店的工资制度实行以绩效工资为主要形式的结构工资制度。其主要项目包括：基本工资、级别工资、生活补贴、浮动工资、年限工资等。

第十条　工资项目的定义

基本工资：基本的工资成分。

级别工资：是员工因在某一工作岗位上相应享有的工资待遇。

生活补贴：员工保持一定生活素质而享有的生活补助费。

浮动工资：是根据员工完成饭店、部门确定的岗位工作职责、任务情况给予的工资，目的是激发员工的潜能，鼓励员工完成饭店或生产经营目标，提高饭店竞争能力。

年限工资：根据员工在本饭店服务年限进行工资分配的一种形式，是反映员工年限积累劳动的报酬。目的是稳定员工队伍，鼓励员工安心饭店工作。每年补贴 10 元，每年 1 月 1 日调整一次年限工资。

第五章　工资级别、档次

第十一条　饭店根据岗位设置和素质要求确定岗位的工资级别和档次，工资级别分为 11 个级别，每个级别分为 3 ～ 7 档。

第十二条　员工工资一般遵循逐级逐档晋升原则。因职务晋升而使工资上调一级时，顺从上调一级的最低档确定工资标准。

第十三条　一个岗位一般只能在一个工资级别内确定工资。具体情况依据组织架构图执行。

第十四条　根据工作岗位确定员工工资级别和档次。员工定级定档、调级调档须经人力资源部审核，报饭店主要领导同意，方可实施。

第六章　工资级别、档次的确定和晋升

第十五条　新入职员工一般确定应聘岗位的最低一档；如有同等岗位两年以上的工作经验的高中毕业生，或同专业中专，非专业大学专科以上毕业生（以国家教育部正式承认学历为准，并经人力资源部确认），可以高套一档；同等岗位 4 年以上工作经验、同专业大专生、非专业本科生可以高套两档；同等岗位 5 年以上工作经验、同专业本科生、非专业研究生以上人员可以高套三档；试用期满后工资上调一档。

第十六条

1. 工资在11C以下的员工试用期满后每半年经考核合格后上调一档工资；11C（含11C）以上的员工，其工资档次每满一年经考核合格，可以在原有工资水平上自然晋升一档。以后依此类推，直至同一级别的最高档。考核不合格应暂缓晋升或不晋升，暂缓期为3个月。
2. 从二线部门调动到一线部门的员工，可在原档次基础上适当上调工资档次。
3. 表现特别出色或工作实绩特别突出，经饭店主要领导同意，可晋升一至两档工资。

第七章　工资级别的确定和晋升

第十七条　根据员工工作的岗位情况确定工资级别。符合以下条件可以晋升工资级别：

1. 职务提升的；
2. 达到本人最高档次（A档）满两年且工资级别一直未晋升的员工；
3. 表现特别出色和工作实绩特别突出，且为饭店作出重要贡献，因编制所限不能调整职务的，经饭店主要领导批准，可以晋升上一级工资级别，具体档次视情况确定。

第八章　工龄的确定

第十八条　新招聘的员工按照其进入饭店的实际时间计算为其饭店的企业工龄。

第十九条　退伍或转业军人第一次参加工作进入本饭店工作的，其军龄合并计算为饭店的企业工龄。

第二十条　任何外单位新调入的员工，都必须先在原单位结清手续后入职，其工龄只计算在本饭店的企业工龄。

第二十一条　经批准调入的公司系统员工和饭店筹建办的转制（转入）员工（即原国家固定工、干部），其工龄按照其实际工龄合并计算为饭店的企业工龄。

第二十二条　以下情形不计算为饭店工龄：

1. 自愿辞职或离职的，超过3个月又进入饭店工作的，其离店前的工龄不计算为饭店工龄；
2. 停薪留职期间工龄不计算为饭店的企业工龄；
3. 病休时间超过饭店规定时限的，超过部分不计算为饭店的企业工龄。

第九章　工资的计算

第二十三条　日工资的计算：

1. 工作满一年的员工，其日工资按照月工资除以20.92天为其日工资；

2. 中途离职员工日工资为当月月工资除以应出勤天数。

第二十四条 尾数的计算：工资在计算过程中如果遇到小数点后的数字，即元以下的尾数采取四舍五入的办法处理。

第二十五条 加班工资：执行国家有关规定，法定节日、假日、平时加班按照同等工作时间工资水平的300%、200%、150%予以发放。

第二十六条 为保护员工的身心健康，饭店规定员工每个月的加班时间不能超过3个工作日。高级员工因实行不定时工作制而不享有加班补助。

第二十七条 假期工资的计算：年休假、婚假、产假、陪护假、丧假为全薪假期；事假为无薪假期；每月一天病假为不扣薪假期，每超过一天的病假将按日工资的50%发放，但全年累计非住院病假不得超过90天，其余情况执行国家、省、市的有关规定。

第二十八条 迟到、早退、旷工的工资按照考勤制度执行。

第十章 工资的扣减

第二十九条 以下项目可以从工资中扣减。

1. 税前扣减：养老保险、失业保险、医疗保险、公积金的个人部分。
2. 税后扣减：工会费。
3. 个人所得税。
4. 法院判决、裁定中要求代扣的抚养费、赡养费。
5. 法律、法规以及饭店规章制度中规定可以从工资中扣除的其他项目。

第十一章 工资的误差

第三十条 因计算错误而导致工资溢领的，员工有义务归还差额；饭店有权从其工资中予以扣除。

第三十一条 因计算错误而导致员工工资少发的，饭店在核实情况后应予补发；如数额较大应在当月立即补发，如数额较小，将在下月的工资中补发。

第三十二条 员工若对本人工资有异议，先向部门劳资联络员反映，如仍无法解决，可向人力资源部提出，人力资源部应在两个工作日内予以解释并提出解决方案。

第十二章 工资的审核

第三十三条 工资员签章后将工资表格交由财务部审核并签章，人力资源部领导或分管领导签名报饭店总经理审批后交回财务部发放。

第十三章 工资的支付

第三十四条 工资支付方式：每月通过银行转入员工的工资账户或以现金支付，具体支付方式由财务部确定。

第十四章 其他

第三十五条 本工资制度的最终解释权为饭店人力资源部。

第三十六条 本制度从颁发之日起实施。

广东×××大饭店
2010年3月26日

二、广州某五星级饭店考勤制度实务范本

员工考勤、假期及加班管理规定

一、考勤管理制度

1. 考勤

1.1 考勤以部门为单位，由部门指派一名责任心强的考勤员负责考勤统计工作，考勤员与部门行政主管对考勤的真实性负责。

1.2 每月考勤周期为上月26号起至当月25日止。

1.3 全勤者按国家规定以20.92天计算日工资，并根据国家规定的调整做相应的变动。

1.4 未满勤者按当月实际应出勤天数计算其日工资。

1.5 各部门须于每月28日以前将部门行政主管签字的考勤资料递交至人力资源部，若未按期递交，该部门员工工资的发放时间顺延发放。

1.6 考勤表须按照人力资源部的要求统一以电脑打印表格为准。

1.7 发薪日期为每月的8号。

1.8 处罚：如果每季度中出现一次未能按时递交考勤资料，则对部门行政主管进行一次性人民币500元的经济处罚。

2. 工作时间

2.1 标准工作时间：一般工作时间为每天8小时，每周总工作时间不超过40小时，具体上下班时间根据各部门的工作性质和业务需要由部门确定。

2.2 综合计算工时制：在6个月或1年内综合计算，但每天总的工作时间不超过11小时。

2.3 不定时工作制：因经营生产特点、工作特点需要或职责范围的关系无法按标准工作时间衡量的人员执行不定时工时制。

2.4　各部门和个别工作岗位人员的工时制度具体按《饭店工时制表》执行。

3. 迟到、早退、旷工

3.1　在规定的上班时间未到岗者即为迟到，包括已到达饭店但未到岗者。

3.2　未到下班时间而提前离岗者即为早退。

3.3　迟到早退超过30分钟，视为旷工。

4. 处罚

有关处罚规定请见附表《处罚规定》

5. 出差、外勤

5.1　员工出差须经部门行政主管批准并报人力资源部备案，否则按旷工处理。

5.2　员工办理外勤时须事先经本部门行政主管批准，否则按外出旷工处理。

二、假期管理规定

6. 公众假期

6.1　员工每年可享有以下11天法定节假日。

元旦1天

春节3天

清明节1天

劳动节1天

端午节1天

中秋节1天

国庆节3天

6.2　如员工被安排在法定节假日当值，员工可申请补休或饭店按有关规定给予加班补助。

6.3　平时例休假，员工不可以提前调休，除淡季期间或特殊情况，经人力资源部统一安排方可调休。

7. 年假

7.1　在饭店连续工作满12个月的员工，均可享受年假待遇。年假为有薪假期，年假天数视员工级别而定。

7.2　中层管理人员及普通级员工每年年假为5天，在本饭店工作满5年不足10年者，可享有7天年假；满10年未满20年者，可享有10天年假，满20年以上者，可享有14天年假。

7.3　高层管理人员每年年假为10天，在饭店工作满5年者，可享有14天年假。

7.4　本年度的年假应一次性连续使用，不得累计至下年度。因饭店工作需要而导致当年度不能休假的，经人力资源部批准可顺延6个月内使用。

7.5 申请年假须提前 15 天提出书面申请，部门行政主管审核并报人力资源部批准、高级员工须经总经理批准后方可生效。

8. 病假

8.1 正式员工每月可享有有薪非住院病假一天，有薪非住院病假不能累计使用或延续至下一年度使用。

8.2 员工因病请假时，须持医疗保险机构之指定医院或饭店医务室的病假建议书，经部门主管审核、报人力资源部批准方可生效。急诊或不便行走者，如病假在 3 天内者，应先电话报告再由本人上班后补办手续；如病假超过 3 天者，应由其亲友在 3 天内到饭店办理请假手续；回家探亲或休假的外地员工，应于返岗后 2 天内凭县级以上医院的医生建议书补办手续，否则，一律按事假处理。

8.3 高层管理人员每次病假超过 2 天者，须报总经理审批。

8.4 患疾病须停工治疗者或停工住院的员工，经县级以上医院的医生开具证明后，人力资源部将根据其为饭店服务年限，按国家有关规定给予停工医疗期和相应的病假工资。

9. 事假

9.1 个人有事，应先利用年假或补休时间办理，事假为无薪假。

9.2 员工必须提前 7 天书面申请事假（特殊情况须在返岗后 2 天内）。若申请事假在 3 天内，经部门行政主管批准，报人力资源部备案；若超过 3 天（含 3 天），由部门行政主管批准，报人力资源部核准后方可生效，未经批准者按旷工论处。

9.3 员工当年累计事假超过 10 天未超过 80 天（含 80 天）者，当年奖金将按比率扣减，超过 80 天者，不享受当年奖金。

10. 婚假

10.1 符合国家《婚姻法》和相关计划生育规定的正式员工在饭店工作满一年，结婚时可以申请 3 天有薪婚假，符合晚婚条件者（男 25 周岁，女 23 周岁以上）可增加十天晚婚假。

10.2 申请婚假应至少提前 15 天书面申请。

10.3 婚假须在正式登记生效之日起半年内使用，过期则按放弃该权益处理。

11. 产假

11.1 按饭店的《计划生育管理规定》，女员工生育可享有 90 天有薪假期。

11.2 难产增加 30 天假期。

11.3 晚育者（24 岁后生育第一胎）增加 15 天假期。

11.4 多胞胎每多生一胎增加 15 天假期。

11.5 办理《独生子女证》者，增加 35 天假期。

11.6 男员工在子女出生后的15天内，凭独生子女证可申请10天有薪看护假，但必须在子女出生日起30天内休完该假期，否则作自动放弃处理。

11.7 怀孕6个月以上的女员工若因身体状况不能适应饭店的工作安排，可以提前申请休假，经批准后饭店可考虑按其月工资30%的标准，每月发放生活补助费，直至其子女出生前15日为止。

11.8 其他计划生育假按照《广东省计划生育条例》的有关规定执行。

12. 慰唁假

员工直系亲属（父母、配偶父母、配偶、子女）去世，凭公安部门出具的死亡证明可享有3天有薪慰唁假。

三、加班规定

1. 各部门如果确实因工作需要加班，应事前填写加班申请表，经部门行政主管或总经理批准后报人力资源部批准并存档，否则不视为加班。

2. 超时工作在30分钟以内的不算加班，且当月不得累计计算。

四、请假程序及相关规定

1. 本制度所规定的所有假期原则上应一次性休完，不得累计至下一年度使用（特殊情况须人力资源部批准）。假期内如遇公休假日的，不另外增加假期天数。

2. 本制度未尽事宜参考国家、省有关规定予以补充。

五、解释权与生效期

1. 饭店有权对本规定作适当的修改和补充，最终解释权属人力资源部。

2. 本规定自公布之日起施行，以往规定与本规定不相符的，按本规定执行。

思考题

1. 何谓工资率？
2. 工资制度包括哪些内容？
3. 在制定报酬体系的过程中，应该考虑哪些公平因素？
4. 饭店的工资种类有哪些？
5. 简述饭店奖金的种类及在实施过程中应注意的问题。
6. 简述社会福利的概念及种类。
7. 饭店的福利通常包括哪些内容？

第8章 饭店劳动关系管理

【学习目标】

- ☑ 了解饭店劳动规章制度。
- ☑ 掌握饭店劳动合同管理的主要内容。
- ☑ 了解员工沟通的主要内容。
- ☑ 掌握劳动争议仲裁的程序。

饭店劳动关系是指劳动者与饭店之间在劳动过程中发生的关系。饭店所有者、经营者、普通职工及其工会组织之间在饭店的生产经营活动中形成的各种责、权、利关系主要包括：所有者与全体职工（包括经营管理人员）的关系、经营管理者与普通职工的关系、经营管理者与工人组织的关系、工会与职工的关系。

劳动关系的三要素：一是主体，指劳动法律关系的参与者，包括劳动者、劳动者的组织（工会、职代会）和用人单位；二是内容，指主体双方依法享有的权利和承担的义务；三是客体，指主体的劳动权利和劳动义务共同指向的事物，如劳动时间、劳动报酬、安全卫生、劳动纪律、福利保险、教育培训、劳动环境等。

8.1 饭店劳动规章制度

饭店劳动规章制度是饭店依据国家劳动法律、法规的规定，结合饭店的实际，进行劳动管理而制定的办法、规定的总称，是饭店的“劳动法”。

8.1.1 饭店劳动规章制度概述

饭店劳动规章制度的特点是其制定主体为饭店，是饭店和劳动者共同的行为规范，是饭店经营权与职工民主管理权相结合的产物。优秀的饭店都有完善的劳动规章，健全的规章是饭店良性发展的必然。

1．编制饭店劳动规章的步骤

编制饭店劳动规章的步骤是：确定协调人，确定主题及饭店政策纲目，审议，征求员工意见，报送审查和备案，公示和员工知情记录。

（1）协调人（召集人）主要工作：协调过程中的每一个步骤，并如期完成；召集有关人员，拟定政策初稿；审议初稿；对内容进行编辑及加工，并依程序完成全过程，直至最终完成。

选择协调人应是饭店中担任重要职位的成员，如负责全面工作的副总经理或分管行政工作的副总经理；应比较熟悉饭店的运作情况，并对国家、地方法律法规政策比较了解的；在饭店业工作时间较长，对饭店文化非常熟悉；能掌握现代饭店管理制度，对人力资源工作有正确的认识；个人素质、品质修养较好，人格健全。

（2）饭店劳动规章制度的目标是提高劳动生产率，维护饭店生存和促进饭店发展。

（3）审议的目的是保证饭店劳动规章的合理性、合法性、代表性、可行性。审议成员由部门主管、员工或工会代表、饭店领导（董事会）组成。审议的内容有：规章的内容和制定程序是否合法，是否具有可操作性，内容是否全面，对不可预见的事件是否有应对的措施，权限范围是否明确等。

（4）员工意见可以从不同的角度、不同的看法、不同的心态、不同的级别来搜集。

（5）送审和备案的程序如图 8－1 所示。

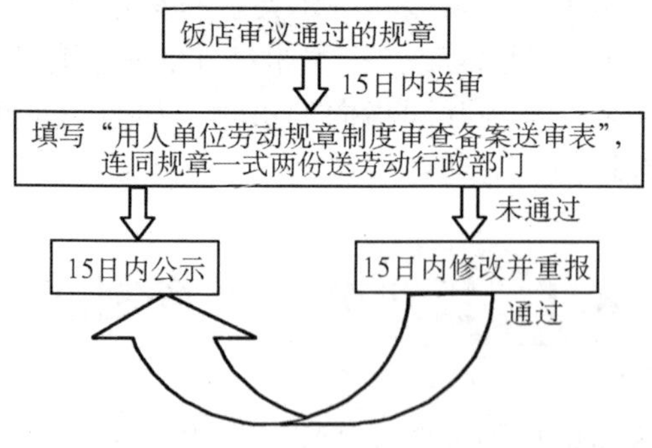

图 8－1 送审和备案的程序

（6）公示和员工知情记录包括：保存编制规章及成立规章编制小组的决定，审议及制定规章的记录，员工大会（股东大会、员工代表）审议的意见，工会组织与饭店协商通过的决定，管理当局通过规章并予以颁布的记录和印发规章手册（员工手册）。应注意事项有：注意标明版本、时间；在进行入职培训时要将手册发放时间、员工签名情况保存在员工档案中；力求每位员工对规章的理解与饭店的意思表达一致。

2. 饭店劳动规章制度的基本内容

饭店劳动规章制度的基本内容有劳动合同管理制度、劳动纪律、劳动定员定额规则、劳动岗位规范制定规则、劳动安全卫生制度、其他制度。

3. 执行饭店劳动规章制度的原则

（1）警告性原则。

（2）因果性原则。只要触犯了饭店的规章制度，就一定会受到惩处。

（3）即时性原则。惩处必须在错误行为发生后立即进行，决不拖泥带水，决不能有时间差，以便达到及时改正错误行为的目的。

（4）公平性原则。

规章制度成稿以后一定要注意审查，防止以后出现争议。在制定时可以借鉴其他饭店的规章制度，但一定要结合饭店自身的实际情况，还要注意价值观的不同。

8.1.2　饭店职业安全卫生管理

饭店劳动安全卫生管理制度包括安全生产责任制度、安全技术措施计划管理制度、安全生产教育制度、安全生产检查制度、重大事故隐患管理制度、安全卫生认证制度、伤亡事故报告和处理制度、个人劳动卫生防护用品管理制度、劳动者健康检查制度等。

女职工与未成年职工的特殊劳动保护制度包括：禁止安排女职工从事不利于身体健康的工作，要执行女职工生理机能变化过程中的特殊保护及女职工特殊保护设施和执行未成年工特殊保护制度，如：最低就业年龄为16周岁（除特殊行业外）；未成年职工（指16～18周岁）实行定期健康检查，另外对使用未成年职工要实行登记制度。

编制职业安全卫生预算有以下两方面的内容。

（1）职业安全卫生保护费用：包括劳动安全卫生保护设施建设费用、劳动安全卫生保护设施更新改造费用、个人劳动安全卫生保护用品费用、劳动安全卫生教育培训费用、健康检查和职业病防治费用、有毒有害作业场所定期检测费用、工伤保险费及工伤认定、评残费用等。

（2）职业安全卫生预算编制的程序：首先确定劳动安全卫生管理的总体目标和任务，并制定具体目标和自编预算；然后上报和下达，进行费用预算，编制直接人工预算和分类预算；最后按照选择确定的预算方法进行编制，具体有固定预算法、滚动预算法和弹性预算法等。

8.2 饭店劳动合同管理

劳动合同既是用人单位与劳动者建立劳动关系的基础，也是用人单位和劳动者协调和处理劳动关系争议的依据。劳动合同应当遵循依法订立、规范条款、突出个性化这三个要求。集体合同是用人单位和全体职工就劳动报酬、工作时间、休息休假、劳动安全卫生、保险福利等事项，通过平等协商订立的协议。从劳动者一方看，劳动合同的约束力只限于签订劳动合同的劳动者本人，而集体合同的约束力则包括签订集体合同的用人单位的全体职工。

劳动合同突出劳动关系中的个性，集体合同的内容更注重劳动关系中的共性。集体合同注重的是全体职工的整体利益，它所约定的条款对单个的劳动合同具有约束力；而劳动合同注重职工的个人利益，单个劳动合同的约定只对合同双方当事人有约束力，对其他劳动合同双方当事人无约束力。此外，劳动合同和集体合同的差异还在于，劳动合同期限一般没有严格限制，可以是有固定期限的，可以是无固定期限的，也可以是以完成某项工作任务为期限的；而集体合同按规定期限为1～3年，集体合同到期后经双方当事人同意可以续订，也可以就某些条款做进一步修订后续订。

8.2.1 饭店集体合同的管理

集体合同是集体协商双方代表根据劳动法律法规的规定，就劳动报酬、工作时间、休息休假、劳动安全卫生、保险福利等事项，在平等协商一致的基础上签订的书面协议。根据劳动法的规定：集体合同由工会代表职工与饭店签订，没有成立工会组织的，由职工代表代表职工与饭店签订。集体合同草案应当提交职工代表大会或全体职工讨论通过，集体合同文本须提交政府劳动行政部门审核，经审核通过的集体合同才具有法律效力。集体合同管理所包括的内容如图8－2所示。

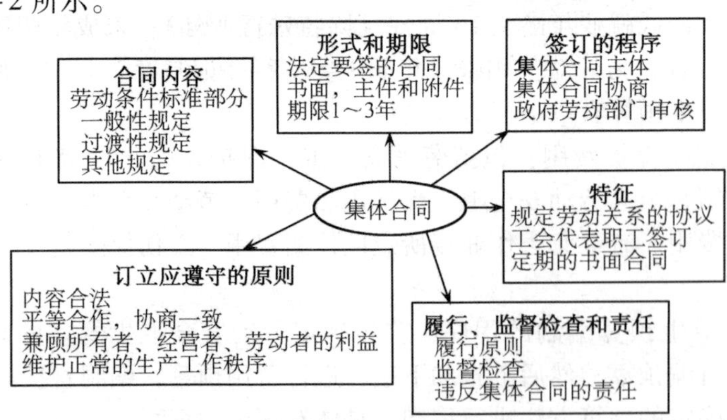

图8－2 集体合同管理的内容

集体合同的内容包括：劳动关系标准部分，如工资、工作时间、休息休假等；一般性规定，如有效期限及变更、解除的条件；过渡性规定，如监督、争议处理、违约责任等；其他规定。订立集体合同的原则是：内容合法原则，平等合作、协商一致原则，兼顾所有者、经营者和劳动者利益原则，维护正常的生产工作秩序原则。集体合同的作用是：有利于协调劳动关系，加强饭店的民主管理，维护职工合法权益，弥补劳动法律法规的不足。

集体合同的形式可分为主件和附件。主件是综合性集体合同，其内容涵盖劳动关系的各个方面。附件是专项集体合同，是就劳动关系的某一特定方面的事项签订的专项协议。目前，我国法定集体合同的附件主要是工资协议——专门就工资事项签订的集体合同。

集体合同的协商是签约代表为签订集体合同进行商谈的法律行为。

由饭店一方将签字的集体合同文本一式三份及说明材料，在集体合同签订后的 7 天内报送县级以上政府劳动行政部门审查。说明材料应包括饭店的营业执照、工会的社团法人证明材料、双方代表的身份证（均为复印件）、委托授权书、职工代表的劳动合同书、相关审议会议通过的集体合同的决议、集体合同条款的必要说明等、审核期限和生效时间。劳动行政部门在收到集体合同后的 15 天内将审核意见书送达；集体合同的生效日期以审核意见书确认的日期为生效日期。若劳动行政部门在收到集体合同的 15 日内未提出异议的，自第 16 日起，集体合同自行生效。若集体合同经劳动行政部门审核认定存在无效条款或部分无效条款的，签约双方应在 15 日内对其进行修改，并在 15 日内重新报送审核。

8.2.2 饭店劳动合同的管理

劳动合同是劳动者与用人单位确立劳动关系，明确双方权利义务的协议。劳动合同按照程序合法、内容合法的原则一经签订，就具有法律效力，不得随意废改。劳动合同的内容包括法定条款和约定条款。为使劳动合同当事人双方的权利义务清晰地界定并具有操作性，逐款详细规定必使劳动合同过于冗长。在这种情况下，可以将饭店依法制定的相关内部管理制度作为劳动合同的附件，通过附件的形式使劳动合同的相关内容具体化。劳动合同的各项条款，包括专项协议所协商确定的内容必须统一，不应存在内在的矛盾。否则，该项条款极有可能成为无效条款而丧失其法律效力。

法定条款是依据法律规定劳动合同双方当事人必须遵守的条款，不具备法定条款，劳动合同就不能成立。《中华人民共和国劳动法》规定，劳动合同应当具备以下条款：劳动合同期限、工作内容、劳动保护和劳动条件、劳动报酬、社会保险、劳动纪律、劳动合同终止的条件、违反劳动合同的责任。约定条款是劳动合同双方当事人根据实际需要在协商一致的基础上规定的其他补充条款。一般常见的约定条款有以下内容：试用期限、培训、保密事项、补充保险和福利、当事人协商约定的其他事项。

劳动合同的期限有固定期限、无固定期限和以完成一定的工作为期限 3 种。

下面简单介绍一下饭店劳动合同管理的相关知识。

（1）劳动者提出解除合同，不承担补偿的条件有：在试用期内，劳动者可以提出解除劳动合同，并且无须说明理由或者承担赔偿；用人单位未按照劳动合同的约定支付劳动报酬或者提供劳动条件；用人单位以暴力、威胁、非法限制人身自由的手段强迫劳动。相反，用人单位可以提出解除合同，不承担补偿的条件有：试用期被证明不符合录用条件的；严重违反劳动纪律和单位规章制度的；严重失职、营私舞弊，对用人单位利益造成重大损失的；被追究刑事责任的。

（2）劳动者以辞职的形式解除劳动合同必须提前30天通知用人单位。劳动者如果违反劳动合同的约定解除劳动合同，对用人单位造成损失的，应赔偿用人单位的下列损失：用人单位招收录用所支付的费用、用人单位支付的培训费用、对生产经营和工作造成的直接经济损失、劳动合同约定的其他赔偿费用。如未提前30天的应支付等同天数的代通知金。此外，第三方招用未与原用人单位解除劳动合同的劳动者对原用人单位造成损失的，除该劳动者承担直接赔偿责任外，该用人单位承担连带赔偿责任。

（3）劳动合同试用期，俗称适应期、考察期，是劳动关系双方当事人可以在劳动合同中，依法平等自愿、协商一致约定一定期限互相了解、选择的考察期间，适用于初次就业或再次就业时改变劳动岗位或工种的劳动者。试用期有三层含义。第一，自愿性。劳动合同中的试用期不是劳动合同的必备条款，它的出现乃是当事人双方合意的结果，也就是说，当事人在劳动合同中可以约定试用期，也可以不约定试用期。第二，非独立性。试用期应当包含在劳动合同期限之中，是劳动合同期限中的一个特殊阶段，而非独立于劳动合同期限以外的阶段。第三，限制性。劳动合同试用期有法定的上限，即最长不得超过6个月，当事人不得通过约定而改变这一上限。

（4）饭店不能解除劳动者劳动合同的条件有：患职业病或者因公负伤并被确认丧失或部分丧失劳动能力的；患病或者负伤，在规定的医疗期内的；女职工在孕期、产期、哺乳期内的；法律、法规规定的其他情形。

（5）饭店的三种工时制：标准工时制就是每天工作8小时，每周工作40小时的工作制度；不定时工作制是根据工作的性质和特点，对某些岗位不具体规定工作时间，其以完成岗位职责任务为标准；综合计算工时工作制即分别以周、月、季、年等为周期，综合计算工作时间，但其平均日工作时间和平均周工作时间应与法定标准工作时间基本相同。

（6）一般将法定节假日和公休日内进行工作称为加班；在标准工作日内的标准工作时外进行工作称为加点。加班加点时加班费的计算如表8－1所示。

表8－1 加班加点时加班费的计算

加班时间	加班方式	计算方法	备注
标准工作日8小时以外的上班时间	加点	工作小时数×时薪×150%	通常指周一至周五每天8小时以外的工作时间
公休日上班8小时	加班	日薪×200%	通常指周六、周日上班8小时
公休日8小时以外的上班时间	加点	工作小时数×时薪×200%	通常指周六、周日8小时以外的上班时间
法定节假日上班8小时	加班	日薪×300%	指元旦、春节、五·一、十·一等上班8小时
法定节假日8小时以外的上班时间	加点	工作小时数×时薪×300%	法定节假日8小时以外的上班时间

(7) 由于饭店原因解除劳动者劳动合同的，其补偿金的核算标准为：按劳动者在饭店的工作年限，每满一年发给相当于 1 个月的经济补偿金；不满一年的按一年计算；一般补偿金不超过 12 个月的工资。经济补偿金按“就高不就低原则”，即劳动者解除合同前 12 个月的月平均工资为计算补偿金的基数，如果该平均工资低于饭店平均工资的，按饭店平均工资执行。

经济补偿有以下 3 种情况是不以 12 个月工资为封顶的。

① 用人单位因情势变更致使劳动合同无法履行而解除劳动合同的，其向劳动者发放经济补偿金时不应以 12 个月的工资为限。

② 用人单位生产经营状况发生严重困难而裁减人员的，其向被裁减人员发放经济补偿金时不应以 12 个月的工资为限。

③ 劳动者非因工负伤导致饭店解除劳动合同的，饭店发放经济补偿金时不应以 12 个月的工资为限。

(8) 医疗期是指劳动者患病或非因工负伤停止工作治疗休息不得解除劳动合同的期限。医疗期的长度根据劳动者的实际工作年限和在本单位的工作年限确定。医疗期应从病休第一天开始，累计计算，病休期间的公休假日和法定节日包括在内。医疗期期限的具体规定如表 8－2 所示。

表 8－2　医疗期期限的具体规定

工作年限 10 年以下		工作年限 10 以上	
单位工龄	医疗期	单位工龄	医疗期/月
1 至 5 年	3 个月	1 至 5 年	6
5 年以上至 10 年	6 个月	5 年以上至 10 年	6+3
	10 年以上至 15 年	6+3+3	
	15 年以上至 20 年	6+3+3+6	
	20 年以上至 30 年	6+3+3+6+6	
	30 年以上	6+3+3+6+6+12	

8.3　饭店员工关系管理

员工关系管理是每一位饭店人力资源管理者不可或缺的工作内容，做好员工关系管理工作也是保证饭店人才竞争力的基础。随着饭店的迅猛发展与社会的进步，员工关系管理和劳动争议处理越来越受到社会的关注，据人力资源和社会保障部与国家统计局发布的《2007 年劳动和社会保障事业发展统计公报》显示，全年各级劳动争议仲裁委员会处理的劳动争议案件有 50 万件，其中案前调解 15 万件，立案受理劳动争议案件 35 万件，涉及劳动者 65 万人。立案受理的劳动争议案件中，集体劳动争议案件 1.3 万件，涉及劳动者 27 万人。立案受理的劳动争议案件结案率为 92.3%。员工关系管理和劳动争议处理已经逐渐成为人力资源管理的重点和难点。

8.3.1 饭店员工的沟通与敬业分析

饭店员工有两种信息沟通形式：非正式沟通是饭店员工在彼此交往中自发形成的一种非稳定的关系网络；正式沟通是基于饭店内正式组织、维系饭店管理运行的沟通。员工沟通的主要内容如图 8－3 所示。

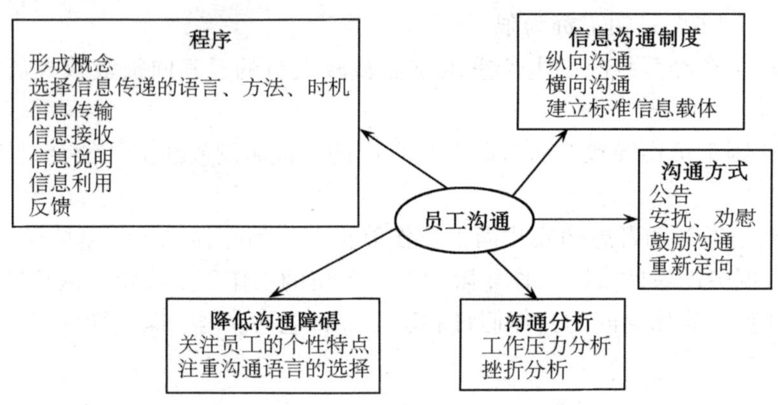

图 8－3　员工沟通的主要内容

信息沟通的主要作用是：组织和个人提供信息发出者所预期的目标、情报、资料、知识；组织成员之间、部门之间实现行为统一、互相了解和理解的工具；实现饭店管理活动从无序到有序转化的基本手段；调节人际关系的工具；实现有效激励的手段。

沟通的技巧是一个职业人士所需具备的最基本的技能之一，例如：饭店的人事经理在招聘新员工时，对新员工有一个非常重要的要求，就是新员工必须具备良好的沟通技巧。有效沟通的基本技巧有组织清晰、简洁的语言，注意非语言暗示，注意倾听，反馈。另外，沟通的四大秘诀是真诚、自信、赞美他人、善待他人。

作为饭店的管理者，如何使上下左右内外沟通流畅，不妨先做好以下的准备工作。

首先，为沟通准备好一个平台。良好的饭店文化和团队精神是沟通流畅的必要平台。

其次，寻找合适的沟通载体。要使沟通有效地进行，在采用沟通的形式时要重视平行渠道，如口头沟通辅以备忘录，语言沟通辅以表情、手势，会议结果有个纪要等，这些都易于加深、加快人们对信息的理解与接受。

再次，在沟通的过程中要注意及时排除一些障碍。研究发现，影响沟通流畅的主要原因有文化障碍、组织结构障碍、心理障碍。文化障碍包括语言障碍、语意障碍及文化水平差异。组织结构障碍包括地位障碍、空间障碍及机构障碍，其中机构障碍往往是由于机构设置不合理，规模臃肿，层次太多，从高层到低层或从低层到高层要经过太多的程序，容易造成信息走样和失去时效。心理障碍则包括认知障碍、情感障碍和态度障碍等。

加强饭店内部沟通的技巧有：及时公布饭店的政策、通知；积极组织各类活动，如推广饭店文化的活动；及时反馈和处理员工的投诉或建议电话、邮件；加强对饭店内部网的管理；定期组织沟通会听取员工的意见，切实做好员工辞职、离职时的面谈；定期计划和组织员工调查；定期组织员工与高层的见面畅谈会；适时组织饭店员工大会；为员工提供各种咨询服务；加强管理人员的培训；及时表彰优秀员工；开展丰富多彩的员工文化、体育、娱乐活动；组织和开展好饭店的各项福利活动；加强与员工家属的联系。

提高员工素质、加强员工沟通的方法有：让员工定期参加通常不参加的会议；在饭店内外组织“头脑风暴”俱乐部的活动；实地观摩、组织活动，实行岗位轮换制度；鼓励员工求学培训，举办由员工和领导共同参加学习的课程和讲座；鼓励员工积极争取各种专业协会的成员资格；鼓励员工就自己的研究在饭店内部进行介绍或报告；鼓励员工到各种临时的跨部门专项工作小组去工作；邀请本饭店其他部门的各级人员来与自己部门的员工聚会；经常组织员工而不是个别员工去参加同行的交流活动；设计跨部门的考察或实习。

员工敬业度是指员工在情感和知识方面对饭店的承诺和投入。影响饭店员工敬业的驱动因素有：人员方面，包括高层领导、经理、同事等；工作方面，如内在的激励、工作任务、工作需要的资源等；薪酬方面，如饭店的薪酬、福利政策等；机遇方面，如职业发展机会、受认可和表彰；规章制度因素，如人力资源政策；生活质量方面，如工作与生活的平衡、工作环境、安全感等。

掌握和应用饭店员工敬业分析，对饭店员工关系管理具有重要的意义。员工敬业随年龄变化，其驱动因素的先后排序如表 8－3 所示。

表 8－3　员工敬业驱动因素的先后排序（1）

年龄	第一驱动因素	第二驱动因素	第三驱动因素
20～24 岁	工作任务	福利	工作需要的资源
25～34 岁	职业发展机会	工作需要的资源	工作任务
35～44 岁	薪酬	人力资源系统	认可和表彰
45～54 岁	薪酬	职业发展机会	影响力
≥55 岁	影响力	职业发展机会	薪酬

员工敬业从服务工作年限来看，其驱动因素的先后排序如表 8－4 所示。

表 8－4　员工敬业驱动因素的先后排序（2）

服务年限	第一驱动因素	第二驱动因素	第三驱动因素
<2 年	工作需要的资源	工作任务	职业发展机会
2～5 年	职业发展机会	福利	工作需要的资源
6～9 年	职业发展机会	人力资源系统	认可和表彰
10～14 年	福利	薪酬	工作需要的资源
15～19 年	薪酬	工作需要的资源	人力资源系统
20～24 年	福利	人力资源系统	薪酬
≥25 年	福利	薪酬	高级管理层

8.3.2 饭店劳动争议的处理

饭店劳动争议的产生有多种多样的原因，如饭店内部劳动规章制度不合理、不健全或不依合理程序制定；饭店管理层法制观念淡薄，人力资源管理人员缺少在劳动争议管理方面的专业训练或由于饭店经营困难导致了劳动争议的产生。劳动争议处理的原则是：着重调解、及时处理的原则，在查清事实的基础上依法处理的原则，适用法律上一律平等的原则。

饭店劳动争议处理的程序是：首先双方协商，不愿或协商不成，申请饭店调解委员会调解，调解不成或不愿调解，申请仲裁机构仲裁；如果一方或双方不服，到法院申诉。

调解委员会的构成包括：职工代表，由职工代表大会或职工大会推举产生；用人单位代表，由用人单位法定代表人指定；工会代表，由用人单位工会委员会指定。调解委员无论是哪一方的代表，都应当由具有一定的劳动法律知识、政策水平和实际工作能力，为人正派、办事公道、联系群众的人员担任。调解委员的人数由职工代表大会提出并与饭店法定代表人协商确定。但用人单位代表的人数不得超过委员总数的1/3。没有成立工会组织的饭店，调解委员会的设立和组成由职工代表和用人单位代表协商确定，调解委员会主任由工会代表担任。

调解委员会的调解主要是通过教育、劝导协商的方法，促使当事人在互谅互让的基础上达成协议，从而化解争议。调解委员会调解的特点是群众性、自治性、非强制性。调解委员会的职责是按法定原则和程序处理，回访、检查执行情况，督促调解协议的履行，开展劳动法律法规、饭店内部规章制度的宣传教育工作，预防劳动争议的发生。

劳动仲裁是劳动争议仲裁机构根据劳动争议当事人一方或双方的申请，依法就劳动争议的事实和当事人应承担的责任做出判断和裁决的活动。劳动争议仲裁委员会的构成包括劳动行政部门代表、同级工会代表、用人单位代表。仲裁委员会的办事机构为劳动行政主管部门的劳动争议处理机构。劳动争议仲裁的原则有：一次裁决原则；合议原则，即少数服从多数原则；强制原则，即一方申请即可受理，调解不成可直接裁决和一方不履行另一方可申请法院强制执行；回避原则；区分举证责任原则，即遵循“谁主张谁举证”和“谁决定谁举证”的原则。

劳动争议仲裁程序如下。

（1）申请和受理。劳动争议发生后，当事人申请仲裁，应依法向仲裁委员会提交仲裁申诉书。申诉书应当列明：员工当事人的姓名、职业、住址和工作单位；用人单位的名称、地址，法定代表人的姓名、职务；仲裁请求及事实和理由；证据，证人的姓名、住址。经审查符合受理条件的案件，填写立案审批表报仲裁委员会负责人审批，审批应在填表7日内做出决定。决定立案的，应在决定立案的7日内向申诉人发出书面通知，将申诉书副本送达被诉人，并要求在15日内提交答辩书和证据。决定不予立案的，应在7日内制作不予受理通知书，说明不予立案的理由，送达申诉人。

（2）案件仲裁准备。案件仲裁的准备工作主要有：组成仲裁庭或指定仲裁员，审阅案件材料，进行必要的调查取证，庭审前进行调解。

（3）开庭审理和裁决。开庭审理和裁决应按照下列步骤进行：送达开庭通知，开庭审理，申诉人和被诉人答辩，当庭再行调解，休庭合议并做出裁决，复庭并宣布仲裁裁决。

（4）仲裁文书的送达。仲裁文书的送达方式为直接送达、留置送达、委托送达、邮寄送达、公告送达。

劳动争议仲裁应该注意的几个问题是：仲裁申诉时间为劳动争议发生的 60 日内；仲裁时效为 60 日；申诉是否受理须在 7 日内答复，15 日内提交答辩书和证据；仲裁调解书送达，当事人不反悔的，即发生法律效力；仲裁裁决书自双方收到之日起的 15 日内不向法院起诉的，即发生法律效力。

根据我国法律的规定，劳动争议的申诉时效为 60 日，即提出仲裁要求的一方应在劳动争议发生之日起的 60 日内向劳动争议仲裁机构提出申请，超过 60 日，仲裁委员会可以不予受理。因不可抗力或其他正当理由超过这一时效，仲裁委员会应当受理。劳动争议的仲裁时效为 60 日，即仲裁裁决应在收到仲裁申请的 60 日内做出；案情复杂需要延期的，经仲裁委员会批准可以适当延期，但延期不得超过 30 日。

饭店劳动争议的预防措施有：强化劳动关系当事人的劳动法制观念；强化对劳动法律、法规执行情况的监督检查；强化劳动合同的管理；强化和完善饭店的民主管理体制；完善劳动立法，制订员工沟通计划，建立员工沟通制度，如设立员工关系主任；规定员工沟通工作目标，建立员工沟通报告制度；选择确定员工沟通方法等。

饭店避免劳动纠纷和劳动争议处理的方法有：饭店要严格按照《中华人民共和国劳动法》、劳动法规管理员工；制定饭店合法的劳动管理制度；树立以人为本的管理理念；建立员工关系管理专职人员或部门，加强员工的沟通和预警机制；“和为贵”，纠纷发生时应尽量协商解决问题。

思考题

1. 简述编制饭店劳动规章的主要步骤。
2. 劳动者提出解除合同，不承担补偿的条件有哪些？
3. 简述员工沟通的主要内容。
4. 试述劳动争议仲裁的程序。

第 9 章

领导行为和管理艺术

【学习目标】

- ☑ 了解领导特性理论及领导方式理论。
- ☑ 了解现代情景理论。
- ☑ 正确认识领导理论的新观点。
- ☑ 知晓领导艺术。

领导是管理的一项重要职能，领导的影响力来源于权力。虽然行使领导权是管理者的职责，但从严格的意义上讲，管理者和领导者是有区别的。现代饭店在市场经济条件下，处于激烈的竞争状态。这对于饭店领导者不断施加着各种压力，不断提出新的要求。饭店管理者的职责是在饭店经营活动中进行有效的计划、组织、指挥、协调、监督、创新等方面的工作，但作为领导者必须掌握领导的艺术与技巧，具备扎实的专业知识，以强化领导力，影响饭店员工的决定和行为，实现饭店的经营目标。无数的企业实践表明，企业的领导者对企业生存和顺利成长具有深远的影响。

9.1　领导者和管理者

9.1.1　领导的定义

首先应指出领导是一种行为过程，而致力于实现这一过程的人就是领导者。美国管理学家孔茨、奥唐奈和韦里奇给领导下的定义为：“领导是一种影响力，是引导人们行为，从而使人们情愿地、热心地实现组织或群体目标的艺术过程。”对这个定义要分 3 个层次理解。首先，它揭示了领导的本质，即影响力。这种影响力能够引导人们的行为。这里的引导，是指使人们以某种方式或跟随一个特定过程的行动。在理想情况下，这一过程由创立的组织政策、程序、工作章程等因素组成。第二，这个定义明确指出了领导是一个过程，是引导人们行为的过程；不仅如此，它还是一个艺术过程。领导者面临千变万化的组织或群体的内外环境，特别是面对着各种各样的人。他们的身份不同，有着各种不同的教育、文化和经历背景，他们进入组织或群体的目标和需要各不相同，而且人们的需要、目的等都处在动态的变化之中。越是高层的领导行为，因其面对因素的复杂性和不确定性越高，所以艺术的成分就越多。第三，这个定义指出了领导的目的。领导是一项目的性非常强的行为过程，它的目的在于使人们心甘情愿地、热心地为实现组织或群体的目标而努力，让人们情愿地而非无奈地、热情地而非勉强地为组织或群体的目标而努力，这体现了领导工作的水平。

我国古代哲学家老子曾经对领导者有过一段这样的论述，其大意是“最好的领导者仅仅使被领导者感觉到有他的存在而已；其次者是使被领导者亲近和赞美他；再次者是使被领导者畏惧他；最次者是使被领导者痛恨他。”老子的这段论述，可谓对领导的十分精辟的概括。领导决不等于权力和命令，权力和影响力并不相同。领导者当然是有权力的，但一名领导者如果仅仅靠权力来发号施令，维护其领导地位，这并不能称之为真正的领导者。真正的领导者对下属不是纯粹命令而是善于引导，不是一味强调权力而是注意贯注自己的热情；不是要求下属安分守己不越雷池半步，而是真诚鼓励他们创新。

9.1.2　领导与管理的区别

在较平稳的时期，管理者的核心任务是维持现行的活动，他们可依靠制度、政策、规章规范员工的活动；但在加速变革的时代和动荡的环境中，领导的作用更显重要，有效的领导能够指明前景，并引导组织成员共同努力去实现它。

管理强调的是计划和预算、组织各项资源（人力资源和物力资源等）、控制和解决问题。领导强调的是提供方向、影响人和增强组织成员的凝聚力，以及激励与鼓舞人。优秀的管理者一定是个好的领导者，然而一个领导者不一定是一个有成效的管理者。管理者可以利用其职权迫使人们去从事一项工作，但不等于就是一个合格的领导者。有人虽有经理的头衔，然而很少影响他人的行为和工作；也有人并无正式职权或经理之名，却能以个人的身份和感染力去影响他人的行为。后者虽非管理者，但却是一个领导者，也许是一个至关重要的非正式领导。

领导者的主要职能是为企业确立正确的发展方向和前进目标，制定进行变革的战略，动员和联合该组织的成员，激励和调动他们的积极性和创造性，为实现目标而奋斗；管理者一般是在既定的目标下，依靠维护该组织内部的规章制度和运行程序，保持与各部门之间的和谐与协调，使企业高效实现目标。典型的管理者采用有组织、有条理的方法和严格控制的办法，给组织带来正常的秩序和一致性。典型的领导者采取灵活、创造性的方式，在组织中倡导变革和提供前景。领导是管理的一个方面，属于管理活动的范畴，但除了领导，管理还包括其他内容，如计划、组织、控制等。领导从根本上来讲是一种影响力，是一种追随关系。人们往往追随那些他们认为可以提供满足自身需要的人，正是人们愿意追随他，才使他成为领导者。

9.2 领导特性理论

早期的领导理论其研究重点放在领导者的个人特性上。持该方面观点的人认为，领导的有效性取决于人生来就具有领导者的特性。较有代表性的理论包括斯托格迪尔的领导个人因素论，鲍莫尔的领导品质论和吉赛利的领导品质论等。

9.2.1 斯托格迪尔的领导个人因素论

斯托格迪尔在全面研究关于有效领导应具备的素质方面的文献后，总结了与领导有关的个人因素如下：

（1）五种身体特征，如精力、外貌、身高、年龄、体重等；

（2）两种社会性特征，如社会经济地位、学历等；

（3）四种智力特征，如果断性、说话流利、知识渊博、判断分析能力强等；

（4）十六种个性特征，如适应性、进取心、热心、自信、独立性、外向、机警、支配力、有主见、急性、慢性、见解独到、情绪稳定、作风民主、不随波逐流、智慧等；

（5）六种与工作有关的特征，如责任感、事业心、毅力、首创性、坚持、对人的关心等；

（6）九种社交特征，如能力、合作、声誉、人际关系、老练程度、正直、诚实、权力的需要、与人共事的技巧等。

9.2.2 鲍莫尔的领导品质论

美国普林斯顿大学的鲍莫尔提出了作为一个领导应具备的十个条件：合作精神、决策能力、组织能力、精于授权、善于应变、敢于求新、勇于负责、敢担风险、尊重他人和品德高尚。

9.2.3 吉赛利的领导品质论

吉赛利对个人性格与管理成功的关系，按重要性进行了分类。他重点研究了十三种特性，以及这些特性在领导才能中体现的价值，其研究结果如表 9-1 所示。括号中的 A 表示能力特征，P 表示个性特征，M 表示激励特征。

总的来说，早期领导理论未能给出高度一致的结论，所以无法对各种品质的相对重要程度做出客观的评价。好在上述特性并非都是与生俱来的，有效领导所需的品质通过自身的学习和努力是可以培养的。

表 9－1　领导个人特征价值表

重要特征	重要性价值	个性特征
非常重要	100	督察能力（A）
	76	事业心，成就欲（M）
	64	才智（A）
	63	自我实现欲（M）
	63	自信（P）
	61	决断能力（P）
	54	对安全保障的需要（A）
	47	与下属关系亲近（M）
次重要	34	首创精神（M）
	20	不要高额金钱报酬（M）
次重要	10	权力需求高（M）
	5	成熟程度（P）
最不重要	0	性别（男性或女性）（P）

说明：重要性价值 100＝最重要，0＝没有作用。

9.3　关于领导方式的理论

领导涉及在一个组织中行使权力。在引导人的过程中，领导人对所获得的权力的用权方式称为领导方式或领导风格。在人类历史上，记载了领导人的各种不同的领导风格，从强制、威胁和要求到花言巧语、恳求、贿赂和乞讨，从彻底的独裁至完全的民主，各种领导方式形成了一个连续统一体。

9.3.1　领导行为的连续统一体理论

坦宁鲍姆和施密特在 1958 年提出了“领导行为连续统一体”理论，他们指出领导行为是包含各种领导方式的连续统一体。在独裁式的领导行为和民主式的领导行为的两种极端的领导方式中间，还有多种领导方式。在其模型中列举了 7 种有代表性的领导风格，模型见图 9－1。

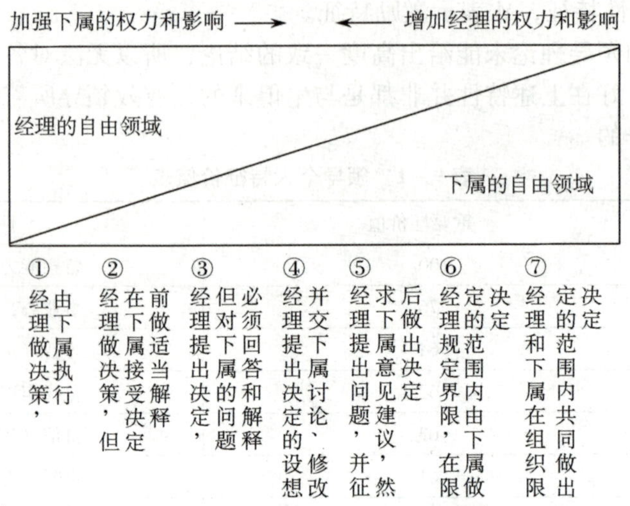

图 9－1 领导行为连续统一体模型

在组织中有的管理人员运用职权做出各项决定，然后由下属接受这些决定；也有的管理人员相反，他们和下属在规定的范围内与下属共同做出决定。但是在连续统一体的两端之间都不是绝对的。领导的方式往往取决于三个主要因素，包括管理者（如他们的价值观系统，以及对下属的信心）、下属成员（如他们对管理人员行为的期望）和他们所处的情境（如组织的价值观和传统）。作者用下面这一经典等式进行概括：

$$领导风格 = f（领导者，下属，处境）$$

管理人员和非管理人员的权力和影响力都受他们所处的组织和社会环境的影响。

9.3.2 4 类典型的领导方式

美国密歇根大学社会研究所前所长伦西斯·利克特发表了一种领导理论，他认为在所有管理工作中，对人的领导是最重要的中心工作。典型的领导方式可分为 4 类，在连续统一体上分别定名为系统Ⅰ、系统Ⅱ、系统Ⅲ与系统Ⅳ。

系统Ⅰ（即第一类领导方式）是所谓“专权命令式”。所有决策由管理者自己制定，他决定做什么，由谁去做，如何做，以及何时完成。在这种系统中，管理者对下属很少信任，下属的意见也很难与上级沟通。下属如果不能按指令完成任务，将会受到威胁及惩罚。利克特认为系统Ⅰ反映了传统的管理概念。

系统Ⅱ（即第二类领导方式）被称为“温和的命令式”。在这种系统下，管理者以家长式的恩赐态度对待下属，双方的信任程度呈主仆间的信赖关系。决策由上级制定，但下属在执行中有不同程度的自由和灵活性，有时也允许下属参与决策，并根据任务完成的情况给予奖惩。

系统Ⅲ（即第三类领导方式）属“协商型”。那些管理人员对下属有很大的信心，但又不完全放心。在研究工作中下属可较自由地发表意见，领导作决策前也常常征求下属的想法。在奖惩问题上，管理当局以奖励为主，惩罚则偶尔用之。实际上系统Ⅲ和系统Ⅱ的本质还是权力型的管理制度，只是在程度上有所差别。

系统Ⅳ（即第四类领导方式）被称为“参与式管理”。在这种系统中，管理者对下属充满信任，上下级处于平等地位，共同协商讨论问题，下级广泛参与重大决策过程。鼓励群体参与制定既具挑战性又切合实际的目标，控制过程分散在整个组织之中，强调自我控制和解决问题。所谓参与管理包含 3 个基本概念。① 管理人员要创造条件让员工体验自己受到上级和各方面的支持，感觉到自己的价值。换言之，即领导必须拿出行动和事实来，使员工体会并感受到领导的支持和重视。这也就是利克特论及的“支持关系理论”。② 应用集体决策和集体监督。一个完整的组织，应由一系列群体交叉重叠组成，以各群体为单位开展工作。各群体单位的领导是上一级群体单位的成员，即由各级管理人员担任各群体间的联系。此概念即所谓“连针理论”。③ 给组织树立高标准的目标。一个组织的领导及其成员都要有高标准的志向，确立高标准的目标，通过目标的实现过程来满足个人的需要。利克特认为参与管理制度，效率最高。

根据利克特的调查研究发现：① 一个部门领导在管理工作中如果以员工为中心，即不仅关心员工的工作，并且关心其需要和愿望等，则该部门的生产率愈高；如以工作为中心，即领导主要关心员工的工作，而较少考虑员工的需要和愿望等，则该部门生产率愈低；② 一个部门领导与员工接触时间愈多，则生产率愈高；同员工接触时间愈少，则生产率愈低；③ 一个部门领导注意向下授权，听取下属意见，让他们参与决策，该部门的生产效率就高；反之，愈是专权独裁，则生产效率就愈低。

9.3.3　管理方格理论

1. 领导行为四分图

从 1945 年起，美国俄亥俄州立大学工商企业研究所在斯多格迪尔和沙特尔两位教授的领导下，对大型组织的领导行为做了一系列深入研究。他们用高度概括的方法，通过对一千多种描述领导行为的因素中进行筛选，最后归并为两类主要领导行为。一类称为主导型结构，由领导确立组织目标和抓好组织，严格要求下属，确保其努力达到目标。另一类为关心型，领导和下属的相互关系体现为互相信任，互相尊重，上级关心并考虑下属的意见和感情，通过参与管理来调动人的积极性。

主导型结构和关心型领导行为是两种不同的领导方式，互相结合可形成四种基本领导风格，如图 9 –2 所示。

一位管理者可能是高主导兼高关心，也可能是低主导兼低关心，或此高彼低。领导行为是这两类行为的具体结合。一个两方面都高的领导人，其工作效率及领导有效性必然较高。用四分图研究领导行为是从两个角度考察领导方式的首次尝试，为研究领导行为指出了一个新的途径。

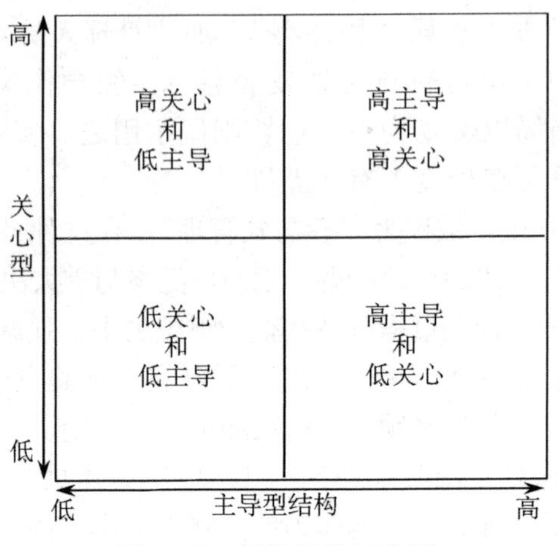

图 9－2　领导风格四分图

2. 管理方格理论

在四分图的基础上，布莱克和莫顿于 1964 年提出了管理方格理论。他们用一张九等分的方格图组成一个两维矩阵。横坐标表示管理者对生产的关心程度，纵坐标表示对人的关心程度。纵横共组成 81 个小方格，每一小方格代表一种领导方式。其中有 5 种典型的领导风格，如图 9－3 所示。

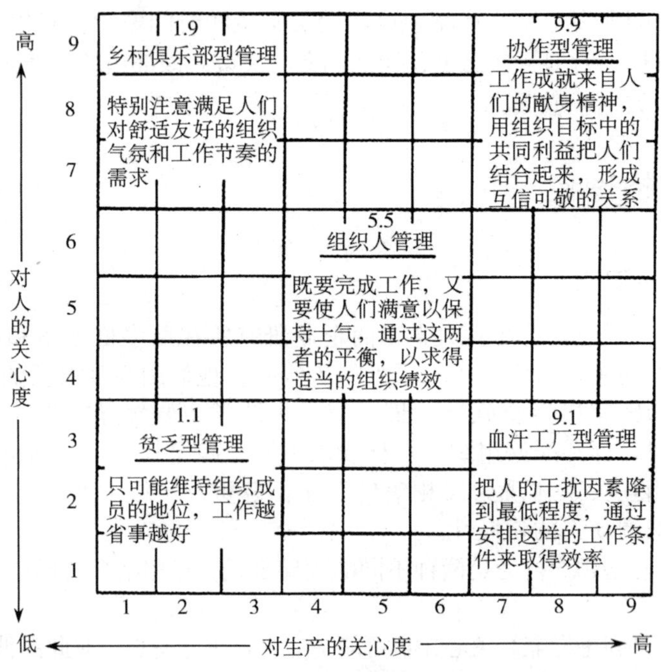

图 9－3　管理新方格

图中横轴代表了对生产关心的程度，纵轴代表了对人关心的程度，纵横交叉组成各种不同的领导风格。

（1）贫乏型管理 1.1：管理者对生产和对人都很少关心。

（2）血汗工厂型管理 9.1：管理者对生产高度关心，但对人则很少关心。

（3）乡村俱乐部型管理 1.9：和 9.1 型正好相反，管理者友好待人，态度轻松，但对生产则很少关心。

（4）组织人管理 5.5：管理者折中地在关心人和关心生产两者间取得平衡。

（5）协作型管理 9.9：管理者对生产和人的关心都有高标准的要求。通过与员工的互敬互信，依靠群体的协作来取得成果。

前四种领导方式，无论是依从关系的 9.1 定向，带折中的 5.5 妥协平衡，还是 1.9 的安全感和舒适，或 1.1 的无为放任，都不是最理想的领导方式，从长远看都有弊病。与 9.9 定向的领导行为相比，其他方式就显得远为不足了。实现 9.9 定向对加强现代化企业制度，贯彻员工参与的民主管理都有很现实的意义。

《管理方格》一书对管理界的理论和实践都产生了很大的影响，并为管理者正确评价自己的领导行为及培训发展管理人员学习方格理论，掌握最佳领导方式提供了有效的指南。

9.4　关于现代情景理论

本章前面所讨论的有些领导理论，其性质也属于审时度势的情景理论。早在 20 世纪 40 年代，一些管理学家们已经开始这方面的研究，至今仍在继续探索这一课题。情景领导理论认为，某种领导方式在实际工作中是否有效将取决于具体的情景和场合，领导是一种动态的过程，其有效性将随着领导者的特点及环境的变化而异。下面介绍当代几种更为深入、典型的情景领导理论。

9.4.1　菲德勒模型

菲德勒所提出的权变理论被视为较完整的情景领导理论，受到许多人的肯定和认同。菲德勒认为并不存在一种普遍适用各种情景的领导模式，然而在不同的情况下都可以找到一种与特定情景相适应的有效领导模式。他指出了一个“有效领导的权变模型”，其中包含两种基本领导风格和三种情景因素；三种情景因素又分别组成八个明显不同的环境，领导方式与环境类型相适应，才能获得有效的领导。

1.　两种领导风格

菲德勒确认了两种领导风格：一种为任务导向型（类似于以工作为中心和主导型结构

行为)，另一种为关系导向型（与以员工为中心及关心型的行为相似）。他还认为，领导行为的方式是领导人个性的反映，基本上不大会改变。所以，一个领导人的领导风格究竟是任务导向还是关系导向是可以确定的。

菲德勒使用一种名叫 LPC 的问卷表来测定一个人的领导风格，所谓 LPC 即你最难与之共事的人。每个管理人员和领导通过对 LPC 的描述可以判断其领导风格。LPC 问卷表的具体格式如图 9－4 所示。

设想一个最不能共事的人，此人是你现在的同事或是过去的同事，这人不一定是你最不喜欢的人，而是你认为最难共事的人，请描述你对这人的印象。

令人舒服	—:—:—:—:—:—:—:— 8 7 6 5 4 3 2 1	令人不舒服
友好	—:—:—:—:—:—:—:— 8 7 6 5 4 3 2 1	不友好
拒绝	—:—:—:—:—:—:—:— 1 2 3 4 5 6 7 8	接受
对人有帮助	—:—:—:—:—:—:—:— 8 7 6 5 4 3 2 1	令人垂头丧气
不热心	—:—:—:—:—:—:—:— 1 2 3 4 5 6 7 8	热心
紧张	—:—:—:—:—:—:—:— 1 2 3 4 5 6 7 8	轻松
疏远	—:—:—:—:—:—:—:— 1 2 3 4 5 6 7 8	接近
冷漠	—:—:—:—:—:—:—:— 1 2 3 4 5 6 7 8	热情
合作	—:—:—:—:—:—:—:— 8 7 6 5 4 3 2 1	不合作
支持	—:—:—:—:—:—:—:— 8 7 6 5 4 3 2 1	敌对
讨厌	—:—:—:—:—:—:—:— 1 2 3 4 5 6 7 8	有趣味
喜欢争吵	—:—:—:—:—:—:—:— 1 2 3 4 5 6 7 8	幽默
自信	—:—:—:—:—:—:—:— 8 7 6 5 4 3 2 1	犹豫
有效率	—:—:—:—:—:—:—:— 8 7 6 5 4 3 2 1	无效率
低沉	—:—:—:—:—:—:—:— 1 2 3 4 5 6 7 8	愉快
开诚	—:—:—:—:—:—:—:— 8 7 6 5 4 3 2 1	设防

图 9－4　LPC 问卷的格式

2. 三种情景因素

影响领导效果的“情景因素”有三个，即领导者与被领导者的关系、工作任务的结构与领导人所处职位的固有权力。

（1）上下关系。是指领导人与其工作群体间关系的性质。假如双方是高度信任、互相尊重、互相支持和友好的，则相互关系是好的；反之，关系则是差的。

（2）任务结构。是指群体工作任务规定的明确程度。当任务是例行性的、明确和容易理解，以及有章可循的，则任务结构属于明确的或高的；反之，任务结构是复杂而又无先例的，以及没有标准程序的，或含糊不清的，则属不明确的或低的任务结构。

（3）职位权力。是指赋予领导人的与职位相关联的权力。如果该领导对下属员工的工作分配、奖惩及职务升降有决定权的话，其职位权力则是强的；反之，职位权力则弱。

3. 理论模型

菲德勒及其助手在作了大量的调研基础上，根据三种情景条件的不同组合，形成八种不同的环境类型（见图 9 –5），其中包括从三个条件齐备的最有利的情景，到三者都缺的最不利情景。他们发现对于各种情景，只要领导风格与之相适应，都能取得良好的领导效果。处于有利的情景（1、2、3）及最为不利的情景（8）时，采用“任务导向型”的领导方式，效果较好；对处于中间状态的情景（4、5、6、7），则采用“关系导向型”的领导方式，效果较好。

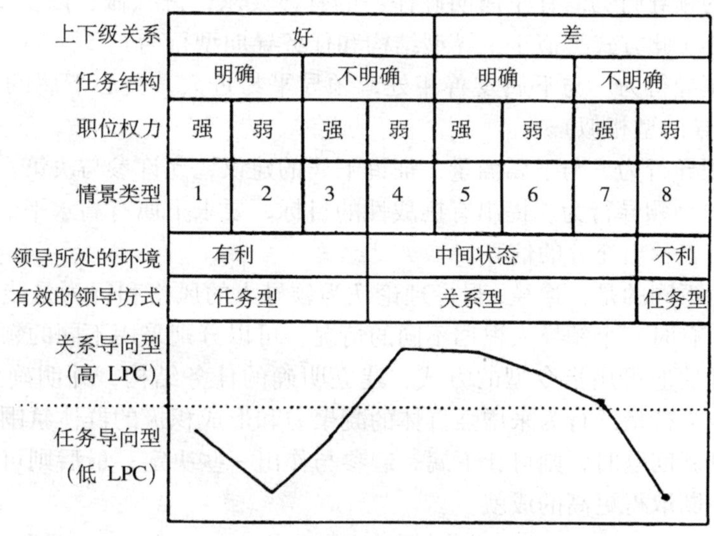

图 9 –5　菲德勒权变领导模型

根据菲德勒的观点，由于领导行为是与该领导的个性相联系的，所以领导人的风格或领导方式基本上是固定不变的。当一个领导人的领导风格与情景不相适应时，菲德勒认为解决办法是应改变情景，使之与领导的风格相适应。例如，当一位领导人所处的环境属情景类型 4 的时候，有效的领导方式应是关系型；如果该领导的风格属任务型时，此领导应改变其情景条件，或者要求适当增强其职权及其他一些手段。总之，此模型有助于管理者认识情景因素的重要性，并努力使之适应自己的领导风格。

9.4.2 途径－目标理论

途径－目标理论是由加拿大多伦多大学教授埃文斯及其同事豪斯等提出和发展的。此理论以期望理论及领导行为四分图为依据，提出领导的主要职能是为下属在工作中提供获得满足需要的机会，并为下属搞清哪些行为能够导致目标的实现并获得有价值的奖励。简言之，即领导应当指明达成目标的途径。

1. 领导行为

豪斯认为“高工作”和“高关心”的组合不一定是最有效的领导方式，还需考虑环境因素。在1974年他与米切尔发表的论文中提出了4种领导行为。

（1）指示性的领导行为。让下属明确任务的具体要求，怎么做，以及安排好工作日程，决策都由领导做出（此方式类似于主导型结构和任务导向型行为）。

（2）支持型领导行为。与下属友善相处，领导平易近人，关心下属的福利，公平待人（与关心型及关系导向型相似）。

（3）参与型领导行为。与下属商量，征询下属的建议，允许参与决策。

（4）成就导向型领导行为。提出有挑战性的目标，要求下属有高水平的表现，鼓励下属并对下属的能力表示出充分的信心。

与菲德勒理论不同的是，途径－目标理论认为领导人的风格和行为是能够改变的，使之适应特定的情景。有时一个领导人根据不同的情况，可以分别采用不同的领导方式。如一个新上任的经理，开始他可用指令型的方式，建立明确的任务结构，并明确告诉下属做些什么；随后他可采取支持型的行为来增强群体的凝聚力和形成积极的群体氛围；当下属对任务更熟悉后，并遇到新问题时，则可让下属一起参与作出一些决定；最后则可运用成就导向型行为来鼓励下属不断取得更高的成就。

2. 情景因素

与其他领导情景理论一样，途径－目标理论提出领导方式要适应情景因素。该理论特别关注两类情景因素，一类是下属的个人特点，另一类为工作场所的环境特点。

（1）个人特点。主要包括下属对自身能力的认识，以及其控制轨迹这两个重要特点。假如下属认为自己能力不强，则他们更喜欢指令型领导；反之，有的人自视甚高，则可能对指令型的领导行为表示不满。控制轨迹也属个性特征，持受内因控制认识的个人相信一切结果都是通过自身的努力和行为所产生的；持受外因控制认识的个人则往往把发生的结果归因于运气、命运或“制度”。相信内因决定论的人喜欢参与型的领导行为，相信外因决定论的人则喜欢指令型的领导。管理者对下属的个人特点是难以影响并改变它的，但是管理人员对于环境的塑造及针对不同的个性采取不同的领导方式是完全可能的。

（2）环境特点。环境因素非下属所能控制，它包括任务结构、职权制度和工作群体的情况。当任务结构很明确时，若采用指令型领导行为效果就差，对于一些很平常的工作，人们并不需要其上司老是喋喋不休地吩咐如何去做；正式职权制度是另一个重要的环境特点，如果正式职权都规定得很明确，则下属会更欢迎非指令性的领导行为；工作群体的性质会影响领导行为，如果工作群体为个人提供社会的支持和满足，则支持性的领导行为就显得多余了；反之，个人会从领导人那里寻求这类支持。基本的途径 – 目标模型如图 9 – 6 所示。

图示表明，领导人的行为会影响下属的工作动机，而个人和环境特点也会影响这种关系的性质。途径 – 目标领导理论是一种动态的理论，就目前来看尚不够完善，此理论的原意是以一般的术语来表达一种理论框架，以便更进一步探索其相互间的各种关系，随着将来研究中的新发现，这一理论也将得到修正。途径 – 目标理论对领导过程作了合理良好的描述，沿着这一研究方向，将会发现更多有关领导与激励之间的关系。

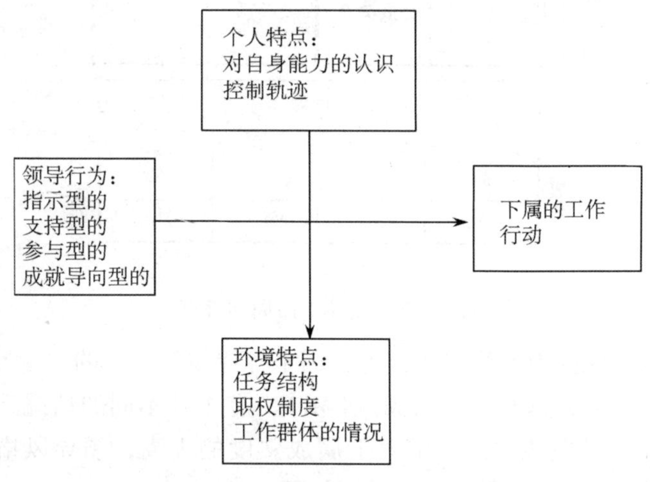

图 9 – 6　途径 – 目标模型

9.4.3　生命周期理论

领导生命周期理论由科曼于 1996 年首先提出，后由赫西和布兰查德进一步予以发展。该理论认为有效的领导应根据下属的成熟程度以及情景的需要采取不同的领导风格。

此理论模型和俄亥俄州立大学的领导行为四分图相类似，把领导行为分为工作行为和关系行为两类，但又加上了第三个因素，即下属的成熟程度。这里所谓的成熟程度不能用年龄或生理状态来衡量，而是指心理和工作的成熟度，它符合以下各点：①有取得成就的向往（目标订得较高，但又能达到）；②乐于承担责任，具有独立工作的能力；③有教育背景和经验，以及相应的技术技能，适合具体的工作。

根据这一理论，“高工作、高关系”的领导不一定有效，“低工作、低关系”也不一定经常无效。领导的有效性应按下属的成熟程度具体情况具体分析。图 9 – 7 为赫西和布兰查德设计的领导生命周期模型图。

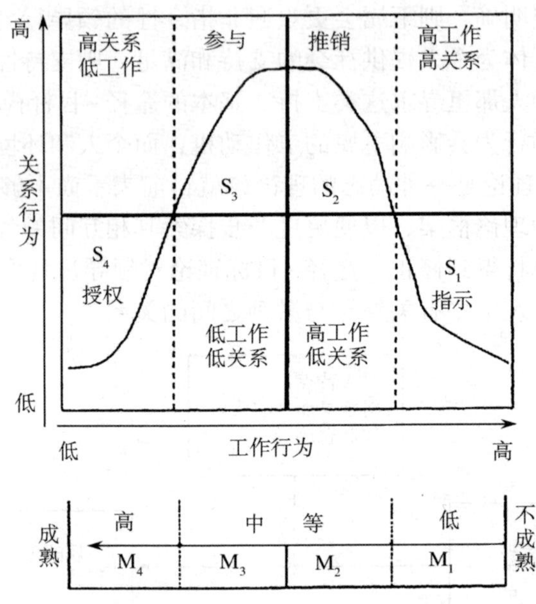

图 9 – 7 领导生命周期模型

图中横坐标表示以任务为主的工作行为，纵坐标代表关心人的支持性行为，第三个坐标则为成熟度。根据下属的成熟度量（从 M_1 到 M_4），有 4 种不同的情况，这样成熟度、工作行为及关系行为间有一种曲线关系，随着下属成熟度的提高，领导风格（从 S_1、S_2、S_3 至 S_4）就按顺序逐步转移。4 种不同的领导方式如下。

S_1——高工作，低关系（指示型的领导风格）。

S_2——高工作，高关系（推销型的领导风格）。

S_3——高关系，低工作（参与型的领导风格）。

S_4——低关系，低工作（授权型的领导风格）。

对于低成熟度（M_1）的员工，他们通常由于缺少工作经验，因此不能也不会对工作自觉承担责任，这时就使用 S_1 的领导风格。领导者可以采取单向沟通的方式，明确规定其工作目标和工作规程，告诉他们做什么，如何做，在何地、何时去完成它。

对于较不成熟（M_2）的下属，虽然他们已经开始熟悉工作，并愿担负起工作责任，但他们尚缺乏工作技能，不能完全胜任工作，这时，S_2 的领导方式更为有效。领导者应以双向沟通的方式给予直接的指导，并对他们的意愿和热情在感情上加以支持。这种领导方式通常仍由领导者对绝大多数工作做出决定，但领导者需把这些决定推销给下属，通过解释和说服以获得下属心理上的支持。此时的管理者应对其下属充分信任，并不断给予鼓励。

当下属比较成熟（M_3）时，他们不仅具备工作所需的技术和经验，而且也有完成任务的主动性并乐于承担责任；由于他们已能胜任工作，因此不希望领导者对他们有过多的控制与约束。这时，领导者应减少过多的工作行为，以双向沟通和耐心倾听的方式，加强交流，鼓励下属共同参与决策，继续提高对下属感情上的支持，不必再去具体指导下属的工作。因此，高关系、低工作的领导方式（S_3）是恰当的。

授权型领导风格（S_4）即低工作、低关系则适用于高度成熟（M_4）的下属。由于下属不仅具备了独立工作的能力，而且愿意也具有充分的自信来主动完成任务，并且承担责任。这时，领导者应充分授权下属，放手让下属"自行其是"，由下属自己决定何时、何地和如何做的问题。

总之，领导生命周期理论为情景领导理论提供了又一个有用而易于理解的模型。该理论再次说明并不存在一种万能的领导方式，能够适合各种不同的情景，管理的技巧需要配合下属目前的成熟度，帮助他们发展，加强自我控制。因此，各种领导风格必须因势利导，灵活运用。

9.4.4　领导与决策模式

领导与决策模式又称弗鲁姆－耶顿模式。是由弗鲁姆和耶顿两位教授于 1973 年提出的。这一模式强调在各种决策活动中应允许下属参与。更具体而言，该模式预示在何种情景下需要何种程度的群体参与。所以，此模型为决策（包括下属参与决策）确定了标准与准则。

这个理论认为，决策的有效性可用决策的质量和决策的被接受程度来衡量。决策的质量客观上影响下属的绩效，而下属对决策的接受程度又将影响他们对此决策的执行和负责程度。为了提高决策效果，此模式建议管理者根据不同的处境，可在 5 种决策方式中选择一种。如表 9－2 所示，有 5 种典型的领导方式。

表 9－2　弗鲁姆－耶顿模式的决策方式

决策方式	定义
独裁方式Ⅰ（A_1）	管理者独自做决定
独裁方式Ⅱ（A_2）	管理者向下属取得资料，然后独自做决定，下属不一定被告知决策情况
协商方式Ⅰ（C_1）	管理者以个别接触的方式，让下属了解情况，征求下属的意见并获取信息，再由管理者自行作出决定
协商方式Ⅱ（C_2）	管理者和下属一起讨论问题，征求集体意见和建议，仍由管理者做出决定
集体决策方式（G）	管理者和下属共同讨论问题，一起提出并评估各备择方案，最后由集体决定

领导者在决定采取哪种领导决策方式时，可根据 7 种不同的情景因素，对下述 7 个问题进行回答。

（1）在此决策形势中是否有质量上的要求？如果有此要求，则管理者寻求一个能够提供所需质量的方案。

（2）管理者是否有足够的信息来作出高质量的决策？如果没有，那么在一定程度上让下属参与显然是合适的。

（3）决策形势结构是否明确？即管理者是否明确需要哪些信息，以及决定如何来获得这些信息？

（4）下属是否接受“有效地贯彻执行此决策很重要”？如果回答是肯定的，则下属应参与决策。

（5）如果管理者单独作出决定，下属会接受吗？如果答案是否定的，则应让下属更多地参与决策。

（6）下属是否知道此决策与达成组织目标的联系？

（7）如果采用所选的方案，在下属中是否会引起矛盾？

上述（1）、（2）、（3）三个问题主要针对如何确保决策的质量，而（4）、（5）、（6）、（7）四个问题则强调增强下属对决策的接受程度。弗鲁姆和耶顿认为，通过对上述7个问题不同的回答将组合成各种情景，运用“决策树”的办法，管理人员可以相应地选择各种领导决策方式（见图9－8）。其中 A_1、A_2 为集权方式（或称独裁方式），C_1、C_2 为协商方式，G 为集体决策方式。

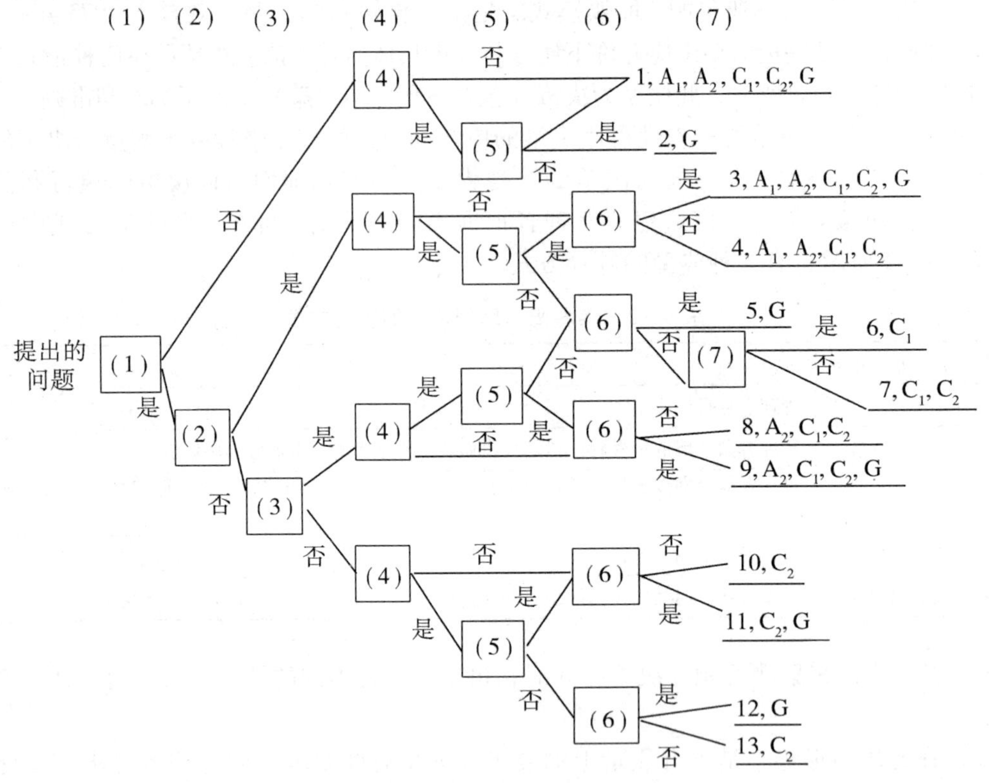

图9－8　弗鲁姆－耶顿模型

管理人员通过依次回答（1）至（7）个问题的“是”与“否”，每种回答按上面的“决策树”建议的特定路径（其中有些问题的答案会排除提出另一些问题的可能性，从而导向不同的路径），最终形成 13 种不同的情景。每种情景列出各自相适的领导决策风格，有些路径的终点可以采用不止一种风格，管理人员可以选择最省资金、用时最少的那种风格。在实践中，此模型已经取得很好的效果，虽然有关人类行为的规范模型不可能是十全十美的，但是，此模型给管理人员提供一个改进决策过程的有用方法。

9.5　关于领导理论的新观点

有关领导的新观点可谓层出不穷。本节中列举 5 种新的流行的领导理论观点：性别与领导、冲突管理、事务型领导与变革型领导、通过下放权力而领导，以及创造前景的理论。

9.5.1　性别与领导

女性在领导方式上与男性有差异吗？这始终是一个有争议的课题。一种观点认为成功的女性领导往往以女强人形象展现于世，尤其在传统的以男性为主导的社会中，一些女性领导也不得不抑制自身天生的本性，在层级组织中模仿“大男子”命令与控制的领导风格，所以她们的成功所付出的代价要比男性领导更多。

也有一种观点认为，就大体而言，女性采取的领导风格与男性是有所不同的。女性更善于展现人性慈爱、细腻、包容，以及分享信息与权力的一面。她们通常被认为更适合扁平型的组织。她们乐于劝说、鼓励和激励他人，在人文技能上女性往往更胜男性一筹。有一本名为《21 世纪的管理模式——海豚式管理》的书中认为，传统的“鲨鱼式”管理（指严厉、缺乏同情心、极少授权、强调竞争、苛刻和居高临下的领导）将彻底结束，“海豚式”管理正蓬勃兴起，其主要特征是尊重下属、宽容仁慈、强调合作、必要时授权、培养员工的独立性、坦率公平、赏罚分明及慎重对待下属要求等。显然女性领导是海豚式管理的较佳诠释者。21 世纪的公司与企业会有更多的优秀女性走上领导岗位。她们的智慧与才华将证明女性的魅力同样可在管理世界大放异彩。

9.5.2　冲突管理

正如管理学家玛丽·派克·福莱特所说，“小提琴的美妙音乐是通过摩擦产生的，管理的基本任务便是化冲突为动力。”只要有人的地方，冲突总是难免的，即使是一个健全的组织，冲突也可能在任何时间和任何地点发生。现代领导理论认为，如何对待冲突，这也是承担管理责任的领导者所必须掌握的技能之一。管理人员大约有五分之一的时间都花费在冲突的处理上。

对冲突的看法，历来有多种不同的观点。

第一种观点是传统的冲突观。传统的冲突观认为，冲突对管理总是不利的，有时小冲突也可能引发严重的后果，它会影响工作和人的士气，使大家彼此猜疑，团队精神受挫，处理不当还会留下后遗症。因此，有人把冲突视同洪水猛兽，应尽可能避免之。领导的责任是引导群众同心同德，朝着共同的目标奋进，并在冲突尚处于萌芽状态时就予以清除。

第二种观点是人际关系冲突观。这种观点认为既然冲突不可避免，就应该接纳冲突。它为冲突的合理性提供了理论依据，组织中的冲突既有正面性也有负面性。如果处理得当，冲突也可能带来建设性的效果。

第三种观点是当今的新型观点，即相互作用的观点。它比人际关系观点又进了一层，不仅接纳冲突，甚至鼓励冲突。此观点认为组织没有冲突就如死水一潭，并可能对创新反应迟钝、冷漠，甚至成为变革的障碍。冲突与绩效的一般关系如图 9 -9 所示。

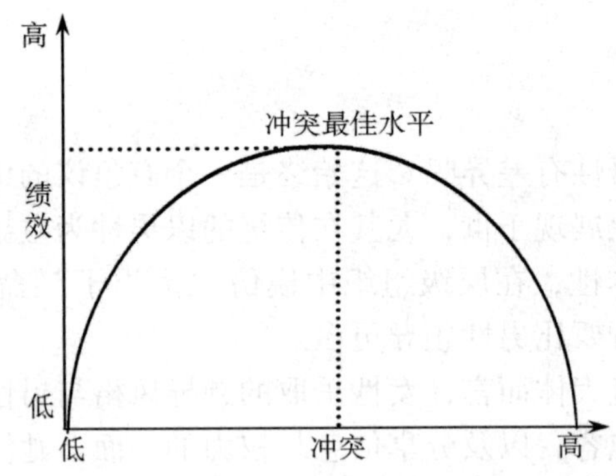

图 9 -9　冲突与绩效的一般关系

图中表明，如果没有冲突就容易产生自满、迟钝和组织绩效低下。适当程度的冲突能激发动机、创造性和主动性，但冲突过分也将产生负面效果，诸如，敌对、相互不合作、混乱、分裂等。关键是保持最佳冲突水平，以促进绩效的提高。有效领导管理冲突的基本策略如表 9 -3 所示。

表 9 -3　管理冲突的基本策略

鼓 励 冲 突	减 少 冲 突	解 决 冲 突
1. 鼓励竞争	1. 扩大资源	1. 回避
2. 引进外界人才	2. 协调好相互间的关系	2. 迁就
3. 变革现行的程序和做法	3. 指向崇高的目标	3. 强制
	4. 处理好个人间的人际关系	4. 妥协
		5. 协作

领导在处理冲突中究竟应采取何种策略，往往取决于想要满足自己关切的事，还是满足他人关切的事。图 9－10 的模型表示一个领导在处理冲突时在肯定性与合作性两个主要方面的倾向程度。有效领导在选择解决冲突的方法时，应根据特定的情景采取不同的风格。各种方式都有其优缺点，各有各的适用面。

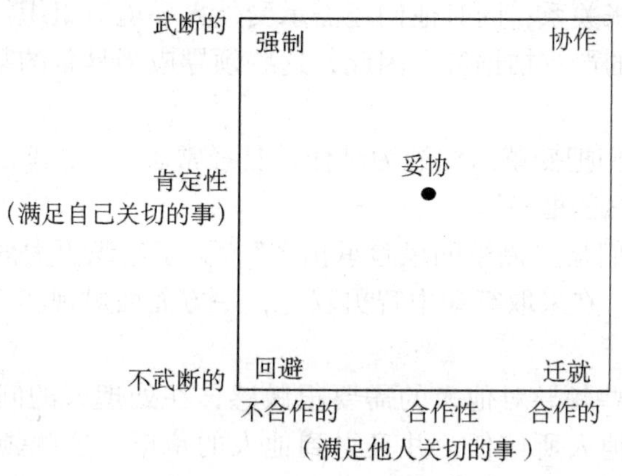

图 9－10　处理冲突的各种模式

（1）强制。当遇到重大、紧迫的问题时，领导以自己的方式，采取迅速的、决定性的行动或运用职权解决争端。

（2）回避。当问题很琐碎，或没有赢的机会，或需要更多的时间了解情况，或解决需要付出很高的代价时，应采取回避的办法，表现为既不肯定，也不合作的态度。

（3）妥协。当冲突双方势均力敌，或双方的目标同样重要，要求互相让步，或因时间压力，人们需要达成暂时的或权宜的解决办法时，应采取折中的妥协办法。

（4）迁就。当维持和谐十分重要，当人们认识到自己的错误时，或希望建立一定的社会信誉时，顺从对方的观点往往是最适当的办法。

（5）协作。即双方直面问题，争取双赢。这需要大量的协商和谈判。当问题对双方都十分重要无法妥协时，就需要发挥创造性，至少在一些重大问题上找出合乎双方需要的解决办法，以取得要求的成果。

9.5.3　事务型领导与变革型领导

对事务型领导和变革型领导的研究也发展了领导新理论。人们通常认为，事务型领导更适合市场在持续扩大和较少竞争的年代。这些管理人员基本上管理他们自己创办的企业，并很少作出改变。在计划经济体制下，我国多数的管理人员似乎也可以归入事务型领导这一类。变革型的领导往往出现在动荡、困难重重和快速变革的时代。变革型领导并非事务型领导的替代物，变革型领导是事务型领导的进一步发展，他们通常更能激励员工作出超过预期的绩效来。

变革型领导注重变革、创新和开创新事业。其领导过程是有系统、有目的、有组织地寻求变革和系统分析，以把资源投入生产率更高的领域。他们试图通过行动来实现他们为组织未来设计的前景，以激发组织的活力。通常他们必须直面应对冷漠、对变革的抵制以及雇员间因各种原因导致的紧张关系；同时他们还需承受外界环境对组织构成的巨大压力，诸如市场份额的丧失、财务上的严重拮据等。因此，这些领导应当具备的某些特殊素质主要表现为以下 7 个方面。

（1）倡导变革。他们把变革组织视为己任并且经常思考，“我在组织中做些什么才能与众不同并且成为别人学习的楷模”。

（2）有胆有识。他们是“谨慎的风险承担者”，为了组织更大的利益，他们不满足于现状，并甘冒一定的风险。在采取行动中智勇双全，一方面面对现实，另一方面敢于揭露事实的真相。

（3）信任他人。这些领导对他人的需要很敏感，在处理人的问题上有一整套准则。他们信任别人，同时也为他人所信任，并且得到他人的承诺。这些领导更像团队中的一名教练、指挥或顾问，鼓舞他人使事情得以很好发展。

（4）追求价值。变革型领导有一整套明确的价值观，更为重要的是他们能以身作则，他们知道奋斗的目标并清楚怎样采取行动来实现它。

（5）终身学习。变革型领导知道学无止境。他们善于从错误中学习和吸取教训，愿意变革。

（6）缜密思考。他们有能力处理复杂的事务，能用缜密的思维构建模型、理论，提出原理，检验假设和预计可能发生的后果。

（7）创造前景。变革型领导有远见、有理想，能把他们的理想具体化、形象化，从而使他人也能接受这些理想。他们也能设身处地地为他人着想，所以理解他人的感受，以及知道怎样打动他人的心。他们关心下属的日常生活和发展的需要，引入新观念、新机制，激励和鼓舞下属为实现群体目标而努力。

9.5.4 放权

传统的“管、卡、压”的领导模式，或所谓的严格管理正遇到许多新的挑战。一种观点认为，组织加在人们身上的“锁链”尽管是无形的，却是客观存在的。其形式诸如僵化的规章制度、令人窒息的严密监管、与业绩无关联的奖励、无意义的工作等。员工处在这种使人压抑、灰心丧气的工作环境中会产生不满，丧失积极性，创造性受到抑制，于是就愤愤不平、心灰意冷或消极怠工，甚至缺勤、跳槽等随之发生。管理当局一旦看到这种情形，典型的反应是进一步严格规章制度，监督更甚，工作更不自在，员工逆反心理也更严重，从而加速恶性循环。

放权或赋予员工一定的权力是想通过给员工实实在在的自主权，以打破这种循环。放权意味着给员工权力、自由、知识和技能去做决策，以及有效地做好工作。领导应把员工看成有能力和成熟的个人，相信员工能够成功地完成交给他们的任务，让下属参与决策，控制自己的工作过程。只有当员工被赋予权力和责任时，他们才能集中精力去取得更大的成就。简言之，就是使员工自己成为领导者。

放权之所以受到推崇，是受了两种推动力的影响。首先，在 20 世纪 80 年代到 90 年代，随着组织机构的精简，使管理人员的控制跨度明显扩大。因此，事无巨细、一手包揽的管理不再行得通。放手让员工去做，尽管他人可能并不完全按领导的方式去做，但系统论告诉我们，同一结果是可以由不同的方式和途径来实现的，并非只有你才能把事情做好。领导者不仅要自信，还要信任他人。其次，当今市场正在发生迅速的变化，要求管理者快速反应且作出决策。在一线基层工作的员工往往对所发生的问题最清楚，所以有必要把决策放到较低的层次去做，以适应变革的需要。解放你的员工，为他们创造条件去出色完成任务，还权于员工已经成为管理中又一新潮。

9.5.5　前景创造

前景（又称愿景）是由组织领导者或其高层领导班子为其组织创造的。它是用简明的文字描述的组织未来的蓝图。前景强调价值，强调最终想要的结果，所以它是成果导向的，但它并不强调达到目标的具体手段。有效的领导者通过对组织前景的描绘，为组织成员指明前进方向并鼓舞士气。因此，前景的表述通常需要一种方向感（即要创造些什么），以及提供一种激励因素。由于它向人提出挑战而令人振奋，所以能够产生一种鼓动人的精神力量。

制定前景是一项创造性活动，然而，它也并非高级管理人员的专利。各部门、各单位的领导都可为他们的领域提出一个前景，但它必须不偏离组织的总方向，以及支持组织最高领导提出的前景。

一个有远见的领导，往往能以自身对前景的热情感染周围的人。通过前景来充实组织使命的表达，且把各人的价值观、信仰与组织的使命相联系，动员整个组织为更好的未来而行动起来。

管理学家斯托纳·泽曼尔提出了一个简明公式：

前景 = 宗旨 + 价值 + 信仰 + 形象

前景共有 4 个基本组成部分，每一部分都有其重要性；而四部分的结合，因协同作用而产生强大的推动力。

宗旨阐明组织存在的理由。活动所围绕的中心正是前景中所强调的宗旨。联系宗旨越紧密，组织的目标也就更清晰。

价值揭示对人们真正有意义或重要的事物。在前景中阐明人们珍视的价值，使人们在面对困难时保持热情，勇往直前。

信仰是人们对自己及世界的可能性的一种认识。一位领导人创立的前景源于他个人的信仰。

形象是领导者在前景中把人们向往的最终成果用生动的语言描述出来。

优秀的领导通过描述美好的前景来阐明经营理念、组织目标和计划。他们能抓住时机，打破旧的习俗，创立新的前景，且对前景反复强调，以显示自身的投入和强化人们对前景的印象。

表述良好的前景通常具备以下基本特征。

（1）提供激情，指明方向。

（2）简明扼要，容易记忆。

（3）应对现状有所改善。

（4）和组织战略相联系。

（5）与人们的需要相结合。

（6）反映群体价值观和向往。

9.6 饭店领导者的素质与管理艺术

9.6.1 饭店领导者的素质

1. 饭店领导者的素质要求

一般说来，作为一名饭店领导者的素质和条件应包括以下5个方面。

1）高尚的道德品质

一家饭店的领导者是饭店的“象征”，是员工效法的“楷模”。经验证明，领导作用的大小，并不完全取决于职位的高低、才能的优劣，在很大程度上取决于一个领导者在员工心目中的威望，取决于领导者的影响力。员工为什么听从领导者的命令、服从领导者的指示呢？这是因为领导者拥有员工所没有的权力，但更重要的，是拥有员工所没有的威望和影响力。他们的影响力能够影响和改变他人的思想和行为，领导者发挥领导功能的有效程度取决于领导者所具有的影响力的大小。决定领导者影响力的因素很多，如领导者的权力、地位、知识、能力、品质、人格魅力等。从影响力的性质来区分，主要分为强制性影响力和自然影响力（见图9－11）。所谓强制性影响力是由社会、组织赋予个人的职务、地位和权力所构成的。当饭店的某人接受饭店有关部门所授予的职位和相应权力之后，即具有了这种影响力。强制性影响力的特点是对他人的影响带有强制性和不可抗拒性。因为领导者可以利用所掌握的权力，以货币形式、半货币形式、非货币形式和精神等多种形式，奖励听从指挥的员工，惩罚不服从命令的员工，以达到影响员工行为的目的；所谓自然影响力是不可能由饭店有关部门和上级授予的，而必须建立在领导者本身所具有的素质和威信能够使员工信服的基础之上。这种影响力的基础主要是领导者的德和才，领导的思想觉悟、道德品质、行为作风、文化素养等方面。如不以权谋私，善于处理复杂的人际关系，胸怀大志，勤奋学习，积极进取，不断进行知识更新等，使他人心悦诚服，从而产生领导者的影响力。员工出于对领导者人格魅力的折服、尊重、信任，愿意追随领导者的指引。

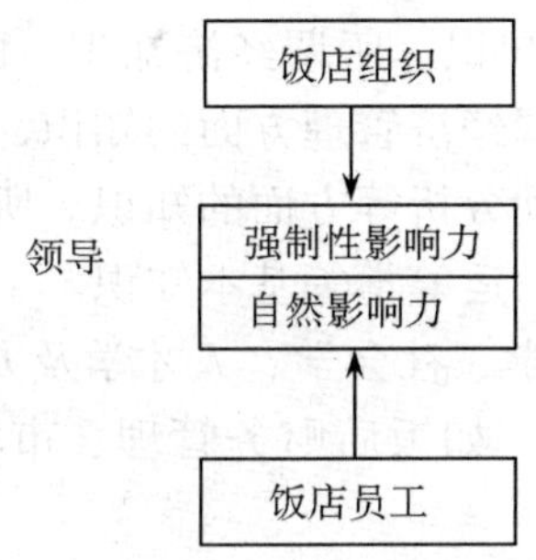

图 9－11　影响力的性质

2）良好的心理品质

根据心理学的研究，领导者属于“要同人打交道，且能感化人的职业”。它们称之为“交际型”职业。就是说，这一类工作尽管工作内容和方式不同，但都有一个共同的特点，就是要同多方面的人接触，影响和改变着他人。这就要求饭店领导者应具有“开朗、热情、情绪稳定、体贴、谦虚”等心理品质，克服“冷漠、易怒、粗暴、狭隘、妒忌、自私、阴阳怪气”等不良心理品质，不断提高自己的心理素质，才能更好地完成领导的任务。

3）勇于创新的精神

作为现代饭店领导者，在领导过程中应善于发现新问题、新趋势；善于抓方向性、苗头性的东西；要善于捕捉各种信息、善于钻研、勇于创新；不要因循守旧，观念不能僵化、老化，而要思路开阔，有自己的独特见解。同时又要讲求实际，不完全照搬人家的东西，不要“囫囵吞枣”，也不要人云亦云，而应结合本饭店及周边环境乃至国情的实际，在学习先进经验的基础上，进行综合性的革新与独创。

要具有创新精神，饭店领导者首先就应掌握现代化知识。有了现代化知识，眼界就会更加开阔，思想就会更加敏锐，就能及时看到事物的发展趋势，更加有利于创新思想的产生和发展。其次，要设法克服创新过程中的心理障碍。心理学家的研究表明，人的创新障碍往往是由于老思路的束缚。提出的细节问题越多，老思路的束缚就往往越重。为了避免细节问题束缚新思路的产生，有不少人主张在步骤上分为两个阶段：一是轮廓设想，这一阶段强调打破框框，大胆创新，先不要考虑太多细节；第二阶段是具体设计，这一阶段要注意冷静分析，严格论证。第三是通过专门训练来提高创新能力。能力是指把各种知识融会贯通起来，解决问题的本领。能力主要是靠工作实践锻炼出来的，但也可以通过专门的训练加以提高，如参加各种方式的培训等，这样有助于提高创新能力。

4）较佳的知识结构

一个饭店涉及许多部门和人、财、物等各个方面。因此，作为一名饭店领导者，要做好领导工作，就需要有较高的知识水平，比较渊博的知识面，比较完善的知识结构。具体来说，应着重掌握以下3方面的知识。

（1）掌握现代化的经济、技术知识。所谓经济知识，既要学习和掌握社会主义市场经济的基本经济规律，也要学习和掌握经济管理方面的知识，如经营管理、质量管理、成本管理、人力资源管理以及企业经济活动分析等方面的知识。所谓技术知识，主要是学习和掌握一些计算机、系统工程、应用数学、运筹学等基本知识。

（2）懂得一些心理学、行为科学、社会学、人才学及人事管理学的一般知识。

（3）学习和掌握一些专业知识，如饭店财务管理、市场营销、旅游经济、服务质量管理等。

5）适度的民主领导作风

为了保证饭店的服务质量，管理者通常要求工作必须在严格的管理制度下进行。在饭店就业的员工素质参差不齐，个性特征与需求又不相同。饭店的很多员工都有一种要求民主参与的愿望，特别是在现代饭店业，员工的自尊需求越来越高。民主作风好，就受员工的欢迎。相反，管理独断专行，我行我素，无视员工的需求，则导致越来越差的管理效果。所以，饭店领导者实行什么样的领导作风和管理手段是一个比较现实的问题。

社会心理学家勒温在20世纪30年代末就开始从事群体实验研究。他以“权力定位”为基础，把领导者的作风分为民主、专制和放任自流3种类型。

（1）民主作风。权力定位于群体，在管理中时刻注意发挥群体成员的积极性、主动性和创造性，顾及下属的心理需求和欲望，让群体参与决策，有机会决定自己的工作进程和方法等。

（2）专制作风。权力高度地集中在领导者个人手中，群体则完全被动地进行工作。

（3）放任自流作风。权力定位于每位员工手中，管理者很少过问和参与群体的活动，使群体成员完全不受控制地独立工作，处于无政府状态。

勒温认为，这3种领导作风都是极端的和典型的，因此并不常见。大量的领导者采取的工作作风往往是介于两种极端类型之间的混合型。

勒温在研究中运用群体绩效为指标，分析这3种领导作风的作用，结果说明，民主的领导作风最佳，员工在这种领导作风的组织中工作，不仅容易达到组织目标，而且人际关系融洽，工作满意度高；专制领导作风效果居其次，员工在这种领导作风的组织中工作，虽然通过严格的管理，使群体实现了组织目标，但士气低落，下属对领导者心怀敌意或麻木不仁，工作满意度较差；效果最差的是放任自流型，下属在这种领导作风的组织中工作，虽然达到社交目的，但各行其事，大家都以自己的意志为转移，偏离了工作目标，所以出现产量低、质量差的被动局面。

当然，任何一种领导作风在脱离管理对象的前提下研究，都是没有实际意义的。下属的素质、心理需求等会对管理效果起着决定性作用。特别是对那些经验型的饭店管理者，应该意识到时代的变化，应该看到，光凭脑子好和有一定领导能力还不是一名称职的领导者。作为一名真正合格的领导者，很重要的工作内容之一就是发挥员工的积极性，因而掌握员工的心理状况很重要，如果不了解员工的心态变化，不能及时调整自身的领导作风，对于搞好工作只能是有害而无益的。

领导者的领导作风和管理风格在饭店的运用有着现实意义。由于饭店的工作性质和员工的心态具有一定的特点，管理者应该有针对性地实施适度的民主领导作风和因地、因时、因事制宜的管理手段。一方面，运用参与式的民主管理需要具备工作无固定模式，群体成员在一起相处已有一定时间，渴望共同商讨存在的问题；工作时间要求不紧迫等条件。另一方面，对于员工来说具有强烈的独立需求；有承担责任、参与决策的愿望；对工作中存在的问题及其解决具有兴趣；具有处理工作问题的经验和知识，且有积极参与问题解决的意识和能力。通常情况下，在饭店的经营管理实践中，如果是运营初始阶段，员工文化、知识、技能等程度不高，需要培训指导，员工流动率较高，总体属于依赖型，那么专制型管理往往会收到良好效果。在饭店经营走上正轨，效益上升，员工情绪稳定，素质不断提高，工作技能熟练，自尊需求比较强烈时，管理者则要考虑采用参与制或民主管理。由此可见，饭店领导者的工作作风和管理手段也应是动态的，而不应是一成不变的。

2. 饭店职业经理人的基本条件

现代企业制度需要饭店职业经理人，现代饭店的经营者应该是职业经理人。饭店业职业经理人被定义为：运用系统的现代饭店经营管理知识和管理经验，对饭店（或一个部门）进行经营和管理，是以经营管理饭店为职业的职业管理者。

（1）具有良好的职业道德修养，热爱饭店事业，忠诚管理职业，遵守饭店业的道德规范，确保饭店不出现违法和不道德的行为。

（2）具有系统的现代饭店经营管理知识，良好的饭店管理能力，丰富的饭店管理经验，并且充分地运用。在饭店管理实践中，不断提升企业在业界的形象和声誉，确保企业安全性和效率。

（3）具有良好的团队精神，善于团结整个领导班子，调动大家的积极性，发挥每个员工的潜能，并且通过管理层影响带动全体员工，身体健康，能独立对饭店（或部门）开展经营和管理。

9.6.2 饭店领导者的管理艺术

管理方式的有效性取决于多种因素的综合运用，其中与被领导者的管理艺术有着密切的关系。即使同在一个饭店，运用同样的管理方式，由不同的领导者来进行管理，产生的效果也很可能大不相同，因为不同的管理者，往往管理艺术也不同。管理艺术是一种表现技巧，也是对领导者管理能力的最好评价。管理艺术表现在许多方面。

1. 有勇气面对员工

某饭店前厅部新任经理，从他本人愿望讲，也愿意把工作做好。由于性格内向，独立意识强，不愿与员工接触交往，也厌烦员工向自己提各种问题。尤其是过去比较赏识他外语程度较好的副总经理调走后，本来就经验不足的他，更有一种上下无靠的感觉，根本不愿也不敢面对员工，整日里将自己关进办公室。由于这种“关门政策”，使得员工议论纷纷，直接影响到各项工作的正常进行。

一个人，即使不厌恶别人，能力很强，有时也免不了有畏难、胆怯情绪。一个领导者，所领导的对象就是员工，如果不敢面对员工，那又谈何领导？不敢面对员工的主要原因是由于自信不足，害怕在下属面前出丑，或者不喜欢这个工作。如果是后者，那就有些麻烦了；如果是前者，只有在和员工的经常接触中，才会更了解自己领导的对象，也在实际中检查自己的工作能力。那些在下属面前畏畏缩缩的人是搞不好领导工作的，而要做到敢于面对员工也是需要有勇气的，这种勇气必须通过下列形式表现出来。

（1）相信下属，给他们权利，让他们充分发挥自己的专长。

（2）对个性倔强、不善交际，但富于独创性的管理者要通过工作让他多和别人接触。

（3）对那些对情况变化和开展革新有不满情绪的下属，要有高度的涵养，不计较个人恩怨。

（4）兼听则明，尤其要敢于听逆耳之言。

（5）开会时，对那些持反对意见的人，应该像福禄泰曾说过的那样：“尽管我反对你说的话，但我仍拼命为你争取说话的自由。”要给人以充分的机会把话说完。

（6）评价员工时不徇私情，经常保持客观和公正。

（7）对影响全局的小团体主义、宗派主义，要坚决杜绝。

（8）要引导员工树立雄心壮志，高标准要求自己。

2. 让员工知道你赞赏他们

某饭店客房部经理发现新来的一名服务员，做床动作麻利，不拖泥带水，不仅符合标准，而且比其他员工快许多，就对她赞赏一番“你的做床甚至超过了一些老员工，只要继续努力，你会很快成为一名优秀的服务员的”。那位服务员深受感动，在工作中更加投入，又有新的进步。其实，那位服务员最初的做床，如果从客观上讲并没有达到经理夸奖的水平，但是由于经理对她的赞美，使她深受鼓舞，努力追求更完美的水准，结果使她进步很快。赞美是一种有效而且不可思议的力量，通过赞美可以增强人们战胜困难的决心，使人获得成功。很遗憾，许多管理人员都很吝啬使用赞美，对待员工横挑鼻子竖挑眼，他们根本不了解赞美的意义。有的管理者虽然也看到了员工的优点，但总觉得“问题不说不得了，成绩不提跑不了”，认为表扬不表扬没有什么实际意义，在现代商品社会里尤其如此。其实这是不对的，因为只有运用语言表达出来，才能表明发自内心的认可，切实达到感情上的交流。因此，及时赞美下属是非常必要的。你的一句赞美之词，所起的作用往往超过了它本身的价值。下属会认为你说出的不仅是一句赞美的话，更能感到是一种至高无上的精神报酬和心理满足。那么，如何告诉下属你赞美他们呢？

（1）留心仔细观察下属，注意找出可视为他优点之处。如同与“人无完人”相对应的一样，“人也无废人”。任何人都有长处和短处，问题在于能否尽早发现对方的长处。

（2）见面时对下属说出赞美的话语。一般情况下，下属与领导见面时，会不自觉地紧张一些，如果这时你当面给对方以适当的赞美，对方的心理会随着你的赞美声顿时轻松起来，而且会在相当一段时间内保持良好的心境。

（3）发现下属犯错误，批评下属时，也可先用赞美之词，然后在赞美中夹着批评，这样下属虽然受了批评，但心里却是平和的。美国前总统林肯每当批评秘书等工作人员时，总要先对她们的发型、服饰等赞美几句，待对方解除心理戒备时，再提出批评意见，效果都较好。

3. 要使下属感到自己是重要的

某合资饭店副总经理原来是一家国有饭店的主管，有一年他被评为饭店先进工作者，在领奖会上，饭店总经理与他握手，亲自为他颁奖，并专门问了他的名字。接着在开座谈会上，在他发言时，总经理又特意问了他的名字，但在他回答时，总经理却是左顾右盼，似听非听，没往心里去。待到组织先进员工参观游览时，总经理见到他时又问及名字。看到这种情景，他当时非常难受，感到自己是个小人物，无足轻重，再怎么干也不会引起领导的重视，自尊心受到很大伤害。回来后，为这件事沮丧了许久，总也打不起精神。后来由于他发奋学习，努力工作，能力较强，又恰逢机遇，应聘到这家合资饭店后，经过多年锻炼，逐级升为副总经理。他经常回想起当年受到冷落的境遇，认识到每个人都是有自尊的，要使每一个下属感到自己是重要的，会满足他的自尊，激发士气。所以，这位副总经理无论工作多么忙，在对待下属时，都一丝不苟，热情亲切，而其下属也乐于效命。

每个人都有自己的长处。要想发挥人的长处，就得激发人的热情，使他感到自己的重要。因此，领导者无论工作多么繁忙，也应该花些时间去做此事。有时并不需要多么郑重其事，只需要一个笑脸，一个问候，一次真诚的握手，也许就会把你的下属身上尚未施展的潜力发掘出来。一名管理者如何才能使下属感到自己的重要呢？

（1）认真倾听他们的意见，让他们知道你尊重他们的想法，让他们发表自己的见解。

（2）关心他们的想法，在他们需要你时，你要给予他们一定的鼓励和关怀。

（3）要给下属一定的任务，让他们承担责任，这样他们就会想到这是你信任他们，使他们感到自己的重要。

（4）对于员工的成就要及时给予肯定，明白告诉员工你欣赏他们，佩服他们的能力，为他们感到骄傲。

4. 帮助下属增强自信心

某饭店前厅部一名主管曾经是优秀的员工，因工作出色，深得领导信任。后来却接连发生了两次意外，遭到客人投诉，使他的工作热情一落千丈。到了旅游旺季，正好又赶上一个重要团队入住，前厅部经理决定让这位主管重点负责该团队的接待。他找到经理坦言相告，认为自己恐怕没有能力完成好这次任务。经理劝告他，不要总为过去的失误沮丧，认为经过分析，过去的失误固然有他的责任，但也确实有一些客观因素。经过研究，认为他有能力完成这次接待任务，关键取决于他能否重新找回自信，并且答应，和他一起拟定接待计划。这位主管非常感动，一扫前段时间萎靡不振的情绪，全力以赴地投入这项接待工作，出色地完成了任务，同时也给大家以很多启示。

下属犯错误后，一时丢了面子。为了让他摆脱心理上的阴影，振作起来，作为上司要给他机会，设法帮助下属挽回面子，增强自信心。管理者要帮助下属分析原因，和下属就学习什么，想什么和必须做什么等进行建设性的谈话，把他认为受到损害的名誉思想向积极的方向引导。这样，他就会比别人加倍努力，改正错误，积极工作。只要管理者和下属对话，下属起码可在管理者面前抬起头来，从而就有一种安心感。所以，为了帮助这样的人挽回面子，增强自信心，就需要：

（1）向他提出特别课题，给予信任，给他以改正错误的机会，帮助他提高威信，让他在实际成绩的基础上恢复自信；

（2）通过和下属谈话，帮助他消除顾虑和偏见，提高自我认识、自我开发的热情；

（3）最重要的是帮助这样的下属恢复集体思想，让他懂得他是集体中的一员，管理者和大家都没有将他看作不可救药的。

5. 让下属体会成功的喜悦

某饭店销售部经理在新员工到来之后，总是让他们向比较稳定的客户进行销售工作，在他们取得成功后，及时进行肯定和表扬，如“你头一次接受任务就能完成得这样好，真不简单，我都为你感到高兴”等，从而增强新员工的自信心，发挥出更大的积极性。其实新员工首战告捷，幕后是经理为其做了必要的安排，不过没有让新员工和其他人知道，用心可谓良苦。刚到饭店的新员工，准备干一件新的工作或要以更高的能力进行工作时，往往开头是个关键。如果一开始就能较好地完成任务，以后便有信心去独立运作；如果一开始就遇到挫折，就有可能产生畏难情绪，不利于今后的工作。所以，在下属最初开始工作时，要为其创造一个有利于成功的条件。因此，即使最简单的工作，也要使下属亲身体验，力求一开始获得成功，使其从工作中感受到成功的喜悦，就能给本人树立起信心，然后逐步要求下属从事较难判断的或较为复杂的工作。如果能够这样的领导，下属的能力开发便可顺利进行，届时领导者也可腾出更多的时间和精力去做其他的事情。所以，对新员工，重要的问题是为其创造适宜的工作环境，排除来自客观的有形无形的障碍，使他能尽快全力以赴地开展工作。怎样做才能让下属体会到成功的喜悦呢？

（1）交给下属一个比较容易做，又是他力所能及的工作，为其创造成功的外在条件。

（2）时时观察下属工作的进展情况，根据需要，给予及时指导，使其成功。

（3）帮助下属时，要给其留有发挥能力的余地，不可包办代替。

（4）帮助下属成功时，应尽可能做得自然，不留痕迹，让下属感到自己是通过努力完成工作任务的。

6. 借助感情投资的法宝

某饭店餐饮部经理公开宣称："我们早就强调搞好人际关系，这倒不是出于庸俗观念，而是基于一种简单的信念，即使在市场经济条件下的现代化饭店，人也是有感情的高级动物，如果尊重我们的员工，并且帮助他们去尊重他们自己，那么我们的经济效益也会大大提高"。这位经理是这样说的，而且身体力行。工作之余，经常和员工谈心，员工的吃饭、买菜、洗澡、子女入托入学等细微小事都问及，力所能及地帮助解决一定的困难，而且把经营管理中的目标和困难等经常传达给员工。常言道："士为知己者死"，一位手艺很好的厨师，不少饭店和个体餐厅争相前来高薪聘请，但这位厨师就是不为所动，执意留在报酬低于那些前来"挖墙脚"单位的原饭店。为何舍高就低呢？这位厨师说，经理是真心待我好，我爱人患病，常年服用的药中有一味中草药必须是新鲜的，经理托人从南方买来种子在家中培育种植，几年来一直保证供应。这样好的经理，我怎么会舍得离开呢？一味中草药竟能胜过高额的聘金，使这位厨师自愿留下来。

感情投资就是管理者通过一系列能够引起被领导者感情共鸣的手段，包括资金、物质、时间和精力上的付出，从而使被领导者对管理者在心理上产生敬重、爱戴、拥护和信任的感情，心甘情愿地为饭店的目标而奋斗。

（1）感情投资既不是商品，也不是货币，但却是一种资源，而且是一种非常重要的资源。这种资源的内在价值是无法用金钱来衡量的，但它的确能创造出财富。

（2）感情投资的目的在于沟通管理者与员工的感情，建立一个彼此理解、彼此信任、相互依赖、相互支持的良好工作环境。感情投资可以培养和激发员工的向心力，促进和提高饭店的工作效率和服务质量。

（3）感情投资往往可以"借物传情"，其情、其意，尽在不言之中，引情入店，人和店兴。

北京某大饭店有个一传统做法，即每年选定一天，请在本饭店工作了十年、五年的员工为座上宾，饭店高级管理人员亲自为这些普通劳动者服务，并为他们颁发特殊证书和证章。

另外，饭店总经理、副总经理每月与员工进行一次直接对话的“员工对话会”形成制度。饭店成立了由普通员工组成的全面质量管理小组，对饭店的经营管理提出意见和建议，而管理层则对员工意见和建议的改进措施，通过员工大会、员工墙报等形式反馈给员工。每季度一次的员工大会全部交由员工自己去立意、策划、组织，而不由上司包办。一年一度的“员工意见调查”也是饭店管理层非常重视的工作。此外，在福利待遇上对员工的关怀，如病休鲜花问候、生日宴会添彩、春秋员工旅游等，都体现了饭店“以人为本、以情为魂”，“饭店对员工的情、员工对客人的情”为核心的企业精神，使员工感受到饭店对自己的尊重、关心和爱护，使“我靠企业生存、企业靠我发展”成为广大员工的共识。饭店对员工的感情投资通过员工延伸为对客人的情，物化为自觉的优质服务，赢得客人的信赖和赞誉，创造了很好的社会效益和经济效益。

7. 给下属表现才能的机会

一位大学生毕业后分配至某饭店前厅部做应接工作，性格较为古怪。每到休息时，总能谈笑风生，而一到上班就郁郁寡欢，班上班下判若两人。大家对她的评价都不高，认为她的能力不行，而且她在工作中与人合作也并不愉快。几年过去了，她居然没有调动，也没有得到升迁。面对这种情况，新来的前厅部经理同她单独进行了两次长时间的谈话，继而大胆地将她提拔，安排其担任大堂副理。不少人认为她不适合担任这个相对能够独当一面的工作，然而经理却力排众议，仍然坚持自己的决定。对这件预料之外事情的降临，她好像也显得有几分意外，但却从容地接受了。更令人吃惊的是，在很短的时间内，她好像完全变了样，主动学习业务，集中精力钻研本职工作。在岗期间，稳重大方、彬彬有礼、热情周到、干净利落地处理各种问讯和投诉，显示出来的处理各种问题的能力令人刮目相看，甚至就连“人缘”也渐渐变好。

人就是这样不可思议。你认为不错的人，有时在不知不觉之间变得怪僻起来；而你认为不行的人，却又可能变得很出色。把消极因素变成积极因素，这正是管理者搞好人力资源管理，一显身手的用武之地。要想使人向好的方向转化，作为领导者就不能戴着有色眼镜去看人，轻率地断定一个人“行”与“不行”。行与不行并没有绝对之分，要在实际工作中去看。所以，领导者要在知人的前提下，给人以表现才能的机会。在一定条件下，每个人都能发挥程度不同的潜在能力，有的甚至是卓越超群的。即使是被公认有问题的人，也蕴藏着随时发生变化的可能性。因此，领导者在工作中应该注意如下 3 点。

（1）想使一个人的潜力得到发挥，发生变化，首先应了解对方，相信对方。

（2）不要把自己的所有想法强加于人。每个人都有缺点，不能过早地给一个人下定论，把人看扁看偏。

（3）任何人都有自己的长处或优点，都有向上的积极性，都有向前发展的可能性，关键看领导者是否为下属适时提供表现的机会。

8. 巧妙解决员工的抱怨

某饭店在旅游旺季刚过，员工甚感疲惫时，又接待一个大型国际会议代表团，在一段时间内，强化工作，取消休息日，暂时实行新的作息时间表。这个决定引起了部分员工的不满，有不少的怨言。有两位员工代表找到驻店经理，要求反映一下情况，但未及展开就遭到拒绝，两位员工代表沮丧地离去。在相当一段时间，一些员工在工作中都打不起精神来。

其实在一般情况下，无论饭店作出什么决定，总会有员工根据自己的意愿取舍出现怨言，不过是人数多少而已，关键是领导者如何处理。如果在不影响饭店工作的情况下，也顾及员工的难处，并且帮助解决，或者对员工耐心讲清原因和道理，求得员工的谅解，将激发出员工更大的积极性。

学习处理员工抱怨的技巧，并不意味着管理者必须顺应每位员工所提出的要求，也不表示管理者绝对不允许员工有任何要求。要想较为妥善处理员工的抱怨，应该注意以下 7 点。

（1）不要在公共场合讨论员工的抱怨。在讨论时，如果被其他员工听见，有可能使本来容易解决的问题变得复杂化，同时对领导者的威信也是个威胁。

（2）设法让抱怨的员工轻松和平静下来，并让对方感受到这样的信息，即你乐意与他们就此事进行讨论。

（3）采用一种不具胁迫性的态度，询问员工想要讨论的事情，领导者的语气、声调、语言、询问方式等，往往对员工的情绪有着安抚作用。陈述问题时，设法将对话限定在某个范围内，不要引发连锁反应，要尽可能避免使用咄咄逼人、迫人就范性的言词，不要让员工有恐惧或压抑感。

（4）倾听员工们所关心的事情，这是谈话的要旨所在。既然领导者是来听员工抱怨的，全神贯注的态度是必要的。假如领导者无法确定自己对于问题的回答会造成何种后果，那么可以和员工一起讨论或留待下次再行讨论。

（5）试着站在员工的立场着想，不要将自己完全置之度外，以表示领导者重视员工的情绪。如果员工生气，要让他知道，你理解他的怨气，因为理解并不等于就是同意和支持；如果员工觉得受了委屈，要让他感受到，你体谅他心中的委屈，因为体谅也并不意味着就是同意。要做到这一点，领导者可以试着重复员工的抱怨，将员工告诉你的话做个小结，表示不但认真听了，而且给予了应有的重视。

（6）向员工解释你将采取的解决办法。如果你准备以某种方式解决员工的抱怨，可以向员工讲明你必须采取某种方式的理由，并且提出粗略的进度计划。有可能的话，视反映问题的大小难易，在你权限范围之内，给员工一个答复。尽可能不要最后支吾半天，说上两句诸如商量商量、研究研究之类不着边际的话语。没有哪个人愿意经过交谈之后，却是毫无收获、空手而归的。

（7）设定追踪考核日期。假如你采取了某种行动，应该把审核进度的日期记录下来。不论用哪种做法进行跟踪，都表示你对处理下属的问题有信心。同时也表示你关心与员工有关的事情。如果问题尚未解决，应该继续设定考核期，直到有了眉目为止。

9. 巧借“传声筒”，迂回解冲突

某饭店客房部的一位领班是新近从别的饭店调来的，人很能干，有些才气，却给同事们以清高的印象。一次因工作事宜和自己的顶头上司主管发生了争吵，在一时冲动之下，竟当着不少员工的面说主管能力太差，干劲不足、误事有余；相争之际，差点动起手来。事后，客房部经理让他俩都写检查，并责成这位领班向主管赔礼道歉。这位领班觉得这种处理不公平，是“地方保护主义”和“官官相护”在作怪。一连几天他都不吭声，心里闷闷不乐。这两人闹别扭，大大影响了客房部的工作。客房部经理想到自己身为部门负责人，必须想办法处理下属之间的冲突，如此才能将其弊端减至最低程度。客房部经理了解这位领班的想法后，就一直想找他谈谈，总是苦于没有一个好的方式和方法。一天，这位领班的一位好友到客房部办公室找秘书谈工作，客房部经理好像忽然想起了什么似的，不经意地对秘书说：“我一直想找××（那位领班）谈谈，可还没顾上呢。××是个挺不错的小伙子，踏实、细致、业务上肯钻研，适应性又强，培养得当，可是个好苗子。不过越是这样，越应提醒他严格要求自己”。说者“无心”而听者有意，客房部经理的这番话，被这位好友悄悄地传到了领班的耳朵里。他听后，觉得既惭愧又受鼓舞，一扫脑子里原来那些“官官相护”等想法，决定去给主管赔礼道歉，并要在大家面前重塑一个新的“自我”。

运用非正式交谈及非正式传递方式来化解冲突，可谓独具匠心。如果这位领班不是“偶然”从朋友那里得到消息，而是直接被经理召见，他的思想也可能会通，但其心理上的感受及所受的鼓舞，就远远不如由“传声筒”传递过来的“小道消息”那样强烈。在日常工作中，如果领导者充分重视非正式交谈及非正式传递的作用，将它作为一种自觉的行动，那就一定能达到事半功倍的效果。

案例分析

特殊情况可以破例

在青岛荣韶宾馆的一个客房内，新来不久的临时工金阿姨手拿抹布，踮着脚尖，正在仔细地擦拭着浴室的镜子。通过镜子，可以看到金阿姨工作的情景，还可以看到她擦镜子时紧锁的眉头。

终于，金阿姨停止了工作，脸部露出十分痛苦的神情，靠在云石台前。她从裤兜中掏出一把东西，塞进嘴里嚼起来。很快，金阿姨的眉头舒展开来了，双手又开始快速地在镜面上移动，就在此时她看到镜子中的领班。

“金阿姨，你在吃东西吧?”顿了顿，领班严肃地说道，“饭店规定，上班时间是不能随便吃东西的。”“对不起，领班。我知道规定，可是我……”

没容金阿姨说完，领班已打断了她的话：“既然知道规定，那就是明知故犯，按规定罚款 10 元。”金阿姨涨红了脸，不知道是因为生气还是因为害臊。她看了看比自己小近 20 岁的领班，无可奈何地摇了摇头。

以后的工作中，金阿姨的工作热情明显不高，险些还出现不应有的差错。

主管发现金阿姨情绪异常，于是主动找她谈话。在亲切和平等的交谈中，主管知道了事情的真相。原来金阿姨患有较重的胃溃疡，春暖花开时胃病发得尤其频繁。发病时胃部很疼，不得不吃点东西来缓解一下。今天金阿姨吃的是几粒花生米，自从有病以来，她几乎天天都在兜里装上一把。

“金阿姨，你现在感觉怎么样?”主管关切地问道。

“好多了，就是发病时真疼。”她又无可奈何地摇摇自己的头。

“没关系。金阿姨，我允许你吃东西。”主管望着对面金阿姨吃惊的目光一字一眼地说道：“你的情况特殊，可以破例。不过，如果你发病，别忙着工作，先到服务间休息一下，喝点热水，吃点东西。你看好吗？这一方面也是为了酒店的整体形象。”

“好的，好的，我只需要几分钟就行了，决不给领导和同志们找麻烦。”金阿姨感激地说道。

“那咱们一言为定，剩下的事情由我去向大家解释。”主管也满意地笑了。

点评

综观整个事情的经过，可以看出荣韶宾馆客房部某领班和主管的两种不同的管理方式及其不同结果。

领班在看到表面现象后，既未深入调查，亦未从如何解决问题出发，只是罚款了事，其结果是造成金阿姨的逆反心理。这位领班简单化的管理作风造成了消极的后果。

富有管理经验的主管，从金阿姨的异常情绪中发现了问题，继而以平等待人的姿态深入了解事情的原委，然后根据具体情况，做出很有人情味的决定，从而解决了问题，使管理者和被管理者双方都满意。

员工有了错误，处罚是必要的，但毕竟不是主要的。重要的是从问题的本质上去挖根源，寻找比较满意的解决办法，以达到最好的效果。这是优秀的管理人员应有的素质之一。

思考题

1. 领导的影响力基础是什么？如何获得权力？

2. 简述领导与管理有何不同，你认为领导者是天生的吗?
3. 领导工作具体包括哪些内容? 饭店领导者应怎样运用管理艺术?
4. 针对你所钦佩的一位领导者，分析他的特质，并且利用领导连续统一体理论、管理方格图理论和权变理论来分析他的领导风格。
5. 如何提高领导工作的有效性? 卓有成效的领导者应具备哪些基本素质?
6. 如何理解领导生命周期理论模型? S_1、S_2、S_3、S_4中，你认为哪种领导方式更好些?

附录A

饭店人力资源管理政策与程序的范本及实务

A1 人事管理政策与程序（PERSONNEL ADMINISTRATION）

A1.1 员工招聘

Subject 主题：	Staff Recruitment 员工招聘
Prepared by 准备：	Approved by 批准：
Effective 生效：	Number 编号：HR/P&P－P01
Distribution 分发：	

政策

一、人力资源部根据总经理批准的组织架构及人员编制实施招聘。

二、聘用标准：根据应聘者对职位是否合适选用人才，即以该职位的职责所需的业务知识、技能、相关工作经验和个人品行作为选用标准。

三、招聘的途径包括刊登广告，职业介绍机构，旅游学校，自荐，内部员工推荐，内部提升等。

四、所有求职申请人必须先经人力资源部进行面试。

五、未经人力资源部推荐，其他部门均不得私下向任何求职申请人许下承诺。

程序

一、用人部门填写（人员外招申请表），经部门最高负责人签审后，报送人力资源部。

二、人力资源部根据部门编制及营业状况进行审核，并报请总经理批准生效后，通过适当途径招聘。

三、求职申请及面试必须遵守以下程序。

1. 求职申请人必须如实、客观地填写（求职申请表）。
2. 人力资源部按不同的任职要求进行第一次面试考核，包括口试、笔试和各种技能测试。如果申请人被考虑为合适人选，再推荐至相关部门进行第二次面试。原则上所有第一次面试甄选由人力资源部经理进行，而基层员工则可授权人事主任协助进行。
3. 相关部门对申请人进行面试评估后应在“求职申请表”上给予评语，并说明是否予以接纳，接纳之工资及职务、级别等。无论申请接纳与否，部门必须及时将“求职申请表”送回人力资源部存档。
4. 被录取人（求职申请表）经人力资源部经理审阅及总经理批准后，由人力资源部通知录用人员体检及报到时间，录用人员必须按指定时间到酒店报到。

附件

1. “人员外招申请表”。
2. “求职申请表”。

A1.2 员工补充申请

Subject 主题：	Staff Replacement Requisition 员工补充申请
Prepared by 准备：	Approved by 批准：
Effective 生效：	Number 编号：HR/P&P－P02
Distribution 分发：	

政策

一、各部门必须将人数控制在批准的人力预算内，以维持正常运作上的劳务成本开支。

二、任何员工之补充必须有充分理由，且不能超过编制之数目。

三、任何员工补充或超编员工之申请，必须经过人力资源部报总经理批准方为有效。

程序

一、用人部门填写“人员外招申请表”，经部门最高负责人签审后，报送人力资源部。

二、人力资源部核对已离职人员，并审核是否需要补充，再报请总经理批准生效后，通过适当途径进行招聘。

A1.3 员工入职手续

Subject 主题：	Check In 员工入职手续
Prepared by 准备：	Approved by 批准：
Effective 生效：	Number 编号：HR/P&P－P03
Distribution 分发：	

政策

一、任何职级的员工都要办理入职手续后，才能上岗。

二、特殊岗位人员（如收银员、司机等），如果酒店要求，必须在报到时办理所要求的担保手续。对管理人员、财务部门等一些重要岗位，人力资源部将进行相应的背景调查。

三、如果查验出使用假证件或填报虚假资料者（即使已成正式员工），将被立即解雇，永不录用。

程序

一、新员工必须按通知时间到人力资源部办理手续，逾期且无充分理由者，将取消入职资格。

二、新员工必须交验下列证件原件，并自备一套复印件：

1. 身份证/学历证明；
2. 婚姻状况证明/有效健康证及卫生培训证；
3. 其他个人资料，如职称证、上岗证等。

三、按要求如实填写有关文件，如“聘用合约”等，并到财务部交纳酒店规定的保证金，离职时依有关规定退还。

四、交纳一寸免冠彩色近照4张，领取酒店物品：《员工手册》、员工证、名牌、饭卡等，在“物品领缴记录”上签领上述物品。

五、新员工凭“员工制服发还记录”领取制服，凭“新同事上任通知”办理入住及到部门报到。新员工必须按时参加新入职培训。

六、新员工到部门报到后，所属部门必须为其填写新入职“人事变动单”（一式四联），及时交人力资源部跟进有关人事手续。

附件

1. “员工物品缴领记录”。
2. “新同事上任通知单”。
3. “人事变动单”。

A1.4 员工入职前体检

Subject 主题:	Medical Check 员工入职前体检
Prepared by 准备:	Approved by 批准:
Effective 生效:	Number 编号：HR/P&P－P04
Distribution 分发:	

政策

一、所有员工必须于入职前在酒店指定医院（如××人民医院）进行体检，持有效“健康证”才能入职。

二、“健康证”原件由所属部门统一保管，复印件交人力资源部存档。

三、酒店每年安排员工体检一次，任何时候查实员工患有传染性疾病或不适宜从事服务行业之疾病，酒店会视情况调动员工工作或作其他处理。

四、员工入职本酒店之第一次体检费由其本人承担，以后由酒店安排的年度体检，由酒店承担费用。

程序

一、新录取人员，按人力资源部通知时间及地点进行体检，且于办理入职手续时提交一份“健康证”复印件，原件交验。

二、年度体检：每月的最后一周，人力资源部将提供下月“健康证”失效人员名单，通知其所属部门，部门必须督促有关人员进行年检换证。任何不按时进行体检换证的员工，将按酒店有关规章制度作停职直至辞退处理。

A1.5 员工亲属的聘用

Subject 主题:	Employment of Hotel Staff Relatives 员工亲属的聘用
Prepared by 准备:	Approved by 批准:
Effective 生效:	Number 编号：HR/P&P – P05
Distribution 分发:	

政策/程序

一、管理层对于员工亲属之聘用并不反对，更相信可以增进员工的归属感。

二、双方的职位不可相同或处于同一部门内。

三、若两名员工受聘期间结婚，且于同一部门内，较高职位者可留于原位，另一位则需被调职（如有合适空缺）；如果不能调职，双方则需决定哪一方离职。

四、调职按有关程序经人力资源部核准并报总经理批准执行。

五、凡经亲属或朋友介绍之应聘者，只有在其应聘条件优于其他申请者时，才可考虑优先接纳；否则，与其他应聘者均一视同仁，择优录取。

六、任何求职申请人填写“求职申请表”时，必须写明在本酒店内任职之亲属或介绍人姓名及关系。

A1.6 员工个人档案

Subject 主题:	Staff Personal Files 员工个人档案
Prepared by 准备:	Approved by 批准:
Effective 生效:	Number 编号：HR/P&P – P06
Distribution 分发:	

政策/程序

一、人力资源部将为所有员工在职期间，设立个人档案，登记并且保持各项记录。

二、员工个人档案必须存有：

1. 填妥的“求职申请表”；
2. 履历/职称证书复印件；
3. 身份证/学历证书复印件；
4. 原工作单位开具的工作记录证明；
5. “健康证”复印件；
6. 签收“员工手册”等酒店物品的记录；
7. 人事变动单/工作评估表；
8. 培训记录及跟查报告；
9. 个人资料变更通知（若有）；
10. 其他个人资料复印件。

三、员工应在一周内申报有关个人地址、电话号码、婚姻状况、学历等方面的变动。

四、员工个人档案属酒店机密资料，各部门传送有关员工个人资料时应放于封好的档案袋内传送。

五、各部门总监/经理（A级以上人员）或保安部经理因调查违纪事实时，有权借阅所属员工个人档案；但调阅员工档案，必须经人力资源部经理同意，在人力资源部的记录本内签署登记，以证明其已索取及退回。离职人员的档案将保存一年后取消。

附件

“变动事项通知书”。

A1.7 员工证

Subject 主题：	Staff I. D. Card 员工证
Prepared by 准备：	Approved by 批准：
Effective 生效：	Number 编号：HR/P&P – P07
Distribution 分发：	

政策/程序

一、为识别本酒店的员工，各员工到职的当天即获酒店签发员工证一张；员工证无酒店印章无效。

二、所有职级员工于当值时间或停留于酒店范围内必须佩戴员工证（穿着制服员工戴名牌）。

三、员工进入酒店必须向当值保安员出示员工证，否则，不得进入。

四、员工证为酒店所有，若有遗失应立即报告人力资源部，并交补办费用￥20元，以便办理新证；若因日久破损者，可获免费补发。

五、员工离职时必须将员工证交回人力资源部。无法交还者需双倍以现金或在其薪金内扣除罚款。

A1.8 员工制服与名牌

Subject 主题：	Uniform & Name Badge 员工制服及名牌
Prepared by 准备：	Approved by 批准：
Effective 生效：	Number 编号：HR/P&P – P08
Distribution 分发：	

政策/程序

一、按照各部门员工职位级别所需，员工于到职当天，凭人力资源部签发之“新同事上任通知单”及“员工制服发还记录”到布草房领取制服。

二、员工制服配备的数量及员工制服发还记录、款式，遵循酒店的规定。

三、除制服处，员工亦可获发名牌一个，名牌与制服必须同时使用。

四、员工在当值时间，必须按指示穿着指定的制服，并且保持清洁及制服外观整洁。

五、员工制服必须以一换一，定时到制服房穿着指定的制服，保持清洁及制服外观整洁。

六、员工制服或名牌遗失或任何损坏，员工必须向人力资源部报告。凡因疏忽而导致损毁或遗失的照价赔偿；如果确因日久破损的，可获免费补发。

附件

“员工制服发还记录”。

A1.9 员工薪金

Subject 主题：	Salary 员工薪金
Prepared by 准备：	Approved by 批准：
Effective 生效：	Number 编号：HR/P&P－P09
Distribution 分发：	

政策/程序

一、本酒店员工薪金由基本工资和效益工资两部分组成。基本工资按各职位的专业差异，承担责任，市场需求拟订。效益工资根据各部门每月营业效益情况，按相关规定制定。

二、员工的薪金依酒店薪金标准于入职或调整时所确认的数额而定。

三、薪金计算方法：

1．基本工资：

$$基本工资=\frac{员工入职或调整时确定的标准工资数额}{当月日历天数}\times 当月出勤天数$$

（包括每周之例行休假等有薪假期）

2．效益工资按相关规定执行。

四、个人薪金属机密资料，不可随意向其他人透露或打听他人薪金。

五、员工入职后由财务部统一开列账号，每月 15 日前经银行转账或以现金方式取得薪金。

六、各部门每月于1 日前将所有员工出勤记录及其他员工变更资料等计薪有关资料，交人力资源部审核。

七、人力资源部将审核相关计薪资料，包括出勤记录、违纪扣款、一切有关新入职员工的资料、员工晋升、调职及薪金调整等资料及其他相关资料，并于每月 5 日前交财务部计薪。

八、财务部于每月 8 日前将工资表交各部门最高负责人签审，10 日交人力资源部复核，11 日由财务部交总经理批准，13 日送银行并跟进其他发薪手续。

九、人力资源部保存员工出勤记录档案，财务部负责工资档案的保存。

A1.10 名片印刷

<table>
<tr><td>Subject
主题:</td><td>Name Card
名片印刷</td></tr>
<tr><td>Prepared by
准备:</td><td>Approved by
批准:</td></tr>
<tr><td>Effective
生效:</td><td>Number
编号: HR/P&P – P10</td></tr>
<tr><td colspan="2">Distribution
分发:</td></tr>
</table>

政策

一、本酒店根据员工职级及员工所在部门工作性质确定是否需要印刷名片。

二、印刷名片人员为:各部B级经理及以上职级员工、销售人员、推广主任、中餐服务经理、西餐厅主任、酒吧主任、桑拿服务经理、歌舞厅服务经理、康乐主任及行政、人力资源部部分有对外工作需要的员工。

三、每月15日及30日由采购部统一印刷两次名片。

程序

一、新入职需要印刷名片的人员,由人力资源部填写“印刷名片申请表”,报行政办审批后,每月按规定时间交采购部跟进印刷。

二、需要重新印刷名片的人员,由所在部门于每月10日或25日前填好(印刷名片申请表)并附上原有名片作为样板,交人力资源部审核。经报行政办审批后,由采购部跟进印刷。

三、由于职位变动或部门调动,需要印刷名片的人员,须于接到“人事变动单”后,由所在部门填好“印刷名片申请表”,交人力资源部审核,报行政办审批后,由采购部跟进印刷。

四、在工作过程中,出于工作需要,确实需要印刷名片的人员,可由所在部门填写“印刷名片申请表”,交人力资源部审核,报行政办审批后,由采购部跟进印刷。

五、印刷名片人员接到人力资源部通知后,按照领料手续到仓库领取名片。所有名片须交一张由人力资源部存档。

附件

“印刷名片申请表”。

A1.11 考勤管理

Subject 主题:	Attendance & Punctuality 考勤管理
Prepared by 准备:	Approved by 批准:
Effective 生效:	Number 编号：HR/P&P – P11
Distribution 分发:	

政策/程序

一、本酒店实行员工在部门签到，所属部门作出勤记录，人力资源部不定期抽查核实相结合的考勤管理制度。

二、各分部、各餐厅每月设一本签到本，由最高负责人或其授权人保管，人力资源部不定期抽查、核实。其抽查结果必须由在场部门负责人或员工签认。签到本应当妥为保管，若有损坏将追究有关人员之责任。

三、各部门必须于每月25日前将下月之员工“排班表”报送人力资源部；员工因特殊情况需调换班次的，必须经部门经理批准，并在人力资源部备案。否则以旷工计算。任何班次变更必须提前知会人力资源部。

四、在特殊情况，员工未能准时签到时，则必须向部门负责人详细解释有关理由，部门负责人则视情况而给予批准与否。

五、严禁员工代替或要求他人签到，违者将给予一次书面警告的处分。

六、各部门每月必须按规定时间填报所属部门员工每月的出勤情况，包括每周例假、公众假期、有薪或无薪病假、年假或其他，并将出勤记录交人力资源部，以便计算当月薪金。

七、违反考勤管理制度者将依《员工手册》有关过失处罚条例处理。

附件

1. “员工考勤表”。
2. “员工排班表”。

A1.12　假期申请

Subject 主题：	Application of Leaves 假期申请
Prepared by 准备：	Approved by 批准：
Effective 生效：	Number 编号：HR/P&P－P12
Distribution 分发：	

政策

一、员工享有的有薪假期包括公休日、法定假日、慰唁假、婚假、计划生育假、年假、工伤假等。所有假期的享有类别及资格按《员工手册》的有关规定执行。

二、无薪休假及期限：

1. 事假：事假一天扣当天实际工资，全年累计事假不能超过15天；
2. 病假：患病或非因工负伤的病假停工医疗期限全年累计不能超过20天，特殊情况病假超过20天的申请须报请总经理批准，按个案酌情处理；
3. 其他：试用期内事假不能超过3天。

三、相关规定。

1. 员工在特殊情况下，不能提前申请假期的，需有正当理由并经人力资源部批准。
2. 请假证明材料：

- 申请病假或工伤假的凭酒店指定医院或驻店医生开具疾病证明；
- 婚假需提交结婚证复印件，产假凭有关计生证明；
- 慰唁假凭电报或其他通知，返回时提交单位证明。

3. 员工原则上不能超假，假期最后一天，员工本人必须及时到人力资源部销假，提交有关证明，领回相关物品，第二天准时上岗。超假且无提前通知和正当理由的，按旷工处理。
4. 凡请假7天以上者，须将宿舍钥匙等酒店物品暂交宿舍管理员处，销假时一并领回。

程序

一、员工假期申请必须提前3天（其中年假申请提前15天），由本人据实填写“假期申请表”，并附上有关证明材料，交部门经理签审后，再送人力资源部审批。各部门B级经理以上员工须经人力资源部报总经理批准。

二、“假期申请表”一式三联：申请人、所属部门及人力资源部各存一联。

附件

“假期申请表”。

A1.13 辞职申请

Subject 主题：	Resignation 辞职申请
Prepared by 准备：	Approved by 批准：
Effective 生效：	Number 编号：HR/P&P – P13
Distribution 分发：	

政策

一、所有职级员工要求辞职，必须以书面形式向直属主管提出申请，并按相应程序获得批准方可办理手续。

二、凡员工要求辞职，本人必须提前一个月（试用期内 7 天）申请，或以一个月工资（试用期内 7 天工资）代替必须给予的提前通知期。

三、员工在离职前，原则上不能以可享用的积假（公休日及法定假）代替离职前必须给予的提前通知期。

四、辞职员工必须在正式离开工作岗位的三天内（周日顺延）到人力资源部办理完毕各项手续。

五、若有未办妥手续而离职者，将被本酒店列入“黑名单”之内，并通报附近等地方各酒店、服务机构，本酒店永不录用。

六、凡被酒店依例解雇、劝退人员，必须按人力资源部规定时间内到人力资源部办理有关手续。

程序

一、员工向直属主管递交“辞职报告”后，由所属主管依部门实际情况批准其最后工作日。

二、所属主管在“辞职报告”上签署意见的同时，填写一份“人事变动单”，一齐交部门负责人签批。

三、由部门负责人在（人事变动单）上签批后，于员工提出申请三天内连同“辞职报告”报送人力资源部。

四、辞职申请获部门批准后，员工将视情况获人力资源部经理或其委托人的接见，以便了解员工的工作状况及辞职的确切原因。

五、人力资源部经理在“人事变动单”上签署意见，报总经理批准，并将批准结果经部门通知辞职申请人。

六、获批准辞职的员工，于完成最后工作的当天，该名员工必须向直属主管交代所完成工作交接，退还部门物品，由直属主管签发“考勤表”，并在考勤表上注明上述内容，送部门负责人签批后，送交人力资源部。辞职员工按时到人力资源部办理相应手续。

附件

“辞职报告”。

A1.14　离职手续办理

Subject 主题：	Check Out 离职手续办理
Prepared by 准备：	Approved by 批准：
Effective 生效：	Number 编号：HR/P&P – P14
Distribution 分发：	

政策

一、所有离职人员必须按规定时间到人力资源部办理各项手续。

二、辞职人员，从正式离职日起三天内（周日顺延）未能办妥手续者（特殊情况经人力资源部批准），作自动放弃处理，工资扣缴财务部，后果自负。

三、凡被酒店依例解雇、劝退者，未能在指定的时间内办妥手续的，将交由保安部处理。

四、替他人代办离职手续者需持有离职员工书面委托书及其身份证复印件，并经人力资源部同意方可代替办理。

五、在酒店工作未通过试用期和被依例解雇人员（包括自动离职人员），酒店将不予开具工作证明。

程序

一、离职人员凭在人力资源部领取的员工“物品缴领记录”到相关部门退还酒店物品。

1. 制服房：退还制服，并查清洗衣费用。
2. 宿舍：退房及清还宿舍物品。

3. 电话房：退还通信工具等。

4. 财务：查清个人往来账，退还借款，结清私人电话费。

5. 人力资源部：员工手册、员工证、名牌、饭卡等。

6. 部门负责人签审部门作移交手续。

二、退还酒店物品时，如有破损情况，该名员工必须作出相应赔偿。

三、酒店物品缴清完毕，离职人员将员工“物品缴领记录”交回人力资源部，并到财务部结账。

四、离职人员必须及时将服装及其他保证金收据交财务部，以便按有关规定酌情退还。

A1.15 员工生日会

Subject 主题：	Staff Birthday Party 员工生日会
Prepared by 准备：	Approved by 批准：
Effective 生效：	Number 编号：HR/P&P－P15
Distribution 分发：	

政策

一、为加强酒店企业文化建设，增进员工归属感，酒店每月为当月生日员工举办生日会，具体组织及实施由人力资源部负责。

二、员工生日会定于每月 10 至 20 日之间举行，尽量避开生意高峰期；若无特别安排，员工生日会将与每月最佳员工颁奖会一起举行。

三、费用标准（此费用列入员工福利开支）：

C 级及以下人员：40 元/人；

B 级及以上人员：100 元/人。

四、生日贺卡须经总经理签名，以鼓励员工；生日礼物如（男士）皮带、洗发水、袜子等，（女士）香水、丝袜、化妆品等，每月由人力资源部下单采购。

五、市场营销部设计酒店专用生日贺卡，以后由人力资源部跟进印刷。

六、每月生日员工名单由人力资源部报酒店店报刊登，以示祝贺。

七、各部门主要负责人必须参加员工生日会。

程序

一、每月5日前由人力资源部统计出当月员工生日名单，并根据场地情况，以备忘录形式知会各部门。

二、各协作部门必须按时完成协作工作。

三、生日会主要内容：

1. 酒店领导讲话；
2. 部门负责人给本部员工发礼物及贺卡；
3. 总经理与员工一起切蛋糕，并与各部门负责人一起祝贺员工生日，勉励员工努力工作；
4. 节目助兴（员工自编自演等节目）。

A1.16 每月及年度最佳员工评选

Subject 主题：	Employee of the Month/Year Nomination 每月及年度最佳员工评选
Prepared by 准备：	Approved by 批准：
Effective 生效：	Number 编号：HR/P&P – P16
Distribution 分发：	

政策

一、为鼓励员工更好地履行职责，营造努力向上的工作氛围，酒店每月举行最佳员工评选。每年从每月最佳员工中评选出年度最佳员工。

二、凡已完成试用期且六个月内无任何违纪记录的酒店员工均可参加评选。

三、最佳员工评选形式为：

1. 由部门按限额评选出所属部门当月工作表现优秀之员工，并提名为酒店最佳员工候选人；
2. 人力资源部对全部提名候选人进行审核；
3. 经理早会投票选举，再报总经理办公会议批准。

四、酒店每月将从一线部门（营业部门）中评选2名和后台部门（非营业部门）中评选1名最佳员工。

1. 一线部门指前台部、管家部、市场营销部、中餐厅、西餐厅、财务收银、桑拿部、歌舞厅、康乐中心（包括美容美发中心）。

2. 后台部门指人力资源部、财务部、工程部、保安部、行政办公室、中厨房（点心及烧味）、西厨房及西饼房、管事部。

五、各部门每月可提名候选人名额按以下标准执行：

1. 80 人以下部门可提名 1 名候选人；

2. 81 至 120 人部门可提名 2 名候选人。

六、最佳员工评选标准如下，评选时按总分数高低择优评选：

1. 对工作职责的了解程度（10）；

2. 对客服务态度（10）；

3. 出勤及守时（10）；

4. 仪表及礼貌（10）；

5. 合作精神（10）；

6. 对工作的态度（10）；

7. 工作的主动性（10）；

8. 工作责任感（10）；

9. 培训的参与（10）；

10. 学习能力（5）；

11. 其他优点（5）。

七、部门内部评选程序。

为使评选公平公正地进行，各部门必须按员工自荐、推荐或主管推荐，提交员工讨论通过的程序，择优评选部门优秀员工。所有评选表格必须交人力资源部备案。

八、各部门推选之候选人作为所属部门当月优秀员工，将由部门总监（经理）签发感谢信，并每人获 50 元奖金。感谢信由人力资源部统一准备。

九、每月最佳员工将获得总经理签发的证书及奖金（RMB300 元/人）。

十、每年年终将从每月最佳员工中评选年度最佳员工，进行奖励。一线部门评 2 名，后台部门评 1 名，奖金为 500 元/人。获选员工必须至少在酒店服务不少于 9 个月，且当年无任何过失记录。

十一、酒店最佳员工之奖金由总经理员工福利活动基金支出，部门优秀员工之奖金由各部门活动基金支出，无部门活动基金的部门则由总经理基金支出。

十二、酒店将每月举行最佳员工颁奖会，为前一个月入选的最佳员工颁奖。每月最佳员工的相片及事迹介绍将摆放于员工通道，并登上店刊，以鼓励员工。

程序

一、各部门于每月第一周内按部门内部评选的相应程序进行评选，并将提名表送交人力资源部（未获提名，表格也需交人力资源部备案）。

二、人力资源部对各部门提名候选人进行审核筛选，并提交经理早会投票评选，再报总经理办公会议批准。
三、颁奖会由人力资源部根据酒店运作实际情况，以备忘录形式通知各部门，相关部门必须提供协助。

附件

“每月最佳员工提名表”。

A1. 17　员工的晋升

Subject 主题：	Promotion 员工的晋升
Prepared by 准备：	Approved by 批准：
Effective 生效：	Number 编号：HR/P&P – P17
Distribution 分发：	

政策

一、为提高酒店的凝聚力和向心力，管理层鼓励提升工作表现优良之员工，并优先考虑内部提升，其次才对外招聘。
二、员工的晋升原则上必须达到以下基本要求：
　1. 个人工作表现优良，遵守酒店规章制度，积极进取；
　2. 有一定的工作经验、工作能力和领导能力，且具发展的潜质，符合拟晋升职位的要求；
　3. 现职服务时间要求半年以上；
　4. 酒店有符合人力编制之职位空缺时。
三、所有员工的晋升必须经所属部门进行工作表现评估后，再报人力资源部进行综合考评，确认是否具备升职条件。
四、人力资源部将按照酒店的标准，对拟晋升人员作出工作表现审核和工作能力的评定，综合考评后，提出建议报总经理批准。综合考评将在收到部门评估报告的一周内进行。
五、人力资源部对拟晋升人员的考评包括如下内容：
　1. 员工工作表现审核；
　2. 必备工作知识和工作能力评定；

3. 交叉评核，评核的方式包括面谈、调查跟踪、调查问卷等。

六、交叉评核：人力资源部除对拟晋升人员进行工作表现审核和必备工作能力评定外，为尽量客观公正地评价员工，将以问卷调查的方式挑选被评价员工在部门的同一级别、直属上司及下级员工3至5人参与评核。最后由人力资源部整理汇总意见，作为综合考评的一部分。此项评核为非公开方式进行。

七、各部门及所属员工必须配合做好考评工作，确保考评公正、客观地进行。

八、获总经理批准的晋升人员经过三个月的见习期（试用期）。见习（试用）期内享受该职位的试用工资等福利待遇。

九、当部门接到获批准的升职“人事变动单”，才可正式向员工宣布任命，并通知员工到人力资源部办理换领制服手续等。升职员工将获总经理签发的祝贺信。

十、晋升见习期满及督导级以上人员转正同样适用本制度，并在见习（试用）期满前一周进行评核。

十一、晋升考评主要在运作部门进行，部分特殊岗位人员，如厨师、技工等之晋升按实际情况参照此制度执行。

程序

一、部门确定有符合人力编制的职位空缺时，首先对拟晋升人员进行工作表现评估，并将评估结果报人力资源部。

二、人力资源部将在收到部门评估报告的一周内对拟晋升员工进行综合考评。

三、人力资源部完成对拟晋升人员的综合考评后，提出建议报总经理审批。

四、部门接到获总经理批准的晋升“人事变动单”后，向晋升员工宣升任命，并通知该员工到人力资源部办理换取制服等手续。

五、见习（试用）期满转正评估参照此程序执行。

A1.18 员工通道的使用

Subject 主题：	Staff Entrance 员工通道的使用
Prepared by 准备：	Approved by 批准：
Effective 生效：	Number 编号：HR/P&P – P18
Distribution 分发：	

政策

一、员工上、下班一律使用员工通道。酒店员工通道是指专供员工上、下班进入酒店的专门通道。

二、为方便工作，经理以上级别人员可由酒店大堂出入，但必须穿着制服或衣着恰当。

三、除经理级以上级别人员、行政办、财务等部门人员因工作原因（或其他人在紧急情况下）外，任何人不得使用客用电梯。

四、任何情况下严禁员工使用客厕、客用洗手间等客用设施。

五、严禁员工非工作原因经过客房及游泳池，以免打扰客人；员工到医务室就诊应礼让客人。

六、禁止员工非工作时间和原因到任何营业场所或有串岗行为。

七、非工作原因，严禁员工到剧院或其他营业场所。

八、编外人员及其他外来人员同样适用、遵守上述规定。

九、违反上述规定者将依《员工手册》的有关规定作书面警告直至辞退处理。

十、保安部是员工通道使用情况的管理部门，人力资源部及大堂副理将监督执行情况。

程序

对违反以上规定的员工，将按《员工手册》之“纪律处分”的相应程序进行处理。

A1.19 员工医疗服务

Subject 主题：	Staff Medical Service 员工医疗服务
Prepared by 准备：	Approved by 批准：
Effective 生效：	Number 编号：HR/P&P – P19
Distribution 分发：	

政策

一、医务室。

1. 各级员工可按规定享受酒店医务室提供的药品及材料成本价的医疗服务。
2. 医务室将提供一般的药品及服务，但任何人不可要求医务室医疗条件（现有药品和所能提供服务项目）之外的其他服务。

3. 员工到医务室就诊，应填写“医疗申请单”交部门B级经理以上人员签批（B级以上人员凭工作证）。在接受诊治时，员工必须出示员工证和有效“医疗申请单”。
4. 员工就诊必须遵守医务室开放时间，若遇客人应礼让客人。
5. 医务室将药品及材料的成本价经财务部确认后，张贴公布于医务室宣传栏；员工之医疗费必须当面与医生一起签名确认，并且每月汇总交人力资源部扣款。员工在医务室的医疗费用不能再另作报销或为此目的而另行补回。
6. 因工受伤人员在医务室享受免费治疗，但必须填报“工伤事故报告”，由部门经理及人力资源部经理签批。
7. 对客人医疗收费按市卫生局医疗收费标准执行。

二、其他医疗费报销：

员工除享受医务室相关服务外，其他医疗费用按“酒店医疗报销制度”执行。

程序

一、医务室就诊程序。

员工填写“医疗申请单”，经部门B级经理以上人员签批，再凭工作证及“医疗申请单”到医务室就诊。员工如果在上班时间就诊的，部门主管须写明离岗时间，医生则注明到达及离开时间。

二、医疗费报销程序：

所有员工医疗费报销须事前经医务室医生签署意见。具体程序按集团有关文件执行。

附件

1. “酒店医疗报销制度”。
2. “员工医疗申请单”。

A1.20 员工工作表现评估

Subject 主题：	Employee Work Performance Appraisal 员工工作表现评估
Prepared by 准备：	Approved by 批准：
Effective 生效：	Number 编号：HR/P&P – P20
Distribution 分发：	

政策

一、试用期满评估：

1. 在员工试用期前一周进行；
2. 评估满意则接收为正式员工；
3. 若评估不满意，部门负责人可建议延长试用期或辞退。

二、特别评估（升职/调职）：

1. 在员工获提名升职或调整前两周进行；
2. 员工将提供自我工作评估报告。

三、周年评估：

周年工资调整前进行，作为工资调整的依据，按“年度工资调整”的有关程序执行。

四、员工工作表现定期评估：

员工工作表现定期评估为月度效益工资发放而进行的评估，按月度效益工资的发放有关规定执行。

程序

一、人力资源部将提前知会各部门进行评估诸事项。

二、各部门按照评估项目进行评估。

三、被评估者和评估者均需在评估表上签名，并且填写“人事变动单”一齐交人力资源部。

四、人力资源部经理对评估结果进行审核汇总，报总经理批准执行。

附件

“员工评核表”。

A1.21　加班工作申请

Subject 主题：	Overtime Work Requisition 加班工作申请
Prepared by 准备：	Approved by 批准：
Effective 生效：	Number 编号：HR/P&P – P21
Distribution 分发：	

政策

一、本酒店可按营业需要要求员工加班工作，原则上，员工的加班工作由所属部门经理编排补休。

二、在非紧急情况下，所有加班必须提前一日或当日由所属部门填妥“加班工作申请表”，向人力资源部提出申请，人力资源部备案后，报总经理批准生效；如果紧急情况下必须超时工作而未及时申请，则于第二天尽快按上述程序办理。

三、经总经理事先批准，部分或全部员工加班工作可获得补薪。

四、除特别说明外，经理级以上人员，所有办公室职员，市场营销部属下员工的超时工作不可获得补薪或补假。

程序

一、加班部门填写“加班工作申请表”，报人力资源部。

二、人力资源部作相应审核后再报总经理审批。

三、获批准之加班申请方正式生效。

附件

“加班申请表”。

A1. 22　员工的例假积欠控制

Subject 主题：	Stimulated Day-offs 员工的例假积欠控制
Prepared by 准备：	Approved by 批准：
Effective 生效：	Number 编号：HR/P&P – P22
Distribution 分发：	

政策

一、原则上，酒店不鼓励员工积存例假，各部门负责人应尽量安排员工正常休假。

二、若因工作需要不能当月补休之员工例假，部门负责人应做好记录，报送人力资源部并于两个月内补休。

三、员工之例假积欠，由所属部门负责保持记录，并于每月报送考勤表时一齐报送人力资源部。

四、每名员工累计最多不能积欠 8 天例假。超过 8 天之例假，人力资源部将不予承认，且不能于离职时补回工资。例假积存不能跨年度计算，跨年度按自动失效处理。

五、所有积存例假之补休必须按假期申请程序报批，并获得批准才可执行。

程序

一、相关部门记录好积存之例假并报人力资源部。

二、人力资源部对积假进行审核，以防过多积假造成酒店人力成本的升高。

附件

“员工积假记录”。

A1.23 员工薪资调整

Subject 主题:	Staff Salary Adjustment 员工薪资调整
Prepared by 准备:	Approved by 批准:
Effective 生效:	Number 编号：HR/P&P – P23
Distribution 分发:	

政策

一、试用期满的薪资调整：

员工试用期内薪金按试用期工资计发。正式录用再享受正式员工薪金。

二、升职工资调整：

员工获得升职的见习期内，工资待遇按所提升职位之试用期工资执行，通过见习期可享受所提升职位工资。

三、调职工资调整：

员工工作调动，原则上按新职位试用期工资执行，即享受新职位的试用期，试用期满享受新职位工资。

四、年度工资调整：

1. 每年三月份或年底进行，凡经评估符合条件的员工可获工资调整；
2. 根据酒店效益状况及当地社会物价指数拟订调整比例；
3. 参加年度工资调整的员工，必须工作满一年（含试用期）并且事假总计全年不超过20天；
4. 每年单独拟订方案报管理层批准执行。

程序

所有员工薪资调整均由部门填写“人事变动单”并附“员工评核表”，一起送人力资源部审核，再报总经理批准执行。

A1.24 调职

Subject 主题：	Transfer 调职
Prepared by 准备：	Approved by 批准：
Effective 生效：	Number 编号：HR/P&P – P24
Distribution 分发：	

政策

一、部门负责人（或以上职位）可建议调动员工之职位，员工亦可向部门负责人申请调职。

二、原则上调职必须满足下列基本条件：

1. 工作表现优良，积极进取；
2. 个人学历、经验符合所调职位要求；
3. 在本职工作满半年以上；
4. 有合适之空缺。

调职人员必须接受调入部门的面试评核。

程序

一、调出部门负责人对拟调职人员签发（内部调动申请表），报人力资源部。

二、人力资源部对拟调职人员进行审核，符合条件后再推荐相关部门面试评核，由接纳部门负责人签批，报总经理批准执行。

三、如果面试合格，人力资源部将作出调职“人事变动单”，经调出部门及接纳部门签批后，报总经理批准执行。

四、自总经理批准之日起，调职人员开始新职位之试用期。见习期满及评核转正按相关程序执行。

附件

“内部调动职位申请表”。

A1. 25 纪律处分

Subject 主题:	Disciplinary Action 纪律处分
Prepared by 准备:	Approved by 批准:
Effective 生效:	Number 编号:HR/P&P – P25
Distribution 分发:	

政策

一、纪律处分:

1. 口头警告——触犯甲类过失;
2. 书面警告——触犯乙类过失或重犯甲类过失;
3. 最后警告——触犯丙类过失或在发出书面警告后再次触犯任何过失;
4. 停职——在接受对违纪事实调查期间，作无薪停职处理，最长不超过15天;或触犯法例，接受司法相关调查期间，可停职至处理结束;
5. 开除——在发出最后警告后再次触犯任何过失。

二、口头警告:

员工因第一次触犯甲类过失的任何一项而情况较轻，则部门负责人应向有关员工提出口头警告，并将发生的事实记录在案(见“员工过失记录”)，员工须签名确认。口头警告有效期半年。

三、书面警告:

1. 经口头警告后再犯或员工所犯为乙类或丙类过失，部门负责人正式向员工发出过失通知书，“员工过失记录”内注明员工所犯事项之性质，以及所采取纪律处分行动之详情，经部门经理解释清楚后，员工需签名认可，存放于员工个人档案之内。书面警告有效期半年。
2. 若员工拒绝签署过失单，则部门负责人与人力资源部调查核实，经有关证明人签字，过失记录仍生效，并存于员工档案内，事态严重的需提交总经理批准处理。

四、属严重过失开除处理的，部门需填报“人事变动单”与“员工过失记录”，一并交人力资源部，报请总经理批准执行。

程序

所有纪律处分必须报人力资源部审核执行。若有必要，人力资源部将提交总经理批准执行。

附件

“员工过失记录”。

A1.26 解聘

Subject 主题：	Termination 解聘
Prepared by 准备：	Approved by 批准：
Effective 生效：	Number 编号：HR/P&P - P26
Distribution 分发：	

政策

一、如员工有下列情形的，其所属部门负责人可建议辞退或开除该名员工：

1. 在试用期间，工作表现欠佳，未达要求；
2. 在试用期满后，工作表现未能达到要求，经培训后仍未能符合要求；
3. 严重违反酒店的规章制度，按有关纪律处分条例作开除处理。

二、人力资源部将对有关情况进行了解核实，若有必要，人力资源部经理将与部门经理一同约见该名员工，核实有关情况，再发出离职通知。

程序

一、试用期内——所属部门对该员工作出试用期评核，如果考评结果未能达到酒店要求的，必须在“员工评核表”上注明，并且作出辞退“人事变动单”与“员工评核表”，一齐送人力资源部审核，再由人力资源部报总经理批准执行。

二、试用期满——执行程序与上述相同。

三、违纪开除——部门负责人对该名员工签发“员工过失记录”，注明违纪事实及处分决定，作出开除“人事变动单”，一齐送交人力资源部审核。由人力资源部报送总经理批准后，正式发出离职通知。

四、该名员工按有关离职办理程序，在指定时间内到人力资源部办理一切离职手续。

五、凡被酒店依例辞退及开除人员，人力资源部将不予出具工作证明。

A1.27 旷工

Subject 主题：	Absence 旷工
Prepared by 准备：	Approved by 批准：
Effective 生效：	Number 编号：HR/P&P – P27
Distribution 分发：	

政策

一、任何员工未经部门负责人同意而擅自缺勤者，均为“旷工”。

二、旷工一天将每天扣三天工资（指基本工资），并取消当月效益工资评估资格。

三、如果员工连续旷工三天，其所属部门负责人应填妥“人事变动单”，并在备注栏列明旷工时间，报送人力资源部，按自动离职作开除处理。

四、凡因旷工而离职人员，其工资及保证金等作自动放弃处理，由酒店财务部作出相应处理。酒店将此类人员名单列入“黑名单”，并向附近省市等地酒店或其他服务机构予以通报。

程序

“参照上述政策规定”。

A1.28 员工回店

Subject 主题：	Employee Visit 员工回店
Prepared by 准备：	Approved by 批准：
Effective 生效：	Number 编号：HR/P&P – P28
Distribution 分发：	

政策

一、除部门经理以上员工，未穿工作服的员工不得在酒店逗留。

二、未得到所属部门经理或非办公时间经大堂副理同意，任何员工不得擅自带亲友或其他人士至酒店参观等。

三、探访入住本酒店的亲友或亲友在酒店共餐时，办公时间内必须事先向所在部门经理申请或经大堂副理同意，填写探访亲友之申请表，经批准后方可进入酒店范围；非办公时间需经大堂副理同意。

四、参加亲友在酒店内举办之活动性质可包括婚宴、寿宴或酒会等。

程序

“参照上述政策规定”。

A1.29 员工工伤事故处理

Subject 主题：	Emergency Procedure 员工工伤事故处理
Prepared by 准备：	Approved by 批准：
Effective 生效：	Number 编号：HR/P&P – P29
Distribution 分发：	

政策

一、员工因工受伤的界定：

以广东省及本市有关工伤管理规定为准则。

二、工伤事故的处理。

发生工伤事故，现场或附近的员工应迅速使伤者脱离危险区域，并立即送医疗室治疗；同时报告总机转告部门经理、人力资源部及大堂副理。重大事故可以直接送医院救治，并且报告总机通知相关部门人员。

经医疗室诊断需送医院治疗的，医疗室做好紧急包扎后，由医务室统一安排到医院就诊。特殊情况（如夜间）及时通知总机，由大堂副理安排送医院治疗。

三、工伤事故的申报。

员工因工受伤，由其部门负责人在两天内将“员工工伤事故报告”交人力资源部逐级上报，且附上现任分析及提出整改防范措施。隐瞒事故真相或未及时上报的，部门负责人承担全部后果。

四、因工受伤员工在酒店医疗室享受免费治疗，凭医疗室或医院开具证明去何处治疗。员工在医疗终结后，将所有医疗费收据先交直属部门经理审核后，交人力资源部审批，再报总经理批准后，到财务部报销医疗费用。

五、人力资源部经理（或其他代表人）将代表酒店不定期探视慰问受伤员工。

程序

“参照上述政策规定”。

A1.30　员工离职原因调查

Subject 主题：	Exit Interview 员工离职原因调查
Prepared by 准备：	Approved by 批准：
Effective 生效：	Number 编号：HR/P&P – P30
Distribution 分发：	

政策

一、人力资源部将对每位离职员工进行面谈调查，以了解其离职原因。

二、离职面谈必须以无任何压力、胁迫、坦诚直率的方式进行。

三、面谈人需填写“离职原因调查表”各项，并尽可能获取员工评议，面谈双方均需在调查表上签字。

四、试用期内辞职员工须在提出辞职的三天内进行调查面谈，正式员工须在其提出辞职的十天内进行调查面谈。

五、若有必要，酒店应尽力挽留员工。

六、人力资源部每月提交一份分析报告。

程序

一、申请辞职：

1. 在收到员工辞职报告后，部门经理应与辞职员工面谈，了解辞职原因，必要时应尽力挽留；

2. 人力资源部接到有关资料后将安排时间，通知部门及该名员工进行面谈。

二、非自愿离职

在确认员工离职后，人力资源部进行面谈调查，调查人将详细填写离职原因，并尽量获取员工评议。

三、旷工

对不辞而别的员工，调查无法安排，但应列入分析报告。

四、提交报告

每月提交员工离职原因分析报告，并列入人力资源部工作报告。

A1.31 年度人力资源计划申报

Subject 主题：	Annual Manpower Budgeting 年度人力资源计划申报
Prepared by 准备：	Approved by 批准：
Effective 生效：	Number 编号：HR/P&P－P31
Distribution 分发：	

政策

一、各部门的负责人应在每年的9月30日前，就来年本部门的人力资源所需及薪金标准建议向人力资源部经理提交一份详细的预算的建议方案。

二、制订预算方案应考虑来年的推广活动，提高效益的措施及人员流动情况预测。

三、人力资源部经理将对所有部门的人力资源方案进行审核、分析及提出意见，整理出酒店来年整体人力资源及薪金预算方案，于10月底前交总经理批准。

四、年度人力资源计划将于来年1月1日起生效施行。

五、人力资源部经理将按人力资源计划及各部门营业效益情况，分析职位空缺之急切与否，并执行招聘。

程序

“参照上述政策执行”。

A2 后勤管理政策与程序（LOGISTICS）

A2.1 员工住宿管理规定

Subject 主题:	Staff Dormitory Regulations 员工住宿管理规定
Prepared by 准备:	Approved by 批准:
Effective 生效:	Number 编号：HR/P&P – L01
Distribution 分发:	

政策

一、所有员工出入宿舍必须佩戴员工证（穿制服时佩戴名牌），非工作需要，员工外出必须于23:00前回宿舍休息；超过时间者必须主动登记、备案。

二、员工必须服从酒店统一的住宿安排及宿舍管理人员管理，按所分配的房间、床位住宿，严禁私改、私调房间或床位。

三、员工应妥善保管衣柜钥匙，严禁配发钥匙给他人使用；丢失钥匙要立即报告宿管员，以防物品丢失；房门钥匙由宿舍值班员负责管理。

四、为保障消防安全，严禁乱动消防设施和器材；宿舍内严禁乱拉电线，严禁使用电饭煲、电炉等电器及煤油炉。若人为酿成火灾事故，责任者除赔偿损失外，将进一步追究责任。

五、严禁在宿舍内酗酒闹事，进行任何形式的赌博活动和从事违法活动；一经发现将从严处理，情节严重者将交公安机关处理。

六、员工必须爱护酒店财物和一切设施，严格执行有关生活用品配备和用电标准，节约用水、用电，做到人离灯灭，人走水关。如果发现有损坏公物的，照价赔偿，并受纪律处分。

七、任何人携带物品出宿舍大门必须有部门负责人签发的出门证明，接受保安人员检查后方可离开；离职员工必须有人力资源部签署的出门证明。

八、在住人员必须遵守作息时间，每天24:00前关门关灯。出入宿舍不得大声喧哗、吵闹，以免影响他人休息；尤其夜班员工上、下班回宿舍，应尽量避免影响他人。

九、任何时间，男女员工不得到异性宿舍逗留，严禁外来人员在员工宿舍留宿（员工亲属探访按有关规定执行）；否则，一经查实将作一次书面警告处罚（晚上21点后至早上

11 点前谢绝一切探访)。

十、员工摩托车、自行车须按指定地点停放，机动车辆不允许停放在宿舍范围内。

十一、在住员工如有维修事项，请将维修单交于宿舍管理员处，以便及时维修。

十二、员工必须妥善保管好现金和贵重物品，如果不慎遗失，酒店概不负责。

十三、在住员工必须自觉执行“员工宿舍卫生管理制度”及“员工亲友探访规定”，共同维护住宿环境。

十四、员工辞职必须于最后工作日起两天内办理完毕退房手续；被公司依例解雇人员必须于当天办理完毕退房手续，否则将送交保安部处理；因旷工而作自动离职处理的，宿舍将即时取消住宿资格。

十五、人力资源部将与保安部一起每月至少两次联合对员工宿舍进行全面安全例行检查，对查实有违纪行为的人员，将按《员工手册》的有关规定处理。

十六、若有违反上述规定者，将按《员工手册》的有关规定，予以警告直至辞退处理。

程序

(略)

A2.2 员工亲友探访

Subject 主题：	Staff Relative’s Visit 员工亲友探访
Prepared by 准备：	Approved by 批准：
Effective 生效：	Number 编号：HR/P&P – L02
Distribution 分发：	

政策

一、酒店工作时间内，原则上谢绝所有来访人员探访。

探访会客时间为 11:00AM ～ 21:00PM，其他时间期间谢绝一切来访。

二、所有来访者必须自觉在保安岗登记且凭探访证到宿舍管理员处出示有效证件，说明与被访者关系，并办理探访登记手续，方可在指定地点约见被访员工。

三、来访者必须 21:00PM 前离开，禁止在房间接待任何来访者。

四、未经批准，任何员工不许擅自留宿包括亲属在内的探访者。

五、若员工亲属（仅限父母、兄弟、姐妹等血缘关系人员）因特殊情况需要留宿，员工需办理相关手续，报人力资源部批准后，在财务部按规定交费，才可入住。

1. 员工宿舍有空余床位或有招待用房，能够提供住宿用品。
2. 填写“亲友探访住宿申请表”，经宿舍管理办公室签审再报人力资源部批准，并需抄送保安部备案。
3. 住宿亲友必须遵守宿舍一切规章制度，损坏物品，由申请员工负责赔偿。
4. 每天收取临时住宿费用 10 元，最长期限不超过 5 天。

六、违反上述规定者，将按《员工手册》的有关规定，予以警告直至辞退处理。

程序

（略）

附件

“亲友探访住宿申请表”。

A2.3　宿舍清洁卫生管理制度

Subject 主题：	Staff Dormitory Hygiene 宿舍清洁卫生管理制度
Prepared by 准备：	Approved by 批准：
Effective 生效：	Number 编号：HR/P&P – L03
Distribution 分发：	

政策

一、在住员工必须时时保持宿舍内清洁卫生，不随地吐痰、乱丢纸屑，垃圾按指定地点倒放。

二、严禁员工从窗台乱倒脏水及垃圾，以免影响下层宿舍卫生。

三、员工应当讲究个人卫生，随时保持床、柜、被、帐等物品堆放整洁有序。

四、员工一律到员工餐厅用餐，禁止将饭菜端回宿舍；特殊情况须经宿舍管理员批准。

五、各房间每月将由宿舍管理员指定一名室长，轮流担任，负责监督管理本宿舍的清洁卫生等工作；员工必须充分合作，共同承担清洁卫生工作。

六、宿舍管理人员及清洁工人负责监督各房间的卫生状况。

七、酒店将定期对宿舍清洁卫生状况进行检查、评比，并将评比结果作为评核员工表现的一项参考。

八、违反上述清洁卫生管理制度者，将依《员工手册》的有关规定作警告直至辞退处理。

A2.4 住宿员工生活用品配备及用电标准

Subject 主题：	Regulations on Issuance of Daily Necessities and Power Supply 住宿员工生活用品配备及用电标准
Prepared by 准备：	Approved by 批准：
Effective 生效：	Number 编号：HR/P&P – L04
Distribution 分发：	

政策

一、为规范员工生活后勤管理，完善员工福利制度，根据酒店实际，制定本标准。

二、所有在住员工必须按不同职级配备生活用品和用电，超过标准部分，将由员工本人承担。

三、员工所配备的生活用品是酒店的公共财产，若有遗失或损坏，员工必须等价赔偿。

四、住宿员工可以自行配置有关生活用品。

五、酒店提倡节约能源，鼓励在住员工自律性节省用电。

程序

一、用品的领用和退还。员工于办理入职和离职手续时，凭人力资源部开具凭证办理领用和退还手续。

二、用电统计。每月第一天由宿舍管理员会同成本部人员一起，对员工用电进行抄表统计。超出标准的电费报人力资源部，在员工工资中扣款。员工宿舍每月将抄表结果在告示栏公布。

附件

“酒店住宿员工生活用品配备及用电标准”。

A2.5 员工亲属搭食管理规定

Subject 主题:	Staff Relative's Meal Taking in the Staff Canteen 员工亲属搭食管理规定
Prepared by 准备:	Approved by 批准:
Effective 生效:	Number 编号：HR/P&P – L05
Distribution 分发:	

政策

一、为方便员工亲属就餐，规范管理，特制定本规定。

二、员工的直系亲属来探亲时，可到本人所属餐厅就餐；非直系亲属原则上不允许到食堂就餐，倘若停留时间较短、人数较少的情况下，经批准可前往就餐。

三、员工亲属搭食人员必须自觉遵守酒店关于员工食堂管理的有关规定。

四、在经理餐厅搭食的员工亲属按早餐3元、中晚餐各5元的标准支付餐费；在员工餐厅搭食的员工亲属按早餐2元、中晚餐各3元支付餐费。以后若因物价上涨等因素，按调整后的标准执行。

程序

一、员工亲属到食堂就餐前，必须先到人力资源部登记就餐的起止日期和就餐次数。

二、人力资源部将出示介绍信给搭食人员到财务部交纳费用；再凭收据由人力资源部办理饭卡，或通知食堂等其他手续。

A2.6 员工进餐的有关规定

Subject 主题:	Regulations of Staff Canteen 员工进餐的有关规定
Prepared by 准备:	Approved by 批准:
Effective 生效:	Number 编号：HR/P&P – L06
Distribution 分发:	

政策

一、凡属在员工餐厅（含主任/主管级）进餐的员工，进餐时必须持本人饭卡，非本人饭卡则不给用餐，同时谢绝无卡进餐。

二、员工进餐时饭堂工作人员有权要求出示员工证。同时，饭卡不得转借或涂改，如果发现转借或涂改，饭堂工作人员有权没收其饭卡，并且上报人力资源部，按《员工手册》有关规定处理。

三、员工必须按级别到相应餐厅，不得越级进餐。若未达到该级别，又未经批准，擅自到经理餐厅用餐的，饭堂管理人员可以拒绝其进餐，并按有关规定处理。

四、各部门员工若因工作需要，需在员工餐厅打饭盒外出的，必须经部门 B 级以上管理人员开具证明属实及人数、餐数，持所开具证明到相应员工餐厅打饭盒。

五、原则上，非本酒店员工不得在员工餐厅进餐，若因员工亲属前来探亲须到员工餐厅进餐的，必须到财务部交纳餐费，凭收据到人力资源部开具有效进餐证明到所属餐厅进餐，同时接受员工餐厅工作人员的管理和监督，自觉遵守餐厅的有关规定。

六、员工所持饭卡遗失后，应立即到人力资源部挂失，并且开具有关证明到财务部交纳补办金，人力资源部凭收据补办新卡。

七、酒店提倡节约，员工进餐时须按量取食，杜绝浪费。

八、讲究卫生，保持台面整洁，若有骨渣等剩余物置于托盘内。剩饭菜、汤自觉倒入潲水桶，餐具按指定位置分类放置。

九、员工就餐时不得在饭堂内大声喧哗，打闹或聊天，餐毕离席。

十、爱惜公物，餐具不得带出饭堂，不乱丢抛，若有损坏，照价赔偿。

十一、非饭堂工作人员，不得擅入厨房。

A2.7 员工康乐室管理规定

Subject 主题：	Staff Recreation Facilities 员工康乐室管理规定
Prepared by 准备：	Approved by 批准：
Effective 生效：	Number 编号：HR/P&P－L07
Distribution 分发：	

政策

一、开放时间：星期一至星期日 14:00PM ～ 22:00PM。

二、爱惜室内设施，若有人为损毁，照价赔偿。

三、进入康乐室后，请按先后顺序使用各种设施。
四、使用者不准自行操作各种音响设施。
五、离开康乐室后，请将用过的设施及桌椅摆放整齐。
六、请自觉保持康乐室内卫生，不乱丢纸屑果皮等杂物。
七、使用各种运动器材时，请注意安全，若因使用不当受伤者，后果自负。
八、娱乐活动及设施使用者应服从管理人员之合理安排。
九、违反以上规定者将根据情节轻重，酌情处理。

程序

（略）

A2.8　员工阅览室管理规定

Subject 主题：	Staff Library 员工阅览室管理规定
Prepared by 准备：	Approved by 批准：
Effective 生效：	Number 编号：HR/P&P - L08
Distribution 分发：	

政策

一、开放时间：星期一至星期日 14：00PM ～ 22：00PM。
二、不准带私人书籍进入阅览室。
三、进入阅览室后，请先交员工证给管理员，离开时方可发还员工证。
四、进入阅览室后，请勿谈笑喧哗，以免影响他人。
五、爱护书籍，请勿乱涂乱画及撕毁书籍。
六、阅读时，坚持人手一册原则，阅毕后自觉把书籍放回原处。
七、各部门或员工借用书籍时，凭借书卡到图书管理员处办理相关手续，借出图书必须十日内归还；如果续借，请办续借手续。
八、不准携带食物、饮品进入阅览室，阅览室内严禁吸烟。
九、请爱惜阅览室内的设施，若有毁损，照价赔偿。

程序

（略）

A2.9 员工宿舍管理协调会

Subject 主题:	Staff Dormitory Committee 员工宿舍管理协调会
Prepared by 准备:	Approved by 批准:
Effective 生效:	Number 编号：HR/P&P – L09
Distribution 分发:	

政策

一、为加强在住员工的自律行为，鼓励员工参与宿舍管理，不断改进员工宿舍的管理工作，人力资源部将每月召开宿舍管理协调会，加强与各部门的沟通。

二、会议日期：每月第三周星期三下午3:00。

三、会议地点：员工餐厅。

四、会议时限：约一小时。

五、会议代表：

- 副总经理、人力资源部经理、后勤主任、宿舍管理员；
- 房务总监（或其代表）、行政管家、各部门代表2名（1名督导人员、1名基层人员、轮流参加）。

六、会议主题：

- 员工宿舍管理情况通报；
- 收集代表们提出的问题，并且答复；
- 加强管理采取的措施；
- 跟进前一次会议所提问题的落实解决。

七、人力资源部负责会议记录，抄报总经理且在员工告示板公布。具体措施由人力资源部落实改进。

程序

（略）

A2.10 饭卡的发放、使用和回收管理

<table>
<tr><td colspan="2">Subject
主题：　　　Meal Card
饭卡的发放、使用和回收管理</td></tr>
<tr><td>Prepared by
准备：</td><td>Approved by
批准：</td></tr>
<tr><td>Effective
生效：</td><td>Number
编号：HR/P&P－L10</td></tr>
<tr><td colspan="2">Distribution
分发：</td></tr>
</table>

政策

一、发放：

1. 饭卡是酒店员工就餐凭证；
2. 每月由人力资源部填制饭卡，将填好的饭卡发至各部门，由各部门发放至员工本人；
3. 零星调入人员到人力资源部领取饭卡；
4. 特殊情况需增加用餐或因工作需要免费用餐，由部门向人力资源部提出申请，批准后凭人力资源部发放临时餐券就餐。

二、使用：

1. 员工就餐时持工作证由食堂工作人员在饭卡上签认后方可用餐；
2. 食堂管理人员随时审查是否超过规定餐数，倘若超过规定餐数不予就餐。

三、回收：

每月初各部门员工须将饭卡交回本部门，由本部门收齐后，交人力资源部回收。

四、员工持有的饭卡须保持清洁，不得随意涂改、不得遗失。若有遗失，立即报告人力资源部，并按相应程序办理补办手续。

程序

（略）

A3 培训管理政策与程序（TRAINING）

A3.1 全员在职培训制度

Subject 主题：	Departmental On-the-job Training 全员在职培训制度
Prepared by 准备：	Approved by 批准：
Effective 生效：	Number 编号：HR/P&P－T01
Distribution 分发：	

政策

一、为使各层级员工达到和保持酒店所要求的服务水准，不断提高酒店整体服务质量，各部门必须结合实际需要对员工进行各种业务技术和技能培训，即进行全员在职培训。

二、在职培训必须形成制度化、系统化，持续不断地穿插进行。营业淡季相对多安排培训，旺季相对少安排培训，以有利于经营运作为原则。平均每位员工每周接受培训的时间不少于 2 小时。

三、各部门负责人是本部门培训工作的责任人，酒店将把此项工作作为评估部门负责人的一项重要指标。各部门必须设有具体负责培训课程的培训员，落实各项培训工作。

四、在职培训的主要内容：

1. 部门工作知识、工作技能，岗位职责、操作规程、服务程序；
2. 《员工手册》及酒店内部各项员工管理制度的反复培训；
3. 礼节礼貌、仪容仪表、电话礼仪等反复培训；
4. 就客人投诉反映出的问题，进行案例分析，改进服务程序；
5. 语言培训等；
6. 新的推广计划及相关服务程序等。

五、各部门负责人必须及时分析培训的需要，根据经营推广或管理的需要制订每周培训计划；且将培训计划报人力资源部，保证培训系统化持续进行。

六、每次培训活动后，各部门必须将“部门培训报告”送交人力资源部，作为跟查工作的依据之一。

七、人力资源部将对各部门在职培训进行检查、评分，且将评比结果和每周总结报告呈送总经理审阅。

八、各部门在职培训的跟查评分项目：

1. 培训计划（周）（10分）：是否申报及时，内容完整，主题是否清晰；
2. 培训时间（10分）：是否完成规定时间的培训，是否准时；
3. 培训地点（10分）：地点是否适宜，场地设置合理；
4. 培训内容（10分）：是否把握培训需求，每周一个专题；是否围绕运作的需要；
5. 课堂组织（10分）：参加人员出勤率及课堂纪律是否良好；
6. 培训方法（10分）：是否运用正确的培训方法，理论与实践相结合等；
7. 导师技巧（10分）：培训员是否运用辅助设备或进行示范等；
8. 实践实操（10分）：培训是否紧靠实际运作的主题，突出实操；
9. 培训报告（10分）：是否准时送交，内容是否准确，主题是否清晰等。

程序

一、各部门必须以分部为单位，制订每周培训计划，且于每周三前将下周培训计划报送人力资源部。

二、部门每周培训计划的内容包括培训项目、培训员、培训日期及时间，培训对象、地点、方法、人数、预计出勤率等。

三、人力资源部为各部门在职培训提供必要指导和协助，进行跟查评分，及时向总经理报告培训进度。

四、每次培训活动后，各部门必须于第二天将“部门培训报告”送交人力资源部。人力资源部每周将各部门培训报告汇总，将总结报告呈送总经理审阅。

附件

1. “部门每月培训计划表”。
2. “部门培训报告”。
3. “每周培训检查表”。

A3.2 新入职培训制度

Subject 主题：	Hotel Orientation 新入职培训制度
Prepared by 准备：	Approved by 批准：
Effective 生效：	Number 编号：HR/P&P – T02
Distribution 分发：	

政策

一、为确保员工更好地了解酒店的运作，有助于树立正确的工作态度，所有新入职员工，原则上必须按规定接受酒店人力资源部提供的新入职培训，并且通过相关考核，才能到部门报到，开始接受部门的培训及工作安排。

二、若因部门运作需要，新员工提前上岗，所属部门必须做好相应安排，保证新员工在规定时间参加新入职培训。

三、新入职培训为期四天，一般视新入职人数，每月至少举行一次，并于每月中旬左右举行，以方便各部门工作安排。

四、新入职培训的内容：

1．酒店企业文化教育：酒店简介及业务展望，理念，酒店管理模式及机构设置，管理人员守则及要求等；

2．酒店介绍：总体概况，产品介绍，服务理念，组织架构等；

3．酒店服务规范及标准：仪容仪表及个人卫生标准，礼节礼貌标准，电话接听标准，《员工手册》及有关员工管理政策与程序；

4．形体训练、消防安全知识及灭火器材的使用；

5．酒店设施设备的维护保养知识；

6．酒店的开源节流与员工关系；

7．参观熟悉酒店各主要场所，如大堂、前厅、客房、餐厅等。

五、为增加培训效果，部分专业课程由相关部门经理（或其指定人员）讲授：

1．形体训练及消防安全课程由保安部经理负责；

2．酒店设施设备的维护保养由工程部经理负责；

3．酒店的开源节流与员工关系课程由财务部经理负责；

4．若有需要，其他课程将从各部门挑选最具专业素质管理人员讲授，相关人员必须提供协助。

六、为统一标准，确保质量，授课人员有责任预先准备好培训讲义，并将培训课程的讲义经人力资源部审核备案，再报行政办审阅，方可讲授。授课人员必须服从人力资源部的统一课程安排。

七、新员工参观熟悉酒店环境时可由大堂副理协助安排，避免打扰客人。

八、所有参加培训的员工，必须按时到达培训地点，且在“培训出勤表”上签到，不得迟到、早退或无故缺席。凡有迟到、早退行为的人，由培训导师酌情直接作书面警告处罚；无故缺席半天以上的作解雇处理。

九、所有受训人员必须参加受训评估考核，未能通过考核的员工需补考。补考仍不合格者将参加下次培训考核，并作延长试用或予以辞退处理。

程序

一、新入职培训前至少提前1周，人力资源部将确定的新入职培训日程安排表及参加人员名单发至相关部门，相关部门必须作好相应时间安排，保证所属人员准时参加。担任培训导师人员需作好相应授课准备。

二、参加培训人员按时签到，遵守培训课堂纪律。

三、培训完毕，培训生参加考核，记录将进入员工个人档案，作为员工今后升职及工资调整的依据。

四、通过新入职培训考核的员工按时回所属部门参加部门培训或安排工作。

附件

"培训出勤登记表"。

A3.3　部门培训员制度

Subject 主题：	Departmental Trainer 部门培训员制度
Prepared by 准备：	Approved by 批准：
Effective 生效：	Number 编号：HR/P&P－T03
Distribution 分发：	

政策

一、为建立培训监察制度，提高部门培训效率，激励部门培训员切实抓好培训工作的开展，让培训以最有效的方式服务于我们的经营目标，特建立部门培训员制度。

二、酒店的部门培训是培训工作中一个极其重要的组成部分，为了进一步提高酒店员工整体素质，提高服务水准，确保部门的培训计划得以顺利实施，特由各部门选出各自的部门培训员，具体负责规划、实施并且总结部门的培训工作。

三、部门培训员的工作内容：

1. 协助部门经理确定部门培训需求；
2. 根据培训需求制定本部门具体培训计划；
3. 精心做好充分的培训准备；
4. 负责对本部门新员工进行岗位技能知识培训；

5. 部门培训员每周向部门经理及人力资源部汇报以下工作（采用申报“每周培训计划”及“每周培训报告”的方式）：

——培训进展情况；

——未来培训计划；

6. 对培训工作进行考核及评估，具体对培训效果负责；

7. 在需要时，请部门经理或人力资源部协助培训，提供支持及信息反馈。

四、培训员的选拔和培训：

1. 部门培训员必须由主任或主管级以上职位，具有优良的专业素质及一定的培训工作组织能力的员工担任；

2. 所有部门培训员必须参加由人力资源部举办的“培训技巧的培训”，掌握培训技巧，明确工作职责，具体计划、实施、监督部门培训；培训员可获得酒店培训员资格证书。

五、培训员的奖励。

由于部门培训工作将牵扯各部门培训员相当大的精力，并由此产生额外的工作，为鼓励他们的工作，将每季进行“最佳培训员”的评选和评选年度最佳培训员。评选工作由人力资源部负责实施。

季度最佳培训员奖励：500 元奖金，证书及总经理的感谢信。

年度最佳培训员奖励：1000 元奖金，证书及总经理的感谢信。

六、人力资源部的培训职责：

1. 主持每月培训会议；

2. 对部门在职培训按“全员在职培训制度”所列跟查评分项目进行跟查、评分，并将评分汇总呈送总经理审阅；

3. 收集并且记录培训资料；

4. 协助部门培训员确认培训需求；

5. 提供普通培训和“培训技巧的培训”；

6. 协助各部门经理总结、监督部门培训员的培训工作。

程序

一、部门每月回顾及下月培训计划

部门培训员于每月最后一天将部门经理认可的该月本部门培训总结及下月部门培训计划交到人力资源部。

二、每月培训会议。

每月第一个星期五下午 3:00 至 4:00 召开每月培训会议，所有的部门培训员均需出席此会议。会议议程包括：

——上月培训总结；

——下月培训计划；

——部门培训员工作的自我评估；
——加强与其他部门的培训员之间的沟通与合作；
——每季最佳培训员的评选；
——其他有关事项。

三、最佳培训员评选：

1. “最佳培训员”的评选在每季的第三个月进行；
2. 每季“最佳培训员”将从所有部门培训员中产生，由各部门培训员在培训会议上进行推选，人力资源部提供意见筛选，总经理批准产生1名最佳培训员。

四、评选“年度最佳培训员”：

1. 从所有部门培训员中产生，由酒店各部门经理对其一年的培训工作进行综合评估，并由人力资源部提供意见及核查结果；
2. 评估表将汇总到人力资源部，在部门经理会议上进行民主投票选举产生。

附件

1. “最佳培训员提名表”。
2. “每月培训回顾及下月培训计划”。

A3.4 岗前培训

Subject 主题：	Departmental Orientation 岗前培训
Prepared by 准备：	Approved by 批准：
Effective 生效：	Number 编号：HR/P&P－T04
Distribution 分发：	

政策

一、通过新入职培训考核的员工，到部门报到后，开始参加所在部门上岗前培训。

二、上岗前培训由所在部门主持，员工之直属主管将该职位的岗位细节（即工作知识和技巧等）逐一填到“新员工培训记录表”内，限期全部学完。每学完一项由培训者（领班、主任或经理）签署，证明已经学习掌握。

三、全部项目学习完毕，由员工将表格交回自己直属主管并且转交部门经理签字，于3天内传回人力资源部。

四、上岗前培训的主要内容：

1. 本部门的工作目的和功能；
2. 部门考勤制度；
3. 失物上交及招领；
4. 酒店员工管理规章制度等；
5. 礼节礼貌及投诉处理；
6. 部门工作任务和工作纪律；
7. 岗位职责细节；
8. 部门内部规章制度/工作流程；
9. 与同事及其他部门的合作等。

五、新员工完成上岗前培训的一周内，所属部门将“新员工培训记录表”送人力资源部。

程序

“参照上述政策”。

附件

“新员工培训记录表”。

A3.5 培训课出勤管理

<table>
<tr><td colspan="2">Subject
主题：　　　Attendance Record of Training Course
培训课出勤管理</td></tr>
<tr><td>Prepared by
准备：</td><td>Approved by
批准：</td></tr>
<tr><td>Effective
生效：</td><td>Number
编号：HR/P&P－T05</td></tr>
<tr><td colspan="2">Distribution
分发：</td></tr>
</table>

政策

一、所有参加培训的员工，必须准时到达，并在“培训出勤表”上签到，不得迟到、早退或无故缺席。

二、凡培训课时为 4 节及以下的培训，受训人员出勤率必须达到 100%。

三、培训课程为 5 ～ 10 节课时，缺勤不得多于 1 节。

四、凡10节以上课时的培训课程，受训人员出勤率不得低于80%。
五、受训人员出勤率未达到上述规定标准者，均不得参加受训评估考核或更高层次培训。
六、因缺勤而未参加受训评估考核的员工，取消参加任何有关晋升、加薪、效益奖金评估等活动的资格。

程序

所有培训活动中的纪律处分行动由人力资源部执行。

附件

"培训出勤登记表"。

A3.6 培训课堂纪律

Subject 主题：	Rules For Attending Training Course 培训课堂纪律
Prepared by 准备：	Approved by 批准：
Effective 生效：	Number 编号：HR/P&P – T06
Distribution 分发：	

政策

一、受训员工必须在开课前5分钟到达培训地点。
二、受训员工一律不得穿着拖鞋或衣冠不整地进入培训室。
三、所有人员必须关闭手机等通信工具。
四、上课时要保持安静，严禁吸烟或吃东西。
五、授课中不得随意起立、走动或打扰培训人员工作。
六、尊重培训员，听从培训员安排。
七、遵从培训员指示，主动回答培训员的问题。
八、违反上述规定的员工，培训员有权责令其离开培训室，并按《员工手册》的有关规定作出处理。

程序

（略）

A3.7 培训器材及资料的保管

Subject 主题：	Training Material & Equipment 培训器材及资料的保管
Prepared by 准备：	Approved by 批准：
Effective 生效：	Number 编号：HR/P&P – T07
Distribution 分发：	

政策

一、任何器材、资料的借用，均须以书面形式，经人力资源部批准后才可借用，口头申请恕不接受。

二、申请借用之部门或个人均须对所借物品负责，按时归还。

三、在功能损坏、破损或遗失的情况下，借用部门负责找相同物品代替、修理或赔偿。

四、人力资源部有权拒绝申请人的借用要求。

五、应尽量避免续借或延期使用；如果必须续借，必须以书面形式通知人力资源部。

六、在收到归还物品时，培训员将检查器材、资料是否完好无损。

七、根据需要，人力资源部不断补充完善培训资料，包括音像制品、图书期刊等。

程序

（略）

A3.8 员工培训档案

Subject 主题：	Individual Staff Training Log 员工培训档案
Prepared by 准备：	Approved by 批准：
Effective 生效：	Number 编号：HR/P&P – T08
Distribution 分发：	

政策

一、员工培训档案是员工个人人事档案的重要组成部分，记录所有员工接受培训的情况，也是员工升职等工作变动的依据之一。

二、各部门必须将所有进行培训的工作内容及操作方法记录、建档，并需报送人力资源部。人力资源部培训主任负责建立并且保存培训工作档案。

三、人力资源部负责保存所有培训记录：

1. 新入职培训记录；
2. 部门在职培训记录；
3. 上岗前培训记录；
4. 各种培训后跟查记录；
5. 专项培训记录，包括督导技巧语言培训，店外培训等。

四、每次完成培训，部门需及时将“培训出勤登记表”及“部门培训报告”送人力资源部存档。

五、各部门必须认真填好培训记录，做到清晰有序。

程序

“参照上述政策”。

A3.9 部门交叉培训

Subject 主题：	Cross Department Training 部门交叉培训
Prepared by 准备：	Approved by 批准：
Effective 生效：	Number 编号：HR/P&P－T09
Distribution 分发：	

政策

一、当部门间有需要，并经部门经理或人力资源部经理提议，报总经理批准，方可进行交叉培训，不可将交叉培训作为一种奖励或权利。

二、申请部门必须填报“交叉培训报告”，有详细的培训目的、项目，并且抄送人力资源部。

三、获批准进行后，申请部门必须清楚向受训员解释要求事项及目的、项目、班次、联络人等。

四、培训完毕再由部门经理与受训员工面谈，检查是否达到效果。

五、培训完毕三天内，接受部门将“交叉培训报告”送交人力资源部。

程序

参照上述政策。

附件

交叉培训报告。

A3.10 培训后的考核与跟查

Subject 主题:	Training Course Evaluation & Checklist 培训后的考核与跟查制度
Prepared by 准备:	Approved by 批准:
Effective 生效:	Number 编号:HR/P&P - T10
Distribution 分发:	

政策

一、人力资源部通过培训跟查,借以检查培训效果,发现今后类似培训应该改进之处,不断提高培训质量,且对各部门培训工作进行督导。

二、培训的跟查方法包括部门了解、口头谈话、收集信息等方法。

三、新员工必须参加入职培训的考核,通过考核的才可参加高一层培训。

四、新员工参加部门上岗前培训,培训情况记录在“岗位职责见习记录表”。

五、所有新入职员工必须参加试用期评估,由所属部门和人力资源部鉴定其工作表现,作为正式录用的依据。

六、为了监督部门在职培训的效果,人力资源部通过不定期的跟查,借助不同的评估表,检查及评估培训的效果。

七、对各类培训人员,通过“培训课堂反馈与评估”进行跟查。

八、通过定期的消防演习,检查消防安全培训的效果。

九、人力资源部每月将所有培训报告汇总,作出总结,使管理层及时掌握酒店培训进展情况及评估效果。

程序

参照上述政策。

附件

1. “语言课程评估表”。
2. “部门工作知识培训课程评估表”。
3. “部门工作技巧培训课程评估表”。
4. “培训活动反馈表”。
5. “培训课反馈与评估”。

A3.11 店外培训

Subject 主题：	Training Application 店外培训
Prepared by 准备：	Approved by 批准：
Effective 生效：	Number 编号：HR/P&P－T11
Distribution 分发：	

政策

一、店外培训指酒店组织集团内外其他酒店进行或委派参加专项培训而进行的一系列培训活动。

二、所有店外培训必须经过人力资源部，再报请总经理批准。

三、店外培训申请必须写明培训课程名称、组织者、参加人数、培训目的及费用等项目，作为申请及报销的依据。

四、培训结束，参加人员必须向人力资源部提交“培训报告”，以检测培训效果。

程序

参照上述政策。

附件

“店外培训申请表”。

参 考 文 献

1 国家旅游局人教司. 饭店人事培训部的运行与管理. 北京：旅游教育出版社，1991.

2 王伟. 饭店培训教程. 北京：中国旅游出版社，1994.

3 何建民. 现代宾馆管理原理与实务. 上海：上海外语教育出版社，1994.

4 张四成. 现代饭店人力资源管理. 广州：广东旅游出版社，1998.

5 沈祖祥. 饭店经营管理. 福州：福建人民出版社，1999.

6 梭伦. 现代宾馆酒店人力资源管理. 北京：中国旅游出版社，2001.

7 吴中祥. 饭店人力资源管理. 上海：复旦大学出版社，2001.

8 贺湘辉. 酒店培训管理. 北京：中国经济出版社，2004.